Die Schiedsfähigkeit der Patentnichtigkeitsklage

Europäische Hochschulschriften Recht

European University Studies in Law

Publications Universitaires Européennes de Droit

Band/ Volume **6277**

Tobias Zündorf

Die Schiedsfähigkeit der Patentnichtigkeitsklage

unter besonderer Berücksichtigung der ökonomischen Analyse des Rechts

PETER LANG

Bibliografische Information der Deutschen Nationalbibliothek
Die Deutsche Nationalbibliothek verzeichnet diese Publikation in der Deutschen Nationalbibliografie; detaillierte bibliografische Daten sind im Internet über http://dnb.d-nb.de abrufbar.

Zugl.: Hamburg, Univ., Diss., 2021

Gedruckt auf alterungsbeständigem, säurefreiem Papier.

D 18
ISSN 0531-7312
ISBN 978-3-631-85740-3 (Print)
E-ISBN 978-3-631-87126-3 (E-PDF)
E-ISBN 978-3-631-87127-0 (EPUB)
DOI 10.3726/b19359

Diese Publikation wurde begutachtet.

www.peterlang.com

Für Julia

Vorwort

Diese Arbeit ist im Sommersemester 2021 von der Fakultät für Rechtswissenschaft der Universität Hamburg als Dissertation angenommen worden. Ich danke meinem Doktorvater Prof. Dr. Robert Koch, LL.M. (McGill) für die engagierte Betreuung der Arbeit und die gewährten wissenschaftlichen Freiheiten. Mein Dank gilt ebenfalls Herrn Prof. Dr. Stefan Voigt für die zügige Erstellung des Zweitgutachtens und für sein Interesse an dieser Arbeit.

Da ich die letzten Teile der Arbeit parallel zu meiner beruflichen Tätigkeit als Rechtsanwalt bei White & Case in Hamburg erstellt habe, hat sich der Abschluss der Arbeit über mehrere Jahre erstreckt und ich bin einigen Personen in meinem Umfeld zum Dank verpflichtet.

Zunächst danke ich meinen Freunden und Kollegen, die immer wieder Verständnis aufgebracht haben, wenn die Bearbeitung der Dissertation meine Zeit in Anspruch genommen hat.

Besonderer Dank gebührt meinen Schwiegereltern Dr. Gerhard und Christina Fliedner, die uns stets durch großzügige Beherbergung und Betreuung unserer Kinder zur Seite standen, was immer wieder Freiräume zur Erstellung der Arbeit geschaffen hat.

Ganz besonderer Dank gilt meinen Eltern Volker und Heike Zündorf. Sie haben mir durch ihre außerordentlich großzügige Unterstützung und ihren bedingungslosen Rückhalt eine stets sorgenfreie Ausbildung ermöglicht. Durch ihren fortwährenden Einsatz für mich und für uns haben sie zur Fertigstellung dieser Arbeit beigetragen.

Der größte Dank gilt jedoch meiner Frau Julia. Sie hat mir stets den Rücken freigehalten und insbesondere die Betreuung unserer wunderbaren Kinder übernommen, wenn unzählige Wochenenden, Urlaube, Feiertage und sogar Elternzeiten der Fertigstellung der Dissertation zum Opfer gefallen sind. Ohne ihre Geduld und ihr immer wieder aufgebrachtes Verständnis wäre der Abschluss dieser Arbeit nicht möglich gewesen. Ihr ist die Arbeit in Dankbarkeit gewidmet.

Tobias Zündorf,
Hamburg im Oktober 2021

Inhaltsverzeichnis

A. Einleitung

Die internationale Schiedsgerichtsbarkeit konnte sich im modernen Wirtschaftsleben neben der staatlichen Gerichtsbarkeit fest etablieren und erfreut sich auch heute noch wachsender Bedeutung. Wenngleich privat organisierte Streitbeilegungsmechanismen die menschliche Zivilisation von Beginn an begleitet haben,[1] so wurden durch die nationale und internationale Schiedsgerichtsbarkeit spezifische Formen der Streitbeilegung gefunden, die eine große Erfolgsgeschichte hingelegt haben. Insbesondere die internationale Schiedsgerichtsbarkeit konnte durch das New Yorker Übereinkommen über die Anerkennung und Vollstreckung ausländischer Schiedssprüche vom 10. Juni 1958, das „UNÜ", große Anerkennung gewinnen und sich in weiten Teilen des Wirtschaftslebens als Streitbeilegungsmechanismus etablieren.

Die objektive Schiedsfähigkeit setzt die sachlichen Grenzen, innerhalb derer sich die Schiedsgerichtsbarkeit bewegen kann. Es geht darum, die Reichweite der exklusiven Streitbeilegungsbefugnis durch staatliche Gerichte festzulegen. Auf welcher Basis diese Abgrenzung erfolgt, bzw. erfolgen sollte, ist nicht allgemein geklärt und es werden hierzu verschiedene Ansatzpunkte diskutiert und vertreten.

Die Schiedsgerichtsbarkeit ist im Stadium der Vollstreckung von Schiedssprüchen von staatlichen Gerichten abhängig, die mit hoheitlicher Gewaltbefugnis ausgestattet sind. Deshalb ist die Schiedsgerichtsbarkeit darauf angewiesen, dass die Schiedssprüche, die sie „produziert", staatlicherseits anerkannt werden. Hierbei besteht die Besonderheit, dass insbesondere die Rechtsordnung, in welcher vollstreckt werden soll, von Interesse ist, und nicht zwingend diejenige, in deren Territorium möglicherweise in Abwesenheit eines Schiedsverfahrens das örtlich zuständige Gericht belegen wäre.

Die Eckpunkte des sachlichen Rahmens der Schiedsgerichtsbarkeit, die durch die verschiedenen Beurteilungen der objektiven Schiedsfähigkeit gesetzt werden, sind keineswegs trivial; so ist die Beurteilung der objektiven Schiedsfähigkeit bestimmter Arten von Streitigkeiten nach wie vor umstritten. Auch die jeweiligen Begründungen bzw. Rechtfertigungen zu den jeweiligen Positionen der objektiven Schiedsfähigkeit bzw. Schiedsunfähigkeit einer Art von Streitigkeit fallen sehr unterschiedlich, uneinheitlich und vielschichtig aus.

---

1 Vgl. Kap. D. I. 1.

Auch die Schiedsfähigkeit der Patentnichtigkeitsklage ist nach wie vor umstritten, wobei sich in jüngerer Zeit die Stimmen gemehrt haben, die die Schiedsfähigkeit der Patentnichtigkeitsklage befürworten.[2] Die bisher vorhandenen monografischen Auseinandersetzungen hierzu haben überwiegend bzw. schwerpunktmäßig auf Basis dogmatischer Überlegungen und vor allem durch Gegenüberstellungen der objektiven Schiedsfähigkeit in verschiedenen Rechtsgebieten, aber auch durch rechtsvergleichende Betrachtungen, eine Beurteilung der Schiedsfähigkeit der Patentnichtigkeitsklage vorgenommen.[3]

In dieser Arbeit liegt der Schwerpunkt hingegen darauf, allgemeine rechtliche Kriterien, die für oder gegen die objektive Schiedsfähigkeit sprechen, herauszuarbeiten und zu untersuchen. Hierdurch sollen Maßstäbe erarbeitet werden, an denen die Frage, ob ein bestimmter Streitgegenstand schiedsfähig ist oder sein sollte, auszurichten ist. An diesen Kriterien bzw. Maßstäben soll sodann die Patentnichtigkeitsklage bzw. das Patent, als Recht, über dessen Wirksamkeit befunden werden soll, gemessen werden. Aus diesem Grund werden auch die insoweit relevanten Merkmale bzw. Ausprägungen der Patentnichtigkeitsklage und des Patents herausgearbeitet und untersucht, ob diese der Schiedsfähigkeit der Patentnichtigkeitsklage entgegenstehen. Im Zusammenhang der Ausarbeitung der Abgrenzungsmerkmale für die objektive Schiedsfähigkeit ist ferner auch das letzte Kapitel zur ökonomischen Analyse der objektiven Schiedsfähigkeit zu sehen – auch hier werden Maßstäbe für und wider objektive Schiedsfähigkeit entwickelt und sodann auf den Fall der Patentnichtigkeitsklage angewendet. Soweit ersichtlich, hat es eine Anwendung der Instrumentarien der ökonomischen Analyse des Rechts auf die Frage der objektiven Schiedsfähigkeit (der Patentnichtigkeitsklage) bislang nicht gegeben.

---

2 Ausführliche Darstellung des Meinungsstandes in Kap. E. I.

3 Zum Beispiel *Holzner*, Die objektive Schiedsfähigkeit; *Baumann*, Patentstreitigkeiten; *Barber*, Objektive Schiedsfähigkeit; *Schulze*, Grenzen der objektiven Schiedsfähigkeit; *Frost*, Schiedsgerichtsbarkeit, mit insbesondere rechtsvergleichenden Untersuchungen; *Kaneko*, EU-Einheitspatent, nimmt insbesondere schiedsrechtliche, aber auch patentrechtliche Besonderheiten in den Blick und bezieht die Frage der objektiven Schiedsfähigkeit letztlich auf das EU-Einheitspatent.

B. Gang der Darstellung und Methodik

Im ersten inhaltlichen Kapitel[4] wird die Bedeutung der objektiven Schiedsfähigkeit für das Erkenntnis- und das Anerkennungs- und Vollstreckungsverfahren untersucht. Hierbei wird herausgearbeitet, in welcher Weise und in welchen prozessualen Konstellationen sich die Frage der objektiven Schiedsfähigkeit stellen kann und was hierbei jeweils zu berücksichtigen ist.

Im zweiten inhaltlichen Kapitel[5] werden die Voraussetzungen der objektiven Schiedsfähigkeit im Allgemeinen untersucht. Soweit dies aus Gründen der Darstellung geboten ist, werden hinsichtlich der gefundenen Ergebnisse bereits in diesem Kapitel vereinzelt Bezüge zur Patentnichtigkeitsklage hergestellt. In diesem Kapitel wird zunächst § 1030 ZPO ausgelegt. In einem weiteren Schritt wird untersucht, inwieweit die Privatautonomie die Grundlage der Schiedsgerichtsbarkeit darstellt und welche Implikationen dies für die objektive Schiedsfähigkeit und deren Grenzen hat. Sodann wird der Ordre Public als mögliche Begrenzung der Schiedsgerichtsbarkeit – und damit auch der objektiven Schiedsfähigkeit – in den Blick genommen. Im Weiteren werden mögliche Vorteile von Schiedsverfahren gegenüber gerichtlichen Verfahren ermittelt und dargelegt, inwieweit generell ein Bedürfnis nach schiedsrichterlicher Streitbeilegung besteht. In einem letzten Schritt werden die beiden wohl prominentesten (ehemaligen) Streitfälle zur objektiven Schiedsfähigkeit – Kartellstreitigkeiten und Beschlussmängelstreitigkeiten – dahingehend untersucht, anhand welcher Kriterien in diesen Rechtsgebieten die objektive Schiedsfähigkeit verneint beziehungsweise bejaht wurde oder wird. Hieraus sollen generelle Kriterien für oder gegen die objektive Schiedsfähigkeit abgeleitet werden.

Im dritten inhaltlichen Kapitel[6] wird die Patentnichtigkeitsklage de lege lata nach deutschem Recht untersucht. Im Sinne einer Bestandsaufnahme wird zunächst der Meinungsstand um die objektive Schiedsfähigkeit der Patentnichtigkeitsklage dargestellt. Sodann wird die entsprechende Rechtslage in der Schweiz und in den USA skizziert, da in diesen beiden Rechtsordnungen die Patentnichtigkeitsklage jeweils auf unterschiedliche Weise als schiedsfähig gilt und die dort gefundenen Lösungen als Referenzen für eine Lösung nach

4 Kap. C.
5 Kap. D.
6 Kap. E.

deutschem Recht herangezogen werden können. Im Folgenden werden die Besonderheiten und Spezifika des Patents und der Patentnichtigkeitsklage herausgearbeitet und es wird jeweils untersucht, ob diese einer Schiedsfähigkeit der Patentnichtigkeitsklage – auf Basis der im zweiten inhaltlichen Kapitel herausgearbeiteten Maßstäbe und Kriterien – entgegenstehen. In einem letzten Schritt werden die Rechtswirkungen des Schiedsspruchs mit Blick auf die Patentnichtigkeitsklage untersucht.

Im letzten inhaltlichen Kapitel[7] der Arbeit wird die Frage der Schiedsfähigkeit der Patentnichtigkeitsklage mit den Mitteln der ökonomischen Analyse des Rechts untersucht. Insoweit werden die in den vorherigen Kapiteln gefundenen Ergebnisse im Sinne einer „Kontrollüberlegung" auch mit den Instrumentarien der ökonomischen Analyse des Rechts geprüft. Hierbei werden zunächst die sozialen Kosten der Streitbeilegung im Falle der Schiedsfähigkeit der Patentnichtigkeitsklage denen der Streitbeilegung im Falle der Schiedsunfähigkeit der Patentnichtigkeitsklage herausgearbeitet und dann gegenübergestellt. Sodann findet eine Einordnung der Frage der objektiven Schiedsfähigkeit in ein Kosten-Nutzen-Modell der Justiz statt. Hierauf fußend erfolgt abschließend eine Stellungnahme zur Schiedsfähigkeit der Patentnichtigkeitsklage aus rechtsökonomischer Perspektive.

7 Kap. F.

C. Bedeutung der objektiven Schiedsfähigkeit für das Erkenntnis- und das Anerkennungs- und Vollstreckungsverfahren

In diesem Kapitel wird erarbeitet und dargestellt, in welchen prozessualen Konstellationen die objektive Schiedsfähigkeit in den verschiedenen Stadien von Erkenntnis- bzw. Anerkennungs- und Vollstreckungsverfahren in Erscheinung treten kann und welche Bedeutung sie in diesen Abschnitten jeweils hat. Hierbei ist grundlegend danach zu differenzieren, ob die Prüfung der objektiven Schiedsfähigkeit durch das angerufene Schiedsgericht vorzunehmen ist oder durch ein staatliches Gericht. Vorab erfolgen einige klarstellende Erläuterungen zum (begrifflichen) Gegenstand der objektiven Schiedsfähigkeit sowie dem Schiedsfähigkeitsstatut bei internationalen Streitigkeiten. Abschließend wird noch auf die Bedeutung des UNÜ im Kontext der Beurteilung der objektiven Schiedsfähigkeit eingegangen.

I. Gegenstand der objektiven Schiedsfähigkeit

In der Diskussion von Fragen zur objektiven Schiedsfähigkeit wird der Gegenstand der objektiven Schiedsfähigkeit begrifflich nicht einheitlich bezeichnet. Das Gesetz spricht in § 1030 Abs. 1 S. 1 und S. 2 ZPO von einem „Anspruch“ als Anknüpfungspunkt für die objektive Schiedsfähigkeit. In der Literatur findet sich zudem teilweise der Begriff „Streitigkeiten“, was auch von dem angelsächsischen Verständnis der „Arbitrability“, und hierbei dem Bezugspunkt der „disputes“, geprägt zu sein schein;[8] zudem spiegelt sich dieses Verständnis in § 1030 Abs. 2 S. 1 ZPO („Rechtsstreitigkeiten“) und Abs. 3 („Streitigkeiten“) wider. Ferner ist der Begriff des „Streitgegenstandes“, wohl in seinem zivilprozessualen Verständnis des zweigliedrigen Streitgegenstandsbegriffs, anzutreffen; hieran knüpfen auch § 1030 Abs. 1 S. 2 ZPO a.E., § 1059 Abs. 2 Nr. 2 a) ZPO und die deutsche Fassung von Art. V Abs. 2 (a) UNÜ (jeweils „der Gegenstand des Streites“) an.

Eine Klärung des Gebrauchs dieser Termini im Hinblick auf die Qualifizierung eines dieser Begriffe als „richtig“ und der anderen als „falsch“ erscheint an

---

8 Vgl. hierzu *Schlosser*, in: FS Fasching 1988, 405, 426 f.

dieser Stelle nicht möglich und auch nicht zielführend. In der Praxis stellt sich die Frage der objektiven Schiedsfähigkeit typischerweise in der Art, dass sich die Frage stellt, ob eine bestimmte „Angelegenheit", über die man mit der Gegenpartei im Streit liegt, vor einem Schiedsgericht ausgetragen werden kann, oder ob hierzu zwingend ein staatliches Gericht angerufen werden muss.

Die in § 1030 ZPO gewählte Bezeichnung des „Anspruchs" deutet auf ein materiell-rechtliches Verständnis des Bezugspunkts der objektiven Schiedsfähigkeit hin, da es sich hierbei nach § 194 BGB um einen legal-definierten materiell-rechtlichen Begriff handelt. Allerdings stellt sich regelmäßig nicht die Frage, ob ein einzelner Anspruch vor einem Schiedsgericht behandelt werden kann, sondern es geht typischerweise um die Streitigkeit über den betreffenden Anspruch bzw. über eine Vielzahl von Ansprüchen. Insbesondere das Beispiel der Patentnichtigkeitsklage zeigt, dass der Anspruch den Gegenstand der objektiven Schiedsfähigkeit nicht ganz treffend beschreibt: So begründet ein Patent verschiedene Ansprüche.[9] Die Frage ist jedoch weniger, ob diese Vielzahl von Ansprüchen einem Schiedsverfahren zugeführt werden können, als vielmehr, ob die Erklärung der Nichtigkeit des den Ansprüchen zugrundeliegenden Patentes durch ein Schiedsgericht im Rahmen eines Schiedsverfahrens zulässig ist. Die Erklärung eines Patents für nichtig ist jedoch kein Anspruch, sondern aus einer Nichtigerklärung können sich Ansprüche der Parteien gegeneinander ergeben. Der Anknüpfungspunkt des „Anspruchs" führt daher zu gewissen Unschärfen.

Der Bezugspunkt des Streitgegenstandes in seinem zivilprozessualen Verständnis bestehend aus Lebenssachverhalt und Antrag erscheint dogmatisch am überzeugendsten.[10] Denn aus dieser Perspektive ist der Gegenstand der objektiven Schiedsfähigkeit eine prozessuale Frage. So kann gefragt werden: „Kann der konkrete Streitgegenstand, so wie er geltend gemacht werden soll, von einem Schiedsgericht beschieden werden oder nicht?".

Da sich die Diskussion um entsprechende Streitfälle stets auf Arten von Streitigkeiten bezogen hat und noch bezieht (Patentnichtigkeitsklage, Beschlussmängelstreitigkeiten, bestimmte Kartellstreitigkeiten, etc.), ist jedoch auch das Abstellen auf Streitigkeiten bzw. Arten von Streitigkeiten nicht unsachgerecht.

Nach alledem soll die begriffliche Vielfalt zur Beschreibung des Gegenstandes der objektiven Schiedsfähigkeit an dieser Stelle nicht aufgelöst, sondern lediglich dargestellt werden.

---

9 Vgl. im Detail hierzu Kap. E. III. 1. (g).

10 So auch der Titel von *Schlosser*, in: FS Fasching 1988, 405: „Die objektive Schiedsfähigkeit des Streitgegenstandes"; so auch *Frost*, Schiedsgerichtsbarkeit, S. 35 ff.

II. Objektive Schiedsfähigkeit – Zuständigkeit – Schiedsvereinbarung

Die objektive Schiedsfähigkeit hat eine gewisse innere Verwobenheit mit der Zuständigkeit des Schiedsgerichts und mit der Schiedsvereinbarung (bzw. dessen Reichweite). Überwiegend wird die Schiedsfähigkeit im Rahmen der Zuständigkeit des Gerichts bzw. Schiedsgerichts behandelt oder als separater Prüfungspunkt. Teilweise wird die Schiedsfähigkeit aber auch unter dem Gesichtspunkt der Zulässigkeit bzw. Wirksamkeit der Schiedsvereinbarung behandelt.[11] Richtigerweise ist die objektive Schiedsfähigkeit im Rahmen der Zuständigkeit des Schiedsgerichts zu erörtern. Die objektive Schiedsfähigkeit ist eine notwendige aber nicht hinreichende Bedingung zur Begründung der Zuständigkeit eines Schiedsgerichts. Sie ist daher stets erforderlich, damit die Zuständigkeit eines Schiedsgerichts begründet werden kann, es bedarf aber noch weiterer Voraussetzungen, wie beispielsweise der wirksamen Unterstellung des Streitgegenstandes unter eine Schiedsabrede, was wiederum unter anderem die subjektive Schiedsfähigkeit[12] erfordert. Somit kommt es auf die objektive Schiedsfähigkeit immer nur an, wenn die Zuständigkeit eines Schiedsgerichts begründet werden soll und die Prüfung ist auch an dieser Stelle vorzunehmen. Gleichermaßen hängt die Wirksamkeit der Schiedsvereinbarung von der Schiedsfähigkeit insoweit ab, als eine Schiedsvereinbarung bei fehlender Schiedsfähigkeit in jedem Fall nichtig ist.[13] Die objektive Schiedsfähigkeit ist daher auch für die Wirksamkeit der Schiedsvereinbarung notwendige aber nicht hinreichende Bedingung. Da jedoch die objektive Schiedsfähigkeit und eine wirksame Schiedsabrede kumulativ die Zuständigkeit des Schiedsgerichts begründen, sollten sie auch in dieser Reihenfolge als Unterpunkte der Zuständigkeit behandelt werden.

III. Schiedsfähigkeitsstatut bei internationalen Schiedsverfahren

Zur Beantwortung der Frage, ob ein Anspruch oder eine Streitigkeit schiedsfähig ist, muss bei internationalen Schiedsverfahren zunächst das Recht bestimmt

---

11 S. beispielsweise *Brill*, Zulässigkeit gesellschaftsvertraglicher Schiedsvereinbarungen, der unter diesem Titel die Schiedsfähigkeit gesellschaftsvertraglicher Streitigkeiten inklusive Beschlussmängelstreitigkeiten behandelt.

12 Vgl. hierzu *Wolf/Eslami*, in: BeckOK, ZPO, § 1029 Rn. 7 ff. m.w.N.

13 Vgl. *Schulze*, Grenzen der objektiven Schiedsfähigkeit, S. 30.

werden, nach welchem sich diese Frage bemisst, das Schiedsfähigkeitsstatut. Bei der Klärung dieser Vorfrage sind verschiedene Aspekte zu beachten.

1. Besonderheiten bei internationalen Schiedsverfahren

Bei internationalen Schiedsverfahren gibt es verschiedene Ansätze zur Bestimmung des auf die Schiedsfähigkeit anwendbaren Rechts. Da die Parteien regelmäßig ihren jeweiligen Sitz in unterschiedlichen Rechtsordnungen haben und die Beziehungen der Parteien typischerweise grenzüberschreitenden Charakter haben, ist die Bestimmung des auf die objektive Schiedsfähigkeit anwendbaren Rechts regelmäßig nicht eindeutig und es ergibt sich eine Vielzahl möglicher Lösungswege. Von *Lew/Mistelis/Kröll*[14] werden folgende mögliche Ansatzpunkte relevanter Rechtsordnungen identifiziert:

„1. Das nationale Recht am Sitz der Parteien oder einer Partei.
2. Das Recht, das auf den zugrundeliegenden Vertrag anwendbar ist (lex causae).
3. Das Recht des Landes, in dem das Schiedsgericht seinen Sitz hat (lex loci arbitri).
4. Das Recht desjenigen Landes, das in Abwesenheit einer Schiedsvereinbarung zuständig wäre.
5. Das Recht des Landes, in dem eine spätere Vollstreckung am wahrscheinlichsten ist.
6. Das Recht, das auf die Schiedsvereinbarung anwendbar ist.
7. Eine Kombination der unter 1. – 6. genannten.
8. Allgemeine und grundsätzliche Prinzipien des Rechts."

Welche dieser möglichen Regeln in einem internationalen Schiedsverfahren letztlich Anwendung finden, kann nicht in allgemeiner Form bestimmt werden; maßgeblich sind die jeweils einschlägigen kollisionsrechtlichen Regelungen.[15]

2. Rechtliche Lage in Deutschland

Die Frage nach dem Schiedsfähigkeitsstatut kann in verschiedenen prozessualen Situationen bzw. Konstellationen relevant werden.[16]

---

14 *Lew/Mistelis/Kröll*, Arbitration, S. 196.

15 Vgl. nur *Redfern/Hunter*, International Arbitration, 2. F. (a), Rn. 2.128, die lediglich anführen, dass und welche rechtlichen Regelungen generell bei Anwendbarkeit auf die Schiedsfähigkeit in Betracht kommen.

16 Vgl. hierzu auch *Kaneko*, EU-Einheitspatent, S. 142 ff.

Im Aufhebungs- und Vollstreckungsverfahren innerhalb des Zuständigkeitsbereichs deutscher Gerichte ist gemäß § 1059 Abs. 2 Nr. 2 a) ZPO stets deutsches Recht, also § 1030 ZPO, maßgeblich.

Hinsichtlich der übrigen Verfahrensabschnitte – also dem Erkenntnisverfahren – gibt es keine explizite gesetzliche Regelung des entsprechenden Anknüpfungspunkts. Dennoch soll nach herrschender Meinung der Gedanke der Regelung von § 1059 Abs. 2 Nr. 2 a) ZPO in Abwesenheit einer Vereinbarung über das Schiedsfähigkeitsstatut insoweit übertragbar sein, als dass deutsches Recht auf die objektive Schiedsfähigkeit anzuwenden sein soll, wenn der vereinbarte Schiedsort in Deutschland liegt; teilweise wird zur Begründung auch auf § 1025 Abs. 1 ZPO verwiesen, wonach generell die Anwendbarkeit des Zehnten Buchs der ZPO bei einem deutschen Schiedsort gegeben ist.[17] Dieses Territorialprinzip, das allgemein zur Anwendbarkeit der §§ 1025 ff. ZPO als lex fori führt, soll bereits nach der Regierungsbegründung[18] zwingend sein und nicht der Parteidisposition unterliegen.

a) Kumulative Anwendbarkeit weiterer Regelungen und Verhältnis zum Schiedsvereinbarungsstatut

Fraglich ist, welches Recht im Falle eines in Deutschland angestrengten Aufhebungs- oder Vollstreckungsverfahrens Anwendung findet, wenn die Parteien eines Schiedsverfahrens ein ausländisches Schiedsvereinbarungsstatut gewählt haben und deutsche Gerichte für die Streitigkeit zuständig wären, wenn es – hypothetisch – keine Schiedsvereinbarung gäbe. Hierzu wird vertreten, dass der Anspruch in jedem Fall den Anforderungen des deutschen Rechts, also § 1030 ZPO, genügen muss, um als schiedsfähig zu gelten.[19] Dieser Sichtweise ist zuzustimmen. Soweit deutsche staatliche Gerichte in Abwesenheit einer wirksamen Schiedsvereinbarung zuständig wären, muss der Anspruch jedenfalls der Vorschrift des § 1030 ZPO genügen, um schiedsfähig zu sein. Dafür spricht bereits das in der Regierungsbegründung zum neuen Schiedsrecht hervorgehobene Territorialprinzip im Falle eines deutschen Schiedsortes.[20] Insoweit kann

17 OLG München, Beschl. v. 7.7.2014 - 34 SchH 18/13 - NJOZ 2015, 737, 738; *Schmidt-Ahrendts/Höttler*, SchiedsVZ 2011, 267, 275; *Münch*, in: MünchKomm, ZPO, § 1030 Rn. 22; *Schlosser*, in: Stein/Jonas, ZPO, § 1030 Rn. 30; *Geimer*, in: Zöller, ZPO, § 1030 Rn. 24.

18 BT-Drs. 13/5274, S. 31.

19 Das folgt als Umkehrschluss aus den Ausführungen von *Schmidt-Ahrendts/Höttler*, SchiedsVZ 2011, 267, 275 f.

20 Vgl. BT-Drs. 13/5274, S. 31.

davon ausgegangen werden, dass das Territorialprinzip auf vorliegende Konstellation zu erstrecken ist. Ferner spricht für die Anwendbarkeit von § 1030 ZPO, dass deutsche Gerichte, soweit sie angerufen würden, bei der Prüfung des Vorliegens einer wirksamen Schiedsabrede, ohnehin auf die Regelungen der deutschen ZPO als lex fori zurückgreifen würden. Damit nun Schiedsgericht und staatliches Gericht zur Frage der Schiedsfähigkeit die gleichen Maßstäbe anwenden, ist die zwingende Anwendbarkeit von § 1030 ZPO zu fordern.

Umstritten ist sodann die Frage, ob bei Wahl eines anderen als deutschen Schiedsvereinbarungsstatuts, weitere, über § 1030 ZPO hinausgehende, Regelungen auf die Frage der Schiedsfähigkeit anzuwenden sind. Insbesondere stellt sich die Frage, ob das auf die Schiedsvereinbarung anwendbare Recht, im Falle einer diesbezüglichen, zulässigen[21] Rechtswahl der Parteien, auch kumulativ auf die Frage der objektiven Schiedsfähigkeit anzuwenden ist, was zur Folge hätte, dass der Anspruch § 1030 ZPO *sowie weiteren* rechtlichen Voraussetzungen genügen müsste, damit die Schiedsfähigkeit zu bejahen ist.

Nach einer Ansicht soll allein § 1030 ZPO maßgeblich sein, da § 1059 Abs. 2 Nr. 2 a) ZPO eine abschließende Spezialregel sei und daher ein (zusätzliches) Abstellen auf das Schiedsvereinbarungsstatut nicht in Betracht komme.[22]

Nach der Gegenauffassung soll die objektive Schiedsfähigkeit neben § 1030 ZPO auch dem Schiedsvereinbarungsstatut genügen müssen, falls dieses nicht ebenfalls deutsches Recht ist.[23]

b) *Stellungnahme*

Soweit die Parteien bei einer Streitigkeit mit deutschem Schiedsort nicht deutsches Recht als Schiedsvereinbarungsstatut gewählt haben, so ist eine kumulative Anwendbarkeit beider Rechtsregime letztlich abzulehnen und es ist hinsichtlich der objektiven Schiedsfähigkeit allein deutsches Recht maßgeblich. Zwar ist es den Parteien zuzugestehen, hinsichtlich der Frage der Schiedsfähigkeit

21 Das auf die Schiedsvereinbarung anwendbare Recht kann nach h.M. frei gewählt werden, vgl. *Lachmann*, Rn. 195; *Koussoulis*, in: FS Schlosser 2005, 415, 419.

22 Vgl. OLG München, Beschl. v. 7.7.2014 - 34 SchH 18/13 - NJOZ 2015, 737, 738; *Schlosser*, in: Stein/Jonas, ZPO, § 1030 Rn. 30; *Münch*, in: MünchKomm, ZPO, § 1030 Rn. 22; wohl auch *Baumann*, Patentstreitigkeiten, S. 104, allerdings bezugnehmend auf internationales Recht; auch *Holzner*, Die objektive Schiedsfähigkeit, S. 53 ff.

23 *Schmidt-Ahrendt/Höttler*, SchiedsVZ 2011, 267, 275; *Böcker*, Objektive Schiedsfähigkeit, S. 255; *Voit*, in: Musielak/Voit, ZPO, § 1030 Rn. 10; *Geimer*, in: Zöller, ZPO, § 1030 Rn. 24 will indes auf das Recht des Schiedsortes abstellen.

einer Streitigkeit strengere Anforderungen, als § 1030 ZPO sie stellt, zu vereinbaren, wenngleich die objektive Schiedsfähigkeit prinzipiell nicht der Disposition der Parteien unterliegt.[24] Denn schließlich können die Parteien ohnehin frei entscheiden, ob und ggf. welche Ansprüche oder Streitigkeiten sie einer Schiedsvereinbarung unterwerfen wollen und welche Ansprüche der staatlichen Gerichtsbarkeit unterliegen sollen. Demnach erscheint es nicht sachgerecht, dass sich die Frage, ob ein Anspruch schiedsfähig ist, zwingend allein nach § 1030 ZPO bestimmen soll, ohne dass die Parteien das Vorliegen weiterer Voraussetzungen fordern dürften.[25]

Der Wille der Parteien, die Schiedsfähigkeit an das Vorliegen weiterer Voraussetzungen zu knüpfen, die kumulativ zu § 1030 ZPO erfüllt sein müssen, muss jedoch erkennbar erklärt sein. Da hier jedoch der Fall untersucht wird, in dem die Parteien zwar das Schiedsvereinbarungsstatut bestimmt haben, nicht jedoch explizit das Schiedsfähigkeitsstatut, so müsste (allein) aus der Wahl des Schiedsvereinbarungsstatuts der Wille geschlossen werden können, dass auch die objektive Schiedsfähigkeit diesem Recht unterliegen soll bzw. dass die Anforderungen, die nach diesem Recht für die objektive Schiedsfähigkeit gelten, ebenfalls erfüllt sein sollen. Gemäß §§ 133, 157 BGB ist hierbei der wirkliche Wille der Parteien zu erforschen. Eine solche Erklärung kann jedoch gerade nicht allein in der Bestimmung eines Schiedsvereinbarungsstatuts erblickt werden. Denn das Schiedsvereinbarungsstatut betrifft gänzlich andere Regelungsinhalte als die Frage der objektiven Schiedsfähigkeit. So geht es bei dem Schiedsvereinbarungsstatut um die Frage, nach welchen Regeln sich bemisst, ob eine wirksame Schiedsvereinbarung vorliegt bzw. ob die betreffende Streitigkeit oder der geltend gemachte Anspruch von der Schiedsabrede erfasst sind. Es handelt sich

---

24 *Münch*, in: MünchKomm, ZPO, § 1040 Rn. 16.

25 Die Möglichkeit, strengere als die gesetzlich zwingenden Voraussetzungen an die objektive Schiedsfähigkeit zu stellen, steht in einem Spannungsfeld zur fehlenden Dispositionsbefugnis hinsichtlich der objektiven Schiedsfähigkeit. Falls die Parteien auf Basis einer parteiautonomen Vereinbarung die Anwendbarkeit von gesetzlich nicht zwingenden – strengeren – Regeln zur objektiven Schiedsfähigkeit vereinbaren, so wird man die *Bestimmung dieser Anwendbarkeit* als Einschränkung der Schiedsvereinbarung zu qualifizieren haben. Denn infolge einer solchen Bestimmung unterfallen gewisse Streitigkeiten nicht dem Anwendungsbereich der Schiedsabrede. Gleichwohl kommt es auf Basis einer solchen Bestimmung zur Anwendung von Regeln zur, für sich genommen nicht disponiblen, objektiven Schiedsfähigkeit. Die Wahl von weniger strengen als den gesetzlichen Regelungen zur objektiven Schiedsfähigkeit ist nicht möglich, da es insoweit an der Dispositionsbefugnis der Parteien fehlt.

also um die Auslegung einer Willenserklärung: „Wollten die Parteien diese Streitigkeit einem Schiedsverfahren unterstellen?“ Demgegenüber ist die Frage der objektiven Schiedsfähigkeit davon geprägt, wie der einzelne Staat den Bereich dessen absteckt, was in einem außergerichtlichen Verfahren beigelegt werden darf und wofür zwingend die staatlichen Gerichte angerufen werden müssen; hier geht es also um eine Einordnung, die nicht die Parteien, sondern gerade der Staat vornimmt. Mithin erscheint die Ansicht, die Wahl des Schiedsvereinbarungsstatuts beinhalte per se auch den Parteiwillen, dieses Recht auf die objektive Schiedsfähigkeit anzuwenden, nicht sachgerecht.

Gleichwohl können die Parteien die Beurteilung der Schiedsfähigkeit auch dem Recht, das auf die Schiedsvereinbarung angewendet wird, unterstellen. Hierzu müssen jedoch hinreichende Anhaltspunkte gegeben sein, die diesen Parteiwillen zum Ausdruck bringen.

IV. Entscheidung über die objektive Schiedsfähigkeit im Schiedsverfahren und vor staatlichen Gerichten

Sodann bleibt zu erörtern, wem die Entscheidungskompetenz hinsichtlich der Beurteilung der Schiedsfähigkeit zukommt. Hierbei kommen sowohl angerufene Schiedsgerichte als auch staatliche Gerichte in Betracht und es sind die Vorschriften der §§ 1032 und 1040 ZPO sowie deren systematische Stellung zueinander zu beachten. Ferner ist zwischen dem Stadium des Erkenntnisverfahrens und dem des Anerkennungs- und Vollstreckungsverfahrens zu unterscheiden.

1. Rechtsfolgen der Schiedsunfähigkeit

Bevor in den folgenden Abschnitten auf die verschiedenen Konstellationen eingegangen wird, in denen es zu einer Behandlung der objektiven Schiedsfähigkeit kommen kann, soll in diesem Abschnitt dargestellt werden, was die fehlende objektive Schiedsfähigkeit bzw. Schiedsunfähigkeit zur Folge hat. Ein Verständnis hiervon ist bedeutsam um die Implikationen, die eine Entscheidung über die objektive Schiedsfähigkeit in verschiedenen prozessualen Situationen haben kann, richtig einordnen zu können. Die tatbestandlichen Voraussetzungen der objektiven Schiedsfähigkeit werden sowohl im Allgemeinen[26] als auch spezifisch mit Blick auf die Patentnichtigkeitsklage[27] an anderer Stelle dargestellt.

---

26 Vgl. Kap. D. I.

27 Vgl. Kap. E. I.

Die Folgen bzw. Rechtswirkungen der Schiedsunfähigkeit sind nicht ganz trivial und sollen im Folgenden zusammenfassend in den Blick genommen werden. In dogmatischer Hinsicht ist die unmittelbare Folge der Schiedsunfähigkeit, dass für die betreffende Streitigkeit staatliche Gerichte ausschließlich zuständig sind.[28] Die wirksame Begründung einer schiedsgerichtlichen Zuständigkeit ist dann nicht möglich.

Rechtstatsächlich wirkt sich die Schiedsunfähigkeit einer Streitigkeit folgendermaßen aus[29]: Sollten die Parteien ein Schiedsverfahren über einen nach deutschem Recht schiedsunfähigen Streitgegenstand durchführen, so wäre dieser Schiedsspruch[30] in Deutschland nach § 1060 Abs. 2 S. 1 i.V.m. § 1059 Abs. 2 Nr. 2 a) ZPO (inländischer Schiedsspruch) bzw. § 1061 Abs. 1 S. 1 ZPO i.V.m. Art. V Abs. 2 a) UNÜ (ausländischer Schiedsspruch) nicht anerkennungs- und nicht vollstreckungsfähig. Ein Schiedsspruch soll zwar gemäß § 1055 ZPO zwischen den Parteien die Wirkung eines rechtskräftigen Urteils entfalten. Entgegen dem Wortlaut dieser Norm beschränkt sich die Wirkung des Schiedsspruchs insoweit jedoch auf die materielle Rechtskraft des Schiedsspruchs gemäß § 322 ZPO.[31] Die materielle Rechtskraft verhindert, dass über den Streitgegenstand eines (Schieds-)Verfahrens noch mal gerichtlich oder schiedsgerichtlich verhandelt oder entschieden werden darf.[32] Ein Schiedsspruch ist jedoch nicht wie ein gerichtliches Urteil gemäß § 704 Alt. 1 ZPO aus sich heraus vollstreckbar, sondern bedarf nach § 1060 Abs. 1 ZPO der Vollstreckbarerklärung.[33] Die Vollstreckbarerklärung ist bei einem schiedsunfähigen Streitgegenstand allerdings ausgeschlossen. In diesem Zusammenhang wird die Schiedsfähigkeit sowohl bei inländischen als auch bei ausländischen Schiedssprüchen von Amts wegen durch das Gericht

28 Vgl. Kap. C. II.

29 Vgl. hierzu auch Kap. C. IV. 4.

30 Gegenstand einer Vollstreckbarerklärung kann immer nur ein Schiedsspruch sein, nicht jedoch ein Exequaturhurteil eines anderen Landes, vgl. BGH, Urt. v. 2.7.2009 - IX ZR 152/06 - NJW 2009, 2826, 2827. Dies unterstreicht die territoriale Gebundenheit der Schiedsfähigkeit.

31 S. Kap. E. IV. 1.; vgl. zudem BGH, Urt. v. 13.1.2009 - XI ZR 66/08 - NJW-RR 2009, 790; *Wilske/Markert*, in: BeckOK, ZPO, § 1055 Rn. 3.

32 BGH, Urt. v. 13.1.2009 - XI ZR 66/08 - NJW-RR 2009, 790, wonach die Wirkung der materiellen Rechtskraft beim Schiedsspruch nur zwischen den Parteien gilt und wonach auch hierbei der zweigliedrige Streitgegenstandsbegriff maßgeblich ist.

33 Vgl. *Münch*, in: MünchKomm, ZPO, § 1060 Rn. 3.

geprüft.[34] Hierbei ist seitens des Vollstreckungsgläubigers zu beachten, dass bei einer avisierten Vollstreckung in- oder ausländischer Schiedssprüche hinsichtlich der objektiven Schiedsfähigkeit jeweils das Recht des Staates maßgeblich ist, in dem vollstreckt werden soll,[35] was ggf. auch bei der Auswahl von Vollstreckungsobjekten zu berücksichtigen ist.

Die verschiedenen prozessualen Konstellationen, in denen sich die Frage nach der objektiven Schiedsfähigkeit stellen kann, werden nachfolgend untersucht.

2. Prüfung durch Schiedsgericht / Kompetenz-Kompetenz / Präklusion

Ausgangspunkt der Kompetenz zur Prüfung der Schiedsfähigkeit durch das Schiedsgericht im Stadium des Erkenntnisverfahrens ist die in § 1040 Abs. 1 S. 1 ZPO normierte sogenannte Kompetenz-Kompetenz. Hiernach ist das Schiedsgericht für die Feststellung der eigenen Zuständigkeit zuständig. Da ein Schiedsgericht jedoch nur dann zuständig sein kann, wenn der Streitgegenstand schiedsfähig ist, ist auch die Schiedsfähigkeit durch das Schiedsgericht selbst zu prüfen.[36] Anders als generell bzgl. der eigenen Zuständigkeit[37] hat das Schiedsgericht bereits zu Beginn des Verfahrens im Rahmen der Prüfung der eigenen Zuständigkeit unabhängig von einem Antrag einer Partei die Schiedsfähigkeit

---

34 Zu § 1059 Abs. 2 Nr. 2 a) (Aufhebungsgrund bei inländischen Schiedssprüchen) vgl. *Münch*, in: MünchKomm, ZPO, § 1059 Rn. 11 mit Verweis auf BT-Drs. 13/5274, S. 59; zu Art. V Abs. 2 a) UNÜ vgl. *Wilske/Markert*, in: BeckOK, ZPO, § 1061 Rn. 46.

35 Für deutsche inländische Schiedssprüche ergibt sich dies aus § 1059 Abs. 2 Nr. 2 a) ZPO. Für ausländische Schiedssprüche ergibt sich dieser Maßstab generell aus Art. V Abs. 2 a) UNÜ.

36 *Lachmann*, Rn. 204 argumentiert, die Schiedsfähigkeit sei Voraussetzung für die Wirksamkeit der Schiedsabrede. Auch daraus folgt im Ergebnis die Prüfungskompetenz des Schiedsgerichts. Zudem spricht die Formulierung des UNÜ in Art. II Nr. 1 a.E., wo die objektive Schiedsfähigkeit als Voraussetzung dafür genannt wird, dass eine Schiedsabrede zu akzeptieren ist, dafür, dass die objektive Schiedsfähigkeit Bestandteil des Prüfungsumfangs der Zuständigkeit des Schiedsgerichts ist.

37 Hinsichtlich der eigenen Zuständigkeit besteht aufgrund der Möglichkeit des rügelosen Einlassens der Parteien gerade keine generelle Prüfungs*pflicht* des Schiedsgerichts, vgl. *Triebel/Hafner*, SchiedsVZ 2009, 313, 317; a.A.: *Seiler*, in: Thomas/Putzo, § 1040 Rn. 2 mit dem Argument, die Unzuständigkeit sei ein Aufhebungsgrund nach § 1059 Abs. 2 Nr. 1a, c, Nr. 2a ZPO; hierbei wird jedoch verkannt, dass die Präklusionswirkung auch die Phase von Aufhebung und Vollstreckung umfasst, vgl. BGH, Beschl. v. 27.3.2003 - III ZB 83/02 - SchiedsVZ 2003, 133.

der vorgelegten Streitigkeit zu prüfen.[38] Daher müssen die Entscheidung über die Zuständigkeit des Schiedsgerichts und die Entscheidung über die Schiedsfähigkeit des Streitgegenstandes stets getrennt betrachtet werden, wenngleich diese beiden Fragen miteinander verwoben sind.

Die fehlende Schiedsfähigkeit der Streitigkeit kann auch nicht durch rügeloses Einlassen überwunden werden, da die Frage der Schiedsfähigkeit gar nicht zur Disposition der Parteien steht, es somit auf die Rüge nach § 1040 Abs. 2 S. 1 ZPO nicht ankommt.[39] Auch die zwar in § 1040 ZPO nicht explizit normierte, aufgrund der Systematik der Regelung jedoch allgemein anerkannte[40] Präklusionswirkung des Ausbleibens der Rüge kann bezogen auf die Schiedsfähigkeit nicht eingreifen, sodass die Parteien sich während des gesamten Verfahrens auf die fehlende Schiedsfähigkeit berufen können.[41] Im Falle fehlender Schiedsfähigkeit hat das Schiedsgericht die Schiedsklage durch Prozessschiedsspruch abzuweisen.[42]

Lehnt das Schiedsgericht indes seine eigene Zuständigkeit ab, weist es die Schiedsklage durch Prozessschiedsspruch ab[43] und dieser Schiedsspruch unterliegt dem Aufhebungsverfahren.[44] Da insoweit eine révision au fond nicht zulässig ist, kann die die Zuständigkeit verneinende schiedsgerichtliche Entscheidung gerichtlich nicht inhaltlich sondern nur gemäß § 1059 Abs. 2 ZPO geprüft werden.[45] Sofern daher ein die Zuständigkeit verneinender Prozessschiedsspruch

---

38 Vgl. *Wolf/Eslami*, in: BeckOK, ZPO, § 1040 Rn. 18; *Münch*, in: MünchKomm, ZPO, § 1040 Rn. 16.

39 *Münch*, in: MünchKomm, ZPO, § 1040 Rn. 16; *Kaneko*, EU-Einheitspatent, S. 234.

40 *Triebel/Hafner*, SchiedsVZ 2009, 313, 316 m.w.N.; zur Präklusionswirkung sogar bis ins Stadium von Anerkennung und Vollstreckung reichend, vgl. BGH, Beschl. v. 27.3.2003 - III ZB 83/02 - SchiedsVZ 2003, 133.

41 Vgl. *Wolf/Eslami*, in: BeckOK, ZPO, § 1040 Rn. 18 a.E.

42 BGH, Beschl. v. 6.6.2002 - III ZB 44/01 - NJW 2002, 3031f.; OLG Frankfurt a.M., Beschl. v. 17.1.2013 - 26 Sch 24/12 - SchiedsVZ 2013, 341, 343; *Münch*, in: MünchKomm, ZPO, § 1040 Rn. 16; *Schlosser*, in: Stein/Jonas, ZPO, § 1040 Rn. 17; *Voit*, in: Musielak/Voit, ZPO, § 1040 Rn. 8 meint hingegen, es handele sich um einen Beschluss nach § 1056 Abs. 2 Nr. 3 ZPO, da ein Schiedsspruch, auch als Prozessspruch, mangels Zuständigkeit gerade nicht ergehen könne.

43 *Münch*, in: MünchKomm, ZPO, § 1040 Rn. 29.

44 *Schlosser*, in: Stein/Jonas, ZPO, § 1040 Rn. 17. Da § 1040 Abs. 2 und 3 ZPO nur die Rüge bzw. „gerichtliche Entscheidung" gegen eine die Zuständigkeitt *bejahende* schiedsgerichtliche Entscheidung vorsehen, ist für diese Verteidigungsmittel bei einer die Schiedsfähigkeit *verneinden* Entscheidung kein Raum.

45 *Wolf/Eslami*, in: BeckOK, ZPO, § 1040 Rn. 20.

nicht im Aufhebungsverfahren angegriffen wird, kommt es in jedem Fall zur Zuständigkeit der staatlichen Gerichte, auch wenn das Schiedsgericht seine eigene Zuständigkeit zu Unrecht abgelehnt hat.

Fraglich ist, ob eine solche automatische Zuständigkeit der staatlichen Gerichte auch zustande kommt, wenn das Schiedsgericht sich allein auf Basis der fehlenden Schiedsfähigkeit des Streitgegenstandes für unzuständig erklärt und diese Entscheidung des Schiedsgerichts nicht durch eine Partei angegriffen wird. Gegen eine solche zwingende Zuständigkeit staatlicher Gerichte spricht vordergründig, dass dies präklusionsähnlich wirken würde, der Gedanke der Präklusion jedoch, wie bereits gezeigt, mangels Verfügungsbefugnis der Parteien hinsichtlich der Schiedsfähigkeit des Streitgegenstandes gerade keine Anwendung finden kann, soweit es um die Zuständigkeitsbegründung des Schiedsgerichts geht. Gleichwohl ist hier Raum für eine solche Zuständigkeitsbegründung staatlicher Gerichte. Denn die Situation, dass ein Schiedsgericht sich für *un*zuständig erklärt und keine Partei eine Aufhebung dieser Entscheidung bewirkt, ist in vielerlei Hinsicht vergleichbar mit der Situation, in der eine Partei trotz einer wirksamen Schiedsvereinbarung ein staatliches Gericht anruft und die Gegenpartei es bis zu Beginn der mündlichen Verhandlung unterlässt, dies zu rügen. Für diese Situation sieht § 1032 Abs. 1 ZPO jedoch vor, dass die Zuständigkeit staatlicher Gerichte begründet wird; für eine Klagabweisung aufgrund der Unzuständigkeit infolge einer Schiedsvereinbarung ist in dieser Konstellation die Rüge des Beklagten erforderlich.[46]

Zusammenfassend lässt sich sagen, dass eine Präklusionswirkung, die trotz fehlender Schiedsfähigkeit des Streitgegenstands zur Zuständigkeit des Schiedsgerichts führt, nicht möglich ist, da die Parteien insoweit nicht über die Schiedsfähigkeitsfrage disponieren können. Hingegen ist eine Präklusionswirkung, die bei Schiedsfähigkeit des Streitgegenstandes zur Zuständigkeit staatlicher Gerichte führt, möglich, da es hierbei keiner Disposition über die Schiedsfähigkeit bedarf und die Parteien auch bei Vorliegen von objektiver Schiedsfähigkeit und einer wirksamen Schiedsklausel, dennoch – falls beide Parteien dies dann wünschen – ihre Streitigkeit vor einem staatlichen Gericht austragen dürfen, was insbesondere in der Regelung von § 1032 Abs. 1 ZPO seinen Niederschlag bzw. normativen Anknüpfungspunkt findet.

46 BGH, Beschl. v. 4.7.1996 - III ZR 145/95 - NJW–RR 1996, 1150; *Schlosser*, in: Stein/Jonas, ZPO, § 1032 Rn. 1; *Münch*, in: MünchKomm, ZPO, § 1032 Rn. 4 treffend: „(...) der Gang zum Schiedsgericht ist Recht, aber nicht etwa Pflicht!“.

3. Gerichtliche Prüfung im Erkenntnisverfahren

Staatliche Gerichte können mit der Frage der Schiedsfähigkeit einer Streitigkeit in verschiedenen Abschnitten und Konstellationen des Erkenntnisverfahrens im Zusammenhang mit einem Schiedsverfahren in Berührung kommen. Neben der Situation einer erhobenen Patentnichtigkeitsklage bei Vorliegen einer Schiedsklausel und der Berufung des Beklagten hierauf kommen auch weitere mögliche Konstellationen, in denen ein staatliches Gericht mit der Frage der Schiedsfähigkeit des Streitgegenstandes betraut wird, in Betracht.

a) Entscheidung im Patentnichtigkeitsverfahren

Erhebt eine Partei Nichtigkeitsklage vor dem BPatG gemäß § 81 PatG gegen den Inhaber eines Patents, um das Patent für nichtig erklären zu lassen,[47] und rügt der Patentinhaber die Unzuständigkeit des BPatG wegen einer Schiedsvereinbarung, so hat das BPatG die Schiedsfähigkeit der Klage gemäß § 99 Abs. 1 PatG i.V.m. §§ 1032 Abs. 1, 1030 ZPO zu prüfen. Die einzelnen möglichen Entscheidungskonstellationen im Rahmen § 1032 Abs. 1 ZPO werden im Folgenden allgemein dargestellt.

b) Entscheidung nach § 1032 Abs. 1 ZPO

Neben der Möglichkeit der Überprüfung der Schiedsfähigkeit des Streitgegenstandes gemäß § 1032 Abs. 1 ZPO im Rahmen der Patentnichtigkeitsklage nach § 81 PatG kann auch vor den ordentlichen Gerichten eine Entscheidung nach § 1032 Abs. 1 ZPO, zum Beispiel im Rahmen einer Verletzungsklage, erforderlich sein. Hierbei sind wiederum verschiedene mögliche Konstellationen zu unterscheiden.

aa) Kein Schiedsgericht angerufen

Es kommt die Anrufung des staatlichen Gerichts zur Entscheidung in der Sache in Betracht, obwohl eine (möglicherweise wirksame) Schiedsklausel vorliegt und ohne dass zuvor ein Schiedsgericht angerufen wurde.[48] Die sachliche und örtliche Zuständigkeit in diesem Fall bemisst sich danach, welches staatliche Gericht in Abwesenheit einer wirksamen Schiedsvereinbarung nach den allgemeinen

---

47 Zur Patentnichtigkeitsklage nach § 81 PatG ausführlich Kap. E. III. 2.

48 Zu dieser Konstellation und den kollisionsrechtlichen Bezügen s. auch BGH, Urt. v. 26.11.2020 – I ZR 245/19 – BeckRS 2020, 35147.

Regeln des jeweiligen Rechtsweges, also typischerweise des Zivilrechtsweges, zuständig wäre.[49] In dieser prozessualen Situation, in der das staatliche Gericht zur Entscheidung in der Sache angerufen wird, ohne dass zuvor ein Schiedsgericht mit dem Fall betraut war, ist die Vorschrift des § 1032 Abs. 1 ZPO maßgeblich. Das staatliche Gericht hat gemäß § 1032 Abs. 1 ZPO u.a. zu prüfen, ob die Schiedsvereinbarung „nichtig, unwirksam oder undurchführbar" ist. Die Frage der Schiedsfähigkeit des Streitgegenstandes unterfällt hierbei, soweit überhaupt zwischen den Merkmalen der Nichtigkeit und der Unwirksamkeit unterschieden wird, dem Merkmal der Nichtigkeit der Schiedsvereinbarung, und liegt damit in der Prüfungszuständigkeit des angerufenen staatlichen Gerichts.[50]

bb) Schiedsgericht ebenfalls angerufen

Die nächste mögliche prozessuale Konstellation liegt darin, dass ein staatliches Gericht angerufen wird, obwohl bereits zuvor oder parallel hierzu ein Schiedsgericht angerufen wurde, das Schiedsgericht sich jedoch noch nicht gebildet[51] hat. Grundsätzlich ändert sich an der Prüfung durch das staatliche Gericht nichts, da gemäß § 1032 Abs. 3 ZPO die gerichtliche Überprüfung der Zuständigkeit des Schiedsgerichts durch das staatliche Gericht und das eigentliche Schiedsverfahren parallel laufen können, damit einer möglichen Prozessverschleppung durch die Einschaltung staatlicher Gerichte kein Raum gegeben wird.[52] Hierbei ist zu beachten, dass nach allgemeiner Ansicht die Regelungssystematik von § 1040 Abs. 3 ZPO in diesem Zusammenhang so zu verstehen ist, dass die Kompetenz-Kompetenz des Schiedsgerichts lediglich vorläufiger Natur ist und die abschließende Entscheidungsgewalt über die Zuständigkeit bei den staatlichen Gerichten liegt.[53] Zudem ist die abschließende Prüfungskompetenz der

49 Vgl. *Haas*, in: FS Rechberger 2005, 187, 198.

50 *Wolf/Eslami*, in: BeckOK, ZPO, § 1032 Rn. 15; *Münch*, in: MünchKomm, ZPO, § 1032 Rn. 8.

51 Die Unterscheidung, ob sich das Schiedsgericht bereits gebildet hat oder nicht, fußt auf dem Wortlaut von § 1032 Abs. 2 ZPO sowie hinsichtlich der gerichtlichen Prüfung nach § 1032 Abs. 1 ZPO auf der Systematik der betreffenden Vorschriften: Der Titel des 3. Abschnitts des 10. Buchs der ZPO lautet „Bildung des Schiedsgerichts" und ist mit den §§ 1034 - 1039 ZPO zwischen § 1032 ZPO und § 1040 ZPO angesiedelt, vgl. *Haas*, in: FS Rechberger 2005, 187, 196; *Voit*, in: Musielak/Voit, ZPO, § 1032 Rn. 10; *Geimer*, in: Zöller, ZPO, § 1040 Rn. 2; *Münch*, in: MünchKomm, ZPO, § 1032 Rn. 22.

52 *Saenger*, in: Saenger, ZPO, § 1032 Rn. 18.

53 BT-Drs. 13/5274, S. 26; *Geimer*, in: Zöller, ZPO, § 1040 Rn. 1: „Das staatliche Gericht hat also das letzte Wort"; *Schlosser*, in: Stein/Jonas, ZPO, § 1040 Rn. 1; a.A.: *Habscheid*, in: FS Schlosser 2005, 247, 254, der sich für eine Fortgeltung des nach altem

staatlichen Gerichte zwingendes Recht, sodass ein vertraglicher Ausschluss der staatlichen Entscheidungskompetenz nach § 1040 Abs. 3 S. 1 ZPO über die Zuständigkeit des Schiedsgerichts nicht möglich ist.[54] Die konkreten Auswirkungen dieser Regelung müssen jedoch hinsichtlich der unterschiedlichen Entscheidungsinhalte differenzierend betrachtet werden.

(1) Objektive Schiedsfähigkeit gegeben

Die Klagabweisung durch das staatliche Gericht im Rahmen der Entscheidung gemäß § 1032 Abs. 1 ZPO auf Basis der Schiedsfähigkeit des Streitgegenstandes und des Vorliegens aller sonst erforderlichen Voraussetzungen der Zulässigkeit des Schiedsverfahrens, stellt die Zuständigkeit des Schiedsgerichts mit Erlangen der Rechtskraft auch für das Schiedsverfahren bindend fest.[55]

(2) Objektive Schiedsfähigkeit nicht gegeben

Ist der Streitgegenstand jedoch nicht schiedsfähig und infolgedessen eine Zuständigkeit des Schiedsgerichts nicht gegeben, so kann das in der Sache angerufene staatliche Gericht auf zwei Arten reagieren. Es kann einerseits die Zuständigkeitsfrage durch Zwischenurteil gemäß § 280 Abs. 2 ZPO getrennt vom Hauptsacheverfahren entscheiden.[56] Diese Entscheidung ist rechtskraftfähig und führt zum Zeitpunkt des Erwachsens in Rechtskraft dazu, dass ein dennoch erlassener

---

Schiedsrecht von der Rechtsprechung anerkannten Verständnisses einer bindenden Kompetenz-Kompetenz des Schiedsgerichts stark macht und argumentiert, das Gesetz regele die Unzulässigkeit der Kompetenz-Kompetenz nicht und die Regierungsbegründung sei nicht bindend.

54 BGH, Urt. v. 13.1.2005 - III ZR 265/03 - NJW 2005, 1125, 1126; *Huber*, SchiedsVZ 2003, 73, 75; *Geimer*, in: Zöller, ZPO, § 1040 Rn. 1; *Schlosser*, in: Stein/Jonas, ZPO, § 1040 Rn. 1.

55 Im Ergebnis so: BGH, Beschl. v. 18.6.2014 - III ZB 89/13 – BeckRS 2014, 14706, Rn. 17; BGH, Beschl. v. 30.4.2009 - III ZB 91/07 - SchiedsVZ 2009, 287, 288 (Begründung hier: Treu und Glauben); s. auch *Huber*, SchiedsVZ 2003, 73, 74; *Wolf/Eslami*, in: BeckOK, ZPO, § 1032 Rn. 23; mit unterschiedlichen Begründungen ebenfalls: *Münch*, in: MünchKomm, ZPO, § 1032 Rn. 21 (Rechtskraft und Arglist); *Geimer*, in: Zöller, ZPO, § 1032 Rn. 12 (Bindungswirkung sui generis); kritisch mit Blick auf die übrigen Voraussetzungen *Schlosser*, in: Stein/Jonas, ZPO, § 1032 Rn. 33.

56 Vgl. BGH, Urt. v. 23.5.1985 - III ZR 57/84 - NJW-RR 1986, 61, 62; *Anders*, in: Baumbach/Lauterbach/Hartmann/Anders/Gehle, ZPO, § 1032 Rn. 7; *Wolf/Eslami*, in: BeckOK, ZPO, § 1032 Rn. 24; *Schlosser*, in: Stein/Jonas, ZPO, § 1032 Rn. 31; *Geimer*, in: Zöller, ZPO, § 1032 Rn. 15.

Schiedsspruch nichtig ist.[57] Das staatliche Gericht hat andererseits die Möglichkeit, das gerichtliche Verfahren weiterzuführen und sich in den Urteilsgründen mit der fehlenden Schiedsfähigkeit oder den sonstigen zur Unzuständigkeit des Schiedsgerichts führenden Gründen auseinanderzusetzen.[58] Missachtet das Schiedsgericht eine solche in Rechtskraft erwachsene Entscheidung eines staatlichen Gerichts, so ist umstritten, ob dies ebenfalls die Nichtigkeit des Schiedsspruchs zur Folge hat[59], oder ob dies nur zur Aufhebbarkeit des Schiedsspruches führt[60].

c) Entscheidung nach § 1032 Abs. 2 ZPO

Zudem kommt eine Prüfung durch staatliche Gerichte in der prozessualen Konstellation in Betracht, in der eine (möglicherweise wirksame) Schiedsklausel vorliegt, eine Partei jedoch vor dem staatlichen Gericht gemäß § 1032 Abs. 2 ZPO die Feststellung der Schieds(un)fähigkeit im Rahmen der Prüfung der (Un-) Zuständigkeit des Schiedsgerichts begehrt und sich das Schiedsgericht noch nicht gebildet[61] hat. Die Zuständigkeit für diesen Antrag liegt gemäß § 1062 Abs. 1 Nr. 2 Alt. 1 ZPO bei dem örtlich zuständigen[62] Oberlandesgericht und die Entscheidung ergeht gemäß § 1063 Abs. 1 S. 1 ZPO durch Beschluss.[63] Gegen diesen gerichtlichen Beschluss ist gemäß § 1065 Abs. 1 S. 1 ZPO die Rechtsbeschwerde zum Bundesgerichtshof statthaft, welche jedoch nur unter den engen Voraussetzungen des § 574 Abs. 2 ZPO zulässig ist.[64] Ob einerseits die zuvor erhobene Klage in der Hauptsache dazu führt, dass dem Feststellungsantrag

---

57 Vgl. *Huber*, SchiedsVZ 2003, 73, 74; *Geimer*, in: Zöller, ZPO, § 1032 Rn. 16 m.w.N.; *Wolf/Eslami*, in: BeckOK, ZPO, § 1032 Rn. 24.

58 Vgl. *Münch*, in: MünchKomm, ZPO, § 1032 Rn. 21.

59 H.M.: OLG Frankfurt a.M., Beschl. v. 26.9.2013 – 26 SchH 7/12 – BeckRS 2014, 14926 Rn. 55; *Huber*, SchiedsVZ 2003, 73, 74; *Voit*, in: Musielak/Voit, ZPO, § 1032 Rn. 9; *Wolf/Eslami*, in: BeckOK, ZPO, § 1032 Rn. 24.

60 So jetzt *Geimer*, in: Zöller, ZPO, § 1032 Rn. 14, mit dem Argument, dass die Gleichwertigkeit von Schiedsgerichtsbarkeit und staatlicher Gerichtsbarkeit dies gebiete. Im Falle einer Entscheidung nach § 280 ZPO erachtet *Geimer*, in: Zöller, ZPO, § 1032 Rn. 16 den widersprechenden Schiedsspruch allerdings für nichtig.

61 Vgl. weiter zum Zeitfenster der Antragsmöglichkeit *Huber*, SchiedsVZ 2003, 73, 74.

62 Gemäß § 1062 Abs. 1 ZPO ist hinsichtlich der örtlichen Zuständigkeit eine Rechtswahl möglich.

63 Vgl. *Schroeter*, SchiedsVZ 2004, 288, 289, 294; *Huber*, SchiedsVZ 2003, 73, 74.

64 Vgl. *Voit*, in: Musielak/Voit, ZPO, § 1063 Rn. 8; *Münch*, in: MünchKomm, ZPO, § 1065 Rn. 1.

nach § 1032 Abs. 2 ZPO das Feststellungsinteresse fehlt und ob andererseits ein Hauptsacheverfahren im Falle eines zuvor erhobenen Feststellungsantrages auszusetzen ist, bzw. ob auch dann das Feststellungsinteresse dem Feststellungsantrag fehlen soll, ist jeweils umstritten.[65]

Die Feststellung des staatlichen Gerichts, dass der Streitgegenstand nicht schiedsfähig ist und es daher an einer wirksamen Schiedsvereinbarung in Bezug auf diesen Streitgegenstand mangelt, ist bindend, was dazu führt, dass ein später ergehender Schiedsspruch in dieser Sache ebenfalls nichtig ist.[66] Demgegenüber ist die Entscheidung des staatlichen Gerichts, dass der Streitgegenstand schiedsfähig ist und auch sonst die Zuständigkeit des Schiedsgerichts gegeben ist, mit der Konsequenz, dass das staatliche Gericht die vor ihm erhobene Klage abweist oder die Zuständigkeit des Schiedsgerichts gemäß § 1032 Abs. 2 ZPO feststellt, zwar ebenfalls grundsätzlich für das Schiedsgericht bindend[67], es soll jedoch unter dem Aspekt effektiven Rechtsschutzes der Weg zu den staatlichen Gerichten nicht verschlossen bleiben dürfen, falls das Schiedsgericht sich dennoch für unzuständig hält und das Schiedsverfahren dadurch zum Erliegen kommt.[68]

d) Entscheidung nach § 1040 Abs. 3 S. 2 ZPO

Nachdem sich das Schiedsgericht konstituiert hat, kommen die Entscheidungen staatlicher Gerichte im Rahmen des § 1032 ZPO nicht mehr in Betracht und es bleibt den Parteien während des Schiedsverfahrens nur die Möglichkeit, den Antrag nach § 1040 Abs. 3 S. 2 ZPO zu stellen. Hiernach kann jede Partei die durch Zwischenentscheid gemäß § 1040 Abs. 3 S. 1 ZPO ergangene Entscheidung des Schiedsgerichts, durch welche dieses sich für zuständig erklärt hat, innerhalb eines Monats durch ein staatliches Gericht überprüfen lassen. Die Zuständigkeit liegt gemäß § 1062 Abs. 1 Nr. 2 Alt. 2 ZPO beim

---

65 Vgl. *Haas*, in: FS Rechberger 2005, 187, 198 zu einer detaillierten Auseinandersetzung mit dem Verhältnis der entsprechenden Rechtsbehelfe zueinander und jeweils m.w.N.

66 *Wolf/Eslami*, in: BeckOK, ZPO, § 1032 Rn. 43; *Münch*, in: MünchKomm, ZPO, § 1032 Rn. 21.

67 *Huber*, SchiedsVZ 2003, 73, 74; *Windthorst*, SchiedsVZ 2004, 230, 231; *Geimer*, in: Zöller, ZPO, § 1040 Rn. 4; a.A. *Voit*, in: Musielak/Voit, ZPO, § 1032 Rn. 13, mit dem Argument, das Schiedsgericht sei nicht Adressat des staatlichen Verfahrensrechts, sondern auf Basis einer Parteiübereinkunft tätig und allein den Parteien verpflichtet.

68 *Wolf/Eslami*, in: BeckOK, ZPO, § 1032 Rn. 44; vgl. auch *Schroeter*, SchiedsVZ 2004, 288, 296 sowie *Huber*, SchiedsVZ 2003, 73, 74, jeweils mit dem Argument, die Schiedsvereinbarung sei dadurch *undurchführbar* i.S.v. § 1032 Abs. 1 ZPO geworden.

örtlich zuständigen[69] Oberlandesgericht.[70] Auch gegen diese Entscheidung kann gemäß § 1065 Abs. 1 S. 1 ZPO unter den weiteren engen Voraussetzungen des § 574 Abs. 2 ZPO Rechtsbeschwerde zum Bundesgerichtshof erhoben werden.[71]

Die Feststellung der Unzuständigkeit des Schiedsgerichts durch ein staatliches Gericht infolge fehlender Schiedsfähigkeit des Streitgegenstandes ist bindend und gilt insoweit sogar für ein späteres Aufhebungs- oder Vollstreckbarerklärungsverfahren.[72] Gemäß § 1040 Abs. 3 ZPO hindert die Anhängigkeit eines Antrags nach § 1040 Abs. 3 S. 2 ZPO das Schiedsgericht allerdings nicht, das Verfahren fortzuführen und einen Schiedsspruch zu erlassen.

e) *Teleologische Reduktion der Monatsfrist, § 1040 Abs. 3 S. 2 ZPO*

Fraglich ist, ob die Monatsfrist des Antrags auch dann Anwendung findet, wenn der Einwand fehlender Zuständigkeit des Schiedsgerichts sich ausschließlich auf die fehlende Schiedsfähigkeit des Streitgegenstandes stützt. Dagegen spricht, dass die Schiedsfähigkeit stets von Amts wegen zu berücksichtigen ist und es auch keine Präklusion infolge Fristversäumnis im Rahmen von § 1040 Abs. 2 ZPO gibt.[73] Dafür spricht, dass die Frage der Schiedsfähigkeit des Streitgegenstandes auch später im Rahmen des Anerkennungs- bzw. Aufhebungsverfahrens gemäß § 1059 Abs. 2 Nr. 2 a) ZPO noch zu berücksichtigen ist, also eine Überprüfung noch möglich bleibt. Da jedoch anerkannt ist, dass die Schiedsfähigkeit des Streitgegenstandes jederzeit gerügt werden kann[74] und es insoweit reiner Formalismus wäre, die Überprüfung durch ein staatliches Gericht von einer Frist abhängig zu machen, ist die Frist auf die Frage der Schiedsfähigkeit nicht anzuwenden. Ein Bedürfnis nach Rechtssicherheit – die üblicherweise durch das Erfordernis der Einhaltung von

---

69 Auch hier ist gemäß § 1062 Abs. 1 ZPO hinsichtlich der örtlichen Zuständigkeit eine Rechtswahl möglich.

70 *Münch*, in: MünchKomm, ZPO, § 1040 Rn. 48; *Voit*, in: Musielak/Voit, ZPO, § 1040 Rn. 11.

71 Vgl. *Voit*, in: Musielak/Voit, ZPO, § 1065 Rn. 2; *Münch*, in: MünchKomm, ZPO, § 1065 Rn. 1.

72 *Voit*, in: Musielak/Voit, ZPO, § 1040 Rn. 12; *Wolf/Eslami*, in: BeckOK, ZPO, § 1040 Rn. 27.

73 Vgl. Kap. C. IV. 3. e).

74 Vgl. *Wolf/Eslami*, in: BeckOK, ZPO, § 1040 Rn. 18 a.E.

Fristen erreicht werden soll – ist hierbei nicht anzuerkennen, da die Schiedsfähigkeit auch später noch geprüft werden kann. Würde man hingegen an dem Fristerfordernis festhalten, so würde eine Präklusion des Grundes der Schiedsunfähigkeit eintreten, welche sich bei § 1040 Abs. 3 S. 2 ZPO sogar bis in das Stadium von Vollstreckung und Anerkennung des Schiedsspruchs erstrecken soll.[75] Dies ließe sich jedoch mit der Tatsache, dass die Schiedsfähigkeit nicht der Parteidisposition unterliegt und von Amts wegen zu prüfen ist, nicht vereinbaren. Zudem spricht der Gedanke der Prozessökonomie dafür, die Schiedsfähigkeitsprüfung hier ohne Fristbindung jederzeit zuzulassen, um die Möglichkeit einer alsbaldigen Feststellung der fehlenden Zuständigkeit des Schiedsgerichts infolge Schiedsunfähigkeit zu gewährleisten und dadurch den Parteien die Möglichkeit zu eröffnen, ein Schiedsverfahren, das möglicherweise nicht mit einem bindenden Schiedsspruch endet, schnell und effektiv zu beenden. Für den Fall, dass eine Partei sich bei der Überprüfung der Zuständigkeit des Schiedsgerichts durch ein staatliches Gericht nach § 1040 Abs. 3 S. 2 ZPO also allein auf die fehlende Schiedsfähigkeit des Streitgegenstandes stützt, ist die Vorschrift hinsichtlich der Frist teleologisch zu reduzieren. Die Frist kann in dieser Konstellation ihren eigentlichen Sinn und Zweck, nämlich Rechtssicherheit zu gewährleisten, nicht erfüllen.

4. Gerichtliche Prüfung im Anerkennungs- und Vollstreckungsverfahren nach §§ 1059 Abs. 2 Nr. 2 a), 1060 Abs. 2 ZPO

Gemäß § 1059 Abs. 2 Nr. 2 a) ZPO ist bei dem Antrag einer Partei auf Aufhebung des Schiedsspruchs die Schiedsfähigkeit des Streitgegenstandes ein eigener Prüfungspunkt. Diese Prüfung erfolgt hier ebenfalls von Amts wegen, was schon aus der Formulierung der Vorschrift ersichtlich ist.[76] Gemäß § 1060 Abs. 2 S. 1 ZPO sind auch bei einem Antrag auf Vollstreckbarerklärung eines Schiedsspruchs die Aufhebungsgründe des § 1059 Abs. 2 ZPO zu prüfen. Dabei sind die Gründe unter § 1059 Abs. 2 Nr. 2 ZPO, also auch

---

75 So BGH, Beschl. v. 27.3.2003 - III ZB 83/02 - SchiedsVZ 2003, 133, 134 für die Überprüfung der Wirksamkeit der Schiedsabrede; *Münch*, in: MünchKomm, ZPO, § 1040 Rn. 27; *Seiler*, in: Thomas/Putzo, ZPO, § 1040 Rn. 8.

76 Vgl. auch BT-Drs. 13/5274, S. 59; *Münch*, in: MünchKomm, ZPO, § 1059 Rn. 11; *Wilske/Markert*, in: BeckOK, ZPO, § 1059 Rn. 57.

die Schiedsfähigkeit des Streitgegenstandes, Nr. 2 a), von Amts wegen zu berücksichtigen.[77]

Sachlich zuständig ist gemäß § 1062 Abs. 1 Nr. 4 ZPO das örtlich zuständige[78] Oberlandesgericht. Auch gegen diese Entscheidung des Gerichts nach § 1059 Abs. 2 Nr. 2 a) ZPO ist gemäß § 1065 Abs. 1 S. 1 ZPO die Rechtsbeschwerde zum Bundesgerichtshof statthaft, welche den engen Voraussetzungen des § 574 Abs. 2 ZPO unterliegt.[79]

5. Zwischenergebnis

Die schiedsgerichtliche und die gerichtliche Prüfung der Schiedsfähigkeit des Streitgegenstandes können in einem Schiedsverfahren in verschiedenen prozessualen Konstellationen relevant werden. Dabei ist zu beachten, dass die Prüfung der Schiedsfähigkeit durch ein staatliches Gericht während eines konkurrierenden oder potentiell konkurrierenden Schiedsverfahrens nach den §§ 1032, 1040 ZPO stets im Rahmen der Prüfung der Zuständigkeit des Schiedsgerichts erfolgt. Die Zuständigkeit des Schiedsgerichts hängt aber im Übrigen insbesondere von einer wirksamen Schiedsvereinbarung und davon ab, ob die betreffende Streitigkeit von dieser Schiedsvereinbarung auch umfasst ist. Hier tritt die Besonderheit hervor, dass die Schiedsfähigkeit nicht der Disposition der Parteien unterliegt, sondern staatlich determiniert wird, wohingegen die die Zuständigkeit des Schiedsgerichts sonst begründende Schiedsvereinbarung durch die Parteien frei abgeschlossen werden kann. Dieser Umstand führt zu einigen Besonderheiten bei der Prüfung der Schiedsfähigkeit durch ein staatliches Gericht, die im Einzelnen herausgearbeitet wurden.

Bei der Prüfung der Schiedsfähigkeit im Rahmen der Anerkennung und Vollstreckbarerklärung gemäß §§ 1059, 1060 ZPO ergeben sich derlei Schwierigkeiten

---

77 *Wilske/Markert*, in: BeckOK, ZPO, § 1060 Rn. 5; *Saenger*, in: Saenger, ZPO, § 1060 Rn. 7; *Voit*, in: Musielak/Voit, ZPO, § 1060 Rn. 9; *Münch*, in: MünchKomm, ZPO, § 1060 Rn. 20; *Seiler*, in: Thomas/Putzo, ZPO, § 1060 Rn. 2.

78 Auch hier ist gemäß § 1062 Abs. 1 ZPO hinsichtlich der örtlichen Zuständigkeit eine Rechtswahl möglich.

79 Vgl. *Voit*, in: Musielak/Voit, ZPO, § 1065 Rn. 2; *Münch*, in: MünchKomm, ZPO, § 1065 Rn. 1; *Seiler*, in: Thomas/Putzo, ZPO, § 1060 Rn. 5; *Schwab/Walter*, Schiedsgerichtsbarkeit, Kap. 27 Rn. 8.

nicht, da die Schiedsfähigkeit des Streitgegenstandes hier ein eigenständiger Prüfungspunkt ist.

V. Art. V UNÜ

Das UNÜ[80] bildet den zentralen Regelungsmechanismus, der die Vollstreckbarkeit internationaler Schiedssprüche sicherstellt.[81] In Art. V Abs. 2 a) UNÜ ist die Schiedsfähigkeit des Streitgegenstandes als Versagungsgrund auf der Ebene der Vollstreckung und Anerkennung eines Schiedsspruches genannt.

1. Regelungstechnik des UNÜ

Das UNÜ ist gemäß seines Art. I Abs. 1 lediglich auf ausländische Schiedssprüche anzuwenden.[82] Nach deutschem Recht galt ein Schiedsspruch bis zur Schiedsverfahrensnovelle 1997 dann als ausländisch, wenn er nach ausländischem Verfahrensrecht zustande kam (sogenannte Verfahrenstheorie).[83] Demgegenüber kommt es nach dem heute geltenden Territorialitätsprinzip ausschließlich auf den Schiedsort an;[84] denn gemäß § 1025 Abs. 1 ZPO ist bei deutschem Schiedsort allein deutsches Recht maßgeblich.

Für ausländische Schiedssprüche sieht Art. II Abs. 1 UNÜ vor, dass jeder Vertragsstaat[85] des UNÜ eine schriftliche Schiedsvereinbarung der Parteien anerkennt, sofern der Gegenstand betreffender Streitigkeit „auf schiedsrichterlichem Wege geregelt werden kann".[86] Diese Formulierung meint die Schiedsfähigkeit des Streitgegenstandes.[87] Der Umstand, dass an dieser Stelle des UNÜ bereits die

---

80 New Yorker Übereinkommen über die Anerkennung und Vollstreckung ausländischer Schiedssprüche, 1958 (englisch: Convention on the Recognition and Enforcement of Foreign Arbitral Awards, New York, 1958)). Der Vorgänger des UNÜ war das Genfer Abkommen zur Vollstreckung ausländischer Schiedssprüche vom 26. April 1927.

81 Vgl. *Niedermaier*, Schieds- und Schiedsverfahrensvereinbarungen, S. 36 ff.

82 S. auch *Born*, International Commercial Arbitration, § 17.01 D (1); *Ehle*, in: Wolff, New York Convention, Art. I Rn. 93 ff.

83 BGH, Urt. v. 3.10.1956 - V ZR 32/55 - NJW 1956, 1838; *Moller*, NZG 1999, 143; *Münch*, in: MünchKomm, ZPO, § 1061 Rn. 7.

84 Ausführlich *Borges*, ZZP 111, 487, 502; vgl. auch *Münch*, in: MünchKomm, ZPO, § 1061 Rn. 7.

85 Mittlerweile haben 168 Staaten das Abkommen ratifiziert.

86 Im englischen Originaltext: „(...) a subject matter capable of settlement by arbitration."

87 Vgl. *Gillies*, Int'l Trade & Bus. L. Rev. (2004), 19, 22; *Wolff*, in: Wolff, New York Convention, Art. II Rn. 158.

Schiedsfähigkeit des Streitgegenstandes als Voraussetzung für die Anerkennung einer Schiedsvereinbarung genannt wird, ist insofern interessant, als dass unter Art. V Abs. 2 (a) UNÜ die objektive Schiedsfähigkeit auch als Grund für die Verweigerung von Anerkennung und Vollstreckung des Schiedsspruchs angeführt wird. In Art. II Abs. 1 UNÜ wird bereits für die Frage, wann ein schiedsrichterliches Verfahren überhaupt zulässig ist, auf das Erfordernis der objektiven Schiedsfähigkeit verwiesen. Im Unterschied zu der Schiedsfähigkeitsprüfung im Rahmen von Art. V Abs. 2 (a) UNÜ soll bei Art. II Abs. 1 UNÜ die Prüfung der objektiven Schiedsfähigkeit lediglich auf Antrag einer Partei erfolgen und es soll das Recht, welches auf die Schiedsvereinbarung Anwendung findet, auch hinsichtlich der Schiedsfähigkeit maßgeblich sein.[88]

Die zentrale Norm des UNÜ ist dann aber Art. III S. 1. Hiernach verpflichten sich die Vertragsstaaten, generell Schiedssprüche als bindend zu akzeptieren. Diese Regelung bringt den sogenannten „*Pro-Enforcement-Bias*“[89] zum Ausdruck, der das UNÜ als tragender Gedanke prägt.[90] Auf Basis dieser Regelung ist es möglich, Schiedssprüche in allen Staaten, die das UNÜ ratifiziert haben, zu vollstrecken, insbesondere ohne dass es einer gerichtlichen Anerkennung des Schiedsspruchs am Schiedsort bedarf.[91] Dieser Mechanismus macht internationale Schiedsverfahren zu einem sehr effektiven Mittel der Streitbeilegung, da ein Schiedsspruch in jedem der unterzeichnenden Länder zuverlässig vollstreckt werden kann.[92]

2. Regelungsinhalt Art. V Abs. 2 (a) UNÜ

Art. V UNÜ benennt Gründe, nach denen Vollstreckung und Anerkennung eines ausländischen Schiedsspruchs zu versagen sind. Hierbei sind die Gründe aus Abs. 1 nur auf Antrag einer Partei zu beachten, die Gründe unter Abs. 2 jedoch stets von Amts wegen zu prüfen.[93]

---

88 *Schwab/Walter*, Schiedsgerichtsbarkeit, Kap. 57 Rn. 32

89 Vgl. EuGH, Urt. v. 1.6.1999 - Rechtssache C-126/97 - GRUR Int 1999, 737, 739, wonach die Aufhebung von Schiedssprüchen sowie die Versagung derer Anerkennung nur für außergewöhnliche Fälle vorgesehen sind; s. auch *Borris/Hennecke*, in: Wolff, New York Convention, Art. V Rn. 4 und 5.

90 *Scherer*, in: Wolff, New York Convention, Art. III Rn. 1.

91 Vgl. *Kröll*, SchiedsVZ 2009, 40, 41.

92 *Scherer*, in: Wolff, New York Convention, Art. III Rn. 1.

93 *Borris/Hennecke*, in: Wolff, New York Convention, Art. V Rn. 2.

Nach Art. V Abs. 2 (a) UNÜ stellt die fehlende Schiedsfähigkeit des Streitgegenstandes einen Grund zur Verweigerung der Anerkennung oder Vollstreckung des ausländischen Schiedsspruchs dar. Hierbei wird Bezug genommen auf das Recht des Landes, in welchem Anerkennung oder Vollstreckung des Schiedsspruchs angestrebt wird.[94] Dadurch kann sich die Konstellation ergeben, dass ein Schiedsspruch in einem Land ergeht, in welchem dieser mangels Schiedsfähigkeit nicht vollstreckt werden kann. Dieser Schiedsspruch kann dann jedoch in einem anderen Land, in welchem der Streitgegenstand als schiedsfähig gilt, vollstreckt werden.[95] In der umgekehrten Situation, in welcher der Streitgegenstand am Schiedsort schiedsfähig ist, am Ort der begehrten Vollstreckung die Schiedsfähigkeit hingegen verneint würde, kann der Schiedskläger nach deutschem Recht jedoch nicht im Rahmen eines sogenannten Doppelexequaturverfahrens am Schiedsort die Vollstreckbarkeit feststellen lassen, und dieses Exequaturурteil dann in einem anderen Land für vollstreckbar erklären lassen.[96] Der BGH lässt ausdrücklich allein die Vollstreckbarerklärung eines ausländischen Schiedsspruches, nicht jedoch eines ausländischen Exequatururteils zu.[97] In dieser Situation bleibt dem Kläger allein die, hier annahmegemäß wenig Erfolg versprechende, Möglichkeit, den Schiedsspruch selbst im Vollstreckungsstaat für vollstreckbar erklären zu lassen.

3. Auswirkungen auf nationales Recht

Gemäß § 1061 Abs. 1 S. 1 ZPO richtet sich die Anerkennung und Vollstreckung von ausländischen Schiedssprüchen nach dem UNÜ. Die Schiedsfähigkeit ist bei ausländischen Schiedssprüchen daher direkt an Art. V Abs. 2 Nr. 2 (a) UNÜ zu messen, wohingegen inländische Schiedssprüche an § 1059 Abs. 2 Nr. 2 a) ZPO zu messen sind.[98] Da sowohl § 1059 Abs. 2 Nr. 2 a) ZPO als auch Art. V Abs. 2

---

94 „(…) under the law of that country"; vgl. *Schwab/Walter*, Schiedsgerichtsbarkeit, Kap. 57 Rn. 32; *Quinke*, in: Wolff, New York Convention, Art. V Rn. 446.

95 So *Schwab/Walter*, Schiedsgerichtsbarkeit, Kap. 57 Rn. 32; eine Vollstreckung in dieser Konstellation ist jedoch nur möglich, falls nicht zuvor während des Schiedsverfahrens staatliche Rechtsbehelfe, wie im deutschen Recht nach §§ 1032 Abs. 1, 2, 1040 Abs. 3 S. 2 ZPO, bereits zu einer Aufhebung bzw. sonstigen Unwirksamkeit des Schiedsspruchs führen.

96 BGH, Urt. v. 2.7.2009 - IX ZR 152/06 – NJW 2009, 2826, 2827 insbesondere mit dem Argument, dass ein Exequatururteil territorial begrenzt wirkt; s. auch *Plaßmeier*, SchiedsVZ 2010, 82; *Gottwald*, in: MünchKomm, ZPO, § 722 Rn. 33.

97 BGH, Urt. v. 2.7.2009 - IX ZR 152/06 - NJW 2009, 2826, 2827.

98 *Voit*, in: Musielak/Voit, ZPO, § 1061 Rn. 4; *Münch*, in: MünchKomm, ZPO, § 1061 Rn. 9, 15 f.

Nr. 2 (a) UNÜ auf die Schiedsfähigkeit des Streitgegenstandes abstellen und bei Art. V Abs. 2 Nr. 2 (a) UNÜ auf das Recht des Landes, in dem Anerkennung oder Vollstreckung begehrt wird, verwiesen wird, ist jeweils der Maßstab vom § 1030 ZPO anzuwenden.

VI. Ergebnis

Für den Fortgang der Arbeit sind folgende wesentliche Ergebnisse festzuhalten:

- Die Frage der objektiven Schiedsfähigkeit kann sich in verschiedenen prozessualen Konstellationen stellen und sowohl das Schiedsgericht als auch das staatliche Gericht können zur Beantwortung dieser Frage berufen sein. Insbesondere ist danach zu differenzieren, ob jeweils parallel auch ein (Schieds-) Gericht angerufen ist.[99]
- Die verschiedenen Ebenen von Entscheidungen des Schiedsgerichts und des staatlichen Gerichts sind getrennt zu betrachten und das Zusammenspiel der gesetzlichen Regelungen ist zu berücksichtigen.[100]
- Die objektive Schiedsfähigkeit ist jeweils eine notwendige aber keine hinreichende Bedingung zur Begründung der Zuständigkeit des Schiedsgerichts und der Wirksamkeit der Schiedsvereinbarung und regelmäßig auch in diesen Zusammenhängen zu prüfen.[101]
- Die objektive Schiedsfähigkeit muss nicht ohne Weiteres auch nach einem vom deutschen Recht abweichenden Schiedsfähigkeitsstatut vorliegen.[102]
- Da die Parteien über die objektive Schiedsfähigkeit nicht disponieren können, sind Präklusionswirkungen, die trotz fehlender objektiver Schiedsfähigkeit zur Wirksamkeit eines Schiedsverfahrens bzw. Schiedsspruchs führen würden, ausgeschlossen bzw. nicht zu berücksichtigen.[103]

99 Kap. C. IV. 3. b).
100 Kap. C. IV.
101 Kap. C. II.
102 Kap. C. III. 2.
103 Kap. C. IV. 3. e).

D. Voraussetzungen der objektiven Schiedsfähigkeit im Allgemeinen und Auslegung von § 1030 ZPO

In diesem Kapitel werden die tatbestandlichen Voraussetzungen[104] der objektiven Schiedsfähigkeit in allgemeiner Weise untersucht. Insbesondere wird hierbei § 1030 ZPO – als insoweit maßgebliche Norm – in den Blick genommen und ausgelegt. Ferner werden auf dieser Basis allgemeine Maßstäbe und Kriterien erarbeitet, die der Abgrenzung von schiedsfähigen und nicht schiedsfähigen Streitigkeiten dienen soll. Wenngleich dieses Kapitel die Ermittlung von allgemeinen Maßstäben der objektiven Schiedsfähigkeit zum Gegenstand hat, werden mitunter an den insoweit relevanten Stellen auch (erste) Bezüge zur Patentnichtigkeitsklage hergestellt.

I. Auslegung von § 1030 ZPO

§ 1030 ZPO regelt abstrakt die objektive Schiedsfähigkeit. Diese Norm bildet daher den Maßstab für die objektive Schiedsfähigkeit nach deutschem Recht und soll im Folgenden ausgelegt werden. Hierbei werden insbesondere die Absätze 1 und 3 sowie deren Verhältnis zueinander in den Blick genommen, da Absatz 2 insoweit nicht relevant erscheint.

1. Historische Entwicklung der objektiven Schiedsfähigkeit

In Bezug auf die historische Entwicklung der objektiven Schiedsfähigkeit kann teilweise nicht auf die objektive Schiedsfähigkeit nach heutigem Verständnis abgestellt werden, da sich hierzu nur wenige genaue Angaben finden lassen. Die Anerkennung und Ausbreitung der Schiedsgerichtsbarkeit hängen jedoch eng mit der objektiven Schiedsfähigkeit zusammen, da sie diese voraussetzen. Daher wird im Folgenden zum Teil – etwas allgemeiner – die Anerkennung und Ausbreitung der Schiedsgerichtsbarkeit in den Blick genommen.

Die Streitbeilegung durch Schiedsgerichte oder vergleichbare private Streitbeilegungsmechanismen gehen bis in die Antike zurück und sind damit älter als

104 Zu den Rechtsfolgen der Schiedsunfähigkeit s. Kap. C. IV. 1.

die formale staatliche Gerichtsbarkeit.[105] Bereits in der griechischen Mythologie gibt es Hinweise auf außergerichtliche Streitbeilegung.[106]

In den vergangenen Jahrhunderten war die Schiedsgerichtsbarkeit von den meisten Rechtsordnungen weitgehend anerkannt.[107] Insbesondere durch die Anerkennung der Schiedsgerichtsbarkeit im römischen Recht fanden Regelungen hierzu Eingang in die kodifizierten Gesetze der Civil Law-Rechtsordnungen. Das englische Common Law, welches insoweit auch das US-amerikanische Rechtsverständnis prägte, bildete hierbei eine Ausnahme und stand der Schiedsgerichtsbarkeit zunächst kritisch gegenüber. Im US-amerikanischen Recht zeichnete sich eine Wende dieser Haltung insbesondere durch den Federal Arbitration Act aus dem Jahr 1925 sowie durch den Mitsubishi-Fall[108] ab.

International bewirkte das UNÜ eine weitere Stärkung der Schiedsgerichtsbarkeit und auch der objektiven Schiedsfähigkeit.[109] Insoweit ist jedoch weniger auf die Nennung der objektiven Schiedsfähigkeit in Art. V Abs. 2 a) UNÜ abzustellen, da es sich hierbei um einen Versagungsgrund in Bezug auf Anerkennung und Vollstreckung des Schiedsspruchs handelt. Vielmehr dürfte der Art. V UNÜ generell innewohnende sogenannte „*Pro-Enforcement-Bias*“[110] maßgeblich bei einer schiedsfreundlicheren Einschätzung der Frage der objektiven Schiedsfähigkeit sein.

In Deutschland regelte vor der Einführung des jetzigen § 1030 ZPO der § 1025 ZPO a.F. die objektive Schiedsfähigkeit. Während der jetzige § 1030

---

105 Vgl. *Allison*, 64 North Carolina L.Rev. (1986) 219, 222 f. mit Beispielen und w.N.; s. auch *Schweyer*, Patentnichtigkeit und Patentverletzung, S. 2; *Ochmann*, GRUR 1993, 255; vgl. zur Geschichte der einvernehmlichen Streitbeilegung *Hager*, Konflikt und Konsens, S. 3 ff.; *Landes/Posner*, The Journal of Legal Studies, Vol. 8, No. 2, (1979), 235, 242 f. mit Beispielen für frühe Fälle privater Zivilgerichtsbarkeit, sogar in Abwesenheit staatlicher Strukturen.

106 Vgl. *Allison*, 64 North Carolina L.Rev. (1986) 219, 222 f. m.w.N., der hier auch das Urteil Salomos aus 1. Könige, Kapitel 3, Vers 16 der Bibel als antikes Beispiel der Schiedsgerichtsbarkeit anführt. Diese Einordnung des Urteils als Schiedsgerichtsbarkeit erscheint aufgrund der damaligen Allmachtstellung des Königs allerdings fraglich.

107 Zum folgenden insgesamt *von Zumbusch*, GRUR Int 1988, 541 sowie *Allison*, 64 North Carolina L.Rev. (1986) 219, 222 f. m.w.N.

108 Vgl. Kap. D. V. 1. b) bb).

109 So ähnlich auch *von Zumbusch*, GRUR Int 1988, 541.

110 Vgl. EuGH, Urt. v. 1.6.1999 - Rechtssache C-126/97 – GRUR Int 1999, 737, 739, wonach die Aufhebung von Schiedssprüchen sowie die Versagung derer Anerkennung nur für außergewöhnliche Fälle vorgesehen sind; s. auch *Borris/Hennecke*, in: Wolff, New York Convention, Art. V Rn. 4 und 5.

Abs. 1 ZPO alle vermögensrechtlichen Ansprüche sowie nichtvermögensrechtliche Ansprüche, die vergleichsfähig sind, für schiedsfähig erklärt, erforderte § 1025 Abs. 1 ZPO a.F. stets, also auch im Hinblick auf vermögensrechtliche Streitigkeiten, die Vergleichsfähigkeit des Streitgegenstandes. Daher beinhaltete bereits der Wortlaut dieser Gesetzesnovelle eine Erweiterung der objektiven Schiedsfähigkeit.[111]

Während die Anerkennung der Schiedsgerichtsbarkeit als solche weit zurückreicht, ist in jüngerer Vergangenheit durch verschiedene Einflussfaktoren wiederum eine stärkere Anerkennung der Schiedsgerichtsbarkeit und ebenfalls der objektiven Schiedsfähigkeit zu beobachten.

2. Überblick zur Entstehungsgeschichte von § 1030 ZPO

Der heutige § 1030 ZPO ist im Rahmen des Gesetzes zur Neuregelung des Schiedsverfahrens (Schiedsverfahrens-Neuregelungsgesetz – SchiedsVfG)[112] mit Wirkung zum 1. Januar 1998 neu gefasst worden.

In der Regierungsbegründung zum SchiedsVfG wurde darauf verwiesen, dass die Schiedsgerichtsbarkeit generell als der staatlichen Gerichtsbarkeit gleichwertige Rechtsschutzmöglichkeit gegenüberstehe, weshalb die objektive Schiedsfähigkeit nur dort zu versagen sein sollte, wo besonders schutzwürdige Rechtsgüter betroffen seien, deren Schutz ein Entscheidungsmonopol des Staates verlange.[113] Unter diesem Gesichtspunkt wurde der neue § 1030 ZPO für vermögensrechtliche Streitigkeiten an Art. 177 Abs. 1 des schweizerischen IPRG angelehnt.[114] Dieser lautet wörtlich: „Gegenstand eines Schiedsverfahrens kann jeder vermögensrechtliche Anspruch sein." Demgegenüber lautet § 1030 Abs. 1 S. 1 ZPO leicht abweichend: „Jeder vermögensrechtliche Anspruch kann Gegenstand einer Schiedsvereinbarung sein." In § 1030 Abs. 1 S. 2 ZPO wurde die Differenzierung des alten Rechts danach, ob die Parteien über den Streitgegenstand einen Vergleich schließen können, für nichtvermögensrechtliche Ansprüche beibehalten.

Interessanterweise spricht der Wortlaut des § 1030 Abs. 1 ZPO für sich genommen dafür, dass sogar eine liberalere Regelung als die des schweizerischen Rechts eingeführt werden sollte. Denn nach dem Wortlaut von Art. 177 Abs. 1 IPRG sind nur vermögensrechtliche Ansprüche schiedsfähig, wohingegen

111 Vgl. auch *Kaneko*, EU-Einheitspatent, S. 42.

112 BGBl. I 1997, 3224.

113 BT-Drs. 13/5274, S. 34.

114 BT-Drs. 13/5274, S. 34.

§ 1030 Abs. 1 gleichermaßen vermögensrechtliche Ansprüche für schiedsfähig erklärt, darüber hinaus jedoch auch solche nichtvermögensrechtlichen Ansprüche für schiedsfähig erklärt, über die ein Vergleich geschlossen werden kann.

Dennoch soll die gewählte Regelung ausweislich der Regierungsbegründung als weniger weitreichend als die schweizerische Regelung zu verstehen sein.[115]

3. Wortlaut und Konzeption der Regelung

§ 1030 ZPO stellt seiner Konzeption nach eine Mischung verschiedener Regelungsansätze dar. Während Absatz 1 zunächst die Unterscheidung zwischen vermögensrechtlichen und nichtvermögensrechtlichen Ansprüchen trifft und sodann noch das Merkmal der Vergleichsfähigkeit einführt, trifft Absatz 2 eine Einschränkung für Wohnraummietverhältnisse mit einer Gegenausnahme für bestimmte Arten von Wohnraum und Absatz 3 erklärt schließlich Einschränkungen der Schiedsfähigkeit durch andere Gesetze für mit hiesiger Regelung vereinbar. Die Regelungsbestandteile des Absatz 1 sollen im Folgenden in ihren wesentlichen Inhalten dargestellt werden.

a) Vermögensrechtlicher Anspruch

Nach § 1030 Abs. 1 S. 1 ZPO sind alle vermögensrechtlichen Ansprüche schiedsfähig. Das Merkmal des Anspruchs soll hierbei jeden möglichen Streitgegenstand umfassen und nicht lediglich auf materiell-rechtliche Ansprüche i.S.d. Legaldefinition des § 194 Abs. 1 BGB beschränkt sein.[116]

Nach der Rechtsprechung des Reichsgerichts galt ein Anspruch dann als vermögensrechtlich, wenn er sich entweder aus Vermögensrechten ableitete oder auf eine vermögenswerte Leistung abzielte.[117] Der BGH hat die vermögensrechtliche Natur eines Anspruchs dann für gegeben erachtet, wenn der Anspruchsinhaber im Wesentlichen wirtschaftliche Belange hinsichtlich des Anspruchs bzw. seines Rechtsschutzzieles verfolgt; vermögensrechtliche Reflexwirkungen sollen

---

115 Vgl. BT-Drs. 13/5274, S. 35, wo gerade die Patentnichtigkeitsklage als nicht schiedsfähig erachtet wird, obwohl diese in der Schweiz als schiedsfähig anerkannt ist.

116 So *Münch*, in: MünchKomm, ZPO, § 1030 Rn. 13; ausführlich hierzu *Baumann*, Patentstreitigkeiten, S. 199 ff.

117 So zu dem Begriff des vermögensrechtlichen Anspruchs im Zusammenhang anderer Normen: RG, Urt. v. 22.6.1916, RGZ 88, 332, 333 (zum damaligen § 546 Abs. 1 ZPO) und RG, Urt. v. 10.2.1933, RGZ 139, 396, 398 (zu § 8 Reichsbahn-Personalgesetz v. 30.8.1924); vgl. auch *Münch*, in: MünchKomm, ZPO, § 1030 Rn. 13.

jedoch nicht ausreichen.[118] Die genaue Abgrenzung ist hierbei etwas unscharf konturiert und bleibt weitgehend bei Kasuistik. Der Begriff des vermögensrechtlichen Anspruchs taucht jedoch an verschiedenen Stellen[119] im Prozessrecht auf und es kann insoweit von einem einheitlichen Verständnis ausgegangen werden.[120]

Die Rechtsprechung zum vermögensrechtlichen Anspruch hat den Begriff in verschiedenen Facetten ausgefüllt und umrandet. Einige für die Abgrenzung zum nichtvermögensrechtlichen Anspruch interessante Entscheidungen sollen hier in knapper Form dargelegt werde.

Der Auskunftsanspruch nach §§ 1605, 1361 Abs. 4 S. 4 BGB wurde als vermögensrechtlich anerkannt, da dieser Anspruch auf Auskunft über die Vermögensverhältnisse der Vorbereitung eines Verlangens gerichtet auf Unterhalt diene; daher sei bereits der Auskunftsanspruch vermögensrechtlich und das auch dann, wenn der Unterhaltsanspruch im Prozess nicht mit geltend gemacht werde.[121]

Der Anspruch auf Widerruf und Unterlassung von Äußerungen, gestützt auf eine Persönlichkeitsverletzung, wurde als nichtvermögensrechtlich erachtet.[122] Hierbei ging es um Aussagen des Beklagten über die Memoiren einer Person, welche die Erbin und Klägerin als Verfälschung selbiger ansah. Der BGH stellte hier darauf ab, dass die Klägerin lediglich Widerruf und Unterlassung und keinen Ersatz von Vermögensschäden verlangte. Die von der Klägerin befürchteten „Schäden" infolge der Äußerungen des Beklagten würden sich darauf beschränken, dass der geschichtliche Wert der Memoiren unwiederbringlich zerstört werden könnte. Ferner betonte der BGH, dass auch eine, hier wohl nicht gegebene, wirtschaftliche Beteiligung der Klägerin an den Memoiren, und damit mögliche Vermögenseinbußen als Folge der Äußerungen, nicht geeignet wären, den Anspruch als vermögensrechtlich zu qualifizieren.

---

118 BGH, Urt. v. 30.5.1974 - VI ZR 199/72 - NJW 1974, 1470; BGH, Beschl. v. 19.5.1982 - IV b ZB 80/82 - NJW 1982, 1651; BGH, Beschl. v. 29.5.1990 - VI ZR 298/89 - NJW 1990, 1275, 1277; BGH, Beschl. v. 18.4.1991 - I ZR 39/91 - NJW-RR 1991, 1215.

119 Beispielhaft: § 48 Abs. 2, 3 GKG, § 403 StPO, sowie bis zum 31.12.2001 § 546 Abs. 1 S. 1 ZPO; zudem wird der Begriff beispielsweise bei § 709 ZPO und § 85 InsO als Kriterium diskutiert.

120 Vgl. *Münch*, in: MünchKomm, ZPO, § 1030 Rn. 13; *Kaneko*, EU-Einheitspatent, S. 157; *Baumann*, Patentstreitigkeiten, S. 195.

121 BGH, Beschl. v. 19.5.1982 - IV b ZB 80/82 - NJW 1982, 1651.

122 BGH, Urt. v. 30.5.1974 - VI ZR 199/72 - NJW 1974, 1470.

Der urheberpersönlichkeitsrechtliche Anspruch aus §§ 97 Abs. 1, 14 Abs. 1 UrhG wurde als nichtvermögensrechtlich beurteilt.[123] Hierbei ging es einem Künstler darum, eine mögliche Entstellung eines von ihm geschaffenen Bildes infolge eines Aufhängens oder Aufstellens in einer anderen als der ursprünglich vom Künstler erdachten Umgebung zu verhindern. Der BGH führte aus, das Ziel der Wahrung auch wirtschaftlicher Interessen sei weder ersichtlich noch substantiiert vorgetragen.

Der Unterlassungsanspruch des Vaters von Anne Frank, der darauf gerichtet war, dem Beklagten Aussagen zu verbieten, die darauf abzielten, das Buch „Das Tagebuch der Anne Frank“ als Fälschung darzustellen, wurde als vermögensrechtlich beurteilt.[124] In dieser, im Ergebnis bemerkenswerten Entscheidung wurde ausgeführt, dass es dem Kläger ersichtlich *ausschließlich* um die Verteidigung seiner Ehre und des Andenkens seiner Tochter gegen den Fälschervorwurf ging, also um nichtvermögensrechtliche Ansprüche. Es soll jedoch nicht auf die Beweggründe des Klägers ankommen, sondern auf das Rechtsverhältnis, aus welchem der Anspruch hergeleitet wurde. Hierbei stützte der BGH sich darauf, dass der Kläger nicht etwa die Verurteilung zur Unterlassung der Aussage, der Kläger (als Herausgeber des Buches) sei ein Fälscher, beantragt hatte, sondern die Klage darauf abzielte, Aussagen, die *das Buch selbst* als Fälschung darstellen, zu untersagen. Daraus folge, dass auch die wirtschaftlichen Interessen an der Verwertung des Buches notwendig miteingeschlossen seien.

Die Abgrenzung vermögensrechtlicher zu nichtvermögensrechtlichen Streitigkeiten bzw. Ansprüche anhand der angeführten BGH-Fälle erscheint nicht vollständig trennscharf. Letztlich kann die Diskussion wohl dahingehend zusammengefasst werden, dass es entscheidend ist, ob die Rechtsschutzziele des Klägers im Wesentlichen auf wirtschaftliche Belange gerichtet sind. Inwieweit dazu jedoch auf die, hinter den seitens der Parteien angeführten Interessen liegenden, Motive der Parteien abgestellt werden kann, erscheint nicht ganz einheitlich. So wird auch die Frage, ob und inwieweit die Parteien selbst auf diese wirtschaftlichen Rechtspositionen verwiesen haben müssen, nicht abschließend geklärt.

123 BGH, Beschl. v. 18.4.1991 - I ZR 39/91 - NJW-RR 1991, 1215.

124 BGH, Urt. v. 16.12.1980 - VI ZR 308/79 - NJW 1981, 2062.

b) *Vergleichsberechtigung hinsichtlich der Streitigkeit*

Gemäß § 1030 Abs. 1 S. 2 ZPO ist auch ein nichtvermögensrechtlicher Anspruch dann schiedsfähig, wenn die Parteien berechtigt sind, einen Vergleich über den Streitgegenstand zu schließen.[125]

Der genaue Inhalt der Vergleichsfähigkeit bzw. Vergleichsberechtigung war nach altem Recht, und dort für alle Streitigkeiten und nicht nur für die nichtvermögensrechtlichen, umstritten.[126] Der Streit um die Dispositionsbefugnis wird im Folgenden dargelegt.

aa) *Dispositionsbefugnis nach altem Recht*

Nach § 1025 ZPO a.F. galten nur diejenigen Streitigkeiten als schiedsfähig, über welche die Parteien einen Vergleich schließen konnten.[127] Hierbei kreiste die Diskussion bereits früh um die Frage, ob die Parteien über die betreffende Streitigkeit bzw. den Streitgegenstand disponieren können.[128] Es entbrannte der Streit, ob die damals allein[129] entscheidende Frage, ob die Streitigkeit vergleichsfähig ist, materiell-rechtlich oder prozessrechtlich anzuknüpfen sei.

---

125 Weshalb der Gesetzgeber hier die Begriffe Anspruch *und* Streitgegenstand benutzt und sich nicht auf einen der beiden Begriffe festlegt, bleibt unklar; auch die Regierungsbegründung liefert keine Erklärung. Dem Sinngehalt nach dürften die Begriffe synonym zu verstehen sein.

126 Zu der bereits unter altem Recht vertreten prozessualen Ansicht: BGH, Urt. v. 29.3.1996 - II ZR 124/95 - NJW 1996, 1753, 1754 und BGH, Urt. v. 19.7.2004 - II ZR 65/03 - NJW 2004, 2898, 2899; vgl. zudem *Bork*, ZZP 100, 249, 250 ff. sowie *Geimer*, in: Zöller, ZPO, 20. Aufl. 1996, § 1025 Rn. 36 f. jeweils mit einer ausführlichen Diskussion der Standpunkte.

127 Vgl. Kap. D. I. 1.

128 *Schlosser*, in: FS Fasching 1988, 405, 408; *Barber*, Objektive Schiedsfähigkeit, S. 140 ff.; *Bork*, ZZP 100, 249 ff.; *Schwab*, in: FS Henckel 1995, 803 ff.; *Bärmann*, in: FS Weber 1975, 1, 4; *K. Schmidt*, ZGR 1988, 523, 528; Ausgangspunkt für die entsprechende Diskussion zu dem jetzigen § 1030 ZPO war die Gesetzesbegründung, die u.a. zur Patentnichtigkeitsklage explizit von fehlender Dispositionsbefugnis der Parteien sprach, vgl. BT-Drs. 13/5274, S. 35; s. auch *Münch*, in: MünchKomm, ZPO, § 1030 Rn. 8 f.; *Kaneko*, EU-Einheitspatent, S. 168 ff.

129 Heute ist nach § 1030 Abs. 1 ZPO das Merkmal der Vergleichsfähigkeit nur noch für nichtvermögensrechtliche Streitigkeiten erforderlich.

(1) Materiell-rechtlicher Ansatz

Nach dem vor *Kornmeier*[130] herrschenden Verständnis war die Vergleichsfähigkeit materiell-rechtlich auszulegen. Ausgehend vom Wortlaut des § 1025 ZPO a.F. bedeutete dies, dass die Parteien in der Lage sein mussten, über den konkreten Streitgegenstand einen materiell-rechtlich wirksamen Vergleich nach § 779 Abs. 1 BGB zu schließen.[131] Nach dieser Ansicht wäre ein Verfahren über ein unstreitig wucherisches Darlehen nicht schiedsfähig, da ein Vergleich über ein Darlehen mit einem wucherischen Zins nach § 138 Abs. 2 BGB nichtig wäre.[132] Dieser Ansicht folgte zunächst auch die Rechtsprechung; da Schiedsgerichte keine staatliche Autorität hätten, zögen sie ihre Legitimation allein aus dem autonomen Willen der Parteien, weshalb ein Schiedsspruch niemals über das hinausgehen könne, was die Parteien auch durch privates Rechtsgeschäft, also einen Vergleich nach § 779 Abs. 1 BGB, regeln könnten.[133]

(2) Prozessualer Ansatz und Theorie der objektiven Verfügbarkeit

Nach dem auf *Kornmeier*[134] zurückgehenden prozessualen Ansatz soll die Frage der Vergleichsbefugnis prozessual zu verstehen sein. Es gehe bei der gesetzlichen Bestimmung der Schieds(un)fähigkeit um die Frage, ob der Staat ein verfahrensrechtliches (und eben nicht ein materiell-rechtliches) Interesse daran habe, eine bestimmte Streitigkeit ausschließlich von staatlichen Gerichten entscheiden zu lassen. Letztlich läge die Rechtfertigung der Schiedsunfähigkeit darin begründet, dass der Staat bei bestimmten Streitigkeiten ein Interesse daran habe, an der Aufklärung von Sach- und Rechtsfragen durch seine Gerichte mitwirken zu können. Demnach sei die Fähigkeit der Parteien, über den Streitgegenstand *prozessual disponieren* zu können, das entscheidende Abgrenzungskriterium.[135] *Kornmeier* nennt folgende

---

130 *Kornmeier*, Vergleichsbefugnis und Schiedsfähigkeit, S. 49 ff.

131 *Schlosser*, in: FS Fasching 1988, 405, 407; *Bärmann*, in: FS Weber 1975, 1, 2 f.; *Holzner*, Die objektive Schiedsfähigkeit, S. 46 ff.; wohl auch *Barber*, Objektive Schiedsfähigkeit, S. 142 f.

132 Beispiel von *Bork*, ZZP 100, 249, 255 ff.

133 So explizit OLG Hamm, Urt. v. 8.12.1986 - 8 U 73/86 - NJW-RR 1987, 1319, 1320; s. auch *Schulze*, Grenzen der objektiven Schiedsfähigkeit, S. 27.

134 *Kornmeier*, Vergleichsbefugnis und Schiedsfähigkeit, S. 49 ff.

135 *Kornmeier*, Vergleichsbefugnis und Schiedsfähigkeit, S. 50.

Umstände, bei deren Vorliegen ein solches staatliches prozessuales Interesse an einer gerichtlichen Streitbeilegung bestehe:

1. Dort, wo die Untersuchungs- bzw. Offizialmaxime gilt;
2. Wenn der Streitgegenstand sonst ein von Amts wegen einzuleitendes oder durchzuführendes Verfahren betrifft;
3. Wenn der Streit auf die Beseitigung eines oder Einwirkung auf einen Hoheitsakt(s) zielt.[136]

Als systematisches Argument hat *Kornmeier* ferner angeführt, der Aufhebungsgrund des § 1041 Abs. 1 Nr. 2 ZPO a.F.[137] (Ordre-public-Verstoß) verliere nach der materiellen Theorie seinen Anwendungsbereich, da dann in jedem Fall bereits der Aufhebungsgrund des § 1041 Abs. 1 Nr. 1 ZPO a.F. (kein wirksamer Schiedsvertrag) vorliege.[138] Dem wurde zu Recht entgegnet, dass dies nur der Fall sei, wenn man jeden Verstoß gegen gesetzliche Verbotsnormen oder Einschränkungen, die zur materiellen Vergleichsunfähigkeit nach § 779 BGB führen würden, gleichzeitig als Verstoß gegen den ordre public bewerten würde.[139] Gerade dies wird jedoch von der herrschenden Meinung abgelehnt,[140] sodass das Argument von *Kornmeier* insgesamt nicht überzeugt.

---

136 *Kornmeier*, Vergleichsbefugnis und Schiedsfähigkeit, S. 55.

137 Nach neuem Recht finden sich diese Aufhebungsgründe in § 1059 Abs. 2 Nr. 1 a) und Nr. 2 b).

138 *Kornmeier*, Vergleichsbefugnis und Schiedsfähigkeit, S. 46 f.; insoweit zustimmend *Bork*, ZZP 100, 249, 256 f., *Barber*, Objektive Schiedsfähigkeit, S. 141 f.; später auch BGH, Urt. v. 29.3.1996 - II ZR 124/95 - BGHZ 132, 278, 283, der seine Abkehr von der materiellen Theorie in systematischer Hinsicht maßgeblich auf dieses Argument stützte.

139 *Schwab*, in: FS Henckel 1995, 803, 810; *Holzner*, Die objektive Schiedsfähigkeit, S. 48 f.; *Schulze*, Grenzen der objektiven Schiedsfähigkeit, S. 30 f., der allerdings auf § 1061 ZPO i.V.m. Art. V UNÜ als die § 1041 ZPO a.F. ersetzenden Normen abstellt.

140 Vgl. BGH, Beschl. v. 28.1.2014 - III ZB 40/13 - NJW 2014, 1597, 1598, wonach der Verstoß gegen wesentliche Grundsätze des deutschen Rechts „offensichtlich" sein muss; BGH, Beschl. v. 30.10.2008 - III ZB 17/08 - NJW 2009, 1215, 1216, wonach nicht jeder Verstoß gegen zwingende Vorschriften des deutschen Rechts zu einem Verstoß gegen den inländischen Ordre Public führt; OLG Saarbrücken, Urt. v. 30.5.2011 - 4 Sch 03/10 - SchiedsVZ 2012, 47, 50 f., wonach die Rechtsprechung zu § 138 Abs. 1 BGB nicht Bestandteil des inländischen Ordre Public ist; *Schwab/Walter*, Schiedsgerichtsbarkeit, Kap. 24 Rn. 33; *Saenger*, in: Saenger, ZPO, § 1059 Rn. 30 ff.; *Wilske/Markert*, in: BeckOK, ZPO, § 1059 Rn. 63; *Holzner*, Die objektive Schiedsfähigkeit, S. 49 Fn. 247 m.w.N.; *Schulze*, Grenzen der objektiven Schiedsfähigkeit, S. 30 f. m.w.N.

Der Ansatz Kornmeiers wurde im weiteren Verlauf der Diskussion von *Bork*[141] als sogenannte *Theorie der objektiven Verfügbarkeit* weiterentwickelt, wobei diese Lehre auch materiell-rechtliche Elemente enthält.[142] Diese Theorie hat sich in der Folge wohl als herrschend durchgesetzt.[143]

bb) Zu § 1030 ZPO

Hinsichtlich des „neuen" § 1030 ZPO stellt sich diese Thematik nur noch in abgeschwächter Form. Denn die Vergleichsfähigkeit ist nicht mehr für alle Streitigkeiten, sondern nur noch für die nicht-vermögensrechtlichen, das Unterscheidungskriterium und hat daher nur noch eine erheblich verminderte Bedeutung.

Nach heute wohl überwiegender Meinung ist der Begriff der Vergleichsfähigkeit jedoch nicht als materielles, sondern als prozessuales Kriterium im Sinne einer objektiven Verfügbarkeit zu verstehen.[144] Demnach soll es auf die „objektive Verfügbarkeit des Rechtsverhältnisses" ankommen und die Frage, ob das Ergebnis des Verfahrens gegen zwingendes Recht verstoßen könnte, soll unbeachtlich sein. Nach dieser Ansicht sollen auch die von der Rechtsprechung[145] entwickelten Grundsätze zum Merkmal der Vergleichsfähigkeit unter dem § 1025 ZPO a.F. auf die heutige Rechtslage übertragbar sein. Dieser Ansicht ist im Ergebnis jedoch nicht zu folgen. Die materiell-rechtliche Theorie ist nach altem wie neuem Recht näher am Wortlaut des Gesetzestextes, was für diese Theorie spricht.[146] Gegen die materiell-rechtliche Auslegung spricht allerdings, dass diese weniger praktikabel ist, da die Schiedsfähigkeit von Gegebenheiten

---

141 *Bork*, ZZP 100, 249 ff.

142 Vgl. Kap. D. I. 3. b).

143 Noch teilweise unklar: BGH, Urt. v. 6.6.1991 - III ZR 68/90 - NJW 1991, 2215, 2216; explizit in Abkehr von der zuvor vertretenen materiell-rechtlichen Theorie: BGH, Urt. v. 29.3.1996 - II ZR 124/95 - BGHZ 132, 278, 282 f.; *Bork*, ZZP 100, 249 ff.; *Bork/Stöve*, Schiedsgerichtsbarkeit bei Börsentermingeschäften, S. 31 f.; so ähnlich auch *Schwab*, in: FS Henckel 1995, 803, 807 ff.

144 Vgl. insgesamt zur prozessualen Ansicht *Wolf/Eslami*, in: BeckOK, ZPO, § 1030 Rn. 7; *Saenger*, in: Saenger, ZPO, § 1030 Rn. 5; *Geimer*, in: Zöller, ZPO, § 1030 Rn. 1; so wohl auch *Schwab/Walter*, Schiedsgerichtsbarkeit, Kap. 4 Rn. 3 und *Münch*, in: MünchKomm, ZPO, § 1030 Rn. 5 ff.; vgl. hierzu auch *Kaneko*, EU-Einheitspatent, S. 149 ff.

145 BGH, Urt. v. 29.3.1996 - II ZR 124/95 - NJW 1996, 1753, 1754; BGH, Urt. v. 19.7.2004 - II ZR 65/03 - NJW 2004, 2898, 2899.

146 Selbst *Kornmeier*, Vergleichsbefugnis und Schiedsfähigkeit, S. 49 ff. hat dies bei seinem Entwurf der prozessualen Theorie zugestanden; wohl auch *Bork*, ZZP 100, 249, 251, allerdings unter Rückgriff auf die Gesetzesmaterialien zur alten Rechtslage.

wie beispielsweise der Höhe eines Zinssatzes abhängen kann und zugleich die Schiedsfähigkeit recht eng abgesteckt ist.[147] Es stellt sich die Frage, wie der gesetzgeberische Wille zu § 1030 Abs. 1 S. 2 ZPO zu deuten ist. Der Regierungsbegründung selbst kann insoweit keine klare Stellungnahme entnommen werden. Dort ist die Rede davon, dass Schiedsfähigkeit gegeben sein soll, soweit „(...) die Parteien berechtigt sind, über den Streitgegenstand einen Vergleich zu schließen“[148], was beinahe dem genauen Wortlaut von § 1030 Abs. 1 S. 2 ZPO entspricht. Dies scheint eher in Richtung der materiell-rechtlichen Theorie zu deuten, jedoch ohne dass auf die betreffende Auslegungsproblematik Bezug genommen wird. Geht man allerdings davon aus, dass dem Gesetzgeber diese Problematik bekannt war, so kann der Bezugnahme in der Regierungsbegründung, auf die Berechtigung einen Vergleich zu schließen, in Verbindung mit dem Gesetzeswortlaut, der die Formulierung aus dem alten Recht insoweit beibehalten hat, entnommen werden, dass der Gesetzgeber sich wohl auf den materiell-rechtlichen Begriff des Vergleichs beziehen wollte. Denn sonst hätte es nahe gelegen, eine abweichende Regelung zu schaffen, deren Wortlaut mit der Theorie der objektiven Verfügbarkeit besser in Einklang zu bringen gewesen wäre.[149]

Letztlich ist noch zu beachten, dass die tatsächliche Beschränkung des Umfangs der Vergleichsfähigkeit durch die materiell-rechtliche Deutung im Vergleich zu dem durch die Theorie der objektiven Verfügbarkeit gewährten Umfang der objektiven Schiedsfähigkeit sehr gering ist. Lediglich auf nichtige Rechtsgeschäfte im Rahmen von nicht-vermögensrechtlichen Ansprüchen wirkt sich die Unterscheidung aus und auch hier kann die Schiedsfähigkeit dadurch herbeigeführt werden, dass die Nichtigkeit, die sich regelmäßig um §§ 134, 138 BGB dreht, bestritten wird.[150] Denn die herrschende Meinung nimmt im Falle der zwischen den Parteien strittigen Nichtigkeit die Schiedsfähigkeit an; deshalb verbleiben als nicht schiedsfähig in Abgrenzung zur Theorie der objektiven Verfügbarkeit nur noch sehr unwahrscheinliche Fallkonstellationen.[151] Daher ist auch dem gesetzgeberischen Willen, die Schiedsfähigkeit generell

147 Vgl. *Schulze*, Grenzen der objektiven Schiedsfähigkeit, S. 29.

148 BT-Drs. 13/5274, S. 35; vgl. auch *Schulze*, Grenzen der objektiven Schiedsfähigkeit, S. 31 und Fn. 186.

149 Mit ähnlicher Argumentation zu dem Schluss kommend, dass ein erweiterndes Verständnis i.S. einer vertraglichen Dispositionsfähigkeit vor diesem Hintergrund *contra legem* sei: *Schulze*, Grenzen der objektiven Schiedsfähigkeit, S. 31.

150 *Holzner*, Die objektive Schiedsfähigkeit, S. 49.

151 *Holzner*, Die objektive Schiedsfähigkeit, S. 49 mit Beispielen verbleibender Fälle der Schiedsunfähigkeit und w.N.

auszuweiten,[152] bei der Anwendung der materiellen Theorie genüge getan. Mithin ist die Vergleichsfähigkeit nach § 1030 Abs. 1 S. 2 ZPO materiell-rechtlich zu verstehen.[153]

Das Merkmal der Dispositionsbefugnis, das hier das zentrale Kriterium zur abstrakten Abgrenzung von Vergleichsfähigkeit und fehlender Vergleichsfähigkeit darstellen soll[154] ist wiederum – auch in seiner materiell-rechtlichen Ausprägung – ausfüllungsbedürftig und taugt aus sich heraus, ohne weitere wertende Entscheidungen, nicht zur Abgrenzung. Entscheidend ist, ob die Parteien objektiv rechtsgeschäftlich über das streitige Rechtsverhältnis materiell-rechtlich verfügen können.

Der BGH führte hierzu aus:

> „Die objektive Schiedsfähigkeit[155] fehlt demnach im wesentlichen nur dann, wenn sich der Staat im Interesse besonders schutzwürdiger, der Verfügungsmacht privater Personen entzogener Rechtsgüter ein Rechtsprechungsmonopol in dem Sinne vorbehalten hat, daß allein der staatliche Richter in der Lage sein soll, durch seine Entscheidung den angestrebten Rechtszustand herbeizuführen."[156]

Auch diese präzisierende Formulierung ergibt jedoch keine Trennschärfe, sondern enthält weitere Merkmale, die wiederum Wertungen unterliegen. Sowohl in der Rechtsprechung als auch in der Literatur zu diesem Punkt wird sodann stets auf die bekannten Grenzfälle der Schieds- bzw. Vergleichsfähigkeit eingegangen und eine Einordnung der jeweiligen Einzelfälle vorgenommen. Ein Schiedsverfahren über eine Ehescheidung nach § 1564 BGB soll demnach nicht möglich sein. Hingegen soll ein Schiedsverfahren über ein unstreitig wucherisches

---

152 Durch die Ausweitung der Schiedsfähigkeit auf alle vermögensrechtlichen Streitigkeiten wurde dieser Zweck verfolgt, vgl. BT-Drs. 13/5274, S. 34. Dies wird damit begründet, dass die Schiedsgerichtsbarkeit als mit der staatlichen Gerichtsbarkeit prinzipiell gleichwertige Rechtschutzmöglichkeit zu erachten ist.

153 Im Ergebnis so auch *Schulze*, Grenzen der objektiven Schiedsfähigkeit, S. 31; *Holzner*, Die objektive Schiedsfähigkeit, S. 50.

154 *Wolf/Eslami*, in: BeckOK, ZPO, § 1030 Rn. 7 m.w.N.

155 Da nach § 1025 a.F. ZPO Vergleichsfähigkeit auch für vermögensrechtliche Streitigkeiten gefordert war, konnten Vergleichs- und Schiedsfähigkeit in dieser Hinsicht gleichgesetzt werden. Nach heutiger Rechtslage müsste insoweit allein auf die Vergleichsfähigkeit abgestellt werden.

156 BGH, Urt. v. 29.3.1996 - II ZR 124/95 - NJW 1996, 1753, 1754.

Darlehen möglich sein, da private Parteien generell über das zugrundeliegende Rechtsverhältnis, einen Darlehensvertrag, verfügen können.[157]

Es bleibt letztlich festzuhalten, dass ein abstrakter Maßstab, der aus sich selbst heraus zur Bestimmung der Vergleichsfähigkeit von Streitigkeiten geeignet wäre, bislang nicht erkennbar ist.[158]

c) Zwischenergebnis zu § 1030 Abs. 1 ZPO

§ 1030 Abs. 1 ZPO stützt die fehlende Schiedsfähigkeit bzw. Schiedsunfähigkeit darauf, dass der Staat insoweit ein Interesse an einem staatlichen Entscheidungsmonopol habe.[159] Dieses staatliche Interesse soll hinsichtlich vermögensrechtlicher Streitigkeiten regelmäßig nicht bestehen. Dahinter scheint die Annahme zu stehen, dass bei vermögensrechtlichen Streitigkeiten in der Regel nur die Belange der Parteien des Rechtstreits und keine Rechte Dritte betroffen sind.[160] Daher können die Parteien über vermögensrechtliche Streitigkeiten verfügen, was auch eine Unterstellung unter ein Schiedsverfahren umfasst.

Bei den nicht-vermögensrechtlichen Streitigkeiten wird die Frage der Verfügbarkeit an der Vergleichsfähigkeit festgemacht, welche, wie oben gezeigt, materiell-rechtlich auszulegen ist.

In einer Gesamtschau dieses Regelungssystems von § 1030 Abs. 1 ZPO zeigt sich, dass die Schiedsunfähigkeit daran festgemacht wird, dass die Parteien über die betreffenden Streitgegenstände nicht disponieren können. Die fehlende Dispositionsfähigkeit ist daher in der bisherigen Diskussion das tragende Element der Rechtfertigung, um eine Streitigkeit für schiedsunfähig zu erklären.

d) Schiedsunfähigkeit nach § 1030 Abs. 3 ZPO

Nach § 1030 Abs. 3 ZPO können andere gesetzliche Regelungen die Schiedsfähigkeit von bestimmten Streitigkeiten ausschließen oder beschränken. Zunächst ist festzustellen, dass die Rechtsprechung zum alten Recht hier nicht herangezogen werden kann, da es eine solche –oder eine vergleichbare – Regelung nach altem Recht nicht gab; die entsprechenden Fälle, die heute unter § 1030

157 Beispiel von *Bork*, ZZP 100, 249, 255 ff.; vgl. auch *Holzner*, Die objektive Schiedsfähigkeit, S. 46 ff.

158 So ähnlich auch *Münch*, in: MünchKomm, ZPO, § 1030 Rn. 8.

159 BT-Drs. 13/5274, S. 34.

160 Vgl. hierzu OLG Hamm, Urt. v. 8.12.1986 - 8 U 73/86 - NJW-RR 1987, 1319, 1320, wonach das Schiedsgericht seine Legitimation allein aus dem Willen der Parteien bezieht.

Abs. 3 ZPO gefasst werden, wurden damals wohl, da für die Parteien objektiv nicht verfügbar, als nicht vergleichsfähig eingestuft.[161] Eine Regel, welche die Schiedsunfähigkeit einer bestimmten Art von Streitigkeiten anordnet, ist dann lex speciales gegenüber § 1030 ZPO Abs. 1.[162] Zudem muss es sich nach dem Wortlaut der Norm um eine „gesetzliche Vorschrift" handeln.[163] Inwieweit eine solche Vorschrift explizit die Schiedsunfähigkeit eines bestimmten Anspruchs oder einer Streitigkeit benennen muss, wird nicht ganz klar. Nach herrschender Meinung soll jedoch eine Zuständigkeitsregelung, die eine Streitigkeit einem bestimmten Gericht zuweist, nicht als eine solche Regelung aufzufassen zu sein, da der Regelungszweck einer Zuständigkeitsnorm diesen Regelungsgehalt nicht umfasse; der Regelungszweck ziele in eine andere Richtung.[164] Vor diesem Hintergrund sind insbesondere die Ausführungen in der Regierungsbegründung zu § 1030 ZPO nicht recht verständlich, wonach die Patentnichtigkeitsklage explizit und ohne weitere Erläuterungen mit dem Verweis auf die für diese Streitigkeiten eingerichteten besonderen Gerichte, für schiedsunfähig erklärt wurde.[165]

4. Zwischenergebnis zur Auslegung von § 1030 ZPO

Für den Fortgang der Untersuchung lassen sich nachfolgende Ergebnisse konstatieren. Die Ursprünge der Schiedsgerichtbarkeit bzw. deren Vorgänger von anderen privaten Streitbeilegungsmechanismen reichen weit zurück und haben ihre Ursprünge teilweise in Zeiten, in denen noch keine gefestigten staatlichen Strukturen vorlagen. Seit geraumer Zeit kann eine Ausbreitung der Schiedsgerichtsbarkeit in der heute vorliegenden Form verzeichnet werden und diese

---

161 Vgl. *Münch*, in: MünchKomm, ZPO, § 1030 Rn. 31.

162 *Saenger*, in: Saenger, ZPO, § 1030 Rn. 7; *Münch*, in: MünchKomm, ZPO, § 1030 Rn. 31; *Wolf/Eslami*, in: BeckOK, ZPO, § 1030 Rn. 11; *Kaneko*, EU-Einheitspatent, S. 192.

163 Vgl. auch *Kaneko*, EU-Einheitspatent, S. 192.

164 S. zu § 87 GWB: *Schmidt*, in: Immenga/Mestmäcker, GWB, § 87 Rn. 67; s. zum ehemaligen § 96 Abs. 1 GWB: BGH, Urt. v. 6.12.1962 - KZR 1/62 - GRUR 1963, 331, 334; *Barber*, Objektive Schiedsfähigkeit, S. 143 f.; s. zu § 246 Abs. 3 S. 1 AktG: BGH, Urt. v. 29.3.1996 - II ZR 124/95 - NJW 1996, 1753, 1754; *Borris*, NZG 2017, 761, 762; *Kornmeier*, Vergleichsbefugnis und Schiedsfähigkeit, S. 21 ff.; *Henze*, ZGR 1988, 542, 550; *K. Schmidt*, ZGR 1988, 523, 526; s. zu § 215 VVG: *Schumacher*, NZG 2016, 969, 973 f.; insgesamt hierzu ausführlich *Baumann*, Patentstreitigkeiten, S. 218 ff.

165 BT-Drs. 13/5274, S. 35. Die Gesetzesbegründung beruft sich hierbei allerdings nicht darauf, dass ein gesetzliches Verbot gem. § 1030 Abs. 3 ZPO vorliege. S. hierzu im Detail Kap. E. I. 1.

Ausbreitung ist auch von einem entsprechenden gesetzgeberischen Willen zu dieser Entwicklung getragen.

Vermögensrechtliche Streitgegenstände sind schiedsfähig. Ein Streitgegenstand gilt dann als vermögensrechtlich, wenn die Rechtschutzziele des Klägers maßgeblich von wirtschaftlichen Belangen geprägt sind. Nichtvermögensrechtliche Streitigkeiten sind schiedsfähig, wenn sie vergleichsfähig sind, wobei die Vergleichsfähigkeit materiell-rechtlich zu bestimmen ist. Nach § 1030 Abs. 3 ZPO kann ein gesetzliches Verbot die Schiedsunfähigkeit einer bestimmten (Art von) Streitigkeit anordnen. Eine gesetzlich normierte gerichtliche Spezialzuständigkeit für bestimmte Streitigkeiten taugt – für sich genommen – nicht als ein solches Verbot.

II. Privatautonomie als Ausgangspunkt der objektiven Schiedsfähigkeit

Die Schiedsgerichtsbarkeit ist ein privater Streitbeilegungsmechanismus. Insofern gilt es zu untersuchen, inwieweit die Privatautonomie eine Basis für die Beurteilung der objektiven Schiedsfähigkeit im Allgemeinen und im konkreten Bezug auf die Patentnichtigkeitsklage darstellen kann.

1. Das Verständnis von Privatautonomie

Die Privatautonomie gilt als Ausgangspunkt der Schiedsgerichtsbarkeit.[166] Die Vereinbarung, dass eine Streitbeilegung durch ein Schiedsgericht erfolgen soll, beruht auf einer privatautonomen Entscheidung der Parteien. Gleichzeitig ist eine solche Vereinbarung nur dann möglich, wenn auch die betreffende Streitigkeit schiedsfähig ist. Die Beurteilung der objektiven Schiedsfähigkeit ist daher stets Ausdruck aber auch Einschränkung der Privatautonomie. Daher muss auch eine Untersuchung der Grundlagen der Schiedsfähigkeit, verstanden als Frage, welche (Arten von) Streitigkeiten der Schiedsgerichtsbarkeit unterliegen können, die Privatautonomie in ihren spezifischen Ausprägungen in den Blick nehmen. Daraus sollen Schlüsse zu Reichweite und Grenzen der Schiedsgerichtsbarkeit gewonnen werden.

---

166 *Von Jhering*, Die Wirkung von Schiedsvereinbarungen, S. 8; *Hesselbarth*, Schiedsgerichtsbarkeit und Grundgesetz, S. 42; *Kaneko*, EU-Einheitspatent, S. 46 u. 170.

a) Verhältnis zur Parteiautonomie

Die Privatautonomie ist zunächst von der Parteiautonomie abzugrenzen. Diesen beiden Prinzipien ist gemeinsam, dass sie ihren Ursprung in der angeborenen Freiheit des Individuums finden.[167] Die Privatautonomie bezeichnet den Grundsatz, dass Individuen ihre rechtlichen Verhältnisse grundsätzlich nach ihrem eigenen Willen gestalten dürfen.[168] Sie entstammt dem Selbstbestimmungsrecht des Menschen und steht stets in engem Zusammenhang mit dem Grundsatz der Vertragsfreiheit.[169] Der Begriff der Parteiautonomie wird hingegen überwiegend in Verbindung mit dem internationalen Privatrecht verwendet. Die Parteiautonomie bedeutet hierbei die Freiheit der Parteien, das auf ihre Vertragsverhältnisse anzuwendende Recht frei zu wählen.[170] Dies beinhaltet die Möglichkeit, die lex fori vollständig unter Wahl eines anderen anwendbaren Rechts auszuschließen.[171] Die Schiedsgerichtsbarkeit wird hierbei auf das Prinzip der Privatautonomie als Rechtfertigungsgrundlage gestützt,[172] wobei das Prinzip der Parteiautonomie, verstanden als Rechtswahlfreiheit, in der Schiedsgerichtsbarkeit eine große Bedeutung hat.[173]

b) Verfassungsrechtliche Grundlagen

Die verfassungsrechtliche Grundlage der Privatautonomie ist das Recht auf Entfaltung der Persönlichkeit aus Art. 2 Abs. 1 GG.[174] Die spezielleren Grundrechte aus den Art. 9, 12, 14 und 3 GG finden aufgrund der Subsidiarität von Art. 2 Abs. 1 GG zudem teilweise, also für den jeweils geschützten Bereich des

---

167 *Leibküchler*, Die Parteiautonomie, S. 3.

168 *Flume*, in: FS 100 Jahre Deutsches Rechtsleben 1960, 135, 136.

169 *Flume*, in: FS 100 Jahre Deutsches Rechtsleben 1960, 135, 136.

170 *Richter*, Parteiautonomie, S. 46.

171 *Jung*, Ägyptisches internationales Vertragsrecht, S. 8.

172 Vgl. *Hesselbarth*, Schiedsgerichtsbarkeit und Grundgesetz, S. 42.

173 S. hierzu im Zusammenhang mit Schiedsfähigkeitsfragen *Baumann*, Patentstreitigkeiten, S. 263 ff.

174 BGH, Urt. v. 3.4.2000 - II ZR 373/98 - NJW 2000, 1713; *Arnold*, Vertrag und Verteilung, S. 201; *Hesselbarth*, Schiedsgerichtsbarkeit und Grundgesetz, S. 42; *Stober*, NJW 1979, 2001, 2005; *Flume*, in: FS 100 Jahre Deutsches Rechtsleben 1960, 135, 140; *Di Fabio*, in: Maunz/Dürig, GG, Art. 2 Rn. 101; *Ebbing*, Private Zivilgerichte, S. 22 f.; *Sonnauer*, Die Kontrolle der Schiedsgerichte, S. 24; *Prütting*, in: FS Schlosser 2005, 707; *Busche*, Privatautonomie, S. 22 ff.; vgl. auch *Kaneko*, EU-Einheitspatent, S. 48; vgl. auch *Steiner*, SchiedsVZ 2013, 15, 16.

betreffenden Grundrechts, auf den Grundsatz der Privatautonomie Anwendung.[175] Die Schiedsgerichtsbarkeit als solche bzw. der Abschluss von Schiedsvereinbarungen zur Initiierung eines Schiedsverfahrens unterfällt jedoch nicht diesen speziellen Grundrechten, denn die jeweils grundrechtlich geschützten Handlungsweisen sind so spezifisch abgegrenzt, dass der Abschluss einer Schiedsvereinbarung sich nicht hierunter subsumieren lässt; daher findet auf die Schiedsgerichtsbarkeit allein der subsidiäre Schutz von Art. 2 Abs. 1 GG Anwendung.[176]

Ferner ist in diesem Zusammenhang interessant, dass das BVerfG eine einvernehmliche Streitbeilegung als gegenüber einer gerichtlichen Streitbeilegung vorzugswürdig erachtet.[177] Inwiefern die Schiedsgerichtsbarkeit als einvernehmliche Streitbeilegung betrachtet werden kann, wird im Folgenden erläutert.

c) Zivilrechtliche Perspektive und Vertragsfreiheit

Die Privatautonomie als theoretischer Ansatz ist eine der wesentlichen Grundlagen der zivilrechtlichen Ordnung.[178] Auch wenn sich die Rechtswissenschaft bis heute nicht auf den genauen Inhalt der Privatautonomie einigen konnte,[179] kann die Privatautonomie doch allgemein als das „Moment der Nichteinmischung des Staates in die Privatrechtsgestaltung“[180] betrachtet werden.

---

175 BVerfG, Beschl. v. 31.10.1984 - 1 BvR 35/82 - NJW 1985, 1385, 1389; BVerfG, Beschl. v. 11.7.2006 - 1 BvL 4/00; *Arnold*, Vertrag und Verteilung, S. 202 ff.; *Hesselbarth*, Schiedsgerichtsbarkeit und Grundgesetz, S. 42 f.; *Busche*, Privatautonomie, S. 55 ff.

176 Vgl. zu diesem Ergebnis BGH, Urt. v. 3.4.2000 - II ZR 373/98 - NJW 2000, 1713; *Hesselbarth*, Schiedsgerichtsbarkeit und Grundgesetz, S. 43 f.

177 BVerfG, Beschl. v. 14.2.2007 - 1 BvR 1351/01 - NJW-RR 2007, 1073, 1074: „Eine zunächst streitige Problemlage durch eine einverständliche Lösung zu bewältigen, ist auch in einem Rechtsstaat grundsätzlich vorzugswürdig gegenüber einer richterlichen Streitentscheidung.“

178 Vgl. *Bumke*, in: Bumke/Röthel, Autonomie im Recht, S. 70; zur herausgehobenen Bedeutung der Vertragsfreiheit vgl. *Arnold*, Vertrag und Verteilung, S. 192 m.w.N.; vgl. auch *Hofer*, Freiheit ohne Grenzen?, S. 242 m.w.N.

179 Zu den verschiedenen Ansätzen und Definitionsversuchen *Röthel*, in: Bumke/Röthel, Autonomie im Recht, S. 95 ff.

180 *Busche*, Privatautonomie, S. 14.

aa) Grundlagen

Für *Kant*[181] beruhen die Privatautonomie bzw. die aus ihr hervorgehenden subjektiven Rechte des Individuums auf dem angeborenen Freiheitsrecht des „inneren Mein und Dein“. Demgegenüber soll das „äußere Mein und Dein“, also die Fähigkeit, äußere Gegenstände der eigenen Willkür zu unterwerfen, gerade nicht angeboren sein sondern erworben werden müssen.[182]

bb) Rechtlicher Rahmen der Vertragsfreiheit

Die Privatautonomie bezieht sich ganz wesentlich auf den Aspekt der, auch in unserem Fall vornehmlich interessierenden, Vertragsfreiheit. Teilweise wird die Vertragsfreiheit als wichtigster Bestandteil[183] der Privatautonomie angeführt,[184] teilweise werden die Begriffe auch (nahezu) synonym verwendet.[185] Die Privatautonomie setzt gewissermaßen die rechtliche Anerkennung des Selbstbestimmungsrechts des Individuums voraus bzw. bestätigt dieses.[186] Hierbei bildet die Privatautonomie nicht einen Grundsatz, der aus sich heraus als Rechtsquelle oder Rechtssetzung taugte, sondern sie entspringt – im Gegenteil – selbst erst der Rechtsordnung.[187] Denn die privatautonome Betätigung des Individuums hat aus sich heraus keine rechtliche Verbindlichkeit und damit auch keine Wirkungskraft.[188] Daher setzt die Freiheit des Individuums, seine Rechtsverhältnisse frei zu gestalten und Verträge abzuschließen, voraus, dass die Rechtsordnung

---

181 *Kant*, Metaphysik der Sitten, S. 88 ff.; vgl. auch *Unberath*, Die Vertragsverletzung, S. 32 ff.

182 *Kant*, Metaphysik der Sitten, VI, S. 101: „Nichts Äußeres ist ursprünglich mein; (...)“; hierzu auch *Köhler*, Recht und Gerechtigkeit, S. 335 f., 356, 388 ff.

183 *Busche*, Privatautonomie, S. 46 identifiziert als die vier Bestandteile der Privatautonomie die Vertragsfreiheit, die Eigentumsfreiheit, die Testierfreiheit und die Vereinigungsfreiheit.

184 Vgl. *Hanau*, Der Grundsatz der Verhältnismäßigkeit, S. 21 m.w.N.; vgl. auch *Hacker*, Verhaltensökonomik und Normativität, S. 510 f.

185 Vgl. z.B. *Hanau*, Der Grundsatz der Verhältnismäßigkeit, S. 23, der unter der Überschrift *Privatautonomie* auch Ausführungen zur *Vertragsfreiheit* macht.

186 *Raiser*, in: FS 100 Jahre Deutsches Rechtsleben 1960, 101, 105; *Busche*, Privatautonomie, S. 18.

187 *Busche*, Privatautonomie, S. 15 ff.; *Flume*, in: FS 100 Jahre Deutsches Rechtsleben 1960, 135, 141 f.; so ähnlich auch *Schmidt-Rimpler*, AcP 147 (1941), 130, 159.

188 *Flume*, in: FS 100 Jahre Deutsches Rechtsleben 1960, 135, 142; *Bydlinski*, Privatautonomie und objektive Grundlagen, S. 131 ff.; *Rehberg*, Das Rechtfertigungsprinzip, S. 469.

diese Verträge anerkennt und ihnen damit Durchsetzbarkeit vermittelt.[189] Das Individuum kann daher nicht Erklärungen beliebigen Inhalts und beliebiger Form abgeben, sondern muss auf denjenigen Numerus Clausus von Akten zurückgreifen, den die Rechtsordnung zur Verfügung stellt.[190] An dieser Stelle kommt dem Recht also eine Funktion zu, die über die reine Setzung eines Rahmens des Erlaubten hinausgeht. Es muss sicherstellen, dass die privaten Akteure sich auf die eingegangenen Verpflichtungen ihres Gegenübers verlassen können. Dies wird dadurch erreicht, dass das Gegenüber grundsätzlich an seine vertraglichen Pflichten gebunden ist und über diese Gebundenheit sodann nicht mehr einseitig disponieren kann.[191] Diese durch ein Versprechen des Gegenübers entstandene Verpflichtung gibt dem Individuum die Möglichkeit, bei der Erreichung seiner Ziele auch auf die Leistung des anderen zugreifen zu können.[192] Der Gläubiger erwirbt das Versprechen, dass sein Vermögen um eine „aktive Obligation auf die Freiheit und das Vermögen des anderen“[193] erweitert wird.[194] Dadurch wird in größerem Umfang Kooperation zwischen Individuen möglich und diese können sich aus freien Stücken[195] bei der Erreichung ihrer Ziele gegenseitig unterstützen.[196] Denn erst die durch das Gesetz bewirkte Bindung ermöglicht es, Verträge im Rechtsverkehr zu nutzen.[197]

---

189 *Flume*, in: FS 100 Jahre Deutsches Rechtsleben 1960, 135, 142; *Busche*, Privatautonomie, S. 18 f.; *Bydlinski*, Privatautonomie und objektive Grundlagen, S. 131 ff.; s. auch *Cziupka*, Dispositives Vertragsrecht, S. 27; *Rehberg*, Das Rechtfertigungsprinzip, S. 469; zur vertraglichen Bindungswirkung rechtsvergleichend und grundlegend *Schmidt*, Der Vertragsschluss, S. 349 ff.

190 *Flume*, in: FS 100 Jahre Deutsches Rechtsleben 1960, 135, 148; *Rehberg*, Das Rechtfertigungsprinzip, S. 469.

191 Vgl. *Cziupka*, Dispositives Vertragsrecht, S. 27 treffend: „Ein Vertrag ohne Bindung ist undenkbar“.

192 *Unberath*, in: FS Hruschka 2005, 719, 732 ff. sowie *ders.*, Die Vertragsverletzung, S. 72 f., jeweils unter Bezugnahme auf *Fried*, Contract as Promise, S. 7 ff.

193 *Kant*, Metaphysik der Sitten, S. 121; vgl. auch *Unberath*, Die Vertragsverletzung, S. 46.

194 *Unberath*, Die Vertragsverletzung, S. 46.

195 Diese Freiwilligkeit kann sich nur auf den Zeitpunkt der Abgabe des Versprechens beziehen, da die Vornahme der versprochenen Leistung *nach* Abgabe des Versprechens gerade nicht mehr einseitig disponibel ist.

196 *Fried*, Contract as Promise, S. 8; vgl. auch *Unberath*, in: FS Hruschka 2005, 719, 734.

197 Vgl. hierzu *Lomfeld*, Die Gründe, S. 83: „Vertragsbindung ermöglicht so erst Vertragsfreiheit. Vertragsfreiheit ist selbstbestimmte Bindung an den Vertrag.“.

Eine schlichte[198] Weigerung, vertraglichen Verpflichtungen nachzukommen, darf ebenfalls nicht ohne Konsequenzen möglich sein, sodass der Vertragspartner auch in diesem Fall geschützt ist. Denn durch das abgegebene Versprechen eines Vertragspartners wird eine zuvor neutrale Handlung zu einer nunmehr gebotenen Handlung,[199] deren Nichtvornahme das Gesetz mit einer Sanktion oder den Vertragspartner sonst schützenden Rechtsfolge belegen kann. Die vorgenannten Befunde führen wiederum dazu, dass die Privatautonomie niemals grenzenlos sein kann, sondern ihre Schranken notwendig in den rechtlichen Regelungen findet, derer sie zu ihrer Wirksamkeit bedarf.[200]

cc) Positive und negative Vertragsfreiheit

Die Vertragsfreiheit hat einen positiven und einen negativen Bestandteil.[201] Die positive Vertragsfreiheit beinhaltet die ausgeübte Gestaltung der eigenen Vertragsverhältnisse. Die negative Vertragsfreiheit bedeutet hingegen das Recht, sich keinem Zugriff auf sein eigenes Leistungsvermögen auszusetzen. Bei einem Vertragsschluss verzichtet daher der Schuldner auf seine negative Vertragsfreiheit. Nimmt man sodann einen gegenseitigen Vertrag, so ergibt sich folgendes Bild: Beide Vertragspartner üben einerseits ihre positive Vertragsfreiheit aus, indem sie ihre Rechtsverhältnisse inhaltlich gestalten. Gleichzeitig verzichtet jeder Vertragspartner durch seine vertragliche Bindung aus Anspruch bzw. Gegenanspruch insoweit auf seine negative Vertragsfreiheit.

dd) Materiale Richtigkeitsgewähr durch Vertragsschluss

Eine weitere Dimension von Privatautonomie und Vertragsfreiheit ist darin zu sehen, dass der Staat, in Abgrenzung zur positiven Vertragsfreiheit des Individuums, die Gestaltung von dessen rechtlichen Verhältnissen *nicht* vornimmt. Nach *Schmidt-Rimpler* hat dies ferner zur Konsequenz, dass der Staat die Ergebnisse und Inhalte von Verträgen, die das Ergebnis privatautonomer Abläufe

---

198 Das soll an dieser Stelle bedeuten, dass kein rechtlich anerkennenswerter Grund für die Weigerung vorliegt. Bei Vorliegen eines rechtlich anerkennenswerten Grundes kann die Rechtsordnung freilich andere Rechtsfolgen anordnen.

199 *Fried*, Contract as Promise, S. 9; vgl. auch *Unberath*, in: FS Hruschka 2005, 719, 734.

200 Zu diesem vermeintlichen Widerspruch s. *Bumke*, in Bumke/Röthel, Autonomie im Recht, S. 70 f.; vgl. auch *Cziupka*, Dispositives Vertragsrecht, S. 24 ff.

201 Zu dem im Folgenden dargestellten Thema des positiven und negativen Bestandteils der Vertragsfreiheit insgesamt *Hanau*, Der Grundsatz der Verhältnismäßigkeit, S. 23 ff. m.w.N.

und Interaktionen sind, nicht mit einer Bewertung im Sinne von „richtig" und „falsch" belegen kann.[202] Ein Vertrag kann allein im Hinblick auf sein Zustandekommen im Sinne eines Mechanismus, nicht jedoch bzgl. seines Inhalts, als „richtig" oder „falsch" bewertet werden.[203] Hierbei bezieht sich ein „richtiges" Zustandekommen auf die Annahme, dass die involvierten Parteien durch den freiwilligen Abschluss des Vertrages im Wesentlichen ihrem autonomen Willen Ausdruck verliehen haben.[204] Der freie Wille, manifestiert im Vertrag, vermag aber auch dann rechtliche Bindung hervorzurufen, wenn er moralisch nicht schutzwürdig erscheint.[205] Da die involvierten Interessen sich in den vertragsschließenden Parteien gegenüberstehen, bewirkt der Vertragsschluss einen Ausgleich der Interessen „im Sinne des Richtigen" und der Vertrag trägt eine „materiale Richtigkeitsgewähr" in sich.[206] Die Vermutung der inhaltlichen Richtigkeit findet ihre Grenze in Fällen „grober offenliegender Unrichtigkeit, insbesondere bei Gesetzes- oder Sittenverstoß (§§ 134, 138)", welche von Gesetzes wegen geahndet werden.[207]

---

202 *Schmidt-Rimpler*, in: FS Nipperdey 1955, 1, 8; vgl. auch *Flume*, in: FS 100 Jahre Deutsches Rechtsleben 1960, 135, 142; zur Theorie *Schmidt-Rimplers* vgl. auch *Mohr*, Sicherung der Vertragsfreiheit, S. 179 ff., der anmerkt, dass die Richtigkeit des Vertrags nicht auf den einzelnen Vertrag bezogen werden kann, sondern lediglich auf die Vertragsfreiheit insgesamt als Ordnungssystem; vgl. hierzu im Zusammenhang mit dem AGBG auch: *Coester-Waltjen*, AcP 190 (1990), 1, 14 ff.

203 *Schmidt-Rimpler*, AcP 147 (1941), 130, 159; vgl. auch *Flume*, in: FS 100 Jahre Deutsches Rechtsleben 1960, 135, 142; vgl. hierzu auch im Zusammenhang einer allgemeinen soziologischen Verfahrenstheorie *Luhmann*, Legitimation durch Verfahren, S. 12, „(...) daß das Verfahren selbst kein Wahrheitskriterium ist, aber die Richtigkeit des Entscheidens fördert; daß es Kommunikation ermöglicht und kanalisiert; daß es das Zustandekommen von Entscheidungen garantiert, und zwar unabhängig davon, ob die Logik funktioniert und das Ausrechnen einzig richtiger Lösungen ermöglicht oder nicht; (...)".

204 *Flume*, in: FS 100 Jahre Deutsches Rechtsleben 1960, 135, 142; *Zitelmann*, Irrtum und Rechtsgeschäft, hat hierbei auf Basis der Privatautonomie den Grundsatz entwickelt, der später (modifiziert) als Willenstheorie bezeichnet wurde; vgl. hierzu im Zusammenhang *Hofer*, Freiheit ohne Grenzen?, S. 169 ff.; vgl. auch *Niedermaier*, Schieds- und Schiedsverfahrensvereinbarungen, S. 43 ff.

205 *Arnold*, Vertrag und Verteilung, S. 197 unter Zugrundelegung von der von Kant postulierten Trennung von Recht und Moral.

206 *Schmidt-Rimpler*, in: FS Nipperdey 1955, 1, 6; vgl. auch *Flume*, in: FS 100 Jahre Deutsches Rechtsleben 1960, 135, 142; hierzu auch *Hacker*, Verhaltensökonomik und Normativität, S. 505 f.

207 *Schmidt-Rimpler*, in: FS Nipperdey 1955, 1, 8.

ee) Formale und materielle Vertragsfreiheit

Kramer[208] unterscheidet auf Basis der von ihm in der Rechtswirklichkeit beobachteten „Phänomene des Missbrauchs privatrechtlicher Freiheit durch wirtschaftlich Übermächtige“[209] zwischen formaler und materieller Vertragsfreiheit. Die formale Vertragsfreiheit beschreibt, als Korrelat formal verstandener Gleichheit vor dem Gesetz, die Möglichkeit, dass jedermann Verträge mit jedermann frei abschließen kann. Die materielle Vertragsfreiheit beinhaltet hingegen die Möglichkeit, allerdings hier wohl eher verstanden als Fähigkeit, dies auch tatsächlich, faktisch tun zu können. Dem könne entgegenstehen, dass der Einzelne sich beispielsweise dem „Diktat des Unternehmers“[210], in Bezug auf Allgemeine Geschäftsbedingungen, unterwerfen müsse, da er auf dessen Güter unbedingt angewiesen sei. Hierbei beruft sich *Kramer* u.a. auf *Max Weber*, den er mit folgendem Zitat bedenkt: „Eine formell noch so viele ‚Freiheitsrechte‘ und ‚Ermächtigungen‘ verbürgende und darbietende und noch so wenige Gebots- und Verbotsnormen enthaltende Rechtsordnung kann daher in ihrer faktischen Wirkung einer quantitativ und qualitativ sehr bedeutenden Steigerung nicht nur des Zwangs überhaupt, sondern auch einer Steigerung des autoritären Charakters der Zwangsgewalten dienen.“[211]

d) Schlussfolgerungen und Einordnung

Die zu Privatautonomie und Vertragsfreiheit dargestellten Grundsätze und Hintergründe lassen folgende Rückschlüsse auf die objektive Schiedsfähigkeit insgesamt und die Schiedsfähigkeit der Patentnichtigkeitsklage zu:

Zwar kann die Durchführung eines Schiedsverfahrens nicht als einvernehmliche Streitbeilegung im engeren Sinne betrachtet werden, da es sich um ein streitiges Verfahren handelt. Gleichwohl ist die Schiedsgerichtsbarkeit Ausdruck der Privatautonomie[212], sodass jedenfalls eine deutliche Nähe zur einvernehmlichen Streitbeilegung gegeben ist. Dass sich die Parteien auf die Schiedsgerichtsbarkeit als Mechanismus der Streitbeilegung einigen, beinhaltet ferner gewisse Aspekte der einvernehmlichen Streitbeilegung: Die Parteien beschließen einvernehmlich,

---

208 Zu diesem Absatz insgesamt *Kramer*, Die „Krise“ des liberalen Vertragsdenkens, S. 19 ff.

209 *Kramer*, Die „Krise“ des liberalen Vertragsdenkens, S. 19.

210 *Kramer*, Die „Krise“ des liberalen Vertragsdenkens, S. 20.

211 *Weber*, Rechtssoziologie, S. 208; vgl. zu diesem Zitat auch *Kramer*, Die „Krise“ des liberalen Vertragsdenkens, S. 20 f.

212 Vgl. Kap. D. II. 2.

ihre Streitigkeiten einem Schiedsgericht und nicht einem staatlichen Gericht zu unterwerfen; dies hat eine gewisse Nähe zum Vergleich, der wiederum Einvernehmen der Parteien voraussetzt.[213]

Zudem ist festzuhalten, dass eine Schiedsabrede als Prozessvertrag[214] zu qualifizieren ist und damit der Abschluss einer Schiedsabrede der skizzierten Vertragsfreiheit unterfällt. Denn durch die Bindung an ein Schiedsverfahren üben die Parteien ihre positive Vertragsfreiheit aus, da sie ihre vertraglichen Verhältnisse regeln. Indem sie sich dabei festlegen, (im Streitfall)[215] kein gerichtliches Verfahren durchzuführen, verzichten die Parteien auf ihre negative Vertragsfreiheit.[216] Damit findet, wie oben gezeigt, nach den Grundsätzen der Vertragsfreiheit generell keine Prüfung und Bewertung des Vertragsinhalts statt, sondern der Staat bzw. das Gesetz erkennen diesen Vertrag auf Basis des Mechanismus des Vertragsschlusses an. Nach den Grundsätzen von Privatautonomie und Vertragsfreiheit findet diese inhaltliche Freiheit ihre Grenze erst bei „grober offenliegender Unrichtigkeit, insbesondere bei Gesetzes- oder Sittenverstoß (§§ 134, 138)“[217]. Diese Maßstäbe legen zunächst ein generell weites Verständnis der Schiedsgerichtsbarkeit nahe.[218] Da die objektive Schiedsfähigkeit die

213 Hierzu treffend OLG Hamm, Urt. v. 8.12.1986 - 8 U 73/86 - NJW-RR 1987, 1319, 1320: „Denn die Art und Weise, wie das Schiedsgericht Streitigkeiten erledigt, ist ihrem Wesen nach nichts anderes als ein besonderes Vergleichsverfahren.“; vgl. auch *Ebbing*, Private Zivilgerichte, S. 94, der die besondere Eignung der Schiedsgerichtsbarkeit zur Herbeiführung gütlicher Einigungen betont.

214 Der Schiedsvertrag ist nach herrschender Meinung ein Unterfall des Prozessvertrags, der materiellen Gültigkeitskriterien unterliegt, BGH, Urt. v. 6.4.2009 - II ZR 255/08 - DnotZ 2009, 938, 940; zum Meinungsstand s. *Saenger*, in Saenger, ZPO, § 1029 Rn. 1 m.w.N.

215 Dieser Zusatz gilt für den Fall, dass eine Schiedsklausel bereits in einen Vertrag aufgenommen wird. Die Parteien können sich natürlich auch ohne vorherige Schiedsklausel im konkreten Streitfall auf die Streitbeilegung durch ein Schiedsverfahren einigen.

216 Neben dem Verzicht auf die negative Vertragsfreiheit im zuvor skizzierten Sinne liegt im Abschluss einer Schiedsabrede auch ein Verzicht auf den Justizgewährungsanspruch vor, vgl. hierzu OLG München, Endurt. v. 16.1.2019 – 7 U 1365/18 - BeckRS 2019, 342 Rn. 40: „Die Partei einer Schiedsabrede verzichtet damit durch einen Prozessvertrag (vgl. BGH, Urteil vom 06.04.2009, Az. II ZR 255/08, Rdnr. 17) gegenüber der jeweils anderen Vertragspartei auf ihren Justizgewährungsanspruch.“; vgl. auch *Kaneko*, EU-Einheitspatent, S. 48.

217 *Schmidt-Rimpler*, in: FS Nipperdey 1955, 1, 8.

218 *Baumann*, Patentstreitigkeiten, S. 98 zieht diesen Schluss aus der „Anerkennung der Gleichwertigkeit schiedsrichterlicher Streitentscheidung“.

Möglichkeit beschreibt, in verschiedenen materiell-rechtlichen Bereichen die Schiedsgerichtsbarkeit nutzen zu dürfen, lässt sich dieses weite Verständnis der Schiedsgerichtsbarkeit auch auf die Bewertung der Schiedsfähigkeit der Patentnichtigkeitsklage übertragen.

Die von *Kramer*[219] unter Berufung auf *Max Weber* zur Vertragsfreiheit getroffene Unterscheidung zwischen formaler und materieller Freiheit hat im Zusammenhang mit der objektiven Schiedsfähigkeit und der Schiedsfähigkeit der Patentnichtigkeitsklage lediglich eine untergeordnete Bedeutung. Denn die Annahme, dass Schiedsklauseln durch eine überlegene Partei der anderen Partei einseitig vorgesetzt würden, ohne dass dies von der anderen Partei gewünscht ist, ist im Wirtschafts- und Handelsverkehr, bei typischerweise beidseitig geschäftlich erfahrenen Parteien, eher fernliegend.[220] Gerade bei der Patentnichtigkeitsklage geht es in der Regel um rein wirtschaftlich agierende Akteure, die möglicherweise im Rahmen eines Lizenzvertragens oder sonstiger vertraglicher Abreden eine Schiedsklausel vereinbaren oder eben nicht. Die Frage der Schiedsfähigkeit, also ob solche Schiedsklauseln hier sollen vereinbart werden können, ist daher von dieser Unterscheidung und etwaigen Implikationen zur Gestaltung gesetzlicher Regelungen nicht betroffen. Verbleibende Konstellationen unangemessener Benachteiligung infolge formularmäßiger Abreden über Schiedsverfahren vermag das Recht zu Allgemeinen Geschäftsbedingungen aufzufangen.

Damit legen die skizzierten Grundsätze von Privatautonomie und Vertragsfreiheit generell ein weites Verständnis der objektiven Schiedsfähigkeit nahe (sofern nicht die oben genannten Einschränkungen von überlegener Marktmacht etc. greifen).

219 *Kramer*, Die „Krise" des liberalen Vertragsdenkens, S. 19 ff.

220 Dies wurde auch im Fall Mitsubishi Motors Corp. v. Soler Chrysler-Plymouth Inc., 53 U.S.L.W. 5069 (1985) vom US Supreme Court zu kartellrechtlichen Streitigkeiten anerkannt, obwohl u.a. auf die oben angeführte Befürchtung zuvor im Fall American Safety Equipment Corp. v. J. P. Maguire & Co., 391 f.2d 821, 827 (2d Cir. 1968) die hier noch angenommene Schiedsunfähigkeit von derlei Streitigkeiten gestützt wurde. Zu diesem Ergebnis kommt auch *Zimmer*, Zulässigkeit und Grenzen schiedsgerichtlicher Entscheidung, S. 117 f.

2. Die Rechtsnatur der Schiedsgerichtsbarkeit: Ausdruck der Privatautonomie vs. Ersatz gerichtlich hoheitlicher Entscheidungsbefugnisse

Es stellt sich die Frage, ob die Schiedsgerichtsbarkeit als privatautonomes Verfahren zu betrachten ist oder ob sie, bzw. in diesem Zusammenhang insbesondere der Schiedsspruch, als „Rechtsprechungsersatz" bzw. als Rechtsprechung zu beurteilen ist und wie diese beiden genannten Alternativen zueinanderstehen. Denn bei einem rein privatautonom begründeten Verfahren wäre auch die Frage zu stellen, ob unabdingbare gesetzliche Regeln auf dieses Verfahren überhaupt Anwendung finden.[221] Bei international geprägten Streitigkeiten stellte sich zudem das Problem, dass die Gesetze verschiedener Rechtsordnungen und Länder sowie internationales Recht in Betracht kämen, wobei jede Rechtsordnung, zumindest theoretisch, eine eigene Antwort auf die Frage des auf das Schiedsverfahren anwendbaren materiellen Rechts finden könnte. Die Antworten auf diese Fragen hängen unter Anderem davon ab, welche Rechtsnatur der Schiedsgerichtsbarkeit zuerkannt wird.[222]

Lew[223] identifiziert vier Theorien zur Rechtsnatur der Schiedsgerichtsbarkeit. Die erste Theorie ist die Gerichtliche Theorie[224]. Nach dieser Theorie basiert die Schiedsgerichtsbarkeit auf der staatlichen Gewalt, welche sie kontrolliert und reguliert. Diese Theorie stützt sich auf die quasi-gerichtliche Funktion der Schiedsgerichtsbarkeit.[225] Das Schiedsgericht bezieht nach dieser Theorie zwar seine Ernennung von den Parteien der Streitigkeit, seine Autorität jedoch von dem jeweiligen Staat.[226] Ferner ist zu beachten, dass die Funktion des Schiedsgerichts, nämlich die Ersetzung der staatlichen Gerichte, stets nur soweit reichen kann, wie das nationale Recht der Schiedsgerichtsbarkeit diese Aufgabe zuweist.[227] Dies ist in der praktischen Konsequenz daher eine eher restriktive Betrachtung der Reichweite der Schiedsgerichtsbarkeit. Dieser Theorie ist zuzugeben, dass der Schiedsspruch zwischen den Parteien nach deutschem Recht

221 *Lew/Mistelis/Kröll*, Arbitration, S. 71.
222 *Lew/Mistelis/Kröll*, Arbitration, S. 71.
223 *Lew*, Applicable Law, S. 51; vgl. hierzu auch *Lew/Mistelis/Kröll*, Arbitration, S. 74 ff.
224 „The Jurisdictional Theory", *Lew*, Applicable Law, S. 52 ff.; vgl. auch *Behrens*, in: Friedmann/Mestmäcker, Conflict Resolution, 13, 21; *Lew/Mistelis/Kröll*, Arbitration, S. 74 m.w.N.
225 *Lew/Mistelis/Kröll*, Arbitration, S. 75.
226 *Lew*, Applicable Law, S. 53.
227 Vgl. *Lew*, Applicable Law, S. 52.

rechtskraftfähig ist, vgl. § 1055 ZPO,[228] sodass rechtstatsächlich insoweit eine Ersetzung staatlicher Gerichtsbarkeit stattfindet. Basierend auf dieser Norm ist die Schiedsgerichtsbarkeit als materielle Rechtsprechung anerkannt.[229] Zudem gilt die Schiedsgerichtsbarkeit in ihrer Funktion der Ersetzung staatlicher Gerichte als diesen gleichwertig im Hinblick auf den gewährten Rechtsschutz.[230] Allerdings bedarf der Schiedsspruch, wie bereits erwähnt, zu seiner Vollstreckbarkeit noch der Vollstreckbarerklärung gemäß § 1060 f. ZPO.[231] Der Vollstreckungstitel ist hierbei nicht der Schiedsspruch, sondern der gerichtliche Beschluss über die Vollstreckbarerklärung.[232]

Die zweite Theorie ist die Vertragstheorie[233]. Hiernach kommt es bei der Schiedsgerichtsbarkeit primär gerade nicht auf die staatlich vermittelte Legitimation an, sondern die Basis und der Ausgangspunkt sei stets eine vertragliche Abrede der Parteien.[234] Der Vertrag der Parteien, sich einem Schiedsverfahren zu unterwerfen, sei der Ausgangspunkt jeden Schiedsverfahrens; Aufgabe staatlicher Gerichte sei es lediglich, den Schiedsspruch, der hierbei ebenfalls als Vertrag betrachtet wird, durchzusetzen.[235] Die Parteien sollen demnach unbegrenzte Autonomie in der Wahl des zu den verschiedenen Aspekten im Schiedsverfahren anwendbaren materiellen Rechts haben.[236] Nach dieser Theorie ist die Vertragsfreiheit die maßgebliche Rechtfertigung der Schiedsgerichtsbarkeit. Diese beruht wiederum auf der Privatautonomie.[237] Die Rechtfertigung der

228 Vgl. hierzu *Gaul*, in: FS Sandrock 2000, 285, 288 f.

229 *Prütting*, in: FS Schlosser 2005, 705, 707; vgl. auch *Distler*, Private Schiedsgerichtsbarkeit, S. 44 f.

230 BT-Drs. 13/5274, S. 34; *von Jhering*, Die Wirkung von Schiedsvereinbarungen, S. 1; *Gaul*, in: FS Sandrock 2000, 285, 286; kritisch *Voit*, JZ 1997, 120, 121 ff.

231 Vgl. *Ebbing*, Private Zivilgerichte, S. 93 f.; s. hierzu bereits *Lorenz*, AcP 157 (1958/1959), 265, 275.

232 *Ebbing*, Private Zivilgerichte, S. 93 m.w.N.

233 „The Contractual Theory", *Lew*, Applicable Law, S. 54 ff.; vgl. auch *Behrens*, in: Friedmann/Mestmäcker, Conflict Resolution, 13, 21; *Lew/Mistelis/Kröll*, Arbitration, S. 77 ff. m.w.N.

234 *Lew*, Applicable Law, S. 55; ebenfalls *Lew/Mistelis/Kröll*, Arbitration, S. 77 f.; vgl. auch *Distler*, Private Schiedsgerichtsbarkeit, S. 43 f.

235 *Lew/Mistelis/Kröll*, Arbitration, S. 78.

236 *Lew*, Applicable Law, S. 56.

237 Vgl. Kap. D. II. 1. c).

Schiedsgerichtsbarkeit (wenn auch nicht notwendig ausschließlich) aus Vertragsfreiheit und Privatautonomie ist heute gemeinhin anerkannt.[238]

Die dritte Theorie ist die Gemischte oder Hybrid-Theorie[239]. Da die beiden vorgenannten Theorien in ihrer jeweiligen Reinform einseitig erscheinen und gewissermaßen Extrempositionen darstellen, wird mit dieser Theorie der Versuch unternommen, die vorgenannten Theorien zu vereinigen. Obgleich eine vertragliche Abrede den Ausgangspunkt eines Schiedsverfahrens bilde, sei diese nicht vollkommen losgelöst von staatlichen gesetzlichen Regelungen.[240] Diese Theorie gilt heute als die international herrschende Sichtweise.[241]

Die vierte Theorie ist die Autonome Theorie[242]. Der Schwerpunkt liegt bei dieser Theorie auf der Annahme, dass die Schiedsgerichtsbarkeit einen eigenständigen Konfliktlösungsmechanismus darstelle, der weder im Kontext von staatlicher Gerichtsbarkeit noch von internationalem Privatrecht operiere.[243] Kennzeichen der internationalen Schiedsgerichtsbarkeit sei gerade die Flexibilität, die staatliche Gerichtsverfahren nicht bieten könnten. Zudem sei die Schiedsgerichtsbarkeit ein nicht-nationales System zur Beilegung wirtschaftlicher Streitigkeiten, in welchem nationale rechtliche Kriterien nur eine geringe Bedeutung hätten.

Insgesamt lässt sich Folgendes festhalten. Dass die Schiedsgerichtsbarkeit in ihrer Rechtfertigung letztlich ein Hybrid[244] aus Privatautonomie und dem Ersatz hoheitlicher Entscheidungsbefugnisse ist, liegt auf der Hand.[245] Daher entspricht letztlich die Gemischte oder Hybrid-Theorie im größten Umfang der schiedsgerichtlichen Realität. Der Ausgangspunkt der Schiedsgerichtsbarkeit

---

238 Vgl. hierzu OLG Hamm, Urt. v. 8.12.1986 - 8 U 73/86 - NJW-RR 1987, 1319, 1320, wonach das Schiedsgericht seine Legitimation allein aus dem autonomen Willen der Parteien bezieht; vgl. auch *von Jhering*, Die Wirkung von Schiedsvereinbarungen, S. 8; *Hesselbarth*, Schiedsgerichtsbarkeit und Grundgesetz, S. 42; vgl. auch oben Kap. D. II. 1. c)

239 „The Mixed or Hybrid Theory", *Lew*, Applicable Law, S. 57 ff.; vgl. auch *Behrens*, in: Friedmann/Mestmäcker, Conflict Resolution, 13, 21; *Lew/Mistelis/Kröll*, Arbitration, S. 79 f.

240 *Lew*, Applicable Law, S. 57 ff.; *Lew/Mistelis/Kröll*, Arbitration, S. 80.

241 *Lew/Mistelis/Kröll*, Arbitration, S. 80.

242 „The Autonomous Theory", vgl. *Lew*, Applicable Law, S. 59 ff.

243 Zu diesem Absatz insgesamt *Lew/Mistelis/Kröll*, Arbitration, S. 81.

244 So ebenfalls *Redfern/Hunter*, International Arbitration, 1. A. (o), Rn. 1.92.

245 Zu diesem Absatz insgesamt vgl. *Redfern/Hunter*, International Arbitration, 1. A. (o), Rn. 1.92.

ist die Privatautonomie, was sich zunächst in der Möglichkeit des Abschlusses einer Schiedsabrede äußert. Die Privatautonomie setzt sich sodann in der Möglichkeit der Parteien fort, das Schiedsverfahren weitgehend frei zu gestalten. Den Abschluss des Schiedsverfahrens bildet der Schiedsspruch. Dieser wird (unter gewissen Voraussetzungen) von der Rechtsordnung als rechtskraftfähig anerkannt. Der Rechtskraft gegenüber steht die Möglichkeit staatlicher Gerichte, im Anerkennungs- und Vollstreckungsverfahren den Schiedsspruch eingeschränkt[246] zu überprüfen. Somit stehen das privatautonome Schiedsverfahren und die Ersetzung staatlicher Gerichtsbarkeit nicht im Widerspruch zueinander sondern beschreiben gemeinsam das Wesen der Schiedsgerichtsbarkeit, insbesondere in seiner zeitlichen Abfolge.[247] Insbesondere stellt dieses Verhältnis der beiden maßgeblichen schiedsgerichtlichen Rechtfertigungsgründe zueinander keine Einschränkung der Geltung der Privatautonomie dar. Denn, wie oben gezeigt,[248] ist es gerade ein Merkmal der Privatautonomie, dass die Parteien nicht vollkommen frei handeln können, sondern sich an die durch das Recht vorgegebenen Akte halten müssen, da nur dann das Recht ihren privatautonom vorgenommenen Handlungen und Abreden Durchsetzbarkeit verschafft. In diesem Sinne steht die schiedsgerichtliche Anbindung an nationale Gesetze und Gerichte nicht im Widerspruch zur diesbezüglichen Geltung von Vertragsfreiheit und Privatautonomie, sondern ist gerade der notwendige Ausdruck hiervon.

3. Zwischenergebnis

Für den Fortgang der Untersuchung ist Folgendes festzuhalten: Sowohl die Privatautonomie als auch die Schiedsgerichtsbarkeit finden ihre verfassungsrechtliche Grundlage in dem Recht auf Entfaltung der Persönlichkeit aus Art. 2 Abs. 1 GG. Die Grundsätze der Privatautonomie und der daraus folgenden Vertragsfreiheit lassen sich auf die objektive Schiedsfähigkeit anwenden und legen daher generell ein weites Verständnis der objektiven Schiedsfähigkeit nahe. Die rechtstatsächlich bestehenden Verknüpfungen der Schiedsgerichtsbarkeit zur und Abhängigkeiten von der staatlichen Gerichtsbarkeit stehen einer diesbezüglichen Geltung der Privatautonomie nicht im Weg, sondern sind ein notwendiger Bestandteil der Wirksamkeit von Privatautonomie und Vertragsfreiheit.

---

246 Zu den gerichtlichen Möglichkeiten, einen Schiedsspruch zu überprüfen, ausführlich *Sonnauer*, Die Kontrolle der Schiedsgerichte.

247 *Redfern/Hunter*, International Arbitration, 1. A. (o), Rn. 1.92.

248 Vgl. Kap. D. II. 1. c) bb).

III. Ordre Public als mögliche Begrenzung der objektiven Schiedsfähigkeit

Nachdem die Überlegungen zur objektiven Schiedsfähigkeit und zur Schiedsfähigkeit der Patentnichtigkeitsklage im Lichte der Theorie der Privatautonomie ein weites Verständnis des Begriffs der objektiven Schiedsfähigkeit im Sinne von § 1030 ZPO nahelegten, soll jetzt der Blick auf mögliche Begrenzungen der objektiven Schiedsfähigkeit auf Basis des Ordre Public[249] (international) gerichtet werden.[250]

1. Herleitung, Begriff und Verhältnis zur objektiven Schiedsfähigkeit

Dem Ordre Public kommt sowohl bei der inländischen als auch ausländischen Schiedssprüchen eine Rolle zu. Da sowohl inländische als auch ausländische Schiedssprüche die Nichtigkeit eines Patents zum Gegenstand haben können, sollen im Folgenden sowohl der deutsche als auch die internationalen Bezüge des Ordre Public in den Blick genommen werden.

Bei der Vollstreckbarerklärung inländischer Schiedssprüche sind §§ 1059 Abs. 2 Nr. 2 lit. b), 1060 ZPO maßgeblich. Im Zusammenhang der internationalen Schiedsgerichtsbarkeit[251] ist der Anknüpfungspunkt für den Ordre Public Art. V Abs. 2 (b) UNÜ. Diese Norm ermöglicht die Verweigerung von Anerkennung und Vollstreckung eines internationalen Schiedsspruchs neben dem Grund der fehlenden objektiven Schiedsfähigkeit, Art. V Abs. 2 (a) UNÜ, auch auf der Basis eines Ordre Public-Verstoßes. Nach § 1061 Abs. 1 S. 1 ZPO richtet sich die Anerkennung und Vollstreckung ausländischer Schiedssprüche in Deutschland zudem direkt nach dem UNÜ,[252] sodass insoweit der Ordre

---

249 Der Begriff „Ordre Public“ kann synonym zu den Begriffen „Public Policy“ und im Deutschen „Öffentliche Ordnung“ verwendet werden, vgl. nur *Kornblum*, in: FS Nagel 1987, 140 sowie *Wunderer*, Der Deutsche „Ordre Public D'Arbitrage International“, S. 8 m.w.N. „Ordre Public“ ist in der deutschsprachigen Literatur allerdings der gebräuchlichere Begriff, vgl. hierzu auch *Böcker*, Objektive Schiedsfähigkeit, S. 23 ff.

250 Zum Verhältnis von objektiver Schiedsfähigkeit und Ordre Public s. auch *Baumann*, Patentstreitigkeiten, S. 96 ff.

251 Bei der Anerkennung ausländischer *Gerichtsurteile* kommt § 328 Abs. 1 Nr. 4 ZPO zum Tragen, der ebenfalls den Ordre Public beschreibt. Bei der kollisionsrechtlichen Frage nach der Anwendbarkeit ausländischer Gesetzesnormen ist Art. 6 EGBGB einschlägig, s. auch *Böcker*, Objektive Schiedsfähigkeit, S. 24.

252 *Münch*, in: MünchKomm, ZPO, § 1061 Rn. 9; *Wilske/Markert*, in: BeckOK, ZPO, § 1061 Rn. 2.

Public-Vorbehalt im deutschen Anerkennungs- und Vollstreckungsverfahren direkte Anwendung findet. Hierbei ist umstritten, ob der Richter in der Rechtsfolge nach § 1061 Abs. 1 S. 1 ZPO bei Vorliegen eines Versagungsgrundes zur Versagung der Anerkennung verpflichtet ist oder ob er, wie die Formulierung von Art. V UNÜ es nahelegt, Ermessen hat.[253]

Nach der Dogmatik sowohl von § 1059 Abs. 2 ZPO als auch von Art. V UNÜ stehen die beiden Versagungsgründe von objektiver Schiedsunfähigkeit und Verstoß gegen den Ordre Public, in jedem Fall bezogen auf das Land, in welchem Anerkennung oder Vollstreckung des Schiedsspruchs angestrebt wird, nebeneinander.[254] Dennoch ist insbesondere in der internationalen schiedsrechtlichen Literatur anerkannt, dass diese beiden Versagungsgründe sich gewissermaßen überlagern und insbesondere der Ordre Public auch seinerseits zur Begrenzung der objektiven Schiedsfähigkeit herangezogen wird.[255] Teilweise wird der Ordre Public auch generell als das die Privatautonomie begrenzende dogmatische Gegenstück betrachtet.[256] Im französischen Recht wird beispielsweise die Schiedsfähigkeit in Art. 2060 des Code Civil unter Anderem allgemein für Streitigkeiten ausgeschlossen, die den Ordre Public betreffen.[257] Nach dem UNÜ unterscheiden sich die beiden Versagungsgründe jedoch in ihrer Wirkung dogmatisch dahingehend, dass bei objektiver Schiedsunfähigkeit des

---

253 Vgl. *Voit*, in: Musielak/Voit, ZPO, § 1061 Rn. 28 m.w.N. zu diesem Streit.

254 Mit dem Hinweis, dass beide Versagungsgründe gleichermaßen als „Sicherheits- oder Überdruckventil" dienen *Wolff*, in: Wolff, New York Convention, Art. V Rn. 492; *Lew/Mistelis/Kröll*, Arbitration, S. 198; s. auch *de Pfeifle*, Der Ordre Public-Vorbehalt, S. 129.

255 Vgl. *Baron/Liniger*, A Second Look at Arbitrability, S. 26: „Arbitrability, in essence, is a matter of national public policy"; vgl. auch *Wolff*, in: Wolff, New York Convention, Art. V Rn. 492; *Cook/Garcia*, International IP Arbitration, S. 49; *Lew/Mistelis/Kröll*, Arbitration, S. 198 „(...) arguably arbitrability is an illustration of public policy.", S. 200 und 720; vgl. aber auch *Barber*, Objektive Schiedsfähigkeit, S. 25 ff. aus der deutschen Literatur; a.A., nämlich, dass objektive Schiedsfähigkeit und Ordre Public lediglich als separate Aspekte nebeneinander stünden *Marx*, Der verfahrensrechtliche ordre public, S. 21 ff.; kritisch auch *Ebbing*, Private Zivilgerichte, S. 152 f.

256 *Cook/Garcia*, International IP Arbitration, S. 49; *Brekoulakis*, in: Mistelis/Brekoulakis, Arbitrability, S. 20 lehnt diese Bedeutung des Ordre Public für die objektive Schiedsfähigkeit zwar ab, führt hierzu aber weitere Nachweise an.

257 Vgl. hierzu auch *Cook/Garcia*, International IP Arbitration, S. 49; *Lew/Mistelis/Kröll*, Arbitration, S. 195; *Barber*, Objektive Schiedsfähigkeit, S. 25; zu dem in dieser Hinsicht damals bereits ähnlich strukturierten französischen Recht vgl. *Heymann*, Der ordre public, S. 134 ff.

Streitgegenstandes nach Art. II Abs. 1 UNÜ bereits die Schiedsabrede unwirksam ist, während ein Verstoß gegen den Ordre Public sich erst auf der Ebene der Vollstreckung auswirkt.[258]

Die inhaltlichen Grenzen des Ordre Public sind international wenig einheitlich, da jede Rechtsordnung eine eigene Interpretation vornimmt.[259] Die im deutschen Recht in anderen Zusammenhängen vorzufindenden gesetzlichen Definitionen des Ordre Public in § 328 Abs. 1 Nr. 4 ZPO und Art. 6 EGBGB schließen in den Maßstab des Ordre Public jeweils ausdrücklich die Prüfung der Vereinbarkeit mit Grundrechten mit ein.[260]

a) *Materieller und verfahrensrechtlicher Ordre Public*

Der Ordre Public weist verschiedene Bezüge und Wirkrichtungen auf.[261] Hierbei sind zunächst der materielle und der verfahrensrechtliche Ordre Public zu unterschieden.

aa) *Materieller Ordre Public*

Der materielle Ordre Public ist dann betroffen, wenn gerade das materiellrechtliche Ergebnis eines Schiedsspruchs den Grund des Verstoßes bildet.[262] Hierbei reicht es nicht aus, dass ein deutscher Richter nach deutschem Recht den Fall in der Sache anders entschieden hätte.[263] Vielmehr hat sich in Deutschland die Formel durchgesetzt, dass ein Verstoß gegen den materiellen Ordre Public dann vorliegen soll, wenn die Anwendung einer ausländischen Rechtsnorm zu einem Ergebnis führte, welches „zu den Grundgedanken der deutschen Regelung und den in ihnen enthaltenen Gerechtigkeitsvorstellungen in

---

258 Vgl. *Wolff*, in: Wolff, New York Convention, Art. V Rn. 492; *Barber*, Objektive Schiedsfähigkeit, S. 33.

259 Vgl. *Barber*, Objektive Schiedsfähigkeit, S. 25; *Baron/Liniger*, A Second Look at Arbitrability, S. 26 f.; in den USA gilt „Manifest Disregard of the Law", als die maßgebliche Definition, vgl. mit Kritik hierzu *Kautz*, SchiedsVZ 2011, 20 ff.

260 Zu den grundrechtlichen Problemen und Fragen in diesem Zusammenhang ausführlich *Völker*, Zur Dogmatik des ordre public, S. 119 ff. sowie *Schemmer*, Der ordre public-Vorbehalt, S. 39 ff.

261 Zu den weiteren verschiedenen international-rechtlichen Bezügen und Wirkrichtungen ausführlich *Marx*, Der verfahrensrechtliche ordre public, S. 3 ff.; s. auch *de Pfeifle*, Der Ordre Public-Vorbehalt, S. 25 ff.; *Redmann*, Ordre public-Kontrolle, S. 152 ff.

262 *De Pfeifle*, Der Ordre Public-Vorbehalt, S. 158 f.; *Marx*, Der verfahrensrechtliche ordre public, S. 13.

263 BGH, Beschl. v. 16.9.1993 - IX ZB 82/90 - BGHZ 123, 268, 270.

so starkem Widerspruch steht, daß es nach inländischer Vorstellung untragbar erscheint."[264] Beispiele[265] aus der Rechtsprechung hierfür waren Verstöße gegen das zwingende Kartellrecht[266], gegen Getreideeinfuhrbestimmungen[267] sowie gegen die Preisbindung[268].

Dass generell die Behandlung bestimmter (Arten von) Streitigkeiten gegen den materiellen Ordre Public verstoßen könnte, ist nicht ersichtlich, da es hierbei um das materiell-rechtliche Ergebnis des einzelnen Schiedsspruches geht. Der materiell-rechtliche Ordre Public führt daher nicht zu Einschränkungen der objektiven Schiedsfähigkeit bestimmter Streitigkeiten, sondern bedeutet eine Art Ultima-ratio-Kontrolle der materiell-rechtlichen Ergebnisse bei der Anerkennung bzw. Vollstreckbarerklärung von Schiedssprüchen, freilich ohne dass eine umfassende inhaltliche Prüfung des Schiedsspruchs erfolgen würde.

bb) Verfahrensrechtlicher Ordre Public

Der verfahrensrechtliche Ordre Public[269] hingegen ist verletzt, „wenn das schiedsgerichtliche Verfahren an einem schwerwiegenden, die Grundlagen des staatlichen und wirtschaftlichen Lebens berührenden Mangel leidet"[270]. Da ein Schiedsverfahren auf unterschiedlichste Art und Weise gestaltet werden kann und auch gestaltet werden können soll, geht es nicht um die Einhaltung

---

264 BGH, Beschl. v. 16.9.1993 - IX ZB 82/90 - BGHZ 123, 268, 270; BGH, Urt. v. 21.1.1991 - II ZR 50/90 - NJW 1991, 1418, 1420; so ähnlich bereits BGH, Beschl. v. 17.9.1968 - IX ZB 501/68 - BGHZ 50, 370, 375 f.; so ähnlich ebenfalls BGH, Beschl. v. 6.10.2016 – I ZB 13/15 – NJW-RR 2017, 313, Rn. 55; s. hierzu auch *de Pfeifle*, Der Ordre Public-Vorbehalt, S. 131, die betont, dass hierbei gerade nicht der abstrakte Inhalt der Norm, sondern das konkrete Ergebnis von deren Anwendung maßgeblich ist; vgl. auch *Marx*, Der verfahrensrechtliche ordre public, S. 3 f.

265 Zu diesen Beispielen aus der Rechtsprechung *Marx*, Der verfahrensrechtliche ordre public, S. 13 f.; für weitere Beispiele aus der europäischen Rechtsprechung s. *Renfert*, Europäisierung der ordre public Klausel, S. 20 ff.

266 BGH, Urt. v. 25.10.1966 - KZR 7/65 - BGHZ 46, 365, 367; BGH, Urt. v. 23.4.1959 - VII ZR 2/58 - BGHZ 30, 89, 93.

267 BGH, Urt. v. 27.2.1964 - VII ZR 134/62 - BeckRS 1964, 31190914.

268 BGH, Urt. v. 12.5.1958 - VII ZR 436/56 - BGHZ 27, 249, 256.

269 Für Beispiele zum verfahrensrechtlichen Ordre Public ohne Bezug zum Schiedsverfahren s. *Renfert*, Europäisierung der ordre public Klausel, S. 49 ff.

270 BGH, Beschl. v. 6.10.2016 – I ZB 13/15 – NJW-RR 2017, 313, Rn. 56; BGH, Urt. v. 14.4.1988 - III ZR 12/87 - NJW 1988, 3090, 3092; BGH, Urt. v. 15.5.1986 - III ZR 192/84 - NJW 1986, 3027, 3029; vgl. auch *Marx*, Der verfahrensrechtliche ordre public, S. 14; *Völker*, Zur Dogmatik des ordre public, S. 110 ff.

einzelner Vorschriften des deutschen Verfahrensrechts, sondern um die Einhaltung der dahinterliegenden Prinzipien.[271] In der Praxis begegnet der skizzierte Ansatz mehreren Schwierigkeiten. Einerseits können oftmals nur schwerlich die genauen schiedsgerichtlichen Verfahrensabläufe, die einen verfahrensrechtlichen Verstoß darstellen sollen, nachvollzogen werden, was in noch gravierenderer Weise gilt, wenn das Schiedsverfahren aus Sicht des Gerichts im Ausland stattgefunden hat.[272] Zudem ist es sodann schwierig zu beurteilen, inwieweit gewisse Unzulänglichkeiten in den Verfahrensabläufen das schiedsgerichtliche Urteil kausal[273] beeinflusst haben.[274]

Es stellt sich sodann die Frage, ob die Behandlung gewisser Arten von Streitigkeiten – insbesondere der Patentnichtigkeitsklage – einen Verstoß gegen den verfahrensrechtlichen Ordre Public darstellen kann. Dazu wird im nachfolgenden Kapitel noch auf die Besonderheiten der Patentnichtigkeitsklage einzugehen sein, um dann zu prüfen, ob diese Klage vor einem Schiedsgericht ausgetragen werden kann, ohne dass dies Verstöße gegen den verfahrensrechtlichen Ordre Public bedeuten würde.

b) Ordre Public international / d'arbitrage?

Es stellt sich die Frage, ob hinsichtlich ausländischer Schiedssprüche, der auch im Hinblick auf inländische Schiedssprüche angewendete Ordre Public maßgeblich ist, oder ob ein enger gefasstes internationales Verständnis des Ordre Public maßgeblich ist. Zudem stellt sich die Frage, ob es einen eigenständigen schiedsrechtlichen Ordre Public-Begriff gibt.[275]

aa) Meinungsstand

Zunächst ist der Begriff des Ordre Public international sehr facettenreich und es werden sehr unterschiedliche Verständnisse dieses Begriffs hierunter

---

271 Vgl. in etwas anderem Kontext so *de Pfeifle*, Der Ordre Public-Vorbehalt, S. 160; zur Bedeutung des Ordre Public beim Schiedsspruch mit vereinbartem Wortlaut nach § 1053 Abs. 2 S. 1 ZPO vgl. *Waßmuth*, Richtigkeitskontrolle und Rechtskraft, S. 39 ff.

272 *Baur*, in: FS Guldener 1973, 1, 5 f.; *Marx*, Der verfahrensrechtliche ordre public, S. 15.

273 Es bedarf der gerichtlichen Feststellung, dass sich der abstrakte Verfahrensverstoß auf das konkrete Ergebnis des Prozesses ausgewirkt hat oder ausgewirkt haben kann, vgl. *Völker*, Zur Dogmatik des ordre public, S. 215 m.w.N.; so auch *Schlosser*, Das Recht der Schiedsgerichtsbarkeit, Rn. 866.

274 *Baur*, in: FS Guldener 1973, 1, 5; *Marx*, Der verfahrensrechtliche ordre public, S. 15.

275 Ausführlich hierzu insgesamt *Kornblum*, in: FS Nagel 1987, 140 ff.

subsumiert.[276] Ausgangspunkt der in Deutschland geführten Diskussion um dieses Begriffspaar war wohl eine Entscheidung des BGH, in welcher er die Differenzierung zwischen dem Ordre Public interne und dem Ordre Public international explizit bestätigte und zweitem einen engeren Anwendungsbereich attestierte.[277] *Kornblum*[278] ist der Ansicht, die Frage, ob ein abweichender Ordre Public international anzuwenden sei, könne nicht abstrakt beantwortet werden: Wenn eine Rechtsordnung gegenüber inländischen Schiedssprüchen eine sehr umfassende Ordre-Public-Kontrolle vornehme, so müsse sie bei ausländischen Schiedssprüchen von dieser Praxis ablassen. Wenn indes auch bei inländischen Schiedssprüchen ein enges Verständnis des Ordre Public gelte, so könne dieses gleichermaßen auch auf ausländische Schiedssprüche Anwendung finden. Denn bei ausländischen Schiedssprüchen habe das Gericht ein höheres Maß an Abweichungen von den inländischen Normen und rechtlichen Prinzipien hinzunehmen.[279] *Martiny*[280] ist der Ansicht, dass sich aufgrund des fortschreitenden Einflusses europäischen auf das nationale Recht zunehmend ein europäischer Ordre Public herausbilde.[281] *Lew/Mistelis/Kröll*[282] sprechen von „genuinely international public policy" als in der internationalen Schiedsgerichtsbarkeit maßgebliches Kriterium, ohne diesen Begriff näher zu erörtern und weisen auf Probleme bei der praktischen Anwendung auf Basis dieses Begriffsverständnisses hin. *Sandrock*[283] vertritt die Auffassung, dass die Unterscheidung zwischen Ordre Public interne und dem Ordre Public international in Gänze abzulehnen sei. Teilweise wird schließlich davon ausgegangen, dass hinsichtlich

276 *Lew/Mistelis/Kröll*, Arbitration, S. 720: „There are as many shades of international public policy as there are national attitudes towards arbitration."; *Meise*, Zur Relativität, S. 11; s. auch *Völker*, Zur Dogmatik des ordre public, S. 275 ff.; für die völkerrechtlichen Implikationen dieser verschiedenen Begriffe s. *Schütz*, Der internationale ordre public, S. 16 ff.

277 BGH, Urt. v. 14.6.1960 - VIII ZR 145/66 - BGHZ 48, 327, 331.

278 *Kornblum*, in: FS Nagel 1987, 140, 142.

279 Vgl. auch *Schlosser*, Das Recht der Schiedsgerichtsbarkeit, Rn. 868, der für Deutschland auf dieser Basis eine „geringere Spannung" zwischen den beiden Begriffen sieht als in anderen Rechtsordnungen.

280 *Martiny*, in: FS Sonnenberger 2004, 523, 533.

281 So ähnlich bereits *Geimer*, Anerkennung ausländischer Entscheidungen, S. 139 f.

282 *Lew/Mistelis/Kröll*, Arbitration, S. 197.

283 *Sandrock*, in: FS Sonnenberger 2004, 615 ff.; ablehnend ebenfalls *Heymann*, Der ordre public, S. 167 ff. mit dem Argument, durch die freie Wahlmöglichkeit des Schiedsortes könne willkürlich ein ausländischer Schiedsspruch generiert werden und so der engere Ordre Public international zur Anwendung gebracht werden.

der Anerkennung und Vollstreckung von Schiedssprüchen, in Abgrenzung zu der kollisionsrechtlichen Thematik um Art. 6 EGBGB und der Anerkennung von ausländischen Gerichtsurteilen nach § 328 Abs. 1 Nr. 4 ZPO ein eigenständiger schiedsrechtlicher Ordre Public Anwendung finde.[284]

bb) Stellungnahme

Angesichts des Umstandes, dass es bei der Ordre-Public-Kontrolle lediglich um die Korrektur von Extremfällen geht und allein die Wahrung unverzichtbarer Grundsätze der deutschen Rechtsordnung sichergestellt werden soll, ist nicht ersichtlich, dass hierbei Raum für eine Differenzierung zwischen deutschen und ausländischen Schiedssprüchen besteht. Die Ordre-Public-Kontrolle bezieht sich auf das Anerkennungs- bzw. Vollstreckbarerklärungsverfahren und in diesem Verfahrensabschnitt muss gleichermaßen – und auch in gleicher Weise – sichergestellt werden, dass die unverzichtbaren Grundsätze der deutschen Rechtsordnung gewahrt sind; ob es sich hierbei um einen deutschen oder ausländischen Schiedsspruch handelt, kann insoweit keinen Unterschied machen. Da es in jedem Fall einer wertenden Einzelfallentscheidung bedarf, ob ein Verstoß gegen den Ordre Public vorliegt, ist die Anwendung eines engeren Ordre Public international bei ausländischen Schiedssprüchen nicht geboten. Es gilt in jedem Fall, die Wahrung der unverzichtbaren Rechtsgrundsätze sicherzustellen. Die genannten Argumente gelten gleichermaßen mit Blick auf einen eigenständigen schiedsrechtlichen Ordre Public-Begriff, welcher daher ebenfalls abzulehnen ist. Daher sind die Anwendung eines enger gefassten Ordre Public international bzw. eines eigenständigen schiedsrechtlichen Ordre Public insgesamt abzulehnen.

c) Zwischenergebnis und Perspektive

Der Ordre Public ist ein sehr vielschichtiger[285] Begriff mit nur schwachen Konturen. Sein Inhalt kann stets nur relativer Natur sein.[286] Im Einzelfall stellt die

---

284 *Wunderer*, Der Deutsche „Ordre Public D'Arbitrage International", S. 216 ff. schlägt dies vor; wohl auch *Fournier*, Bindungswirkung schiedsgerichtlicher Rechtsansichten, S. 40 ff.; wohl auch *Kornblum*, KTS 1968, 143 ff.; vgl. hierzu auch *Böcker*, Objektive Schiedsfähigkeit, S. 2.

285 Zu den verschiedenen Begriffsverständnissen bei unterschiedlichen Normen hierzu vgl. *Mankowski*, ZZP 114 (2001), 37, 43.

286 Vgl. *Epe*, Die Funktion des Ordre Public, S. 130 ff.; *Frick*, Ordre public und Parteiautonomie, S. 33 ff.; *Köhn*, KTS 1956, 185, 189; *Meise*, Zur Relativität, S. 11 ff.; *Pfundstein*,

Ordre Public-Kontrolle eine richterliche Interessenabwägung zwischen Einzel- und Gemeininteressen dar.[287] Im Hinblick auf die hier behandelte Frage, nämlich Maßstäbe der objektiven Schiedsfähigkeit zu entwickeln sowie konkret die Schiedsfähigkeit der Patentnichtigkeitsklage zu untersuchen, kommt insbesondere ein Verstoß gegen den verfahrensrechtlichen Ordre Public in Betracht. Ein solcher Verstoß könnte darin liegen, dass ein Schiedsgericht zur Beilegung dieser Streitigkeit ungeeignet sein könnte und daher ein Schiedsverfahren in diesem Bereich einen „schwerwiegenden, die Grundlagen des staatlichen und wirtschaftlichen Lebens berührenden Mangel“[288] bedeuten könnte. Hierzu ist jedoch bereits an dieser Stelle anzumerken, dass die Hürden für einen solchen Ordre Public-Verstoß hoch sind, da nicht ein Einzelfall betrachtet wird, sondern eine generelle Ungeeignetheit des Schiedsverfahrens zur Beilegung bestimmter Streitigkeiten festgestellt werden müsste.

Den Untersuchungen in den nachfolgenden Abschnitten dieses Kapitels soll das überwiegend in der Literatur zur Schiedsgerichtsbarkeit vorherrschende Verständnis des Ordre Public, als generell die Privatautonomie und damit auch die objektive Schiedsfähigkeit begrenzendes Element, zugrunde gelegt werden. Auf dieser Basis wird untersucht, ob die Betroffenheit von Rechten der Parteien oder Dritter einen Ordre Public-Verstoß im Falle der Behandlung in einem Schiedsverfahren begründen könnten bzw. inwieweit sonst der Ordre Public zu einer Begrenzung der Schiedsfähigkeit herangezogen kann oder auf Ordre Public-Schutz verzichtet werden kann.

Im nächsten Kapitel wird dann noch auf die Besonderheiten der Patentnichtigkeitsklage und des Patents eingegangen werden und geprüft, ob vor diesem Hintergrund die schiedsgerichtliche Behandlung einen Ordre Public-Verstoß begründen könnte.

2. Betroffenheit von Rechten der Parteien des Schiedsverfahrens?

Ein Argument gegen die Schiedsfähigkeit einer bestimmten Art von Streitigkeit kann es sein, dass die Rechte der Parteien, oder insbesondere einer besonders schutzwürdigen Partei, in nicht hinnehmbarer Weise beeinträchtigt werden.[289]

Pflichtteil und ordre public, S. 212 ff.; *Scholz*, Erbrecht und ordre public, S. 222 ff.; *Spickhoff*, Der ordre public, S. 96 ff.

287 *Renfert*, Europäisierung der ordre public Klausel, S. 156; *Fournier*, Bindungswirkung schiedsgerichtlicher Rechtsansichten, S. 48 f.

288 BGH, Urt. v. 14.4.1988 - III ZR 12/87 - NJW 1988, 3090, 3092.

289 *Ebbing*, Private Zivilgerichte, S. 154 f.

Dieses Argument wurde beispielsweise in der Diskussion um die Schiedsfähigkeit von Kartellstreitigkeiten zunächst angeführt und später verworfen: Mit Marktmacht ausgestattete Unternehmen würden ihren Vertragspartnern Schiedsklauseln vorlegen und diese hätten faktisch keine andere Wahl als die Schiedsklauseln zu akzeptieren.[290] Ebenfalls findet sich diese Begründung in der Diskussion zur Schiedsfähigkeit von Streitigkeiten über Wohnraummietverhältnisse.[291] Hier wird angenommen, dass der Vermieter dem Mieter strukturell derart überlegen sei, dass das Recht den Mieter schützen muss. Deshalb erklärt § 1030 Abs. 2 S. 2 ZPO derlei Streitigkeiten für schiedsunfähig, sodass die Wertung des ausschließlichen Gerichtstands des § 29a ZPO auch auf Schiedsverfahren durchschlägt und diese ausschließt.[292]

Den genannten Argumenten liegt die Annahme zugrunde, dass das Schiedsgericht den Schutz der schwächeren Partei nicht in gleicher Weise gewährleisten kann wie ein staatliches Gericht.[293] Diese Annahme ist allerdings fraglich. Denn die Schiedsgerichtsbarkeit ist als gegenüber der staatlichen Gerichtsbarkeit gleichwertiges Rechtsschutzinstrument anerkannt.[294] Die Annahme, die Schiedsgerichtsbarkeit sei zur Streitbeilegung im Falle von Machtdisparitäten zwischen den Parteien generell weniger geeignet, kann daher, jedenfalls in dieser Pauschalität, nicht aufrechterhalten werden.[295] Allenfalls im spezifisch begründeten Einzelfall kann sich die Schiedsgerichtsbarkeit als weniger geeignet herausstellen; dieser Befund spricht jedoch nicht gegen die Schiedsfähigkeit der Patentnichtigkeitsklage, da bei angenommener Schiedsfähigkeit die Parteien die Wahlmöglichkeit zwischen Schiedsgericht und staatlichem Gericht haben und dadurch in der Lage sind, dem jeweiligen Einzelfall selbst Rechnung zu tragen.

Im Hinblick auf die Patentnichtigkeitsklage kann ferner davon ausgegangen werden, dass sich hierbei geschäftlich erfahrene Parteien gegenüberstehen. Denn der typische Anwendungsfall der Patentnichtigkeitsklage ist die Konstellation, dass der Patentinhaber einem Dritten, häufig auch im Zusammenhang

---

290 Dieses Argument entstammt der US Supreme Court-Entscheidung American Safety Equipment Corp. v. J. P. Maguire & Co., 391 f.2d 821, 827 (2d Cir. 1968). Später wurde dieses Argument dann in Mitsubishi Motors Corp. v. Soler Chrysler-Plymouth Inc., 53 U.S.L.W. 5069 (1985) abgelehnt; vgl. hierzu auch Kap. D. V. 1.

291 Vgl. *Ebbing*, Private Zivilgerichte, S. 155.

292 So explizit BT-Drs. 13/5274, S. 35; vgl. auch *Ebbing*, Private Zivilgerichte, S. 155.

293 *Ebbing*, Private Zivilgerichte, S. 154.

294 BT-Drs. 13/5274, S. 34. Auch bei den Kartellstreitigkeiten führte diese hintergründige Erkenntnis zur Anerkennung der Schiedsfähigkeit, vgl. Kap. D. V. 1.

295 Vgl. *Ebbing*, Private Zivilgerichte, S. 154 f.

mit einer Patentlizenzierung – in diesem Fall dem Lizenznehmer – eine Patentverletzung vorwirft und dieser im Gegenzug Patentnichtigkeitsklage erhebt. Von einem Machtgefälle im Sinne einer „gestörten Waffengleichheit“[296] zwischen den Parteien kann in einer derartigen Konstellation kaum ausgegangen werden. Dies gilt insbesondere dann, wenn die Parteien mangels vertraglicher Beziehung erst nach Entstehung der Streitigkeit die bewusste Entscheidung treffen, die Streitigkeit vor einem Schiedsgericht auszutragen, da jede Partei die Wahl hat, in Anbetracht der bestehenden Patentstreitigkeit eine Schiedsvereinbarung zu unterzeichnen oder dies zu unterlassen. In diesem Zusammenhang ist auch der Einwand, die Parteien seien vor einem möglicherweise unzutreffenden Schiedsspruch zu schützen, da insbesondere der Patentinhaber hierdurch zu Unrecht sein Patent verlieren könnte, zu betrachten. Unter der Annahme, dass die Schiedsgerichtsbarkeit einen gegenüber der staatlichen Gerichtsbarkeit gleichwertigen Rechtsschutz bietet, erweist sich dieser Vorbehalt als substanzlos. Denn auch gerichtliche Urteile können unzutreffend sein und es besteht kein Grund zu der Annahme, dass Schiedsgerichte systematisch häufiger sachlich falsch entscheiden als staatliche Gerichte. Dem steht auch die hohe fachliche Spezialisierung und Kompetenz[297] der Nichtigkeitssenate des BPatG nicht entgegen. Denn einerseits können auch gleichermaßen kompetente Schiedsrichter bestellt werden und andererseits wäre insoweit auf Basis obiger Ausführungen der souveräne Wille beider Parteien, die Sache einem Schiedsgericht und nicht dem BPatG zu unterstellen, zu respektieren.

Es kann daher davon ausgegangen werden, dass die Behandlung der Patentnichtigkeitsklage vor einem Schiedsgericht die Interessen und Rechte der Parteien nicht in einer Weise beeinträchtigen würde, die es rechtfertigen würde, dass diese Art von Streitigkeit zwingend staatlichen Gerichten vorbehalten sein müsste. Unter diesem Gesichtspunkt erscheint ein Ordre Public-Verstoß fernliegend.

3. Betroffenheit von Rechten Dritter?

Als ein generelles Kriterium gegen die Schiedsfähigkeit einer bestimmten Art von Streitigkeit gilt es, wenn Schutzrechte oder sonstige Belange Dritter[298], die

296 Vgl. *Ebbing*, Private Zivilgerichte, S. 155.
297 Vgl. Kap. E. III. 2. d) aa).
298 „Dritter“ i.d.S. ist jeder, der nicht an die betreffende Schiedsvereinbarung gebunden ist.

nicht oder nicht notwendig im Verfahren mitwirken, betroffen sind.[299] Diese Wertung kommt daher, dass das Schiedsgericht mangels originär staatlicher Autorität in besonderer Weise seine Legitimation aus dem autonomen Willen der Parteien bezieht.[300] Deshalb sind Schiedsgerichte in der Regel nicht befugt, die Rechtsverhältnisse Dritter zu regeln bzw. Regelungen zu treffen, welche Rechte Dritter betreffen.[301]

Betrachtet man nun die Patentnichtigkeitsklage und die hierbei betroffenen Rechte, so zeigt sich Folgendes: Als von dem Schiedsspruch betroffenes Recht kommt zunächst primär das Recht des Patentinhabers an seinem Patent in Betracht. Im Falle des Unterliegens verliert er sein Recht am Patent. Allerdings ist der Patentinhaber bei der Patentnichtigkeitsklage notwendig Beklagter und daher auch an die Schiedsvereinbarung gebunden, wenn es zu einem Schiedsverfahren hierüber kommt.

Fraglich ist, ob im Falle der Nichtigerklärung auch Rechte weiterer Personenkreise betroffen sein können.[302] Ein solcher Fall könnte vorliegen, wenn ein Dritter ein Patent angreift, an welchem der Inhaber wiederum einem anderen eine Lizenz eingeräumt hat. In diesem Fall wäre der Lizenznehmer von der möglichen Nichtigerklärung des Patents betroffen, ohne dass er notwendig Partei des Schiedsverfahrens wäre. Allerdings ist zunächst zu beachten, dass in dieser Konstellation in der Regel keine Schiedsabrede zwischen dem Dritten und dem Patentinhaber vorliegen dürfte, was ein Schiedsverfahren ohnehin unwahrscheinlich macht. Sollten sich die Parteien dennoch auf ein Schiedsverfahren einigen, so stellt sich die Lage aus Sicht des Lizenznehmers im Wesentlichen nicht anders dar, als wenn ein Dritter in einem gerichtlichen Verfahren das seiner Lizenz zugrundeliegende Patent angreift. Es ist nicht ersichtlich, dass der Lizenznehmer im Falle eines Schiedsverfahrens schlechter gestellt ist, als bei einem gerichtlichen Verfahren vor dem Bundespatengericht über die Wirksamkeit des seiner Lizenz zugrundeliegenden Patents. Ferner ist zu sehen, dass mit der Nichtigerklärung gleichsam die Lizenzzahlungspflicht für das Patent ex nunc

299 *Ebbing*, Private Zivilgerichte, S. 155 ff.; zu diesem Kriterium auch *Schlosser*, in: Stein/Jonas, ZPO, § 1030 Rn. 5; s. auch *Baumann*, Patentstreitigkeiten, S. 253; hierzu insgesamt auch *Kaneko*, EU-Einheitspatent, S. 177 ff.

300 OLG Hamm, Urt. v. 8.12.1986 - 8 U 73/86 - NJW-RR 1987, 1319, 1320; *Ebbing*, Private Zivilgerichte, S. 155 ff.;

301 *Ebbing*, Private Zivilgerichte, S. 156.

302 Eine mögliche Betroffenheit von Rechten Dritter generell verneinend *Schlosser*, in: Stein/Jonas, ZPO, § 1030 Rn. 6.

entfällt.[303] Gleichwohl ist einem Lizenznehmer bei einem Schiedsverfahren über die Wirksamkeit des seiner Lizenz zugrundeliegenden Patents stets die Möglichkeit einzuräumen, in das Schiedsverfahren einbezogen zu werden.[304]

Von der Nichtigerklärung eines Patents könnte – bei Annahme einer Erga-omnes-Wirkung des Schiedsspruchs – als Dritter auch derjenige betroffen sein, der ein Pfandrecht an diesem Patent hat.[305] Diesem Pfandrechtsgläubiger muss durch das Schiedsgericht in jedem Fall die Möglichkeit gegeben werden, in das Schiedsverfahren einbezogen zu werden.[306] In welcher Weise die Einbeziehung vorgenommen wird, hängt bei Ad-hoc-Schiedsverfahren von dem jeweils geltenden Prozessrecht und bei institutionellen Schiedsverfahren auch von der jeweiligen Schiedsordnung ab und wäre Aufgabe des Schiedsgerichts.[307] So käme eine Beteiligung eines Dritten im Wege der Nebenintervention gemäß § 99 PatG i.V.m. § 66 ZPO in Betracht.[308] Letztlich stellt sich nach seiner Verfahrensbeteiligung die Situation für den Pfandrechtsgläubiger ebenfalls nicht anders da, als wenn das Patent vor dem BPatG für nichtig erklärt würde; er hätte die Entscheidung hinzunehmen.[309]

Es könnte ferner ein überindividuelles Interesse der Gesellschaft an einem funktionierenden Patentwesen geben. Insoweit stellt sich die Frage, ob schiedsgerichtliche Verfahren die Funktionsweise des Patentwesens in gleicher Weise sicherzustellen im Stande sind wie das BPatG. Dieses Interesse der Allgemeinheit an einem funktionierenden Patentwesen besteht, bezogen auf die Nichtigkeitsklage,[310] indes insbesondere darin, dass zu Unrecht erteilte Patente für nichtig

---

303 *Holzner*, Die objektive Schiedsfähigkeit, S. 98 unter Verweis auf *Kraßer*, GRUR Int 1990, 611, 612; vgl. zum Entfall der Zahlungspflicht des Lizenznehmers auch Kap. E. III. 1. i) cc).

304 Vgl. hierzu insgesamt *Kaneko*, EU-Einheitspatent, S. 178.

305 Hierzu *Holzner*, Die objektive Schiedsfähigkeit, S. 98; zur Möglichkeit, ein Patent mit einem Pfandrecht zu belasten, vgl. Kap. E. III. 1. i) bb).

306 Hierzu ausführlich *Holzner*, Die objektive Schiedsfähigkeit, S. 98.

307 *Holzner*, Die objektive Schiedsfähigkeit, S. 98.

308 *Holzner*, Die objektive Schiedsfähigkeit, S. 98 f.; s. hierzu auch *Kaneko*, EU-Einheitspatent, S. 243.

309 Zu dem Begriff des „Hinnehmen-Müssens" eines Urteils zwischen anderen Personen, vgl. *Häsemeyer*, ZZP 101 (1988), 385; vgl. auch *Markoulakis*, Die Betroffenheit Dritter, S. 151 ff.

310 Zu den weiteren Interessen an einem funktionierenden Patentwesen s. Kap. E. III. 1. j). Diese beziehen sich jedoch auf die Erteilung und die Schutzwirkungen, was wiederum nicht im Zusammenhang mit der Nichtigkeitsklage steht.

erklärt werden sollen.[311] Hierbei ist allerdings nicht erkennbar, dass Schiedsgerichte nicht in gleicher Weise effektiv zu Unrecht erteilte Patente für nichtig erklären würden, wie das BPatG dies täte.

Eine Analyse der verschiedenen möglicherweise betroffenen Interessen im Rahmen der Patentnichtigkeitsklage zeigt also, dass hierbei primär die Interessen der Parteien des Schiedsverfahrens betroffen sind. Es können keine Interessen Dritter identifiziert werden, denen eine schiedsgerichtliche Entscheidung nicht prinzipiell in gleicher Weise gerecht würde, wie eine Entscheidung des BPatG. Auch insoweit würde eine schiedsgerichtliche Behandlung daher keinen Ordre Public-Verstoß begründen.

4. Verzicht auf Ordre Public-Schutz?

Sofern man entgegen der hier vertretenen Ansicht unterstellt, dass eine Behandlung der Patentnichtigkeitsklage durch ein Schiedsgericht einen Verstoß gegen den Ordre Public bedeutete oder bedeuten könnte,[312] kann ferner die Überlegung angestellt werden, ob die Parteien des Schiedsverfahrens auch auf den Ordre-Public-Schutz verzichten können. Ausgangspunkt dieser Überlegung ist, dass die Patentnichtigkeitsklage ein kontradiktorisches Verfahren[313] ist, und ganz überwiegend die Interessen der involvierten Parteien, und nur ganz am Rande Interessen Dritter, betroffen sind. Daher kann die Überlegung angestellt werden, ob die Parteien auf den ihre Interessen betreffenden Ordre Public-Schutz auch verzichten können.

Dieser Frage ist *Frick*[314] im Hinblick auf das internationale Erb- und Familienrecht nachgegangen. Hierbei stellte sie zunächst fest, dass die Basis eines solchen Verzichts stets die, wiederum auf der Privat- bzw. Parteiautonomie beruhende Möglichkeit ist, auf eigene Rechtspositionen zu verzichten.[315] Die Möglichkeit, auf eigene Rechtspositionen zu verzichten, besteht jedoch nicht uneingeschränkt. Vielmehr bedeutet die Tatsache, dass das Recht einer Person eine Rechtsposition

---

311 BGH, Urt. v. 10.1.1963 - Ia ZR 174/63 - GRUR 1963, 253 allerdings mit der Feststellung, dass dieses öffentliche Interesse unmittelbar durch den Nichtigkeitskläger selbst verfolgt werde; vgl. hierzu auch *Holzner*, Die objektive Schiedsfähigkeit, S. 78 ff.

312 Nach vorstehenden Erwägungen ist hiervon allerdings nicht auszugehen.

313 *Holzner*, Die objektive Schiedsfähigkeit, S. 79.

314 *Frick*, Ordre public und Parteiautonomie, S. 1 ff.

315 *Frick*, Ordre public und Parteiautonomie, S. 51 ff.; zu den zivilprozessualen Voraussetzungen des Verzichts ausführlich *Zenzen*, Zur Rechtsnatur von Verzicht und Anerkenntnis, S. 9 ff.

zuordnet, für sich genommen noch nicht, dass diese Person über das Recht auch ohne Weiteres verfügen und disponieren kann.[316] Im Ergebnis kommt *Frick*[317] zu der Einschätzung, dass sowohl im Zivil- als auch im öffentlichen Recht[318] das Merkmal zur Abgrenzung, ob auf ein Recht verzichtet werden könne, darin zu erblicken sei, ob das Recht im alleinigen Interesse seines Inhabers begründet wurde; dann könne der Rechtsträger über das Recht frei verfügen.

Zunächst ist die im letzten Halbsatz des vorstehenden Absatzes genannte Folge hier von Interesse. Denn die weitgehend freie Verfügbarkeit des Patents wird noch dargelegt werden.[319] Diese Eigenschaft des Patents deutet also bereits darauf hin, dass auch im Rahmen der Patentnichtigkeitsklage der Ordre Public-Schutz disponibel sein könnte. Auch lässt sich hierzu anführen, dass der Patentinhaber auf das Patent selbst jederzeit verzichten kann.[320] Wenn aber der Patentinhaber auf sein Patent in Gänze verzichten kann, ohne dass dies einen Verstoß gegen den Ordre Public bedeutete, so spricht dies auch dafür, dass der Ordre Public-Schutz durch die Behandlung der Patentnichtigkeit im Schiedsverfahren, falls überhaupt betroffen, jedenfalls disponibel sein dürfte.[321]

Die als Kriterium herangezogene Frage, ob ein Recht gerade für seinen Inhaber geschaffen wurde, lässt sich für das Patent ebenfalls positiv beantworten. Wie noch gezeigt wird, ist das Patent ein wirtschaftlich geprägtes Recht, welches dem Erfinder verliehen wird, damit er seine Erfindung vor Nachahmung schützen und sich so die Früchte seiner Erfindungstätigkeit sichern kann.[322] Das damit verbundene Interesse der Allgemeinheit an einem funktionierenden Patentwesen, welches insbesondere darin besteht, Anreize für Investitionen in Entwicklungstätigkeit zu bieten, ist im Hinblick auf das einzelne Patent lediglich eine Reflexwirkung des Individualinteresses am Patentschutz. Dies zeigt sich an den Schutzzwecken für das Patentwesen.[323] Zwar stützt sich insbesondere die

---

316 *Frick*, Ordre public und Parteiautonomie, S. 51 ff. unter Verweis auf *Mannteufel*, Die Lehre vom Verzicht, S. 9 f.

317 *Frick*, Ordre public und Parteiautonomie, S. 67.

318 Da das Patent sowohl zivilrechtlich als auch öffentlich-rechtlich geprägt ist, vgl. Kap. E. III. 1., sind die Ergebnisse zu diesen beiden Rechtsgebieten hier heranzuziehen.

319 Vgl. Kap. E. III. 1.

320 Vgl. Kap. E. III. 1. h).

321 Zu der Möglichkeit, durch eine Schiedsabrede auf den Justizgewähranspruch zu verzichten vgl. OLG München, Endurt. v. 16.1.2019 – 7 U 1365/18 - BeckRS 2019, 342 Rn. 40; *Distler*, Private Schiedsgerichtsbarkeit, S. 88 f.

322 Vgl. Kap. E. III. 1.

323 Vgl. Kap. E. III. 1. j).

ökonomische Betrachtung des Schutzzwecks[324] auf überindividuelle gesamtgesellschaftliche Interessen am *Patentschutz als Ganzes*. Gleichwohl zeigen die weiteren Schutzzweckkategorien, dass das *einzelne Patent* gerade für den Erfinder aus seiner eigentumsähnlichen[325] Position an der Erfindung heraus, als Belohnung[326], als Ansporn[327] bzw. als Gegenleistung[328] geschaffen wird. Dieses von *Frick*[329] herausgearbeitete Kriterium zu der Möglichkeit, auf Ordre Public-Schutz verzichten zu können, liegt also im Hinblick auf das Patent vor.

Die Schiedsabrede kann in diesem Zusammenhang als implizite Erklärung der Parteien, auf ihren Ordre Public-Schutz insoweit verzichten zu wollen, gedeutet werden. Denn wer explizit die staatliche Gerichtsbarkeit ausschließt, der verzichtet damit auch auf den (Ordre Public-)Schutz, den die staatliche Gerichtsbarkeit vermittelt.[330]

5. Der Ordre Public als geeignetes Begrenzungskriterium der Schiedsgerichtsbarkeit?

Kritisch gegenüber der Bedeutung, die in der internationalen Diskussion und Literatur dem Ordre Public bei der Bestimmung der objektiven Schiedsfähigkeit beigemessen wird, ist *Brekoulakis*[331]. Er argumentiert, dass die Schiedsgerichtsbarkeit sich in prozessualer Hinsicht zwar von der staatlichen Gerichtsbarkeit unterscheide und gewisse Besonderheiten aufweise, dabei allerdings nicht als kompromittierte Form des Rechtsschutzes anzusehen sei.[332] Zu dem im Zusammenhang mit dem Ordre Public aufgeworfenen Argument, Schiedsrichter seien nicht oder nur in verminderter Weise geeignet, Gesetze zum Schutz strukturell unterlegener Parteien (Arbeitnehmer oder Verbraucher) anzuwenden, entgegnet er Folgendes: Einerseits beruhe dieses Argument auf den unzutreffenden Annahmen, dass staatliche Richter stets einen *Bias* zugunsten der strukturell

---

324 Vgl. Kap. E. III. 1. j) bb).

325 Die Naturrechts- und Eigentumstheorie, vgl. Kap. E. III. 1. j) aa) (1).

326 Die Belohnungstheorie, vgl. Kap. E. III. 1. j) aa) (2).

327 Die Anspornungstheorie, vgl. Kap. E. III. 1. j) aa) (3).

328 Die Offenbarungs- bzw. Vertragstheorie, vgl. Kap. E. III. 1. j) aa) (4).

329 *Frick*, Ordre public und Parteiautonomie, S. 67.

330 Dadurch, dass die Schiedsgerichtsbarkeit als gegenüber der staatlichen Gerichtsbarkeit gleichwertige Rechtsschutzmöglichkeit anerkannt ist, vgl. BT-Drs. 13/5274, S. 34, könnte man bereits davon ausgehen, dass die Schiedsgerichtsbarkeit ebenfalls Ordre Public-Schutz vermittelt.

331 *Brekoulakis*, in: Mistelis/Brekoulakis, Arbitrability, S. 19 ff.

332 *Brekoulakis*, in: Mistelis/Brekoulakis, Arbitrability, S. 24 f.

unterlegenen Parteien aufwiesen, wohingegen Schiedsrichter stets einseitig auf Seiten der wirtschaftlich überlegenen Partei stünden.[333] Zudem würde der Schutz der strukturell bzw. wirtschaftlich unterlegenen Partei jeweils bereits in den anwendbaren gesetzlichen Regelungen zum Ausdruck kommen, sodass es einer individuellen Neigung des Entscheiders, die schwächere Partei zu bevorzugen, gar nicht bedürfe; die geltenden Regeln müssten lediglich korrekt zur Anwendung gebracht werden.[334] Auf die Bedenken, ob Schiedsrichter gesetzliche Vorschriften, die den Ordre Public betreffen, auch tatsächlich anwenden würden, entgegnet *Brekoulakis*, dies sei stets im Einzelfall die Aufgabe des Schiedsrichters und auch bei staatlichen Richtern gebe es keine Garantie, dass Ordre Public-relevante Vorschriften stets korrekt angewendet würden.[335] Vor diesem Hintergrund hält *Brekoulakis* den Ordre Public als generell für die Bestimmung der Reichweite der Schiedsgerichtsbarkeit ungeeignet.[336] Er sieht die Grenzen der objektiven Schiedsfähigkeit daher in den immanenten Beschränkungen der Schiedsgerichtsbarkeit als vertragliche und damit auf Einvernehmen der Parteien basierende Methode der Streitbeilegung;[337] daher stoße die Schiedsgerichtsbarkeit insbesondere bei der Einbeziehung Dritter an Grenzen, was beispielsweise bei Insolvenzstreitigkeiten zum Tragen komme.[338]

Die Argumentation *Brekoulakis*' hat Einiges für sich. So ist insbesondere die Feststellung, die Schiedsgerichtsbarkeit könne in prozessualer Hinsicht nicht per se als eine kompromittierende Form des Rechtsschutzes bezeichnet werden, zutreffend, was auch in der Regierungsbegründung zum SchiedsVfG zum Ausdruck kam.[339] Allein den Einwand, dass es fraglich sei, ob Schiedsgerichte zwingende Regelungen des Ordre Public auch tatsächlich zur Anwendung brächten, kann er, auch nach seiner eigenen Einschätzung,[340] nicht vollständig überzeugend abwehren. Hierzu kann jedoch ergänzend angeführt werden, dass bei Sachverhalten, die sehr international verflochten sind, auch bei einer Streitbeilegung

---

333 *Brekoulakis*, in: Mistelis/Brekoulakis, Arbitrability, S. 25 ff.

334 *Brekoulakis*, in: Mistelis/Brekoulakis, Arbitrability, S. 27 f.

335 *Brekoulakis*, in: Mistelis/Brekoulakis, Arbitrability, S. 29 ff.

336 *Brekoulakis*, in: Mistelis/Brekoulakis, Arbitrability, S. 31.

337 Hierzu schreibt *Brekoulakis*, in: Mistelis/Brekoulakis, Arbitrability, S. 33: „'Inarbitrability' can thus be read 'inability of arbitration to provide for an effective resolution of a specific dispute'.".

338 *Brekoulakis*, in: Mistelis/Brekoulakis, Arbitrability, S. 31 ff.

339 Vgl. BT-Drucks. 13/5274, S. 34.

340 Hierzu *Brekoulakis*, in: Mistelis/Brekoulakis, Arbitrability, S. 29: „Arguably, this is not the most satisfactory answer, (...)".

vor staatlichen Gerichten die Gefahr besteht, dass durch die Wahl des auf die Streitigkeit anwendbaren Rechts[341] sowie durch die Wahl des Gerichtsortes die Umgehung bestimmter nationaler Regelungen des Ordre Public drohen kann. Auch insoweit muss der gerichtliche Ordre Public-Schutz unter Umständen auf die Ebene der Vollstreckung verwiesen werden.

Die Begrenzung der Schiedsgerichtsbarkeit anhand deren immanenter Beschränkungen erscheint sinnvoll und sachgerecht. So kommt *Brekoulakis*[342] im Rahmen dieser Betrachtungsweise zu dem Schluss, dass insbesondere involvierte Interessen Dritter eine Begrenzung der Schiedsgerichtsbarkeit zu begründen vermögen. Dies ist ein überzeugendes Abgrenzungskriterium. Allerdings scheint die Abgrenzung anhand des Ordre Public nach obigen Untersuchungen zu ähnlichen Ergebnissen zu gelangen, sodass es letztlich eine Frage der Definition ist, ob man diese Merkmale unter den Ordre Public subsumiert oder als immanente Grenzen der Schiedsgerichtsbarkeit beschreibt. Hier soll ob der Üblichkeit dieser Begrifflichkeit weiter vom Ordre Public die Rede sein.

IV. Mögliche Vorteile von Schiedsverfahren – das Bedürfnis nach schiedsrichterlicher Streitbeilegung

Hinter der objektiven Schiedsfähigkeit steckt die Frage, ob die jeweilige Streitigkeit im Rahmen eines Schiedsverfahrens beigelegt werden kann oder ob allein ein staatliches Gericht diese Streitbeilegung vornehmen darf. Diese Grenze hat der Gesetzgeber im Wege einer wertenden Entscheidung zu ziehen. Ausweislich der Gesetzesbegründung hält der Gesetzgeber generell eine Verbreitung der Schiedsgerichtsbarkeit für wünschenswert, da er diese als prinzipiell mit der staatlichen Gerichtsbarkeit gleichwertig erachtet.[343] Die Basis für diese gesetzgeberische Entscheidung ist die Annahme, dass die Schiedsgerichtsbarkeit gewisse Vorteile gegenüber der staatlichen Gerichtsbarkeit hat. Ohne diese Grundannahme wäre es gar nicht erforderlich, Schiedsverfahren überhaupt zuzulassen, da gar kein anerkennenswertes rechtliches Interesse an der Zulassung von Schiedsverfahren bestehen würde. In Bezug auf die Frage, ob eine bestimmte Art von Streitigkeit schiedsfähig ist oder nicht, ist richtigerweise jedoch danach

341 Dies ist weitgehend frei wählbar, vgl. Kap. C. III. 2.

342 *Brekoulakis*, in: Mistelis/Brekoulakis, Arbitrability, S. 32 ff.

343 Vgl. BT-Drs. 13/5274, S. 34; vgl. auch BVerfG, Beschl. v. 14.2.2007 - 1 BvR 1351/01 - NJW-RR 2007, 1073, 1074 zur generellen Vorzugswürdigkeit von einvernehmlicher Streitbeilegung gegenüber richterlicher Streitentscheidung.

zu fragen, ob Schiedsverfahren *mögliche* Vorteile gegenüber gerichtlichen Verfahren bieten. Denn die Bejahung der Schiedsfähigkeit einer Art von Streitigkeit bedeutet, dass die Parteien ein Schiedsverfahren wählen können, dies aber nicht tun müssen. Im Hinblick auf die Schiedsfähigkeit bieten daher bereits *mögliche* Vorteile eine Argumentationsgrundlage pro Schiedsfähigkeit; die Vorteile der Schiedsgerichtsbarkeit müssen im jeweiligen Punkt gerade nicht in allgemeiner Weise die Nachteile überwiegen, sondern es genügt, dass sie im Einzelfall die Nachteile überwiegen *können*. Die Parteien können im Falle der Schiedsfähigkeit entscheiden, ob in ihrem Fall die Vorteile oder die Nachteile eines Schiedsverfahrens überwiegen. Zudem ist eine allgemeine Erörterung der Nachteile von Schiedsverfahren daher nicht zielführend, denn eine angenommene Schiedsfähigkeit bedeutet nicht, dass ein Schiedsverfahren geführt werden müsste. Auf Basis dieser Ausgangsüberlegung sollen hier die möglichen Vorteile der Schiedsgerichtsbarkeit gegenüber der staatlichen Gerichtsbarkeit – als Basis für den gesetzgeberischen Willen zur Verbreitung der Schiedsgerichtsbarkeit – untersucht werden.

1. Verfahrensdauer

Dass ein Schiedsverfahren eine kürzere Dauer als ein Verfahren vor staatlichen Gerichten haben soll, wurde und wird recht verbreitet angenommen.[344] Tatsächlich ist dieser Befund jedoch nicht ganz eindeutig und umstritten. Eine empirische Untersuchung von *Kohler*, die allerdings recht betagt ist, kommt zu dem Ergebnis, dass man nicht pauschal sagen könne, dass ein Schiedsverfahren generell schneller sei als ein gerichtliches Verfahren; dies sei zwar teilweise der Fall, es komme aber entscheidend auf die Umstände des Einzelfalls, insbesondere den konkreten Streitstoff an.[345] Andererseits soll in jüngerer Vergangenheit ein DIS-Schiedsverfahren im Durchschnitt neun Monate gedauert haben, ein landgerichtliches Verfahren im Jahr 2013 jedoch durchschnittlich vierzehn Monate.[346]

344 Dies ohne weitere Erwägungen annehmend z.B. BGH, Urt. v. 12.11.1990 - II ZR 249/89 - NJW-RR 1991, 423, 424; die Schnelligkeit des Schiedsverfahrens als Grund für eine Schiedsabrede anerkennend BGH, Urt. v. 5.5.1977 - III ZR 177/74 - NJW 1977, 1397, 1399; vgl. auch *Münch*, in: MünchKomm, ZPO, Vorb. §§ 1025 ff. Rn. 89; *Kohler*, Die moderne Praxis des Schiedsgerichtswesens, S. 67 m.w.N.; *Lionnet*, Schiedsgerichtsbarkeit, S. 52; *Gal*, in: MünchKomm, VVG, 130., Rn. 37 m.w.N.; einschränkend *Schwab/Walter*, Schiedsgerichtsbarkeit, Kap. 1 Rn. 8.

345 *Kohler*, Die moderne Praxis des Schiedsgerichtswesens, S. 70.

346 *Kreindler/Harms/Rust*, in: Heussen/Hamm, Beck'sches Rechtsanwalts-Handbuch, § 7 Rn. 26 m.w.N.

Hierbei ist jedoch zu beachten, dass es sich bei den zweitgenannten Daten lediglich um einen Vergleich mit DIS-Schiedsverfahren handelte, die damals gültigen Regeln der DIS-Schiedsgerichtsordnung aber den Regeln der ZPO ohnehin sehr nahe waren.[347] Bei Verfahren nach anderen Schiedsordnungen könnte dies anders zu bewerten sein. Man wird das Argument des schnelleren schiedsgerichtlichen Verfahrens letztlich nur unter dem Gesichtspunkt aufrecht erhalten können, dass es im Schiedsverfahren nur eine Instanz gibt;[348] im Vergleich zu einem Durchlaufen der Instanzen[349] der staatlichen Gerichtsbarkeit dürfte das schiedsgerichtliche Verfahren letztlich schneller sein.[350]

Zu dem Fall der Patentnichtigkeitsklage ist zu beachten, dass es hier im gerichtlichen Verfahren nur zwei Instanzen, nämlich die Ausgangsinstanz beim BPatG und die Berufung zum BGH, gibt[351]. Dies schwächt, auf diesen konkreten Fall angewendet, die Annahme des vergleichsweise schnelleren Schiedsverfahrens etwas ab.[352]

---

347 *Trittmann*, IWRZ 2016, 255, 258; im Jahr 2018 wurde die DIS-Schiedsgerichtsordnung allerdings umfassend reformiert, vgl. zur neuen DIS-Schiedsgerichtsordnung *Mazza/Menz*, SchiedsVZ-Beilage 2018, 39 ff.

348 A.A. *Lionnet*, Schiedsgerichtsbarkeit, S. 51 f., der der Meinung ist, DIS-Schiedsverfahren könnten es hinsichtlich der Verfahrensdauer auch mit dem erstinstanzlichen gerichtlichen Verfahren aufnehmen.

349 *Stumpf*, in FS Bülow 1981, 217, 219 weist noch auf den Umstand hin, dass infolge der Möglichkeit einer obergerichtlichen Rückverweisung der Sache sogar ein (teilweise) mehrfaches Durchlaufen der Instanzen erforderlich werden kann.

350 Vgl. *Stumpf*, in FS Bülow 1981, 217, 219; *Kohler*, Die moderne Praxis des Schiedsgerichtswesens, S. 71; *Leuering*, NJW 2014, 657, 659, der die Schnelligkeit des Schiedsverfahrens allerdings auch auf die „streitspezifische Besetzung" des Schiedsgerichts stützt; wohl auch *Münch*, in: MünchKomm, ZPO, Vorb. §§ 1025 ff., Rn. 89; *Kreindler/Harms/Rust*, in: Heussen/Hamm, Beck'sches Rechtsanwalts-Handbuch, § 7 Rn. 26; *Schwab/Walter*, Schiedsgerichtsbarkeit, Kap. 1 Rn. 8; *Ochmann*, GRUR 1993, 255, 258; *Gal*, in: MünchKomm, VVG, 130., Rn. 32; *Semler*, SchiedsVZ 2009, 149, betont die Wichtigkeit einer effizienten Verfahrensgestaltung im Schiedsverfahren und unterbreitet hierzu Vorschläge.

351 Vgl. Kap. E. III. 2. d).

352 Dem steht allerdings gegenüber, dass Vollstreckungskosten bei Schiedssprüchen infolge häufiger freiwilliger Befolgung durchschnittlich gering sind, vgl. *Münch*, in: MünchKomm, ZPO, Vorb. §§ 1025 ff., Rn. 91.

2. Kosten

Lange galt ein Schiedsverfahren als kostengünstige Alternative zum gerichtlichen Verfahren.[353] Diese Sichtweise wurde später jedoch eingeschränkt. So hat *Schwytz* den Kostenvorteil von Schiedsverfahren 1974 noch für Verfahren mit sehr hohen Streitwerten bejaht.[354] Für niedrige Streitwerte hat er jedoch das schiedsgerichtliche Verfahren als erheblich teurer erachtet. *Jagenburg* gelangte 1985 zu dem Ergebnis, dass ein Schiedsverfahren in aller Regel teurer sei als ein gerichtliches Verfahren; erst ab der dritten Instanz sollen die Kosten des gerichtlichen Verfahrens die des schiedsgerichtlichen übertreffen.[355] Heute wird teilweise ganz allgemein angenommen, dass Schiedsverfahren teurer als staatliche Verfahren seien.[356] Dies ist insbesondere darauf zurückzuführen, dass die Parteien die gesamten Kosten des Verfahrens tragen müssen. Darin enthalten sind auch die Honorare für die Schiedsrichter, die Kosten für Räumlichkeiten, in denen die Verhandlungen abgehalten werden, unter Umständen Gebühren für eine Schiedsinstitution sowie weitere Kosten für administrative Dienstleistungen. In staatlichen Verfahren kann insoweit auf die Infrastruktur der Gerichte zurückgegriffen werden, ohne dass die Kosten hierfür den Parteien vollständig auferlegt werden. Insgesamt kann die Annahme geringerer Kosten des Schiedsverfahrens, wenn überhaupt, nur bei hohen Streitwerten und im Vergleich zu einem gerichtlichen Verfahren, bei welchem die Instanzen durchlaufen werden, aufrechterhalten werden.[357]

Einen interessanten Ansatz zu den Kosten verfolgt zudem *Ebbing*[358]. Er nimmt einen Perspektivwechsel vor und betrachtet die Kostenfrage aus staatlicher bzw.

---

353 Vgl. *Redfern/Hunter*, International Arbitration, 1.123; einschränkend *Stumpf*, in: FS Bülow 1981, 217, 220.

354 *Schwytz*, BB 1974, 673, 675.

355 *Jagenburg*, in: FS Oppenhoff 1985, 147, 164 ff.

356 Hierzu insgesamt *Redfern/Hunter*, International Arbitration, 1.123 und 4.202., die allerdings auch darauf hinweisen, dass aufgrund der Flexibilität des Schiedsverfahrens bei entsprechendem Interesse der Parteien auch ein besonders schnelles und kostengünstiges Verfahren gestaltet werden kann; vgl. auch *Lionnet*, Schiedsgerichtsbarkeit, S. 53 ff.

357 Vgl. *Stumpf*, in: FS Bülow 1981, 217, 220; *Schwab/Walter*, Schiedsgerichtsbarkeit, Kap. 1 Rn. 8; *Ochmann*, GRUR 1993, 255, 258; *Münch*, in: MünchKomm, ZPO, Vorb. §§ 1025 ff., Rn. 91; vgl. hierzu auch *Kaneko*, EU-Einheitspatent, S. 72 f.; *Semler*, SchiedsVZ 2009, 149, mit Vorschlägen zu einer effizienten und damit kostengünstigen Verfahrensgestaltung im Schiedsverfahren.

358 *Ebbing*, Private Zivilgerichte, S. 83 f.

gesamtgesellschaftlicher Sicht. Aus dem Grundsatz der Verfahrenseffizienz leitet er zunächst die Aufgabe staatlicher Kostenminimierung ab. Hierbei unterteilt er die Verfahrenskosten in Parteikosten und Gemeinkosten und gelangt zu dem Ergebnis, dass bei Schiedsverfahren jedenfalls die Gemeinkosten – i.d.R. aber auch die Parteikosten – unter denen bei staatlichen Gerichtsverfahren liegen. Die hierbei von *Ebbing* angenommenen geringeren Parteikosten im Schiedsverfahren stellen keinen Widerspruch zu dem zuvor Gesagten dar. Denn der zuvor angeführte Kostenvergleich wurde aus Sicht der Parteien vorgenommen. Aus Sicht der Parteien fallen jedoch beim Schiedsgericht Partei- *und* Gemeinkosten an, während im gerichtlichen Verfahren die staatlicherseits anfallenden Gemeinkosten nur unvollständig durch Gerichtsgebühren auf die Parteien übergewälzt werden.[359] Daher muss insoweit die Parteiperspektive von der staatlichen bzw. gesamtgesellschaftlichen Perspektive differenziert werden und es ist durchaus plausibel, dass bei einer isolierten Betrachtung die Parteikosten im Schiedsverfahren niedriger sind als im gerichtlichen Verfahren, gleichwohl aber die tatsächlich von den Parteien zu tragenden Kosten, wegen der bei Schiedsverfahren anfallenden anteiligen Gemeinkosten, im Schiedsverfahren höher sind.

Auch hier ist, wie zur Diskussion der Verfahrensdauer, zur Patentnichtigkeitsklage zu beachten, dass es insoweit im gerichtlichen Verfahren nur zwei Instanzen gibt.[360]

3. Nichtöffentlichkeit und Vertraulichkeit

Die Nichtöffentlichkeit[361] und Vertraulichkeit[362] werden als zwei der bedeutendsten Vorteile des Schiedsverfahrens gegenüber dem gerichtlichen Verfahren betrachtet.[363] Ein Interesse an Nichtöffentlichkeit und Vertraulichkeit besteht regelmäßig darin, einerseits die Inhalte des Verfahrens vor dem Zugang der

---

359 Mit empirischen Daten und w. N. zu den gerichtlichen Gemeinkosten *Ebbing*, Private Zivilgerichte, S. 84 und in Fn. 79.

360 Vgl. Kap. E. III. 2. d).

361 Umfassend *Eslami*, Die Nichtöffentlichkeit des Schiedsverfahrens, S. 201 ff.; s. auch *Wimalasena*, Die Veröffentlichung von Schiedssprüchen, S. 11 ff.; *Kaneko*, EU-Einheitspatent, S. 59 ff.

362 Umfassend *Eslami*, Die Nichtöffentlichkeit des Schiedsverfahrens, S. 233 ff.; vgl. auch *Wimalasena*, Die Veröffentlichung von Schiedssprüchen, S. 14 ff. sowie *Zilles*, Schiedsgerichtsbarkeit, S. 5 f.

363 Umfassend *Sawang*, Geheimhaltung und rechtliches Gehör, S. 243 ff.; *Gal*, in: MünchKomm, VVG, 130., Rn. 37; *Ochmann*, GRUR 1993, 255, 258, der besonders im Bereich des Technologietransfers diesen Vorteil als bedeutend betrachtet.

Öffentlichkeit zu schützen und andererseits um die Existenz eines Disputs gar nicht erst publik werden zu lassen, um negative Reaktionen der Öffentlichkeit zu vermeiden.

Gerichtliche Zivilprozesse sind gemäß § 169 Abs. 1 S. 1 GVG grundsätzlich öffentlich. Die Ausnahmen von § 172 GVG haben einen engen Anwendungsbereich und die gerichtliche Entscheidung, die Öffentlichkeit auszuschließen, ist eine nicht justiziable freie Entscheidung des Gerichts,[364] wobei diesem hinsichtlich des Vorliegens der Ausschlusstatbestände ein Beurteilungsspielraum und hinsichtlich des Ausschlusses der Öffentlichkeit Ermessen zugebilligt wird.[365] Daher kann vor staatlichen Gerichten bei gegebenem Fall kaum in verlässlicher Weise ein Ausschluss der Öffentlichkeit prognostiziert oder gar bewirkt werden. Demgegenüber können Schiedsverfahren ohne Öffentlichkeit stattfinden und der Vertraulichkeit unterliegen. Zwar ist umstritten, ob die Vertraulichkeit der Schiedsrichter, der Schiedsinstitution und der Parteien ohne weiteres besteht, oder ob es hierfür einer expliziten Regelung bedarf.[366] Viele Schiedsordnungen enthalten allerdings Regelungen zur Vertraulichkeit des Verfahrensinhalts, welche sowohl die Schiedsrichter, die Parteien, als auch die Schiedsinstitution selbst binden, vgl. beispielsweise § 44 DIS-Schiedsgerichtsordnung.[367] Jedenfalls aber können Nichtöffentlichkeit und Vertraulichkeit parteiautonom vereinbart werden.

4. Kompetenz des Schiedsgerichts

Die Möglichkeit, den oder die Schiedsrichter für das Schiedsverfahren frei wählen zu können, um dadurch eine besonders hohe Kompetenz des Schiedsgerichts hinsichtlich des Gegenstands des Verfahrens zu erreichen, wird oftmals als wichtiger Grund für Schiedsverfahren genannt.[368] So können für juristisch

---

364 *Eslami*, Die Nichtöffentlichkeit des Schiedsverfahrens, S. 124 ff.; *Münch*, in: MünchKomm, ZPO, Vorb. §§ 1025 ff. Rn. 95 m.w.N.

365 BGH, Urt. v. 4.12.2003 - 5 StR 250/03 - NStZ-RR 2004, 116, 118; *Allgayer*, in: BeckOK, GVG, § 172 Rn. 10.

366 Vgl. zu der Diskussion *Gal*, in: MünchKomm, VVG, 130., Rn. 38 m.w.N; *Holder*, Vertraulichkeit im Schiedsverfahren, S. 42 ff.; *Kahlert*, Vertraulichkeit im Schiedsverfahren, S. 175 ff.; *Oldenstam/von Pachelbel*, SchiedsVZ 2006, 31, 32 Fn. 2 mit Nachweisen zur Rechtsprechung aus verschiedenen Jurisdiktionen.

367 Vgl. *Kreindler/Harms/Rust*, in: Heussen/Hamm, Beck'sches Rechtsanwalts-Handbuch, § 7 Rn. 27; *Haller*, SchiedsVZ 2011, 179, 180; kritisch zur Vertraulichkeit im Schiedsverfahren *Oldenstam/von Pachelbel*, SchiedsVZ 2006, 31.

368 BGH, Urt. v. 5.5.1977 - III ZR 177/74 - NJW 1977, 1397, 1399; *Ochmann*, GRUR 1993, 255, 258; *Weigand*, in: FS Schlosser 2005, 1081; *Jagenburg*, in: FS Oppenhoff 1985, 147,

oder technisch sehr komplexe Sachverhalte Schiedsrichter herangezogen werden, die gerade in diesem Feld eine besondere Expertise haben.[369] Ferner sind auch (rechts-)kulturelle und sprachliche Hintergründe der Schiedsrichter in diesem Zusammenhang oftmals von besonderer Bedeutung.[370] Gerade durch letztgenannten Aspekt bietet das Schiedsverfahren tatsächlich einen deutlichen Vorteil gegenüber gerichtlichen Verfahren, da die Flexibilität[371] des schiedsgerichtlichen Verfahrens hier Möglichkeiten eröffnet, die ein gerichtliches Verfahren nicht bieten kann.

Im Hinblick auf die Patentnichtigkeitsklage muss der Aspekt der spezifischen Schiedsrichterkompetenz als Vorteil gegenüber dem gerichtlichen Verfahren allerdings relativiert werden.[372] Denn die Nichtigkeitssenate des BPatG arbeiten in besonders hohem Maße spezialisiert und die Zuständigkeiten der einzelnen Senate bestimmen sich nach technisch abgegrenzten Fachgebieten.[373] Zudem bestehen die Senate aus technischen und juristischen Richtern.[374] Demnach dürfte die fachliche Kompetenz des jeweils zuständigen Senats des Bundespatentgerichts stets sehr hoch sein. Dass die Parteien einer Patentnichtigkeitsklage, für die in Abwesenheit einer Schiedsklausel das deutsche BPatG zuständig wäre, sich für eine Schiedsklausel entscheiden, da sie sich von einem Schiedsgericht eine höhere fachliche Kompetenz erwarten, erscheint eher unwahrscheinlich.

Die Parteien können jedoch auch im Rahmen der Patentnichtigkeitsklage ein Interesse daran haben, Schiedsrichter zu wählen, die beispielsweise sprachliche

161 ff.; *Kaneko*, EU-Einheitspatent, S. 53 f. und S. 172; *Münch*, in: MünchKomm, ZPO, Vorb. §§ 1025 ff. Rn. 92 m.w.N.

369 *Jagenburg*, in: FS Oppenhoff 1985, 147, 161 ff. u.a. ausführlich zu der Frage, ob und ggf. unter welchen Voraussetzungen Schiedsrichter mit technischem Qualifikationshintergrund in Betracht kommen (sollten); *Weigand*, in: FS Schlosser 2005, 1081, 1083 ff. zu den zu fordernden Qualifikationen eines Schiedsrichters; *Ochmann*, GRUR 1993, 255, 258; *Münch*, in: MünchKomm, ZPO, Vorb. §§ 1025 ff., Rn. 92 m.w.N.

370 *Münch*, in: MünchKomm, ZPO, Vorb. §§ 1025 ff. Rn. 94 m.w.N.; *Schütze*, in: FS Großfeld 1999, 1067 ff.

371 Die Freiheit, das Schiedsverfahren grundsätzlich frei gestalten zu dürfen, geht auf § 1042 Abs. 3 ZPO zurück, vgl. *Voit*, in: Musielak/Voit, ZPO, § 1042 Rn. 33; ferner zur Flexibilität des Schiedsverfahrens *Thümmel*, in: FS Kaissis 2012, 1027, 1030; *Stumpf*, in: FS Bülow 1981, 217, 222 f.; *Münch*, in: MünchKomm, ZPO, Vorb. §§ 1025 ff. Rn. 97 ff.

372 So ebenfalls *Kaneko*, EU-Einheitspatent, S. 54 f. und 172.

373 Vgl. Kap. E. III. 2. d) aa).

374 Vgl. Kap. E. III. 2. d) aa).

oder interkulturelle Kompetenzen mitbringen, die bei den staatlichen Richtern des BPatG nicht vorausgesetzt werden können.

5. Neutralität

Haben die Parteien einer Streitigkeit ihre jeweiligen Sitze in unterschiedlichen Ländern und Rechtsordnungen, so ist regelmäßig jede Partei bestrebt zu vermeiden, im Land der Gegenpartei gegen diese vor einem staatlichen Gericht prozessieren zu müssen.[375] Dies beruht auf verschiedenen Beweggründen.

Einerseits vermuten die Parteien oftmals einen sogenannten *Bias* staatlicher Gerichte zugunsten der Heimpartei.[376] Dieser kann verschiedene Ursachen haben. In Ländern, in denen es keine klar abgegrenzte Gewaltenteilung gibt, wird möglicherweise politischer Druck auf das Gericht ausgeübt. Generell können eine fehlende Unabhängigkeit der Justiz, aber auch Korruption, hierbei eine Rolle spielen.[377] Aber auch in Ländern, in denen die Justiz als unabhängig gilt und Korruption als eher marginal ausgeprägt betrachtet wird, ist dieser Bias möglich. So kam eine Studie zu dem Ergebnis, dass in den USA von allen Patentstreitigkeiten zwischen einer US- und einer ausländischen Partei, die in den Jahren 1999 und 2000 von einem staatlichen Gericht durch eine Jury entschieden wurden, 64 % von der US-Partei und nur 36 % von der ausländischen Partei gewonnen wurden. Allerdings konnte eine solche Verzerrung nicht festgestellt werden, wenn das Urteil nicht von einer Jury sondern durch ein Gericht gefällt wurde.[378]

Ferner hat die auswärtige Partei das Problem, dass sie unter Umständen mit der Sprache, dem Rechtssystem oder der Rechtskultur nicht vertraut ist.[379] Dies kann wiederum dazu führen, dass Dolmetscher hinzugezogen werden müssen

---

375 *Jagenburg*, in: FS Oppenhoff 1985, 147, 157 f. nennt dies den „Hauptvorteil der internationalen Schiedsgerichtsbarkeit“ gegenüber gerichtlichen Verfahren; *Böckstiegel*, NJW 1981, 1862, 1863 im Zusammenhang von Schiedsverfahren mit Parteien aus Entwicklungsländern; *Stumpf*, in: FS Bülow 1981, 217, 218; *Cook/Garcia*, International IP Arbitration, S. 27; *Münch*, in: MünchKomm, ZPO, Vorb. §§ 1025 ff. Rn. 100.

376 *Cook/Garcia*, International IP Arbitration, S. 27; *Lionnet*, Schiedsgerichtsbarkeit, S. 45 m.w.N., der treffend nicht nur von einem Vorteil, sondern auch von einer Notwendigkeit der Schiedsgerichtsbarkeit spricht.

377 Vgl. *Cook/Garcia*, International IP Arbitration, S. 27.

378 *Moore*, Xenophobia in American Courts, S. 1504; vgl. auch *Cook/Garcia*, International IP Arbitration, S. 28 f.

379 *Cook/Garcia*, International IP Arbitration, S. 27.

und dass Anwälte, die in dem anderen Land ansässig sind, engagiert werden müssen, mit denen man zuvor keine Erfahrungen hat machen können.[380]

Demgegenüber bietet das Schiedsverfahren die Möglichkeit, ein „neutrales" Schiedsgericht zu bestimmen, sodass keine der Parteien fürchten muss, die andere Partei werde mit einer Klageerhebung ihren Heimvorteil ausspielen.

Auf das Patentnichtigkeitsverfahren ist das Argument der Neutralität des Verfahrens eingeschränkt anwendbar. Einerseits ist das Patentnichtigkeitsverfahren aufgrund der Territorialität des Patents an ein bestimmtes Land gebunden. Deshalb besteht die Gefahr, von der Gegenseite überraschend in deren Heimatland verklagt zu werden, in dieser Form nicht; das Patentnichtigkeitsverfahren vor staatlichen Gerichten ist stets an das Land gebunden, in welchem das Patent erteilt wurde und für welches das Patent gilt. Andererseits wurden die genannten Verzerrungen in der gerichtlichen Rechtsprechung gerade bei Patentstreitigkeiten festgestellt. Auch hier können die Parteien ein Interesse daran haben, dass die Patentnichtigkeit durch ein „neutrales" Schiedsgericht untersucht wird.[381]

6. Internationale Vollstreckbarkeit

Die internationale Vollstreckbarkeit von Schiedssprüchen gilt gegenüber der internationalen Vollstreckbarkeit von Entscheidungen staatlicher Gerichte als einfacher.[382] Zunächst liegt dies daran, dass Schiedssprüche, aufgrund der konsensualen Prägung des Schiedsverfahrens als privater Streitschlichtungsmechanismus, häufig befolgt werden, weshalb Maßnahmen zur Vollstreckung oftmals gar nicht erforderlich sind.[383] Falls ein Schiedsspruch jedoch nicht befolgt wird, so ist die Anerkennung und Vollstreckbarkeit aufgrund des UNÜ, sowie in Deutschland aufgrund von § 1061 ZPO, einfacher als die Vollstreckung eines ausländischen Gerichtsurteils; denn es haben mehr Staaten Abkommen zur

---

380 *Stumpf*, in: FS Bülow 1981, 217, 218.

381 *Cook/Garcia*, International IP Arbitration, S. 29 argumentieren, dass im Zusammenhang mit Streitigkeiten über die Lizensierung von Immaterialgüterrechten oftmals ein großes ökonomisches und entwicklungstechnisches Gefälle zwischen den Ländern von Lizenzgeber und -nehmer bestünde, weshalb hier ein „neutrales" Schiedsverfahren besondere Bedeutung erlange.

382 *Lionnet*, Schiedsgerichtsbarkeit, S. 47; *Kaneko*, EU-Einheitspatent, S. 68 f.; *Ochmann*, GRUR 1993, 255, 259; *Zilles*, Schiedsgerichtsbarkeit, S. 7; *Münch*, in: MünchKomm, ZPO, Vorb. §§ 1025 ff. Rn. 102.

383 *Stumpf*, in: FS Bülow 1981, 217, 223 m.w.N.; *Ochmann*, GRUR 1993, 255, 259; *Kaneko*, EU-Einheitspatent, S. 72.

Vollstreckung von internationalen Schiedssprüchen, insbesondere das UNÜ, als zur Vollstreckung ausländischer Gerichtsurteile ratifiziert.[384] Dies gilt jedoch nur für die Vollstreckung außerhalb der EU. Denn innerhalb der EU kann ein staatliches Gerichtsurteil gemäß Art. 39 EuGVVO direkt, also ohne vorherige Vollstreckbarerklärung, vollstreckt werden.[385]

Der Aspekt der internationalen Vollstreckbarkeit ist im Zusammenhang von sehr international geprägten Geschäftsbeziehungen von großer Bedeutung. Dies wird auch bei Beziehungen im Zusammenhang mit Patenten und deren Lizensierung oftmals der Fall sein. Gleichwohl hat dieser Aspekt für die Patentnichtigkeitsklage selbst keine Relevanz, da das Nichtigkeitsurteil selbst bereits rechtsgestaltend wirkt und keiner Vollstreckung bedarf.[386]

7. Prozessuale Zusammenlegung von Patentverletzungs- und -nichtigkeitsklage

Das nachfolgende Argument betrifft spezifisch Patentstreitigkeiten. Im Fall der Schiedsfähigkeit der Patentnichtigkeitsklage bestünde die Möglichkeit, die in einem Patentverletzungsprozess oftmals erhobene Einwendung des Beklagten, das Patent sei zu Unrecht erteilt worden, in einem einheitlichen Schiedsverfahren inzident mit zu prüfen und im gleichen Prozess mit zu verhandeln.[387] Dies wäre in einem Verfahren vor staatlichen Gerichten indes nicht möglich. Hier würde die Verletzungsklage beim Landgericht geführt. Für den Fall, dass der Beklagte sich auf die Nichtigkeit des Patents beruft, könnte das Landgericht gemäß § 148 ZPO das Verfahren aussetzen, bis die Nichtigkeitsklage vor dem BPatG entschieden ist.[388] Verletzungs- und Nichtigkeitsklage können daher vor staatlichen Gerichten nicht einheitlich verhandelt werden.

In dieser Konstellation böte das Schiedsverfahren die prozessökonomisch wünschenswerte Möglichkeit der Zusammenlegung der Verfahren.

---

384 *Ochmann*, GRUR 1993, 255, 259; *Stumpf*, in: FS Bülow 1981, 217, 223; zu den Schwierigkeiten, ein gerichtliches Urteil außerhalb der EU auf Basis eines Vollstreckungsurteils zu vollstrecken, s. *Kreindler/Harms/Rust*, in: Heussen/Hamm, Beck'sches Rechtsanwalts-Handbuch, § 7 Rn. 20.

385 Vgl. *Kreindler/Harms/Rust*, in: Heussen/Hamm, Beck'sches Rechtsanwalts-Handbuch, § 7 Rn. 19.

386 Vgl. Kap. E. III. 2. g).

387 Wie dies, unter der Annahme der Schiedsfähigkeit der Patentnichtigkeitsklage, im Einzelnen ausgestaltet sein könnte, wird unten, Kap. E. IV., untersucht.

388 Zu dieser Konstellation und den damit verbundenen Problemen s. Kap. E. III. 2. c).

8. Entlastung der Gerichte

Betrachtet man die Schiedsgerichtsbarkeit aus Sicht des Staates bzw. Gesetzgebers, so ergibt sich ein Vorteil daraus, dass Schiedsverfahren die Gerichte entlasten können.[389] Dieses Argument ist oftmals im Zusammenhang mit der Diskussion um die Schiedsgerichtsbarkeit bei und Schiedsfähigkeit von verwaltungsrechtlichen Streitigkeiten anzutreffen.[390] Dies dürfte damit zusammenhängen, dass bei verwaltungsrechtlichen Fragestellungen ohnehin stärker die Perspektive des Staates in den Blick genommen wird.

Bei genauer Betrachtung lässt sich dieses Argument aber gleichermaßen auf die schiedsgerichtliche Behandlung privatrechtlicher Streitigkeiten übertragen. So geht es bei dem Aspekt der Entlastung der Gerichte im Kern darum, dass bei einer stärkeren Verbreitung von Schiedsverfahren staatlicherseits Kosten für die Bereitstellung der Gerichte gesenkt werden könnten. Denn soweit die Schiedsverfahren gerichtliche Verfahren ersetzen, können Richterplanstellen eingespart werden. Vorgenanntem Argument, bzw. präziser gesagt dem hierbei verwendeten Begriff des Einsparens, liegt wiederum die Tatsache zugrunde, dass – aus staatlicher Sicht – die Kosten der Bereitstellung von Gerichten die Einnahmen aus Gerichtsgebühren bei weitem übersteigen.[391] Zudem liegen die Gemeinkosten bei Schiedsverfahren ebenfalls unter denen bei gerichtlichen Verfahren.[392] Diese Annahmen treffen indes auf Schiedsverfahren im privatrechtlichen Bereich, insbesondere auch betreffend die Patentnichtigkeitsklage vor dem BPatG, gleichermaßen zu wie auf Schiedsverfahren im Verwaltungsrecht.

9. Zwischenergebnis

Es konnte eine Vielzahl an *möglichen* Vorteilen von Schiedsverfahren gegenüber gerichtlichen Verfahren identifiziert werden. Zwar sind nicht alle dieser Vorteile unmittelbar bzw. uneingeschränkt auf den Fall der Patentnichtigkeitsklage

---

389 Vgl. *Steiner*, SchiedsVZ 2013, 15, 16; vgl. ferner zur Entlastung durch Mediation: *Wassermann*, NJW 1998, 1685, 1686; zur Entlastung der Europäischen Kommission durch Schiedsgerichte im Kartellrecht *Heukamp*, Schiedszusagen, S. 50.

390 *Schill*, DÖV 2010, 1013, 1015; *Stumpf*, Alternative Streitbeilegung, S. 1.; s. allerdings auch *Mannhart*, Mediation, 6 ff.

391 Vgl. *Ebbing*, Private Zivilgerichte, S. 84 mit empirischen Daten und w.N. in Fn. 79; ebenfalls ausführlich hierzu *Kotzorek*, Mehr Markt, S. 6 ff.

392 *Ebbing*, Private Zivilgerichte, S. 84, der auch bei als typischerweise geringer angenommenen Parteikosten die Schiedsgerichtsbarkeit als gesamtgesellschaftlich günstiger annimmt.

anwendbar; es verbleibt jedoch eine Reihe von Vorteilen, die auch bzw. gerade im Zusammenhang mit der Patentnichtigkeitsklage zum Tragen kommen. Diese potentiellen Vorteile bieten eine Basis für ein anzuerkennendes rechtliches Interesse, dass die Schiedsgerichtsbarkeit allgemein, aber auch in Bezug auf die Patentnichtigkeitsklage, aus Sicht der betroffenen Parteien (und mit Blick auf den Aspekt der Entlastung der Gerichte auch aus staatlicher Sicht) zugelassen werden sollte, sofern nicht andere (zwingende) Gründe entgegenstehen. Denn Schiedsfähigkeit bedeutet in dieser Hinsicht, dass die Parteien die Wahl zwischen staatlichem Gericht und Schiedsgericht haben und daher in der Lage sind, zu evaluieren, ob in ihrem konkreten Fall die potentiellen Vorteile möglicherweise bestehende Nachteile überwiegen.

V. Argumentationsmuster zur objektiven Schiedsfähigkeit in ausgewählten Rechtsgebieten

In diesem Abschnitt soll untersucht werden, anhand welcher Kriterien und Regelungsmuster die Schiedsfähigkeit im Falle ausgewählter Arten von Streitigkeiten bejaht wurde bzw. wird. Im Weiteren wird dann zu prüfen sein, ob sich die von der Rechtsprechung zur Bejahung der objektiven Schiedsfähigkeit herausgearbeiteten Kriterien und Regelungsmuster angesichts der Merkmale und Besonderheiten der Patentnichtigkeitsklage auf diese übertragen lassen. So soll im Rahmen eines „Pendelblicks" ein Vergleich mit der Beurteilung anderer Streitigkeiten vorgenommen werden, indem die dort herangezogenen und betrachteten Maßstäbe der objektiven Schiedsfähigkeit untersucht werden. Die Rechtsgebiete des Kartellrechts und der gesellschaftsrechtlichen Beschlussmängelstreitigkeiten sind insoweit von besonderem Interesse. Einerseits handelt es sich hierbei wohl um die meistdiskutierten Grenzfälle von objektiver Schiedsfähigkeit. Andererseits hat es in diesen Rechtsgebieten zur objektiven Schiedsfähigkeit jeweils eine Verschiebung der Rechtslage durch Änderungen in der Rechtsprechung bzw. durch eine Streichung der maßgeblichen Rechtsnorm gegeben, sodass die jeweiligen Argumente des Für und Wider besonders aufschlussreich sein können.

1. Kartellrecht

a) *Rechtliche Entwicklung*

Die Schiedsfähigkeit von Kartellstreitigkeiten ist heute allgemein anerkannt.[393] Bis jedenfalls zum Jahr 1985 wurde sie jedoch abgelehnt. Dieser Ablehnung lag der Umstand zu Grunde, dass Schiedsgerichte bis in die 1960er Jahre genutzt wurden, um das Kartellrecht zu umgehen bzw. um Kartelle zu schützen.[394] Diese Ablehnung manifestierte sich nicht zuletzt in § 91 Abs. 1 S. 1 GWB a.F.,[395] der sinngemäß aussagte, dass alle Arten von kartellrechtlichen Streitigkeiten nicht Gegenstand einer Schiedsabrede sein können, es sei denn, alle Parteien können statt des Schiedsgerichts auch ein staatliches Gericht anrufen. Damit war die Vereinbarung von Schiedsabreden, welche die Zuständigkeit staatlicher Gerichte effektiv ausschlossen, nicht möglich.[396]

Parallel zu dieser Ablehnung von Schiedsgerichten im Kartellrecht in Deutschland wurde die Schiedsfähigkeit von Kartellstreitigkeiten in den USA ebenfalls lange unter der sogenannten American Safety-Doktrin abgelehnt.[397] Diese geht zurück auf eine Entscheidung des United States Court of Appeals des Second Circuit.[398] Nachdem der US Supreme Court in der Zwischenzeit mit zwei weiteren Entscheidungen[399] den Weg zu einer schiedsfreundlicheren

---

393 BT-Drs. 13/5274, S. 36; *K. Schmidt*, BB 2006, 1397, 1398; *Eilmansberger*, SchiedsVZ 2006, 5, 8 f.; *Schwab/Walter*, Schiedsgerichtsbarkeit, Kap. 4 Rn. 7; *Saenger*, in: Saenger, ZPO, § 1030 Rn. 9; *Voit*, in: Musielak/Voit, ZPO, § 1030 Rn. 2; vgl. zu einer Einordnung der Schiedsfähigkeit von Kartellstreitigkeiten auch *Kaneko*, EU-Einheitspatent, S. 208 ff.

394 *Sachslehner*, Schiedsvereinbarungen, S. 16 ff.; *Heukamp*, Schiedszusagen, S. 8; vgl. auch *K. Schmidt*, BB 2006, 1397.

395 Näher zur Entstehungsgeschichte von § 91 Abs. 1 S. 1 GWB a.F. s. *Sachslehner*, Schiedsvereinbarungen, S. 18 ff. sowie *Altenmüller*, Die schiedsrichterliche Entscheidung, S. 110 ff.

396 Vgl. *Zimmer*, Zulässigkeit und Grenzen schiedsgerichtlicher Entscheidung, S. 61 f.

397 Vgl. *Heukamp*, Schiedszusagen, S. 11; *Zimmer*, Zulässigkeit und Grenzen schiedsgerichtlicher Entscheidung, S. 15; *Stille*, Die Schiedsfähigkeit, S. 92 ff.; *Borris*, Die internationale Handelsschiedsgerichtsbarkeit, S. 49 m.w.N. zur damaligen Ablehnung der Schiedsfähigkeit im US-Schrifttum.

398 American Safety Equipment Corp. v. J. P. Maguire & Co., 391 f.2d 821, 827 (2d Cir. 1968).

399 The Bremen v. Zapato Off-Shore Co., 407 U.S. 1; 92 S.Ct. 1907 (1972) und Scherk v. Alberto-Culver Co., 417 U.S. 506; 94 S.Ct. 2449 (1974); vgl. auch *Heukamp*, Schiedszusagen, S. 16 f.; ausführlich zu Scherk v. Alberto-Culver Co. auch *Stille*, Die Schiedsfähigkeit, S. 83 ff.

Auslegung von Kartellstreitigkeiten geebnet hatte,[400] kippte er 1985 die American Safety-Doktrin endgültig und entschied in *Mitsubishi Motors Corp. v. Soler Chrysler-Plymouth*[401] grundlegend, dass grenzüberschreitende kartellrechtliche Streitigkeiten schiedsfähig seien.[402]

Daraufhin wandelte sich auch in Deutschland das Meinungsbild zur Schiedsfähigkeit von Kartellstreitigkeiten,[403] was letztlich in die ersatzlose Abschaffung von § 91 Abs. 1 S. 1 GWB a.F. im Rahmen des Schiedsverfahrens-Neuregelungsgesetzes von 1997 mündete.[404]

b) Die Entwicklung des Meinungsstandes

aa) Ausgangspunkt

Gegen die Schiedsfähigkeit von Kartellstreitigkeiten wurden früher, insbesondere in den USA im Rahmen der sogenannten American Safety-Doktrin, folgende Einwände vorgebracht. So sei es Aufgabe der Schiedsrichter, einen sachgerechten Interessenausgleich allein zwischen den Parteien herbeizuführen.[405] Bei den kartellrechtlichen Normen handele es sich jedoch überwiegend um dem öffentlichen Interesse dienende Vorschriften. Die Berücksichtigung des öffentlichen Interesses sei jedoch nicht Aufgabe des Schiedsgerichts.

Zudem seien von kartellrechtlichen Entscheidungen mitunter Millionen von Konsumenten betroffen, sodass der gesamtgesellschaftliche Schaden bei einer falschen Entscheidung ganz erheblich sein könne.[406] Es sei ferner davon auszugehen, dass Schiedsabreden in Kartellstreitigkeiten oftmals durch eine mit

---

400 Vgl. *Heukamp*, Schiedszusagen, S. 16 f. zu dieser Entwicklung der US-Rechtsprechung; s. auch *Barber*, Objektive Schiedsfähigkeit, S. 63.

401 Mitsubishi Motors Corp. v. Soler Chrysler-Plymouth Inc., 53 U.S.L.W. 5069 (1985).

402 Zur dieser Entwicklung des US-Rechts s. *Zimmer*, Zulässigkeit und Grenzen schiedsgerichtlicher Entscheidung, S. 46 ff.; vgl. auch *Borris*, Die internationale Handelsschiedsgerichtsbarkeit, S. 50.

403 *Heukamp*, Schiedszusagen, S. 18 u. 24 im Zusammenhang mit der Europäischen Kommission jeweils m.w.N.; a.A. noch *Vollmer*, GRUR Int 1986, 589, 590 ff., der sich auch nach *Mitsubishi* noch für eine Erweiterung des Anwendungsbereichs von § 91 Abs. 1 S. 1 GWB a.F. aussprach.

404 Kritisch zu § 91 Abs. 1 S. 1 GWB a.F. bereits *Barber*, Objektive Schiedsfähigkeit, S. 147 ff. sowie *K. Schmidt*, in: FS Pfeiffer 1988, 765 ff.

405 Zu diesen Argumenten insgesamt *Zimmer*, Zulässigkeit und Grenzen schiedsgerichtlicher Entscheidung, S. 115 m.w.N. zu dieser Diskussion in den USA.

406 Zu den Argumenten im Folgenden insgesamt American Safety Equipment Corp. v. J. P. Maguire & Co., 391 f.2d 821, 827 (2d Cir. 1968).

überlegener Marktmacht ausgestattete Partei der Gegenpartei vorgesetzt würden. Gegen die Schiedsfähigkeit von Kartellstreitigkeiten spreche ferner, dass diese besonders kompliziert seien; insbesondere die Beweiserhebung sei umfangreich und vielfältig, weshalb ein staatliches Gericht besser zur Streitbeilegung geeignet sei. Letztlich sei das Kartellrecht insgesamt ein die „Business Community" regulierendes Korrektiv, die Schiedsrichter in der Schiedsgerichtsbarkeit seien jedoch regelmäßig Geschäftsleute aus ebendieser „Business Community" und daher nicht zur Entscheidungsfindung geeignet.

bb) Mitsubishi-Entscheidung

In der Mitsubishi-Entscheidung hat der US Supreme Court seine Kehrtwende argumentativ folgendermaßen untermauert. Unter Rückgriff auf die Entscheidungen The Bremen v. Zapato Off-Shore Co. und Scherk v. Alberto-Culver Co.[407] führte er zunächst aus, dass eine Abwägung zwischen der auf diesen beiden Entscheidungen beruhenden schiedsfreundlichen Haltung und den Bedenken gegenüber der Schiedsfähigkeit aus American Safety stattzufinden habe.[408] Hierbei könnten zunächst einige der Argumente aus American Safety in dieser Form nicht aufrecht erhalten werden. Die Annahme, dass generell die Ausübung von Marktmacht zum Abschluss von Schiedsvereinbarungen in kartellrechtlichen Verträgen führe, sei nicht haltbar; dies könne nicht allgemein und allenfalls in Fällen angenommen werden, in denen sich eine Partei im Prozess auf derlei Umstände im Zusammenhang mit dem Abschluss der Schiedsabrede berufe.[409] Ferner sei die Komplexität von Kartellstreitigkeiten kein taugliches Argument gegen Schiedsverfahren; Anpassungsfähigkeit und der Zugang zu besonderer (schiedsrichterlicher) Expertise seien gerade Kennzeichen der internationalen Schiedsgerichtsbarkeit. Zudem stünden auch die angedeuteten Interessenkonflikte der Schiedsrichter so nicht zu befürchten; denn die Schiedsrichter kämen regelmäßig aus der Geschäfts- oder Rechtswelt und es könne von den Parteien erwartet werden, kompetente und unparteiische Schiedsrichter zu

---

407 The Bremen v. Zapato Off-Shore Co., 407 U.S. 1; 92 S.Ct. 1907 (1972) und Scherk v. Alberto-Culver Co., 417 U.S. 506; 94 S.Ct. 2449 (1974).

408 Zu den folgenden Ausführungen insgesamt Mitsubishi Motors Corp. v. Soler Chrysler-Plymouth Inc., 53 U.S.L.W. 5069 (1985).

409 *Zimmer*, Zulässigkeit und Grenzen schiedsgerichtlicher Entscheidung, S. 117 f. ergänzt hierzu, dass ein solches Machtgefälle in den von ihm untersuchten Fällen nicht zu erkennen war. Ferner würde selbst eine infolge eines solchen Machtgefälles zustande gekommene Schiedsklausel keine Aussage über daraus resultierende unzulängliche schiedsrichterliche Entscheidungen zulassen.

bestimmen.[410] Letztlich bliebe von der American Safety-Doktrin lediglich der Aspekt bestehen, dass das Kartellrecht von grundlegender Bedeutung für den amerikanischen demokratischen Kapitalismus sei; es gebe jedoch keinen Grund zu der Annahme, ein Schiedsverfahren sei untauglich zur Beilegung von derlei Streitigkeiten. Zwar sei ein Schiedsgericht grundsätzlich nicht den Gesetzen einer bestimmten Rechtsordnung verpflichtet, sondern allein dem Willen der Parteien; wo jedoch ein Schiedsgericht von den Parteien mit der Bescheidung bestimmter Ansprüche betraut worden ist, sollte das Schiedsgericht auch an die Anwendung der gesetzlichen Regelungen gebunden sein, welche die Grundlage der zu beurteilenden Ansprüche bilden.[411] Die Anwendung der kartellrechtlichen Normen durch das Schiedsgericht könnten staatliche Gerichte zudem auf der Ebene von Anerkennung/Vollstreckung des Schiedsspruchs überprüfen und sicherstellen.[412]

cc) Entwicklung in Deutschland – Abschaffung § 91 Abs. 1 S. 1 GWB a.F.

Im Rahmen der Abschaffung von § 91 Abs. 1 S. 1 GWB a.F. wurde in der Regierungsbegründung dann folgendermaßen argumentiert. Die Zielsetzung des GWB sei die „Sicherstellung des Wettbewerbs und (der) Beseitigung wirtschaftlicher Macht, wo sie die Wirksamkeit des Wettbewerbs beeinträchtigt“[413]. Diesen Zielen stehe eine Behandlung von Kartellstreitigkeiten durch Schiedsgerichte nicht entgegen; denn Schiedsgerichte hätten zwingende gesetzliche Regeln gleichermaßen anzuwenden wie staatliche Gerichte; ferner unterliege

---

410 Hierzu hat *Zimmer*, Zulässigkeit und Grenzen schiedsgerichtlicher Entscheidung, S. 113 f. ausgeführt, es könne nicht angenommen werden, dass Geschäftsleute (sofern sie überhaupt tatsächlich Schiedsrichter seien) generell ein gestörtes Verhältnis zum Kartellrecht hätten. Zudem sei die Anwendung von Kartellrecht im Prozess notwendig zum Vorteil der einen und Nachteil der anderen Partei, sodass kein systematischer gemeinsamer Anreiz zur generellen Nichtanwendung bestehen könne.

411 *Zimmer*, Zulässigkeit und Grenzen schiedsgerichtlicher Entscheidung, S. 115 f. führt ergänzend aus, dass nach seiner Untersuchung die kartellrechtlichen Normen gleichermaßen dem „interindividuellen Interessenausgleich“ wie der „Verfolgung wettbewerbspolitischer Ziele“ dienten.

412 *Zimmer*, Zulässigkeit und Grenzen schiedsgerichtlicher Entscheidung, S. 114 f. ergänzt hierzu, dass eine Aufhebung des Schiedsspruchs infolge Nichtanwendung zwingenden Kartellrechts für die Schiedsrichter peinlich sei und Imageverluste nach sich zöge; zu den verschiedenen Möglichkeiten gerichtlicher Überprüfung ausführlich *Sachslehner*, Schiedsvereinbarungen, S. 122 ff.

413 BT-Drs. 13/5274, S. 71.

ein Schiedsspruch auch im Hinblick auf die Einhaltung zwingender gesetzlicher Vorschriften der Kontrolle durch staatliche Gerichte.[414] Damit wurde wohl die zuvor umstrittene Frage, ob Schiedsgerichte zwingend zur Anwendung kartellrechtlicher Normen verpflichtet sei, jedenfalls für Deutschland geklärt.[415]

Als weiteres Argument für die Schiedsfähigkeit europäischer Kartellstreitigkeiten wurde genannt, dass die Kommission sich dadurch der Ressourcen privater Schiedsgerichte bedienen könne, um hierdurch Erkenntnisse über den schiedsgerichtlich verhandelten Fall, aber auch über den betreffenden Markt und Wettbewerb zu gewinnen.[416]

Eine weitere Frage war allerdings, ob ein Schiedsgericht sinnvoller Weise zur Durchsetzung zwingenden Kartellrechts geeignet ist.[417] Hierbei hat *K. Schmidt* „offensive" und „defensive" Kartellprozesse unterschieden und Überlegungen zu einer Streitbeilegung durch Schiedsgerichte angestellt.[418] Unter „offensiven" Kartellstreitigkeiten versteht man Klagen von Marktteilnehmern gegen andere Marktteilnehmer gemäß §§ 33a, 33 GWB. Es macht also derjenige, der sich durch ein vermeintlich wettbewerbswidriges Verhalten eines anderen verletzt sieht, seine Ansprüche gegen den Verletzer geltend. Der Kläger agiert in dieser Konstellation wie ein *„Private attorney-general"*[419] und macht sich die Durchsetzung kartellrechtlicher Vorschriften zu eigen. Hierbei handelt es sich um Unterlassungs- oder Schadensersatzansprüche.[420] Diese Verfahren gelten als eine Art *„private enforcement"*,[421] da der Kläger aus eigenem Antrieb auf die Durchsetzung der kartellrechtlichen Vorschriften dränge.[422] Wenngleich die genannten Argumente dafür sprechen, dass ein Schiedsgericht diese Arten von Streitigkeiten potentiell ohne gewichtige Interessenkonflikte beilegen könnte,

414 BT-Drs. 13/5274, S. 70 f.

415 Bejahend *K. Schmidt*, BB 2006, 1397, 1399; *Eilmansberger*, SchiedsVZ 2006, 5, 10; kritisch ob der Handhabbarkeit, aber im Ergebnis eine Bindung des Schiedsgerichts ebenfalls bejahend *Altenmüller*, Die schiedsrichterliche Entscheidung, S. 181 ff.

416 *Heukamp*, Schiedszusagen, S. 67.

417 *K. Schmidt*, BB 2006, 1397, 1398.

418 Zu dieser Unterscheidung insgesamt s. *K. Schmidt*, BB 2006, 1397, 1398 ff.

419 Dieser Ausdruck geht zurück auf *Judge Jerome Frank* in dem Fall Associated Industries of New York, Inc. v. Ickes, 134 f. 2d 694, 704 (2d Cir. 1943); s. auch *K. Schmidt*, BB 2006, 1397, 1398; *Heukamp*, Schiedszusagen, S. 65.

420 *K. Schmidt*, BB 2006, 1397, 1398.

421 *K. Schmidt*, BB 2006, 1397, 1398.

422 *Heukamp*, Schiedszusagen, S. 65; vgl. auch insgesamt zum Thema „private enforcement" *Linder*, Privatklage und Schadensersatz, S. 21 ff.

erachtet *Schmidt* die Schiedsgerichtsbarkeit in diesem Fall für in der Praxis unbedeutend, da im Regelfall zwischen den Parteien keine Schiedsabrede vorliegen dürfte.[423] Zudem ist die Schiedsgerichtsbarkeit hier wenig problematisch, da sich regelmäßig der Kläger auf einen Verstoß gegen Kartellrecht beruft und daher mit einer (notfalls stillschweigenden) Nichtanwendung von zwingenden Kartellvorschriften nicht einverstanden sein wird.

„Defensive" Kartellstreitigkeiten sind hingegen solche, bei denen im Rahmen einer gewöhnlichen zivilrechtlichen Klage aus einem Schuldverhältnis, meist im Zusammenhang mit vertikalen Dauerschuldverhältnissen, der Beklagte einwendet, dass das zugrundeliegende vertragliche Verhältnis aufgrund kartellrechtlicher Verstöße nichtig sei.[424] Hinsichtlich des anwendbaren Rechts richten sich Schiedsgerichte generell nach dem Willen der Parteien, sodass sich hier die Frage stellte, ob Schiedsgerichte stets das zwingende Kartellrecht anzuwenden haben, oder nur wenn sich eine Partei hierauf beruft.[425] Bei diesen „defensiven" Kartellstreitigkeiten soll die Schiedsgerichtsbarkeit ihre Tauglichkeit zur Beilegung von Kartellstreitigkeiten durch eine *ex officio*-Anwendung des jeweils zwingenden Kartellrechts in der Praxis beweisen müssen.[426]

c) Einordnung

Betrachtet man die Argumente, die im Rahmen dieser Rechtsentwicklungen angeführt wurden, so ergibt sich folgendes Bild. Im Rahmen der Kehrtwende im U.S.-amerikanischen Recht durch die Mitsubishi-Entscheidung wurden im Wesentlichen die zuvor gegen die Schiedsfähigkeit von Kartellstreitigkeiten angeführten Argumente als schlicht nicht mehr einschlägig und tragfähig abgetan. Eine echte tiefgreifende Argumentation ist hierbei kaum festzustellen. Es wurde vor allem festgestellt, dass aufgrund der insoweit nicht mehr bestehenden Bedenken, einer Schiedsfähigkeit von Kartellstreitigkeiten nichts mehr im Wege

423 *K. Schmidt*, BB 2006, 1397, 1399, gleichwohl auf die Praxis der Europäischen Kommission hinweisend, wonach bei Fusionen den Parteien mit der Freigabe empfohlen bzw. aufgegeben wird, jedem Dritten, der kartellrechtliche Verletzungen geltend macht, dies in einem Schiedsverfahren zu dürfen. Hierzu wiederum *Heukamp*, Schiedszusagen, S. 25.

424 *K. Schmidt*, BB 2006, 1397, 1399.

425 S. *Vollmer*, GRUR Int 1986, 589, 597 f.; *Eilmansberger*, SchiedsVZ 2006, 5, 10 f.; die Anwendbarkeit zwingender Kartellvorschriften im Schiedsverfahren annehmend BT-Drs. 13/5274, S. 70 f.

426 So wohl *K. Schmidt*, BB 2006, 1397, 1399.

stünde. Bei der Abschaffung von § 91 Abs. 1 S. 1 GWB a.F. und in der insoweit überwiegend zustimmenden Literatur wurde die Argumentation aus Mitsubishi weitgehend übernommen und in einzelnen Fragen ergänzt.

Ein Aspekt, der allerdings sowohl im U.S.-amerikanischen als auch im deutschen Recht herauszustechen scheint, ist die Einschätzung bzw. Feststellung, dass auch die Schiedsgerichte das zwingende Kartellrecht anzuwenden hätten, sodass insoweit keine Probleme bestünden. Dieses Argument überrascht zunächst. Denn auf Basis dieser Begründung könnte prinzipiell jede Art von Streitigkeit für schiedsfähig erklärt werden, indem zu dem betreffenden Rechtsgebiet festlegt wird, das Schiedsgericht sei zur Anwendung aller zwingenden rechtlichen Regelungen verpflichtet.[427] Möglicherweise seitens der Schiedsrichter bestehende Interessenkonflikte oder Fehlanreize durch die Betroffenheit von Rechten Dritter, die nicht auf das Schiedsverfahren einwirken können, werden damit in wenig überzeugender Weise außer Acht gelassen.[428] Diese Argumentation lässt sich vermutlich aus der Historie der Kartellschiedsgerichte erklären; denn die Kartellschiedsgerichte haben lange Zeit zur Verfestigung von Kartellstrukturen beigetragen statt gegen diese vorzugehen. Daher gab es erhebliche Vorbehalte gegen diese Art der Schiedsgerichtsbarkeit. In der Folge ist jedoch insgesamt das Vertrauen in die Schiedsgerichtsbarkeit gewachsen. Der Wegfall dieser Vorbehalte fällt in Deutschland damit zusammen, dass in der Regierungsbegründung zum SchiedsVfG die Gleichwertigkeit der Schiedsgerichtsbarkeit mit der staatlichen Gerichtsbarkeit explizit formuliert hat.[429] Dieses postulierte Verständnis von Schiedsgerichtsbarkeit dürfte letztlich ermöglicht haben, dass die zuvor gegen Kartellschiedsgerichte vorhandenen Vorbehalte überwunden werden konnten. Auch in den USA dürfte das bis zu diesem Zeitpunkt gewachsene Vertrauen in die Schiedsgerichtsbarkeit als gegenüber der staatlichen Gerichtsbarkeit gleichwertige Rechtschutzmöglichkeit bei der Kehrtwende durch die Mitsubishi-Entscheidung eine Rolle gespielt haben.

---

427 Auch das von *Heukamp*, Schiedszusagen, S. 67 vorgebrachte Argument, die Kommission könne durch die Schiedsgerichte Ressourcen sparen, ist nicht neu und auch nicht auf Kartellstreitigkeiten beschränkt, da Schiedsprozesse stets staatliche Ressourcen schonen.

428 Gleiches gilt für das Argument, dass eine Einhaltung der zwingenden Regeln durch das Schiedsgericht auf der Ebene der Vollstreckung noch überprüft werden könne: auch dies ließe sich auf jedes beliebige Rechtsgebiet übertragen.

429 BT-Drs. 13/5274, S. 34; s. hierzu auch *Baumann*, Patentstreitigkeiten, S. 98.

2. Beschlussmängelstreitigkeiten

Die Frage der Schiedsfähigkeit von Beschlussmängelstreitigkeiten hat neben mittlerweile drei Entscheidungen des BGH auch eine erhebliche Menge an Literatur hervorgebracht.

a) Rechtliche Entwicklung

Gesellschaftsvertragliche Streitigkeiten zwischen GmbH-Gesellschaftern sowie Feststellungsklagen eines Gesellschafters nach § 256 ZPO wurden bereits seit langem allgemein als schiedsfähig erachtet.[430] Auch wurde schiedsrichterliche Streitbeilegung gerade bei innergesellschaftlichen Streitigkeiten als naheliegend und sinnvoll angesehen.[431] Umstritten war jedoch lange, ob sich die Schiedsfähigkeit auch auf Beschlussmängelstreitigkeiten übertragen lässt.[432]

aa) „Schiedsfähigkeit I"

In der Entscheidung „Schiedsfähigkeit I"[433] hat der BGH entschieden, dass die Regelungen der §§ 248 Abs. 1 S. 1, 249 Abs. 1 S. 1 AktG analog nicht auf schiedsgerichtliche Entscheidungen anzuwenden seien, sodass einer generellen Schiedsfähigkeit von Beschlussmängelstreitigkeiten eine Absage erteilt wurde. Gleichwohl hat der BGH klargestellt, dass die ausschließliche Zuständigkeitsregelung des § 246 Abs. 3 S. 1 AktG der Schiedsfähigkeit dieser Streitigkeiten

---

430 BGH, Urt. v. 28.5.1979 - III ZR 18/77 - NJW 1979, 2567, 2569 auf die damals maßgebliche Vergleichsfähigkeit abstellend; BGH, Urt. v. 10.5.2001 - III ZR 262/00 - NJW 2001, 2176, ohne explizit auf die Schiedsfähigkeit einzugehen; *Borris*, SchiedsVZ 2009, 299, 300; *Ebenroth/Bohne*, BB 1996, 1393; *K. Schmidt*, ZGR 1988, 523, 525.

431 *Roth*, in: FS Nagel 1987, 318 ff.; *Ebbing*, NZG 1998, 281; vgl. auch zum Schiedsverfahren bei Organhaftungsfragen *Leuering*, NJW 2014, 657; *Umbeck*, SchiedsVZ 2009, 143, 144; *Thümmel*, in: FS Geimer 2002, 1331 f.; *Duve*, in: Böckstiegel/Kröll/Nacimiento, Arbitration in Germany, S. 998 Rn. 68 ff.

432 Damals (also vor „Schiedsfähigkeit I") bejahend *K. Schmidt*, ZGR 1988, 523, 524 ff.; *Kornmeier*, Die Schiedsfähigkeit, S. 27 ff.; *ders.*, Vergleichsbefugnis und Schiedsfähigkeit, S. 19 ff., S. 107; *Barber*, Objektive Schiedsfähigkeit, S. 162 ff.; damals (also vor „Schiedsfähigkeit I") verneinend BGH, Urt. v. 28.5.1979 - III ZR 18/77 - NJW 1979, 2567, 2569; OLG Hamm, Urt. v. 8.12.1986 - 8 U 73/8 - ZIP 1987, 780; *Henze*, ZGR 1988, 542, 546 ff.; zum Streitstand in jüngerer Vergangenheit *Borris*, SchiedsVZ 2009, 299, 300 m.w.N.

433 BGH, Urt. v. 29.3.1996 - II ZR 124/95 - NJW 1996, 1753.

nicht entgegenstehe.[434] Ferner stünden auch die rechtsgestaltende Wirkung des Urteils in Beschlussmängelfragen einer Schiedsfähigkeit nicht entgegen und die objektive Vergleichsfähigkeit nach dem damals maßgeblichen § 1025 Abs. 1 ZPO a.F. sei „ohne weiteres zu bejahen".[435] Daraufhin wurde angenommen, dass Beschlussmängelstreitigkeiten schiedsfähig seien, wenn die Satzung spezifische Regelungen hierzu vorsehe; im Übrigen bedürfe es jedoch einer Regelung durch den Gesetzgeber.[436] Dieser letztgenannten Aufforderung ist der Gesetzgeber nicht gefolgt. Stattdessen hat er in der Regierungsbegründung zum SchiedsVfG die Argumentation von „Schiedsfähigkeit I" im Wesentlichen bestätigt, die Frage der Schiedsfähigkeit von Beschlussmängelstreitigkeiten sodann aber aufgrund der Vielschichtigkeit der Problematik wiederum an die Rechtsprechung zurückverwiesen.[437]

bb) „Schiedsfähigkeit II"

In der Entscheidung „Schiedsfähigkeit II"[438] stellte der BGH dann fest, dass Beschlussmängelstreitigkeiten bei einer GmbH generell schiedsfähig sind. Erforderlich sei jedoch, dass entweder der Gesellschaftsvertrag oder eine Individualabrede aller Gesellschafter die Wirkung der §§ 248 Abs. 1 S. 1, 249 Abs. 1 S. 1 AktG vorsieht. Zudem müsse das schiedsgerichtliche Verfahren derart ausgestaltet sein, dass es dem Rechtsschutz staatlicher Gerichte gleichwertig sei; insbesondere müssten die aus dem Rechtsstaatsprinzip folgenden Mindeststandards und Mitwirkungsrechte sowie Rechtsschutzmöglichkeiten für alle betroffenen Gesellschafter erfüllt sein, was an § 138 BGB zu messen sei.[439] Die genaue Ausgestaltung dieser Anforderungen hat der BGH damit allerdings der Praxis überlassen.[440]

---

434 BGH, Urt. v. 29.3.1996 - II ZR 124/95 - NJW 1996, 1753, 1754; vgl. hierzu bereits zuvor die überzeugende Argumentation von *Kornmeier*, Vergleichsbefugnis und Schiedsfähigkeit, S. 21 ff.; diesem Argument hat sich auch ausdrücklich BT-Drs. 13/5274, S. 35 angeschlossen.

435 BGH, Urt. v. 29.3.1996 - II ZR 124/95 - NJW 1996, 1753, 1754.

436 *Bork*, ZHR 160 (1996), 374, 382 ff.; so ähnlich auch *Reichert*, in: FS Ulmer 2003, 511, 518 ff.

437 BT-Drs. 13/5274, S. 35.

438 BGH, Urt. v. 6.4.2009 - II ZR 255/08 - NJW 2009, 1962.

439 Hierzu insgesamt BGH, Urt. v. 6.4.2009 - II ZR 255/08 - NJW 2009, 1962, 1963.

440 *Borris*, SchiedsVZ 2009, 299, 301 ff., auch zu den einzelnen Merkmalen.

cc) *„Schiedsfähigkeit III“*

Im Hinblick auf Personengesellschaften galten Streitigkeiten über die Wirksamkeit von Gesellschafterbeschlüssen allgemein als schiedsfähig.[441] In seiner Entscheidung „Schiedsfähigkeit III“[442] hat der BGH nun allerdings klargestellt, dass die Anforderungen, die nach „Schiedsfähigkeit II“ an eine GmbH-Satzung zu stellen sind, auch im Falle von „Personengesellschaften wie Kommanditgesellschaften“ gelten und dass diese Streitigkeiten nicht „ohne weiteres“ schiedsfähig seien.[443]

b) *Die Entwicklung des Meinungsstandes*

Vor „Schiedsfähigkeit I“ wurde die Schiedsunfähigkeit von Beschlussmängelstreitigkeiten vor allem auf die Zuständigkeitsregelung des § 246 Abs. 3 S. 1 AktG gestützt.[444] Der BGH hat in „Schiedsfähigkeit I“ die von ihm angenommene Schiedsunfähigkeit von Beschlussmängelstreitigkeiten dann aber darauf gestützt, dass ein Schiedsgericht die über § 325 ZPO hinausgehende Wirkung der §§ 248 Abs. 1 S. 1, 249 Abs. 1 S. 1 AktG (analog) nicht herbeiführen könne.[445] Eine Grundlage dieser Wertung sei, dass § 246 Abs. 3 AktG eine Konzentrationswirkung vorsehe, sodass Klagen mehrerer Gesellschafter bei demselben Gericht verhandelt würden, was wiederum eine einheitliche Sachentscheidung über einen Gesellschafterbeschluss sicherstelle. Dies könne jedoch durch ein Schiedsgericht nicht erreicht werden, da das Schiedsverfahrensrecht keine Vorschrift enthalte, die insoweit § 246 Abs. 3 AktG gegenüberstünde; daher könne es zu voneinander abweichenden Sachentscheidungen kommen. Vielmehr stelle § 1040 ZPO a.F.[446] klar, dass ein Schiedsspruch gerade nur zwischen den Parteien der Streitigkeit wie ein rechtskräftiges Urteil wirke. Einer analogen Anwendung der §§ 248 Abs. 1 S. 1, 249 Abs. 1 S. 1 AktG fehle daher die Grundlage. Damit machte der BGH die hier noch angenommene Schiedsunfähigkeit maßgeblich

---

441 OLG Hamm, Urt. v. 29.4.1992 - 8 U 198/91 - DB 1992, 2180; *Henze*, ZGR 1988, 542; *Ebbing*, NZG 1998, 281, 284 m.w.N.

442 BGH, Beschl. v. 6.4.2017 – I ZB 23/16, SchiedsVZ 2017, 194.

443 BGH, Beschl. v. 6.4.2017 – I ZB 23/16, SchiedsVZ 2017, 194, 195 f.

444 BGH, Urt. v. 11.7.1966 - II ZR 134/65 - WM 1966, 1132, 1133; *Ebenroth/Bohne*, BB 1996, 1393, 1394 m.w.N.

445 Zu dieser Argumentation des BGH insgesamt BGH, Urt. v. 29.3.1996 - II ZR 124/95 - NJW 1996, 1753, 1755.

446 Entspricht dem heutigen § 1055 ZPO.

daran fest, dass das Schiedsgericht nicht imstande sei, eine Wirkung des Schiedsspruchs gegenüber allen Gesellschaftern herbeizuführen.[447]

Dieser Argumentation wurde in der Literatur entgegengetreten. Es sei bereits nicht ersichtlich, weshalb die Wirkung von §§ 248 Abs. 1 S. 1, 249 Abs. 1 S. 1 AktG nicht auch durch einen Schiedsspruch erzielt werden könne; denn schon praktisch stünden sich in einer Anfechtungssituation regelmäßig eine klagende Minderheit und eine quasi beklagte Mehrheit auf Seiten der Gesellschaft gegenüber, sodass auf Klägerseite ohnehin deckungsgleiche Interessen zu erwarten seien.[448] Zudem sei nicht ersichtlich, weshalb sich das Zusammenfassen mehrerer Anfechtungsklagen nicht auch durch eine vertragliche Gestaltung im Rahmen der Schiedsabrede erreichen ließe.[449] Letztlich zeige die Argumentation des BGH, dass dieser entgegen der gesetzgeberischen Wertung des § 1040 ZPO a.F.[450] die Schiedsgerichtsbarkeit offenbar doch nicht als gegenüber der staatlichen Gerichtsbarkeit gleichwertiges Instrument zur Streitbeilegung betrachtet; denn er hebt hervor, dass ein durch die staatlichen Gerichte streng nach objektiven Maßstäben ergehendes Urteil für am Verfahren nicht beteiligte Dritte hinnehmbar wäre.[451]

Nachdem der Gesetzgeber in der Gesetzesbegründung zum SchiedsVfG implizit darauf hingewiesen hat, dass die Schiedsgerichtsbarkeit als gegenüber der staatlichen Gerichtsbarkeit gleichwertige Rechtsschutzmöglichkeit anzusehen ist,[452] hat der BGH in „Schiedsfähigkeit II" die Argumentation „umgedreht" und die – durch entsprechende Ausgestaltung von Abreden der Gesellschafter zu erreichende – Gleichwertigkeit des schiedsgerichtlichen Rechtsschutzes zur Voraussetzung für die Wirksamkeit der Schiedsklausel erhoben.[453] Während er in „Schiedsfähigkeit I" noch die fehlende Anwendbarkeit von §§ 248 Abs. 1

447 Vgl. auch *Ebenroth/Bohne*, BB 1996, 1393, 1396 f.

448 *Ebenroth/Bohne*, BB 1996, 1393, 1396; mit Verweis auf *Kornmeier*, Die Schiedsfähigkeit, S. 35 ff. und *Timm*, in: FS Fleck 1988, 365, 376 f.

449 *Ebenroth/Bohne*, BB 1996, 1393, 1396 mit Verweis auf *Petermann*, BB 1996, 277, 278 und *Timm*, in: FS Fleck 1988, 365, 375 m.w.N.

450 Entspricht dem heutigen § 1055 ZPO.

451 *Ebenroth/Bohne*, BB 1996, 1393, 1396 m.w.N.

452 So hat der Gesetzgeber in BT-Drs. 13/5274, S. 34 als Konditionalsatz formuliert „Sieht man die Schiedsgerichtsbarkeit als eine der staatlichen Gerichtsbarkeit im Prinzip gleichwertige Rechtsschutzmöglichkeit an, (...)" um sodann zu erläutern, warum und unter welchen Voraussetzungen die Schiedsfähigkeit nach dem neuen § 1030 ZPO anzunehmen ist.

453 BGH, Urt. v. 6.4.2009 - II ZR 255/08 – NJW 2009, 1962, 1964.

S. 1, 249 Abs. 1 S. 1 AktG (analog) als Problem anführte,[454] konstatierte er in „Schiedsfähigkeit II“, dass die (analoge) Anwendbarkeit dieser Normen das Resultat einer insoweit wirksamen Schiedsvereinbarung sei.[455]

c) Einordnung

Letztlich kann die Argumentation, auch wenn verschiedene Einzelaspekte und -probleme diskutiert wurden, wohl auf die Frage zugespitzt werden, ob man die Schiedsgerichtsbarkeit als ein der staatlichen Gerichtsbarkeit gleichwertiges Mittel der Streitbeilegung betrachtet.[456] Denn nachdem der Gesetzgeber nochmals auf diese Eigenschaft der Schiedsgerichtsbarkeit hingewiesen hat, sah der BGH in „Schiedsfähigkeit II“ ausreichende Möglichkeiten, die zuvor genannten Hindernisse zu überwinden. Insbesondere traute der BGH den Parteien und Schiedsgerichten nun zu, durch vertragliche Regelungen in einer Schiedsabrede und durch den Schiedsspruch die Wirkung zu erzielen, die einerseits ein gerichtliches Urteil hätte und die andererseits §§ 248 Abs. 1 S. 1, 249 Abs. 1 S. 1 AktG verlangen. Hierbei ist zu beachten, dass die einzelnen Lösungsansätze zu diesen Punkten, die der BGH zunächst ablehnte und später anerkannte, bereits vor „Schiedsfähigkeit I“ in der Literatur überzeugend angeführt worden sind.[457]

Bemerkenswert ist ferner das in „Schiedsfähigkeit II“ angeführte Kriterium, es müssten hinreichende Rechtsschutzmöglichkeiten für alle betroffenen Gesellschafter gegeben sein. Dies zeigt, dass betroffene Interessen Dritter einer Schiedsfähigkeit nicht zwingend entgegenstehen müssen, sondern bei ausreichendem Rechtschutz der betroffenen Dritten auch eine schiedsgerichtliche Streitbeilegung möglich sein kann.[458]

Auch die Ausführungen aus „Schiedsfähigkeit II“, dass bei einer GmbH der Gesellschaftsvertrag oder eine Individualabrede aller Gesellschafter die Wirkung der §§ 248 Abs. 1 S. 1, 249 Abs. 1 S. 1 AktG herbeiführen könnten, sind aufschlussreich. Denn damit hat der BGH ausgesagt, dass eine individualvertragliche Abrede geeignet ist (oder sein kann), eine rechtsgestaltende Wirkung eines Schiedsspruchs gegenüber einer Vielzahl an Beteiligten herbeizuführen.

---

454 BGH, Urt. v. 29.3.1996 - II ZR 124/95 - NJW 1996, 1753, 1755.

455 So explizit BGH, Urt. v. 6.4.2009 - II ZR 255/08 – NJW 2009, 1962, 1965 unter Rn. 24.

456 Mit dem Befund, dass der BGH dies bei „Schiedsfähigkeit I“ noch nicht so sah *Ebenroth/Bohne*, BB 1996, 1393, 1396.

457 *Petermann*, BB 1996, 277, 278 f.; *Timm*, in: FS Fleck 1988, 365, 375 ff.; *Kornmeier*, Die Schiedsfähigkeit, S. 35 ff.

458 Vgl. zur Beteiligung der Gesellschafter auch *Kaneko*, EU-Einheitspatent, S. 203 ff.

3. Zwischenergebnis

Die Änderungen von Gesetz und Rechtsprechung in den beiden untersuchten Rechtsgebieten, jeweils zugunsten der Schiedsfähigkeit, sind insbesondere infolge von Weiterentwicklungen der Schiedsgerichtsbarkeit und einem gewachsenen Verständnis, dass die Schiedsgerichtsbarkeit als ein der staatlichen Gerichtsbarkeit ebenbürtiges Rechtsschutzmittel zu qualifizieren ist, möglich geworden. Dieser Aspekt lässt sich generell auch auf die Frage der Schiedsfähigkeit der Patentnichtigkeitsklage übertragen.

Das im Rahmen der Diskussion um die Schiedsfähigkeit von Kartellstreitigkeiten angeführte Argument, Schiedsgerichte hätten zwingendes Gesetzesrecht anzuwenden, ist zutreffend, kann aber für sich genommen nicht überzeugend die Schiedsfähigkeit einer bestimmten Art von Streitigkeit begründen.

Bezogen auf die Schiedsfähigkeit der Patentnichtigkeitsklage lässt sich Folgendes extrahieren: Die bei Kartellstreitigkeiten zunächst vorgebrachten und später verworfenen Bedenken, es handele sich bei dem Kartellrecht um Normen, die dem Schutz der öffentlichen Ordnung dienten und Wettbewerb sicherstellen sollen, sind auf die Patentnichtigkeitsklage bereits im Ansatz nicht übertragbar. Denn bei Patenten handelt es sich um wirtschaftlich geprägte Rechte und die Patentnichtigkeitsklage ist ein kontradiktorisches Verfahren bei dem die Nichtanwendung zwingenden Rechts zulasten Dritter oder zulasten der öffentlichen Ordnung nicht möglich ist.[459] Dass trotz dieser Bedenken auch kartellrechtliche Streitigkeiten für schiedsfähig erachtet werden, ist ein Argument dafür, dass die Schiedsgerichtsbarkeit auch zur Beilegung von Patentnichtigkeitsstreitigkeiten geeignet ist. Zudem spricht für eine Schiedsfähigkeit der Patentnichtigkeitsklage, dass es sowohl bei Kartellstreitigkeiten als auch bei Patentnichtigkeitsstreitigkeiten um den Umgang mit Monopolen geht.[460] Wenn man aber die Schiedsgerichtsbarkeit für die Beilegung von Kartellstreitigkeiten, die ja auch Interessen von am Rechtstreit nicht beteiligter Dritter betreffen können, öffnet, so spricht dies dafür, dass auch die kontradiktorische Patentnichtigkeitsklage schiedsfähig ist.

Die vom BGH bei „Schiedsfähigkeit II" angeführten Argumente bzw. Kriterien hinsichtlich ausreichenden Rechtsschutzes für die Beteiligten und von der auf Basis von Individualabreden konstituierten Wirkung des Schiedsspruchs stehen ebenfalls der Schiedsfähigkeit der Patentnichtigkeitsklage nicht entgegen,

459 Vgl. Kap. E. III.
460 Vgl. Kap. D. V. 1.

sondern stärken diese Ansicht. So dürfte ein ausreichender Rechtsschutz von betroffenen, aber am Rechtstreit nicht beteiligten Dritten bei der Patentnichtigkeitsklage bereits nur in Ausnahmesituationen problematisch sein;[461] zudem wird ein ausreichender Rechtsschutz dann auch im Rahmen eines Schiedsverfahrens sichergestellt werden können.[462] Die Entscheidung, dass die unmittelbar gestaltende Wirkung eines Schiedsspruchs auf Basis einer Abrede der Parteien konstituiert werden kann, lässt sich auf die Patentnichtigkeitsklage übertragen.[463] Die Gestaltungswirkung erga omnes des Schiedsspruchs bei Beschlussmängelstreitigkeiten legt nahe, dass eine solche Wirkung auch bei der Patentnichtigkeitsklage möglich sein sollte, worauf noch zurückzukommen sein wird.[464]

VI. Ergebnis

Die Auslegung und Untersuchung von § 1030 ZPO sowie der Privatautonomie als Ausgangspunkt der Schiedsgerichtsbarkeit und des Ordre Public als Begrenzung derselben haben zu nachfolgenden Ergebnissen geführt.

- Vermögensrechtliche Ansprüche sind schiedsfähig. Nichtvermögensrechtliche Ansprüche sind schiedsfähig, wenn sie vergleichsfähig sind, wobei die Vergleichsfähigkeit materiell-rechtlich zu beurteilen ist.[465]
- Gesetzliche Verbote können bestimmte (Arten von) Streitigkeiten für schiedsunfähig erklären, wobei eine gesetzliche Spezialzuständigkeit für bestimmte Streitigkeiten – für sich genommen – kein gesetzliches Verbot in diesem Sinne zu konstituieren vermag.[466]
- Ausgangspunkt und Grundlage der Schiedsgerichtsbarkeit sind die Privatautonomie und die damit eng verknüpfte Vertragsfreiheit.[467]
- Die Schiedsgerichtsbarkeit, und auch die Schiedsfähigkeit als Möglichkeit des Grundrechtsträgers, von der Schiedsgerichtsbarkeit Gebrauch zu machen, unterfallen dem Schutzbereich des Rechts auf Entfaltung der Persönlichkeit gemäß Art. 2 Abs. 1 GG.[468]

---

461 Vgl. Kap. D. III. 3.
462 Vgl. Kap. D. III. 3.
463 So ähnlich auch *Kaneko*, EU-Einheitspatent, S. 203.
464 Kap. E. IV. 3.
465 Kap. D. I.
466 Kap. D. I. 4.
467 Kap. D. II.
468 Kap. D. II. 1. b).

- Die Grundsätze von Privatautonomie und Vertragsfreiheit legen generell ein weites Verständnis von Schiedsfähigkeit im Allgemeinen und von der Schiedsfähigkeit der Patentnichtigkeitsklage im Besonderen nahe.[469]
- Der Begriff des Ordre Public hat in verschiedenen Konstellationen verschiedene Ausprägungen und ist insgesamt schwach konturiert.[470] Eigenständige Begriffe des Ordre Public international oder Ordre Public d'arbitrage sind abzulehnen.[471] Im Hinblick auf Fragen der objektiven Schiedsfähigkeit kommt lediglich ein Verstoß gegen den verfahrensrechtlichen Ordre Public in Betracht.[472]
- Die Analyse der möglicherweise involvierten Interessen zeigt, dass insoweit in der schiedsgerichtlichen Behandlung einer Patentnichtigkeitsklage kein Ordre Public-Verstoß identifiziert werden kann.[473]
- Der Ordre Public-Schutz ist generell und insbesondere hinsichtlich des Patents und der Patentnichtigkeitsklage verzichtbar; die Unterzeichnung einer Schiedsabrede ist als Verzicht auf den Ordre Public-Schutz zu werten, den ein gerichtliches Verfahren gewährt.[474]
- Es wurden diverse Vorteile bzw. potentielle Vorteile von Schiedsverfahren gegenüber gerichtlichen Verfahren identifiziert, die ein grundsätzliches Bedürfnis nach schiedsgerichtlicher Streitbeilegung begründen.[475] Vor diesem Hintergrund ist generell ein weites Verständnis von objektiver Schiedsfähigkeit anzunehmen, um den Wirtschaftssubjekten die Möglichkeit schiedsgerichtlicher Streitbeilegung zur Verfügung zu stellen, falls und soweit nicht andere Wertungen gegen die Schiedsfähigkeit bestimmter Streitigkeiten sprechen.[476]
- Die gefundenen Ergebnisse fügen sich ferner zwanglos in die Rechtsprechung zur Schiedsfähigkeit von Kartellstreitigkeiten und gesellschaftsrechtlichen Beschlussmängelstreitigkeiten ein.[477] Die jeweils *gegen* die objektive Schiedsfähigkeit herausgearbeiteten Argumente lassen sich überwiegend nicht auf die Patentnichtigkeitsklage übertragen; hingegen lassen sich die jeweils *für* die

469 Kap. D. II. 1. c).
470 Kap. D. III.
471 Kap. D. III. 1. b).
472 Kap. D. III. 1.
473 Kap. D. III. 2. und 3.
474 Kap. D. III. 4.
475 Kap. D. IV.
476 Kap. D. IV.
477 Kap. D. V.

objektive Schiedsfähigkeit angeführten Argumente überwiegend auch auf die Patentnichtigkeitsklage übertragen.[478] Insgesamt konnte ein in der Rechtsprechung und Literatur gewachsenes Verständnis von der Schiedsgerichtsbarkeit als gegenüber der staatlichen Gerichtsbarkeit gleichwertiger Streitbeilegungsmechanismus zu einer Erweiterung der objektiven Schiedsfähigkeit in verschiedenen Rechtsgebieten beitragen.[479]

478 Kap. D. V.
479 Kap. D. V.

E. Die Schiedsfähigkeit der Patentnichtigkeitsklage de lege lata

In diesem Kapitel wird die Schiedsfähigkeit der Patentnichtigkeitsklage im deutschen Recht de lege lata untersucht. Hierzu wird insbesondere darauf eingegangen, ob die Besonderheiten der Patentnichtigkeitsklage der Behandlung dieser Klage durch ein Schiedsgericht vor dem Hintergrund der im vorstehenden Kapitel herausgearbeiteten allgemeinen Maßstäbe und Voraussetzungen der objektiven Schiedsfähigkeit entgegenstehen.

I. Der Meinungsstand und dessen Entwicklung

Zunächst soll der Meinungsstand zur Schiedsfähigkeit der Patentnichtigkeitsklage nach §§ 81 Abs. 1, 22 Abs. 1 PatG dargestellt werden.

1. Gesetzesbegründung

Ausgangspunkt der Diskussion um die Schiedsfähigkeit der Patentnichtigkeitsklage ist die Gesetzesbegründung zu § 1030 ZPO. Hierin heißt es:

> „(...) Etwas anderes (also *keine* Schiedsfähigkeit des Streitgegenstandes, Anm. des Autors) gilt dann, wenn der Gesetzgeber besondere Gerichte für bestimmte Streitigkeiten wie die Klagen auf Nichtigerklärung oder Zurücknahme von Patenten eingerichtet hat. Diese Verfahren betreffen Rechte, die kraft Verwaltungsakt erteilt worden sind und die deshalb nicht der Disposition der Beteiligten im Wege von Vereinbarungen unterliegen. Über diese Rechte ist deshalb durch richterliches Gestaltungsurteil, das nicht nur zwischen den Parteien, sondern gegenüber jedermann wirkt, zu entscheiden."[480]

Diese Begründung ist erstaunlich. Das im ersten zitierten Satz angeführte Begründungselement, es seien mit den Nichtigkeitssenaten des BPatG spezialgesetzliche Spruchkörper ermächtigt, was einen Ausschluss anderer (auch Schieds-) Gerichte bedeute, kann nicht überzeugen.[481] Zu verschiedenen anderen

---

480 BT-Drs. 13/5274. S. 35.

481 So ähnlich *Schumacher*, NZG 2016, 969, 973 f.; vgl. auch *Saenger*, in: Saenger, ZPO, § 1030 Rn. 3; *Schlosser*, in: Stein/Jonas, ZPO, § 1030 Rn. 3; *Schwab/Walter*, Schiedsgerichtsbarkeit, Kap. 4 Rn. 11; *Kaneko*, EU-Einheitspatent, S. 164 ff.; s. auch *Kornmeier*, Vergleichsbefugnis und Schiedsfähigkeit, S. 21 ff.; a.A.: BT-Drs. 13/5274 S. 35; vgl. auch *Voit*, in: Musielak/Voit, ZPO, § 1030 Rn. 3 und Fn. 28 m.w.N.

gesetzlichen Regelungen ist anerkannt, dass eine spezialgesetzliche Zuständigkeit der Schiedsfähigkeit der betreffenden Streitigkeiten ebenfalls nicht entgegensteht.[482] Es kann einer ausschließlichen gerichtlichen Spezialzuständigkeit nicht ohne Weiteres der gesetzgeberische Wille entnommen werden, dass damit die Schiedsgerichtsbarkeit ausgeschlossen sein soll; denn spezialgerichtliche Zuständigkeitsvorschriften treffen Regelungen allein innerhalb der staatlichen Gerichtsbarkeit und haben für sich genommen keinen Regelungsgehalt im Hinblick auf entsprechende Möglichkeiten außergerichtlicher Streitbeilegung.[483] Vor diesem Hintergrund kann die knappe Begründung einer Schiedsunfähigkeit der Patentnichtigkeitsklage allein mit der Zuständigkeit der Nichtigkeitssenate des BPatG nicht überzeugen. *Schlosser*[484] hat in diesem Zusammenhang darauf hingewiesen, dass die Expertenkommission zunächst noch von einer Schiedsfähigkeit der Patentnichtigkeitsklage ausgegangen war, dies dann aber bei unverändertem Normtext nach der Gesetzesbegründung nicht mehr gelten sollte.

2. Exkurs: Rechtliche Qualifikation von Gesetzesbegründungen

Da die Regierungsbegründung zum SchiedsVfG zu der hier untersuchten und umstrittenen Frage der Schiedsfähigkeit in sehr klarer Weise ablehnend Stellung bezieht und diese Positionierung in der Literatur an diversen Stellen als Argument gegen die Schiedsfähigkeit der Patentnichtigkeitsklage herangezogen wird, stellt sich die Frage nach der rechtlichen Qualität von Gesetzesbegründungen.

Zunächst liegt die maßgebliche Funktion von amtlichen Gesetzesbegründungen darin, zu einem besseren Verständnis des Gesetzes beizutragen.[485] Allerdings sollen hierbei die systematische und teleologische Auslegung der fraglichen Norm gegenüber der historischen Auslegung – und hierunter fällt die Betrachtung der amtlichen Begründung – Vorrang haben.[486] Hierneben tritt die

---

482 S. hierzu Nachweise in Fn. 164.

483 Hierzu überzeugend *Schumacher*, NZG 2016, 969, 973 f.; s. auch *Kornmeier*, Vergleichsbefugnis und Schiedsfähigkeit, S. 21 ff.; *Barber*, Objektive Schiedsfähigkeit, S. 143 f.; *Bork*, ZZP 100 (1987), 249, 259 f.; *Henze*, ZGR 1988, 542, 550; *K. Schmidt*, ZGR 1988, 523, 526; *Schwab/Walter*, Schiedsgerichtsbarkeit, § 4 Rn. 11; *Wolf/Eslami*, in: BeckOK, ZPO, § 1030 Rn. 5; differenzierend hierzu *Schulze*, Grenzen der objektiven Schiedsfähigkeit, S. 216; a.A. noch *Schwab*, in: FS Henckel 1995, 803, 805.

484 *Schlosser*, in: Stein/Jonas, ZPO, § 1030 Rn. 6.

485 Vgl. *Skouris*, Die Begründung von Rechtsnormen, S. 126.

486 *Redeker/Karpenstein*, NJW 2001, 2825; kritisch zur Gesetzesbegründung im Hinblick auf die Patentnichtigkeitsklage *Baumann*, Patentstreitigkeiten, S. 188 ff.

Funktion, dass die Gesetzesbegründung herangezogen werden kann, um den Willen des historischen Gesetzgebers zu ergründen.[487] *Larenz/Canaris*[488] weisen darauf hin, dass diese Regelungsabsicht des Gesetzgebers für den Richter verbindliche Richtschnur bleibt.

Weitgehende Einigkeit besteht allerdings dahingehend, dass eine Gesetzesbegründung bei der Ermittlung des gesetzgeberischen Willens keine Bindungswirkung gegenüber dem Rechtsanwender entfaltet.[489] Die Begründung soll lediglich einen unterstützenden Charakter bei der Auslegung des Gesetzestextes haben; *Auslegungsgegenstand* ist allein die Norm selbst.[490]

3. Schiedsunfähigkeit

Auf Basis der Ausführungen der Regierungsbegründung hatte sich eine, damals wohl herrschende, Meinung herausgebildet, wonach die Patentnichtigkeitsklage schiedsunfähig sein soll, wobei die jeweiligen Begründungen recht unterschiedlich ausfallen. Ob diese Ansicht heute noch herrschend ist, muss bezweifelt werden.

Münch[491] fasst die Patentnichtigkeitsklage in der Systematik seiner Kommentierung unter Absatz 3 von § 1030 ZPO, was bedeutet, dass er davon ausgeht, dass gesetzliche Vorschriften außerhalb des 10. Buchs der ZPO die Schiedsunfähigkeit der Patentnichtigkeitsklage begründen und es auf die Fragen, ob eine vermögensrechtliche oder vergleichsfähige Streitigkeit vorliegt (Absatz 1), gar nicht ankommt. Sodann lehnt er das Argument der Regierungsbegründung, die spezialgerichtliche Zuständigkeit gebiete die Schiedsunfähigkeit, ab. Als Grund für die Schiedsunfähigkeit führt er die öffentlich-rechtliche Natur dieser Streitigkeiten an.

---

487 Dies tat bereits das BVerfG in seinem Beschl. v. 7.5.1953 - 1 BvL 107/52 - BVerGE 2, 266, 276; vgl. auch *Skouris*, Die Begründung von Rechtsnormen, S. 127.

488 *Larenz/Canaris*, Methodenlehre, S. 328.

489 *Huber*, AcP 202 (2002), 179, 231 f.; *Larenz/Canaris*, Methodenlehre, S. 328 f. gehen davon aus, dass die Gesetzesmaterialien wertvolle aber nicht verbindliche Hilfsmittel seien, von denen nicht selten abzuweichen sei; kritisch *Thiessen*, in: Fleischer, Mysterium „Gesetzesmaterialien“, S. 74, der im Falle des Abweichens von dem aus den Materialien hervortretenden Willen des Gesetzgebers eine Begründungspflicht des Rechtsanwenders annimmt; *Beuthien*, NJW 1999, 3585, 3586 geht davon aus, dass eine Bindung der Begründung nur insoweit besteht, wie sie überzeugt.

490 *Larenz/Canaris*, Methodenlehre, S. 328 f.

491 *Münch*, in: MünchKomm, ZPO, § 1030 Rn. 33 mit Verweis auf Rn. 15.

Ebenfalls unter § 1030 Abs. 3 ZPO fallend erachtet *Anders*[492] die Patentnichtigkeitsklage. Die von § 1030 Abs. 3 ZPO geforderte gesetzliche Verbotsnorm soll hierbei § 81 Abs. 4 S. 1 PatG sein, der die ausschließliche Zuständigkeit des BPatG für Patentnichtigkeitsklagen bestimmt.

Ferner schließen sich auch einige der Ansicht an, die Patentnichtigkeitsklage sei schiedsunfähig,[493] ohne dies mit Argumenten zu begründen, die substantiell über die Gesetzesbegründung hinausgehen.[494]

4. Schiedsfähigkeit

Nach anderer, mittlerweile recht weit verbreiteter, Ansicht, soll die Patentnichtigkeitsklage schiedsfähig sein. Auch hier wurden verschiedene Argumente zu Begründung der Schiedsfähigkeit herangezogen und verschiedene dogmatische Einordnungen vorgenommen.

Bereits 1988 bejahte *Schlosser*[495] auf Basis des alten Schiedsrechts die Schiedsfähigkeit der Patentnichtigkeitsklage. *Schwab*[496] war während des Gesetzgebungsprozesses der Ansicht, der damals bereits entworfene aber noch nicht in Kraft getretene § 1030 ZPO müsse die Schiedsfähigkeit der Patentnichtigkeitsklage zur Folge haben.

Heute vertreten zahlreiche Autoren die Auffassung, die Patentnichtigkeitsklage sei schiedsfähig, allerdings vielfach mit verschiedenen Einschränkungen.[497]

---

492 *Anders*, in: Baumbach/Lauterbach/Hartmann/Anders/Gehle, ZPO, § 1030 Rn. 12.

493 *Böcker*, Objektive Schiedsfähigkeit, S. 91 ff. bereits zum Regierungsentwurf des SchiedsVfG.

494 *Seiler*, in: Thomas/Putzo, ZPO, § 1030 Rn. 6; wohl auch *Voit*, in: Voit/Musielak, ZPO, § 1030 Rn. 3; unklar die Kommentierung von *Prütting*, in: Prütting/Gehrlein, ZPO, § 1030 Rn. 3, der Patentstreitigkeiten allgemein für schiedsfähig erachtet, sich aber nicht explizit zur Nichtigkeitsklage äußert. *Pfaff*, in: FS Nagel 1987, 278 ff. hielt die Patentnichtigkeitsklage damals für nicht schiedsfähig, bejahte allerdings die Schiedsfähigkeit de lege ferenda.

495 *Schlosser*, in: FS Fasching 1988, 405, 432.

496 *Schwab*, in: FS Henckel 1995, 803, 812.

497 *Geimer*, in: Zöller, ZPO § 1030 Rn. 14 f. und *Saenger*, in: Saenger, ZPO, § 1030 Rn. 3 mit der Einschränkung, das Schiedsgericht könne nur zur Beantragung der Löschung verurteilen; *Frost*, Schiedsgerichtsbarkeit, S. 57 ff. mit der Einschränkung, dass bei Drittbelastung des Patents der Schiedsspruch nur zwischen den Parteien wirken könne; *Holzner*, Die objektive Schiedsfähigkeit, S. 95 geht davon aus, dass bei der Patentnichtigkeitsklage von einem vermögensrechtlichen Anspruch, und damit der Schiedsfähigkeit nach § 1030 Abs. 1 ZPO, auszugehen sei; *Schwab/Walter*, Schiedsgerichtsbarkeit, § 4 Rn. 11; *Kaneko*, EU-Einheitspatent, S. 140 ff. bejaht ebenfalls die

5. Zwischenergebnis

Die Frage der objektiven Schiedsfähigkeit der Patentnichtigkeitsklage nach deutschem Recht ist nach wie vor umstritten. Nachdem lange die Schiedsunfähigkeit als herrschende Ansicht galt, kann angesichts der sich mehrenden Stimmen, die eine Schiedsfähigkeit befürworten, davon ausgegangen werden, dass dies mittlerweile wohl die herrschende Ansicht sein dürfte.

II. Das Recht in der Schweiz und den USA

In der Schweiz und in den USA wird die Schiedsfähigkeit der Patentnichtigkeitsklage jeweils bejaht, allerdings mit unterschiedlichen dogmatischen Konstruktionen und mit unterschiedlichen Wirkungsweisen. Das schweizerische Recht und das Recht der USA zur Schiedsfähigkeit der Patentnichtigkeitsklage sollen im Folgenden skizziert werden. Im Fortgang der Arbeit wird dann untersucht, inwieweit sich die Argumente für die Schiedsfähigkeit der Patentnichtigkeitsklage im Rahmen der Auslegung und Anwendung von § 1030 ZPO fruchtbar machen lassen bzw. als Vorbild dienen können.

1. Schweiz

Die Schweiz gilt gemeinhin als liberal und schiedsfreundlich. Somit überrascht es nicht, dass auch der Begriff der Schiedsfähigkeit in der Schweiz weit ausgelegt wird. Im Hinblick auf die Patentnichtigkeitsklage ergibt sich allerdings eine dogmatische Besonderheit: So ist die (gerichtliche) Patentnichtigkeitsklage, anders als im deutschen Recht, keine Gestaltungsklage, sondern eine (negative) Feststellungsklage.[498]

Schiedsfähigkeit der Patentnichtigkeitsklage; *Baumann*, Patentstreitigkeiten, S. 236 ff. bejaht eine Erga-omnes-Wirkung des Schiedspruchs; *Schulze*, Grenzen der objektiven Schiedsfähigkeit, S. 218 f. mit der Einschränkung, das Schiedsgericht könne nur zur Abgabe einer Verzichtserklärung verurteilen und nicht rechtsgestaltend die Nichtigkeit erklären; *Wolf/Eslami*, in: BeckOK, ZPO, § 1030 Rn. 5 halten hingegen nur die Verurteilung durch das Schiedsgericht zur Beantragung der Löschung für möglich.

498 Vgl. Schweizerisches Bundesgericht, Urt. v. 17.6.1998 - GRUR Int 2000, 276; *Mes*, PatG/GebrMG, § 84 PatG, Rn. 8; zu einer Einordnung der Schiedsfähigkeit von Patentstreitigkeiten in der Schweiz s. auch *Kaneko*, EU-Einheitspatent, S. 217 ff.

a) *Art. 177 Abs. 1 IPRG*

Die maßgebliche Norm zur Bestimmung der Reichweite der objektiven Schiedsfähigkeit im Rahmen von internationalen Schiedsverfahren nach dem Recht der Schweiz ist Art. 177 Abs. 1 IPRG.[499] Dieser lautet:

> „Gegenstand eines Schiedsverfahrens kann jeder vermögensrechtliche Anspruch sein."

Mit dieser offen formulierten Regelung hat der Schweizer Gesetzgeber die Intention verfolgt, den Zugang zu internationalen Schiedsverfahren umfassend zu gewährleisten.[500] Demnach soll ein vermögensrechtlicher Anspruch bereits gegeben sein, wenn der Anspruch für wenigstens eine Partei einen finanziellen Wert hat.[501] Damit hat sich das Recht in der Schweiz von dem zuvor insbesondere im Hinblick auf nationale Schiedsverfahren maßgeblichen Kriterium der Verfügbarkeit des Anspruchs, das in Art. 5 des Schweizer Konkordats verankert war und jetzt in Art. 354 CH-ZPO[502] verankert ist, gelöst; maßgeblich ist nach § 177 Abs. 1 IPRG allein, ob der Anspruch eine vermögensrechtliche Komponente hat.[503]

Die Patentnichtigkeitsklage war nach herrschender Ansicht unmittelbar unter § 177 Abs. 1 IPRG zu subsumieren, da stets ein vermögensrechtlicher Anspruch

---

499 Vgl. hierzu auch *Baumann*, Patentstreitigkeiten, S. 123 ff.

500 Vgl. *Berger/Kellerhals*, Arbitration in Switzerland, § 4 Rn. 207 ff.; *Girsberger/Voser*, International Arbitration in Switzerland, Chapter 2, Rn. 320.

501 *Walter/Bosch/Brönnimann*, Internationale Schiedsgerichtsbarkeit in der Schweiz, S. 58 f.

502 Allerdings hat das Schweizer Bundesgericht die ausschließliche Zuständigkeit für Patentnichtigkeitsklagen früh relativiert, BGE 71 III 192 E. 2; vgl. hierzu auch *Picht*, GRUR Int 2018, 1, 5. Damit war das Merkmal der „Verfügbarkeit des Anspruchs" auch bei nationalen Schiedsverfahren kein zwingendes Kriterium.

503 Dieser Aspekt ist im Hinblick auf die Beurteilung der Schiedsfähigkeit der Patentnichtigkeitsklage von besonderem Interesse. Denn die Lehre von der Verfügbarkeit des Anspruchs entschied sich unter anderem an der Frage, ob für eine Art von Ansprüchen ein ausschließlicher Gerichtsstand (wie in Deutschland das BPatG für Patentnichtigkeitsklagen) vorgesehen ist. Wenn also die Parteien nicht zwischen verschiedenen staatlichen Gerichten wählen konnten, so sollten sie den Anspruch auch nicht einem Schiedsverfahren unterstellen können, vgl. *Walter/Bosch/Brönnimann*, Internationale Schiedsgerichtsbarkeit in der Schweiz, S. 60 f. Dieses Verständnis hat jedenfalls infolge der Regelung des § 177 IPRG keine Bedeutung mehr, vgl. *Berger/Kellerhals*, Arbitration in Switzerland, § 4 Rn. 217.

betroffen sein soll. Damit sollte die Patentnichtigkeitsklage bereits allein auf dieser Basis schiedsfähig sein.[504]

b) *Stellungnahme des Schweizer Marken- und Patentamts*

In einer Stellungnahme hat das Bundesamt für Geistiges Eigentum am 15.12.1975[505] zudem klargestellt, dass Streitigkeiten über die Nichtigkeit eines Patents schiedsfähig sind. Damit waren auch letzte Unsicherheiten über diese Rechtsfrage beseitigt.

c) *Wirkungsweise*

Nach dem Recht der Schweiz kann der Schiedsspruch grundsätzlich auch gegenüber Dritten wirken. Es liegt im Ermessen der Parteien, ob sie dem Schiedsgericht die Rechtsmacht einer Entscheidung mit Erga-omnes-Wirkung zubilligen oder nicht.[506] Jedenfalls tritt die Erga-omnes-Wirkung im Falle eines schiedsgerichtlichen Nichtigkeitsspruchs jedoch erst mit der Eintragung im vom Eidgenössischen Institut für geistiges Eigentum geführten Patentregister ein.[507]

2. USA

Auch das Recht der USA zur Schiedsfähigkeit der Patentnichtigkeitsklage soll als Referenz für weitere Untersuchungen dargelegt werden, da sich dort zwar wie in der Schweiz die Ansicht durchgesetzt hat, Patentnichtigkeitsstreitigkeiten seien schiedsfähig, die Rechtslage aber dennoch von der derjenigen in der Schweiz abweicht.

Nachdem die Schiedsfähigkeit (*Arbitrability*) in den USA lange eher restriktiv gehandhabt wurde, gab es über die letzten Jahrzehnte eine Entwicklung hin zu schiedsfreundlicherer Rechtsprechung und Gesetzgebung.

---

504 *Girsberger/Voser*, International Arbitration in Switzerland, Chapter 2, Rn. 327; *Lionnet*, Schiedsgerichtsbarkeit, S. 41.

505 Stellungnahme des Bundesamtes für Geistiges Eigentum vom 15.12.1975, PMMBl 1976 I 9 f.; vgl. hierzu auch *Picht*, GRUR Int 2018, 1, 5.

506 *Picht*, GRUR Int 2018, 1, 5.

507 Vgl. *Picht*, GRUR Int 2018, 1, 5 m.w.N.; dies hängt mit der dogmatischen Besonderheit zusammen, dass das Patentnichtigkeitsurteil in der Schweiz, anders als in Deutschland, kein Gestaltungs- sondern ein Feststellungsurteil ist. Die Rechtswirkung tritt mit Eintragung im Register ein, vgl. Schweizerisches Bundesgericht, Urt. v. 17.6.1998 - GRUR Int 2000, 276; *Mes*, PatG/GebrMG, § 84 PatG, Rn. 8 zu den Unterschieden zum deutschen Recht.

a) *Mitsubishi v. Soler*

Die größte Bedeutung in der US-Rechtsprechung hatte in diesem Zusammenhang wohl der bekannte Fall Mitsubishi v. Soler[508]. In dieser Entscheidung wurde die objektive Schiedsfähigkeit von Kartellstreitigkeiten bejaht. Die Mitsubishi-Entscheidung wurde aufgrund der Auseinandersetzung mit der Frage der Geeignetheit der Schiedsgerichtsbarkeit im Falle von Auslandsbezügen des Rechtstreits über die Grenzen von Kartellstreitigkeiten hinaus, und insbesondere für die Schiedsfähigkeit von Streitigkeiten über Rechte des geistigen Eigentums und damit auch über Patente, als maßgebliche Entscheidung angesehen.[509]

b) *35 USC § 294 (Patent Act) – Inter-partes-Wirkung*

35 USC § 294 (a) bejaht nunmehr explizit die Schiedsfähigkeit von Patentnichtigkeits- und -verletzungsklagen. Damit ist die zuvor aufgrund der Rechtsprechung des US Supreme Court anerkannte Schiedsfähigkeit von Patentnichtigkeits- und -verletzungsklagen kodifiziert. Auch die vormals auf Basis der Rechtsprechung angenommene Einschränkung für Streitigkeiten ohne Auslandsbezug ist damit entfallen.[510]

Gemäß 35 USC § 294 (c) bindet der Schiedsspruch allerdings – und damit in Abweichung von dem in der Schweiz geltenden Recht – allein die Parteien der Schiedsvereinbarung und schließt eine Erstreckung der Wirkungen des Schiedsspruchs auf Dritte aus. Zugleich trifft 35 USC § 294 (c) Regelungen, wonach Gerichte unter gewissen Voraussetzungen die Entscheidung ergänzen können. Damit etabliert 35 USC § 294 (c) eine Inter-partes-Wirkung des Schiedsspruchs über die Frage der Wirksamkeit eines Patents.[511]

3. Zwischenergebnis

Es wurden mit dem Recht der Schweiz und dem Recht der USA zu der Frage der objektiven Schiedsfähigkeit der Patentnichtigkeitsklage zwei Rechtsordnungen

---

508 Mitsubishi Motors Corp. v. Soler Chrysler-Plymouth, Inc. 473 U.S. 614 (1985); vgl. hierzu auch *Frost*, Schiedsgerichtsbarkeit, S. 136 f.; s. zudem Kap. D. V. 1. b) bb).

509 Vgl. *Frost*, Schiedsgerichtsbarkeit, S. 135.

510 Vgl. hierzu *Frost*, Schiedsgerichtsbarkeit, S. 144 ff.

511 Vgl. *Barber*, Objektive Schiedsfähigkeit, S. 75; vgl. auch *Frost*, Schiedsgerichtsbarkeit, S. 146 ff. mit einer Diskussion, ob eine sich auf Dritte erstreckende Wirkung des Schiedsspruchs dennoch denkbar ist.

aufgezeigt, die die Schiedsfähigkeit der Patentnichtigkeitsklage bejahen, allerdings mit unterschiedlichen Rechtswirkungen des Schiedsspruchs.

III. Spezifika des Patents und der Patentnichtigkeitsklage

In diesem Abschnitt werden die Spezifika des Patents als Recht, über welches eine Nichtigkeitsentscheidung ergehen soll, und der Patentnichtigkeitsklage in ihren Ausprägungen und Besonderheiten in den Blick genommen, um zu untersuchen, ob diese der Schiedsfähigkeit der Patentnichtigkeitsklage im Wege stehen.

1. Das Patent

Zunächst wird untersucht, ob die rechtliche Beschaffenheit und die Besonderheiten des Patents der Schiedsfähigkeit der Patentnichtigkeitsklage entgegenstehen.

a) Ausgangspunkt: Das Patent als Eigentumsrecht

Patente bzw. der Patentschutz gelten generell als eigentumsgleiche Rechtsposition bzw. als unter den grundrechtlichen Eigentumsschutz von Art. 14 GG fallend.[512] Gleichwohl fällt das Patent nicht unter das Eigentumsverständnis von § 903 S. 1 BGB, da der dieser Norm zugrunde liegende rein privatrechtliche Eigentumsbegriff aufgrund seiner römisch-rechtlichen Prägung nur Eigentum an Sachen, also körperlichen Gegenständen, kennt.[513] Zwei Aspekte sind hierbei voneinander zu differenzieren. Einerseits fällt das Patent als eigentumsgleiche Rechtsposition unter den Schutz von Art. 14 GG. Andererseits ist das Patent jedoch ein Recht, das einige Besonderheiten aufweist, wodurch es sich von dem Eigentum an einem körperlichen Gegenstand unterscheidet.[514] Deshalb sollen hier die Merkmale des grundgesetzlichen Schutzes von Patenten, insbesondere

---

512 BVerfGE 36, 281, 290; *Godt*, Eigentum an Information, S. 505; *Bacher*, in: Benkard, PatG, § 1 Rn. 2c; *Schmidt*, in ErfK, GG, Art. 14 Rn. 4 („geistiges Eigentum"); *Jarass*, in: Jarass/Pieroth, GG, Art. 14 Rn. 8; *Wendt*, in: Sachs, GG, Art. 14 Rn. 24; *Papier/Shirvani*, in: Maunz/Dürig, GG, Art. 14 Rn. 319, allerdings mit dem Hinweis, dass Patente in besonderer Weise geeignet sind, Spannungen zwischen Privatnützigkeit und Sozialpflichtigkeit auszulösen.

513 *Ann*, GRUR Int 2004, 696, 697; *Ohly*, JZ 2003, 545, 547; *McGuire/von Zumbusch/Joachim*, GRUR Int 2006, 682, 683; *Fritzsche*, in: BeckOK, BGB, § 903 Rn. 10.

514 Hier sind beispielsweise die Entstehung des Patents durch hoheitlichen Akt sowie die zeitliche Begrenzung der Wirksamkeit zu nennen.

soweit eine Vergleichbarkeit mit dem „klassischen" Eigentum besteht, skizziert werden.

aa) Inhalt und Reichweite von Eigentumsrechten

Das Recht auf Eigentum ist historisch eng verknüpft mit den Ideen der Aufklärung und der Rechtsstaatlichkeit.[515] Es ist einerseits das Recht, dass jedes Individuum sich sicher sein kann, welche Dinge ihm/ihr gehören bzw. zugeordnet sind und andererseits das Recht, diese ihm/ihr gehörenden bzw. zugeordneten Dinge sodann gegen den Zugriff und die Nutzung oder Ausnutzung Dritter in rechtlich anerkannter Weise zu schützen.[516] Dieses Recht ist die Grundlage jeder liberalen politischen Ordnung.[517] Nach *Hegels* liberaler Freiheitsthese hat jedes Individuum ein natürliches Recht, sich Dinge anzueignen, und ist dadurch in der Lage, seine individuelle Freiheit zu erweitern.[518] *Friedmann* beschreibt, dass sich die Vorstellungen und Ausprägungen von Eigentumsrechten über Jahrhunderte aus sozialer Interaktion entwickelt haben und die Kodifizierung dieser Traditionen stets eine Herausforderung für den Gesetzgeber darstelle.[519]

Die Eigentumsfreiheit aus Art. 14 Abs. 1 S. 1 GG ist ein normgeprägtes Grundrecht. Das beinhaltet die dogmatische Besonderheit, dass der grundgesetzlich geschützte Gegenstand des Eigentums einfachgesetzlich normativ geschaffen und ausgestaltet wird.[520] Im Rahmen dieser Ausgestaltung obliegt es dem Gesetzgeber gemäß Art. 14 Abs. 1 S. 2 GG den Inhalt und die Wirkkraft von Eigentumspositionen zu definieren aber auch die Schranken zu setzen. Hierbei ist der Gesetzgeber der Einhaltung der Institutsgarantie des Privateigentums verpflichtet;[521] dies bedeutet, dass er Regelungen zur Verfügung stellen muss, welche die Existenz, die Funktionsfähigkeit sowie die Privatnützigkeit des

515 *Axer*, in: BeckOK, GG, Art. 14 Rn. 4.

516 Vgl. *Fried*, Contract as Promise, S. 7; *Unberath*, in: FS Hruschka 2005, 719, 721 hierzu treffend: „Das angeborene Mein und Dein ist das, was den individuellen Menschen ausmacht."

517 *Fried*, Contract as Promise, S. 7 nennt dies „a first principle of liberal political morality"; s. hierzu auch *Friedmann*, Capitalism and Freedom, S. 26 ff.

518 *Mohseni*, in: Siep, Hegel: Grundlinien der Philosophie, S. 61 ff.; s. hierzu auch *Peifer*, Individualität im Zivilrecht, S. 286.

519 *Friedmann*, Capitalism and Freedom, S. 26 ff., gedanklich freilich eher im angelsächsischen Common Law verhaftet.

520 *Axer*, in: BeckOK, GG, Art. 14 Rn. 7; vgl. auch *Köhler*, Recht und Gerechtigkeit, S. 374 ff.

521 Vgl. *Köhler*, Recht und Gerechtigkeit, S. 374 ff.

Eigentums gewährleisten und zudem verfahrensrechtliche Sicherungen dieser Funktionen bieten.[522]

Nach dem Verständnis von Eigentum, das insbesondere das Bundesverfassungsgericht herausgebildet hat, beinhaltet das Eigentum eine Reihe von Wirkungsweisen, die dem Rechteinhaber zugutekommen. *Kirchhof*[523] erkennt hierbei acht Funktionen des Eigentums, die die Freiheit des Eigentümers abstecken: Die Antriebsfunktion, die Erhaltungsfunktion, die Friedensfunktion, die Verteilungsfunktion, die Sozialfunktion, die Ausschlussfunktion, die Vorsorgefunktion und die Verstetigung wirtschaftlicher Organismen. Im Hinblick auf Patente ist vor allem die Verteilungsfunktion von Bedeutung. Hiernach soll gerade die individuelle Nutzungs- und Verfügungsberechtigung sicherstellen, dass der Eigentümer seinen Bedarf an Gütern bzw. Rechten selbst einschätzen und demgemäß seine Güter und Rechte entweder nutzen oder tauschen kann.[524] Erst diese Handlungsalternativen führen dazu, dass die Güter in einer Volkswirtschaft effizient verteilt werden.[525] Bei Patenten ist diese Nutzungs- und Verfügungsberechtigung von besonderer Bedeutung. Gerade die Möglichkeit, ein Patent selbst nutzen zu können oder die Nutzungsmöglichkeit per Lizenz einem anderen zu übertragen, machen den Wert des Patents aus. Auch ist die Frage, ob die Patentnichtigkeitsklage schiedsfähig ist, mit dieser Nutzungs- und Verfügungsberechtigung verknüpft. Denn wenn die Patentnichtigkeitsklage nicht als schiedsfähig zu erachten sein sollte, so kann der Inhaber eines Patents eine Streitigkeit über dessen Wirksamkeit nicht wirksam einer Schiedsvereinbarung unterstellen, bzw. wäre ein hieraus resultierender Schiedsspruch nicht vollsteckbar.[526] Somit wäre die Schiedsunfähigkeit als eine Einschränkung der die Verteilungsfunktion des Eigentums sicherstellenden Nutzungs- und Verfügungsberechtigung zu betrachten.

---

522 BVerfG, Beschl. v. 7.7.1971 - 1 BvR 765/66 - NJW 1971, 2163; *Papier/Shirvani*, in: Maunz/Dürig, GG, Art. 14 Rn. 11.

523 *Kirchhof*, in: Eigentum, Bd. 2, Depenheuer, S. 19, 22 ff.

524 *Kirchhof*, in: Eigentum, Bd. 2, Depenheuer, S. 19, 23.

525 *Adam Smith*, The Wealth of Nations, viertes Buch Kapitel 2, hat mit einer ähnlichen Überlegung gezeigt, wie privatwirtschaftliche Einzelaktivitäten durch die sogenannte unsichtbare Hand zu gesamtwirtschaftlich effizienter Ressourcenallokation führen.

526 Zu der dogmatischen Einordung von Schiedsunfähigkeit s. Kap. C. IV. 1.

bb) Die Disponibilität von Eigentum und dessen Grenzen

Der Grundsatz der Dispositionsfreiheit über Eigentum entstammt der grundgesetzgeberischen Wertentscheidung, dass das Privateigentum dem Merkmal der Privatnützigkeit genügen muss. Hieraus wiederum leitet sich ab, dass der Träger des Grundrechts Eigentum einen Freiheitsraum haben soll, der ihm im vermögensrechtlichen Bereich eine eigenverantwortliche Gestaltung des Lebens ermöglicht.[527] Die Grenzen der grundrechtlichen Dispositionsfreiheit liegen in der Gemeinwohlbindung des Eigentums, die in § 14 Abs. 2 S. 2 GG normiert ist. Diese Grenzen werden durch Schrankenbestimmungen erreicht, wobei eine Schrankenbestimmung bei der Abwägung zwischen Privatnützigkeit und Gemeinwohlbindung stets der Verhältnismäßigkeit genügen muss.[528]

cc) Einordnung und Zwischenergebnis

Die Frage, ob die Patentnichtigkeitsklage schiedsfähig ist, betrifft sicherlich nicht die Institutsgarantie des Art. 14 Abs. 1 GG. Denn die hinsichtlich des Patents als eigentumsgleiches Recht zu garantierenden Funktionen sind auch bei einer hypothetischen Entscheidung des Gesetzgebers, die Patentnichtigkeitsklage für nicht schiedsfähig zu erachten, hinreichend gegeben. Die zu gewährleistenden Merkmale von Existenz, Funktionsfähigkeit sowie Privatnützigkeit des Patents sind jedenfalls nicht in ihrem Kernbestand betroffen.

Gleichwohl würde die Schiedsunfähigkeit der Patentnichtigkeitsklage eine Einschränkung der Nutzungs- und Verfügungsberechtigung an einem Patent und damit eine Verkürzung der eigentumsrechtlichen Verteilungsfunktion des Eigentums bedeuten.

Die Schiedsunfähigkeit wäre in der grundgesetzlichen Dogmatik als eine Schrankenbestimmung i.S.v. Art. 14 Abs. 2 S. 2 GG zu verstehen. Dass eine solche Schrankenbestimmung der Verhältnismäßigkeit einer Abwägungsentscheidung zwischen Privatnützigkeit und Gemeinwohlbindung genügen würde, wäre kaum anzuzweifeln und soll hier deshalb nicht weiter vertieft werden. Denn aufgrund der Einschätzungsprärogative des Gesetzgebers wäre eine hypothetische vom Gesetzgeber gesetzte Regelung der Schiedsunfähigkeit der Patentnichtigkeitsklage in verfassungsrechtlicher Hinsicht wohl unbedenklich.

---

527 BVerfG, Urt. v. 18.12.1968 - 1 BvR 638, 673/64 - NJW 1969, 309.

528 *Schmidt*, in ErfK, GG, Art. 14 Rn. 11.

b) Das Patent als Verwaltungsakt

Neben seiner Eigenschaft als eigentumsgleiches Recht weist das Patent auch Merkmale eines Verwaltungsakts auf.[529] Unstreitig ist die Erteilung eines Patents durch das Deutsche Patent- und Markenamt als Verwaltungsakt nach § 35 S. 1 VwVfG zu qualifizieren.[530] Allerdings weist das Patent, nachdem es erteilt wurde, auch eine Reihe von Unterschieden zum Verwaltungsakt auf. *Godt*[531] erkennt derer drei: Erstens wirkt das Patent als absolutes, eigentumsgleiches Recht gegenüber jedermann, wohingegen ein Verwaltungsakt lediglich Rechte zwischen Staat und Bürger begründet und Dritten gegenüber allein die sogenannte „Drittwirkung" zum Tragen kommt, die allerdings nur einschlägig ist, soweit die Normen, auf denen der Verwaltungsakt fußt, eine solche Wirkrichtung bezwecken. Zweitens schützt das Patent als Freiheitsrecht vor Beschränkungen durch Dritte und durch den Staat. Drittens wirkt das Patent, anders als der Verwaltungsakt, abstrakt.

Letztlich ist die Patenterteilung ein Verwaltungsakt, das Patent selbst als Recht hat jedoch seiner Struktur nach nur wenig mit dem Verwaltungsakt gemeinsam. Gleichwohl stellt sich die Frage, wie der Befund, dass das Patent durch Verwaltungsakt erteilt wird, bzgl. der Schiedsfähigkeit der Patentnichtigkeitsklage einzuordnen ist. Denn im Falle des Erfolgs wird durch die Patentnichtigkeitsklage ein Recht beseitigt[532], das zuvor durch hoheitlichen Verwaltungsakt begründet wurde. Mithin stellt sich die Frage, ob auch verwaltungsrechtliche Streitigkeiten schiedsfähig sind oder sein können, was im Folgenden als Exkurs untersucht wird.

c) Exkurs: Schiedsfähigkeit verwaltungsrechtlicher Streitigkeiten

Einerseits ist die Patenterteilung ein Verwaltungsakt. Andererseits weist die Patentnichtigkeitsklage einen gewissen verwaltungs(verfahrens)-rechtlichen Einschlag auf.[533] Daher soll hier die Schiedsfähigkeit von öffentlich-rechtlichen

---

529 *Godt*, Eigentum an Information, S. 505 spricht von dem Patent als Hybrid zwischen Verwaltungsakt und Eigentum.

530 BGH, Beschl. v. 2.3.1999 - X ZB 14 / 97 - GRUR 1999, 571, 572; *Bacher*, in Benkard, PatG, § 1 Rn. 2a; *Baumann*, Patentstreitigkeiten, S. 80 f. und 229; *Kaneko*, EU-Einheitspatent, S. 166 ff.; *König*, GRUR 1999, 809, 810 mit dem ergänzenden Hinweis, dass es sich wegen des Antragserfordernisses gemäß § 44 Abs. 1 PatG um einen *mitwirkungsbedürftigen* Verwaltungsakt handelt.

531 *Godt*, Eigentum an Information, S. 506.

532 Zur Gestaltungswirkung der Patentnichtigkeitsklage s. Kap. E. III. 2. g).

533 Vgl. Kap. E. III. 2. a).

Streitigkeiten untersucht werden. Öffentlich-rechtliche Schiedsverfahren haben in der jüngeren Vergangenheit insbesondere im Zuge der populärer gewordenen Public Private Partnerships (PPPs) an Bedeutung gewonnen.[534] Früher hat das BVerwG[535] vertreten, dass auch öffentlich-rechtliche Streitigkeiten schiedsfähig sind, wenn kumulativ folgende drei Voraussetzungen vorliegen: (i) die Streitigkeit kann von den Parteien durch Vergleich beigelegt werden, (ii) der Schiedsvertrag umfasst keine Hoheitsakte und (iii) keine speziellen landesrechtlichen Vorschriften versagen den Abschluss eines derartigen Schiedsvertrags. Nach dieser Formel wären die meisten „echten“ öffentlich-rechtlichen Streitigkeiten, also solche, bei denen über einen Hoheitsakt befunden werden soll, nicht schiedsfähig. Dieser Entscheidung des BVerwG ging ein Streit darüber voraus, ob nur „Parteistreitigkeiten“ oder auch „Anfechtungsstreitigkeiten“[536] durch ein Schiedsgericht entschieden werden können. Damals wurde herrschend angenommen, dass Schiedsgerichte nicht über „Anfechtungsstreitigkeiten“ bzw. Hoheitsakte entscheiden können.[537] Dem hat sich das BVerwG dann angeschlossen.

Heute ist hingegen allgemein anerkannt, dass auch öffentlich-rechtliche Streitigkeiten über einen Hoheitsakt schiedsfähig sind, da gemäß § 54 S. 2 VwVfG die Behörde, anstatt einen Verwaltungsakt zu erlassen, einen öffentlich-rechtlichen Vertrag mit demjenigen schließen kann, an den sie sonst den Verwaltungsakt richten würde.[538] Zudem setzt § 168 Abs. 1 Nr. 5 VwGO die Schiedsfähigkeit

---

534 Vgl. *Schill*, DÖV 2010, 1013.

535 BVerwG, Urt. v. 5.6.1959 - VII C 97/5 - NJW 1959, 1985, 1986; vgl. auch *Schill*, DÖV 2010, 1013, 1014 m.w.N.

536 Diese Begriffe gehen auf das Verwaltungsgerichtsgesetz zurück, betreffen aber im Kern die gleiche Frage wie vom BVerwG thematisiert, nämlich ob schiedsgerichtlich über einen Hoheitsakt entschieden werden kann, vgl. *Woltereck*, Die Erledigung, S. 101.

537 So *Woltereck*, Die Erledigung, S. 104 ff. m.w.N. wobei er sich auf S. 152 f. dafür ausspricht, dass Schiedsgerichte im Rahmen öffentlich-rechtlicher Verträge tätig werden können sollen. Zu dieser Zeit war der öffentlich-rechtliche Vertrag noch nicht kodifiziert, dies erfolgte erst am 25.5.1976; ebenso *Weidemann*, Schiedsgerichtsbarkeit, S. 108 ff. m.w.N. unter Berufung auf das öffentliche Interesse.

538 Ausgangspunkt war insoweit wohl die Schiedsgerichtsentscheidung v. 21.5.73 - DÖV 1973, 852; *Möller*, Echte Schiedsgerichtsbarkeit im Verwaltungsrecht, S. 143 ff.; *von Nicolai*, in: Redeker/von Oertzen, VwGO, § 40 Rn. 79; *Schlosser*, in: FS Bülow 1981, 189, 192; *Schill*, DÖV 2010, 1013, 1014; *Voit*, in: Musielak/Voit, ZPO, § 1030 Rn. 9; *Wolf/Eslami*, in: BeckOK, ZPO, § 1030 Rn. 6; *Geimer*, in: Zöller, ZPO, § 1030 Rn. 23; wohl auch *Schenke*, in: Kopp/Schenke, VwGO, § 40 Rn. 56; wohl auch *Loos*, Die Schiedsgerichtsbarkeit, S. 123 ff.; s. auch BT- Drucks. 13/5274 S. 35 mit dem Differenzierungsmerkmal ob ein öffentlich-rechtlicher Vertrag geschlossen werden

öffentlich-rechtlicher Streitigkeiten voraus, indem er Schiedssprüche, die öffentlich-rechtliche Streitigkeiten zum Gegenstand haben, für vollstreckbar erklärt.[539] Durch die Möglichkeit einen öffentlich-rechtlichen Vertrag zu schließen, ist die vom BVerwG schon nach früherer Ansicht geforderte Vergleichsfähigkeit des Streitgegenstandes, die auf § 1030 Abs. 1 S. 2 ZPO zurückgeht, erfüllt.

Hingegen vertritt *Ebbing*[540] in einer Untersuchung der objektiven Schiedsfähigkeit die Ansicht, es sollten nur wenige öffentlich-rechtliche Streitigkeiten, beispielsweise solche über Steuerschulden, schiedsfähig sein. Zur Abgrenzung zwischen schiedsfähigen und schiedsunfähigen Streitigkeiten zieht er folgende Kriterien heran: 1. Vergleichsfähigkeit; 2. Betroffenheit Dritter; 3. Öffentliches Regelungsinteresse; 4. Bestehen einer bestandskräftigen hoheitlichen Entscheidung; 5. Rechtsweg- und Zuständigkeitsregelungen; 6. Genehmigungspflicht. Seine Analyse soll hier nicht im Einzelnen einer Bewertung unterzogen werden; jedoch wurden insbesondere die Kriterien 2. und 3. im Rahmen der Untersuchung in dieser Arbeit von möglichen Ordre Public-Verstößen durch die Schiedsfähigkeit der Patentnichtigkeitsklage bereits beleuchtet.[541]

Es kann jedenfalls davon ausgegangen werden, dass generell verwaltungsrechtliche Streitigkeiten schiedsfähig sein können und dass die Qualifizierung der Patenterteilung als Verwaltungsakt einer Schiedsfähigkeit der Patentnichtigkeitsklage nicht zwingend entgegensteht.[542]

d) Überblick über die Entstehungsgeschichte des Patentschutzes

Zum besseren Verständnis der heutigen Ausprägungen und Merkmale des Patentes und Patentschutzes – und letztlich zur Beurteilung der Frage, ob eine Entscheidung über ein solches Recht von einem Schiedsgericht getroffen werden

---

könnte, obwohl zwei Absätze zuvor die Ablehnung der Schiedsfähigkeit der Patentnichtigkeitsklage u.a. auf das Argument gestützt wird, das Patent entstehe durch Verwaltungsakt; kritisch *Schlosser*, in: Stein/Jonas, ZPO, § 1030 Rn. 7, der (offenbar) auf § 1030 Abs. 1 S. 1 ZPO abstellend danach differenziert, ob der streitgegenständliche Verwaltungsakt einen vermögensrechtlichen Wert vermittelt, ohne hierbei auf § 1030 Abs. 1 S. 2 ZPO und die sonst diskutierte Vergleichsfähigkeit einzugehen; kritisch ferner *Stumpf*, Alternative Streitbeilegung, S. 116, unter Berufung auf das Zustimmungserfordernis von § 58 VwVfG.

539 *Ebbing*, Private Zivilgerichte, S. 202; *Schlosser*, in: FS Bülow 1981, 189, 190.

540 *Ebbing*, Private Zivilgerichte, S. 202 ff.

541 S. Kap. D. III. 3.

542 So im Ergebnis auch *Kaneko*, EU-Einheitspatent, S. 200.

kann – soll ein kurzer, schlaglichtartiger Überblick über die historische Entwicklung des Patentschutzes gegeben werden.

Die ersten Ansätze eines Schutzes technischer Erfindungen bzw. Neuerungen in Europa sind in dem Privilegienwesen des ausgehenden Mittelalters zu erblicken.[543] Hierbei wurden Unternehmern oder Erfindern unter bestimmten Umständen Einführungs- oder Erfindungsprivilegien zugebilligt.[544] Während es bei Einführungsprivilegien darum ging, eine bestimmte, an einem anderen Ort bereits bekannte Produktionstechnik oder –methode in einer Region anzuwenden, in der diese noch nicht gebräuchlich war, ging es bei Erfindungsprivilegien um den Schutz einer neuen, also soweit erkennbar bis dahin noch nicht entdeckten, Technik; da die Voraussetzung einer fehlenden Vorbenutzung jedoch auch bei dem Erfindungsprivileg nur für das Schutzterritorium gefordert wurde,[545] sind die Grenzen zwischen den beiden Instituten fließend. Seiner Struktur nach ist dennoch insbesondere das Erfindungsprivileg mit dem heutigen Patentschutz vergleichbar und kann als dessen erster Vorläufer betrachtet werden. Die Privilegien wurden vom jeweiligen Herrscher für in der Regel fünf bis zwanzig Jahre erteilt, ohne dass bei Vorliegen der geforderten Voraussetzungen ein Rechtsanspruch auf die Erteilung bestand.[546] Inhaltlich begründeten die Privilegien anfangs kein echtes Ausschlussrecht im Sinne des heutigen Patentschutzes sondern gewährten dem Erfinder gewisse Privilegien und Vergünstigungen gegenüber dem Herrscher; das Recht, Dritte in Anspruch nehmen oder von der Nutzung ausschließen zu können entwickelte sich erst mit der Zeit.[547]

Das erste Patentgesetz wurde 1474 vom Senat Venedigs erlassen wobei in der Folgezeit Erfindungen parallel zu den Regeln des Patentgesetzes weiterhin nach den etablierten Grundsätzen des Privilegiensystems gehandhabt wurden.[548]

Bis zur Gründung des deutschen Reiches gab es in Deutschland keinen einheitlichen Patentschutz sondern nur die teilweise noch fortgesetzte Anwendung des Privilegiensystems sowie teilweise die Anwendung des französischen Patentgesetzes.[549] Insgesamt war der Patentschutz in den verschiedenen deutschen Einzelstaaten sehr uneinheitlich und territorial auf den jeweiligen Einzelstaat

543 *Haedicke*, Patentrecht, 2. Kap. Rn. 1 ff.; *Ann*, in: Kraßer/Ann, PatR, § 4 Rn. 1; s. hierzu auch *Baumann*, Patentstreitigkeiten, S. 56 f.

544 Hierzu insgesamt: *Ann*, in: Kraßer/Ann, PatR, § 4 Rn. 5 ff.

545 *Ann*, in: Kraßer/Ann, PatR, § 4 Rn. 6.

546 *Haedicke*, Patentrecht, 2. Kap. Rn. 1; *Ann*, in: Kraßer/Ann, PatR, § 4 Rn. 14.

547 *Ann*, in: Kraßer/Ann, PatR, § 4 Rn. 10.

548 *Berkenfeld*, GRUR 1949, 139, 140 ff.

549 *Haedicke*, Patentrecht, 2. Kap. Rn. 5.

beschränkt, weshalb es für einen effektiven Schutz vor Nachahmung erforderlich war, eine Erfindung in einer Vielzahl von Staaten schützen zu lassen.[550] Aufgrund des damit verbundenen hohen Aufwandes und der dennoch verbleibenden Unsicherheit, hielten manche Erfinder ihre Neuerungen lieber geheim.[551] Mitte des 19. Jahrhunderts gab es eine intensive Diskussion darüber, ob man generell Patentschutz brauche.[552] Die Befürworter sahen den Patentschutz als entscheidenden Mechanismus an, um Investitionen in Forschung und Entwicklung lohnend erscheinen zu lassen. Die Gegner beriefen sich hingegen auf Adam Smith und wirtschaftsliberale Grundsätze, wonach ein Patent als Monopol generell unerwünscht und schädlich für den freien Handel sei.[553] Nachdem sich die Kritik am Patentschutz nicht durchsetzen konnte, wurde am 25. Mai 1877, auch auf internationalen Druck hin, das Reichspatentgesetz verabschiedet, wodurch es in Deutschland erstmals einen einheitlichen, kodifizierten und umfassenden Patentschutz gab.[554]

In der Folgezeit bis zum zweiten Weltkrieg gab es einige Reformen, von welchen die vom 5. Mai 1936 am bedeutsamsten war. In dieser Reform wurde unter anderem das Anmelderprinzip durch das bis heute geltende Erfinderprinzip ersetzt.[555] Hiernach gilt der Erfinder und nicht der Anmelder als aus der Erfindung materiell berechtigt.

Am 1. Oktober 1949 wurde dann das Deutsche Patentamt in München als Nachfolger des Reichspatentamts eröffnet. Nachdem das Patentamt zunächst auch Beschwerde- und Nichtigkeitssenate unterhielt, wurden diese in der weiteren Entwicklung auf das 1961 auf Basis des neu geschaffenen Art. 96 GG gegründete BPatG übertragen.[556] Ab diesem Zeitpunkt bestand der Patentschutz im Wesentlichen in der noch heute geltenden Form. Einige Reformen in den 1960er und 1970er Jahren waren der voranschreitenden Internationalisierung des Patentwesens geschuldet,[557] ohne dass hierdurch der Patentschutz strukturell wesentliche Änderungen erfahren hätte. Nach der Wiedervereinigung

---

550 Vgl. *Heggen*, GRUR 1977, 322.

551 *Heggen*, GRUR 1977, 322.

552 Zum Folgenden umfassend *Heggen*, GRUR 1977, 322, 325 ff.; s. auch *Haedicke*, Patentrecht, 2. Kap. Rn. 6 f.

553 Vgl. *Osterrieth*, PatR, Rn. 85 f.

554 *Haedicke*, Patentrecht, 2. Kap. Rn. 7.

555 Hierzu insgesamt: *Haedicke*, in: Haedicke/Timmann, PatR, § 1 Rn. 17 ff.; umfassend auch *Nicolai*, GRUR Int 1973, 169, 171.

556 *Krieger*, GRUR 1977, 343, 345; *Haedicke*, in: Haedicke/Timmann, PatR, § 1 Rn. 21.

557 Ausführlich *Ann*, in: Kraßer/Ann, PatR, § 6 Rn. 24 ff.

wurden die bereits erteilten Patente zunächst nur für das jeweilige Gebiet, für das sie erteilt worden waren, aufrechterhalten, bis die Wirkung dieser Patente durch das sogenannte Erstreckungsgesetz vom 23. April 1992[558] auf das gesamte Gebiet der Bundesrepublik erstreckt wurde.[559]

Das Bedürfnis, technische Neuerungen, die einer vorangegangenen Investition bedurften, gegen unbefugte Nutzung zu schützen, ist zutage getreten und als solches erkannt worden, sobald die wirtschaftlichen und sozialen Möglichkeiten einer weitgehend kostenfreien Nachahmung durch Dritte gegeben waren.[560] Insbesondere das Ergebnis des Konflikts der widerstreitenden Interessen zwischen den Vertretern eines schwachen (oder nicht existentem) Patentschutzes zur Verhinderung der Gewährung von Monopolen und mit dem Ziel der gesamtgesellschaftlichen Nutzbarmachung technischer Neuerungen einerseits und andererseits den Interessen der Erfinder und Ingenieure an einem Schutz ihrer Erfindungen, führte zu einem, von gewissen Ausnahmen abgesehen, umfassenden Patentschutz.

e) *Territorialität als prägendes Prinzip*

Ein Patent ist generell auf das Territorium des Staates begrenzt, der den jeweiligen Patentschutz gewährt, da auch der Patentschutz jeweils durch nationalen Erteilungsakt begründet wird.[561] Eine Patentverletzung kann also nur dann vorliegen, wenn die Verletzungshandlung in dem jeweiligen Staat, der den Patentschutz gewährleistet, begangen wird.[562] Zudem gilt bei einer Patentverletzung jeweils das Recht des Staates, in welchem die Patentverletzung begangen wurde. Selbst wenn eine einzige Handlung bzw. wirtschaftliche Betätigung ein Patent in mehreren Rechtsordnungen verletzt, so bedeutet dies, dass in jeder betroffenen Rechtsordnung eine eigenständige und nach dem jeweiligen Recht zu beurteilende Verletzung vorliegt.[563] Hinsichtlich der Frage der Schiedsfähigkeit ergibt sich hieraus, dass jeweils danach differenziert werden muss, an welchem Ort möglicherweise eine Patentverletzung vorliegt und unter welcher Rechtsordnung Patentschutz gewährt worden ist. Dies ist für den Patentinhaber

558 BGBl. I S. 938.

559 *Haedicke*, in: Haedicke/Timmann, PatR, § 1 Rn. 24.

560 So ähnlich auch *Ann*, in: Kraßer/Ann, PatR, § 4 Rn. 1.

561 So bereits RG, Urt. v. 2.5.1902 – II. 45/02 – RGZ 51, 263, 266 f. allerdings in Abgrenzung zum Warenzeichenrecht; s. auch *Beier*, GRUR Int 1996, 1.

562 Vgl. *Haupt*, GRUR 2007, 187, 188; *Osterrieth*, PatR, Rn. 126 ff.

563 RGZ 84, 370, 376; *Scharen*, in: Benkard, PatG, § 9 Rn. 8.

regelmäßig ein misslicher Umstand, da der Gegenstand eines Patents typischerweise nicht nur innerhalb eines bestimmten staatlichen Territoriums unbefugt genutzt werden kann.

Eine gewisse Abhilfe bietet insoweit das Europäische Patentübereinkommen[564]. Hiernach kann ein Europäisches Patent angemeldet werden. Gemäß Art. 3 EPÜ kann ein solches Patent für einen oder mehrere Vertragsstaaten beantragt werden. Gleichzeitig macht Art. 3 EPÜ deutlich, dass es sich nicht um ein einheitliches Patent handelt, sondern dass das europäische Patent als „Bündelpatent" konzipiert ist; d.h. das Europäische Patent durchbricht nicht den Territorialitätsgrundsatz sondern besteht für jeden Vertragsstaat nach dessen Regeln und mit Wirkung für dessen Staatsgebiet.[565] Das Europäische Patent bedeutet daher für die Anmeldung eine Erleichterung infolge der Bündelung. Nach erfolgter Anmeldung ergeben sich allerdings keine Unterschiede mehr zu staatlichen Einzelpatenten.

f) Modifizierte Territorialität: Europäisches Einheitspatent und einheitliches Patentgericht

Anders als das bereits existierende Europäische Patent bedeutet das geplante Einheitspatent nach dem Übereinkommen über das Einheitliche Patentgericht (EPG)[566] eine Einschränkung des Territorialitätsgrundsatzes innerhalb Europas.[567] Das bereits seit den 1950er Jahren diskutierte Einheitspatent steht kurz davor, in Kraft zu treten. Dafür erforderlich ist die Ratifikation des Abkommens durch 13 Staaten der EU, wobei die drei Staaten mit den meisten gültigen europäischen Patenten im Jahr 2012 darunter sein müssen.[568] Dies waren ursprünglich Deutschland, Frankreich und Großbritannien. Nachdem sich Großbritannien mit dem Referendum vom 23. Juni 2016 gegen einen Verbleib in der EU entschieden hat, war erwartet worden, dass infolgedessen eine Ratifizierung ausbleiben würde. Am 26. April 2018 hatte die britische Regierung jedoch das EPG ratifiziert, dann aber am 20. Juli 2020 wiederum die Ratifizierung widerrufen. In Deutschland ist ein erster Ratifizierungsversuch im Jahr 2017 daran gescheitert,

---

564 Übereinkommen über die Erteilung europäischer Patente vom 5.10.1973, BGBl. 1976 II 826.

565 Vgl. *Kolle*, in: Benkard, EPÜ, Art. 3 Rn. 6.

566 Dokument des Rats der Europäischen Union, Az. 2013/C 175/01.

567 Zum EU-Einheitspatent im Zusammenhang mit Fragen der Schiedsfähigkeit der Patentnichtigkeitsklage umfassend *Kaneko*, EU-Einheitspatent.

568 Vgl. *Luginbühl*, GRUR Int 2013, 305, 309.

dass das Bundesverfassungsgericht mit Beschluss vom 13. Februar 2020[569] das Zustimmungsgesetz für nichtig erklärt hat, da es eine materielle Verfassungsänderung bewirkte und nicht mit der dafür erforderlichen Zwei-Drittel-Mehrheit beschlossen worden war. Am 26. November 2020 hat dann der Bundestag das Gesetz zur Ratifizierung des EPG mit der erforderlichen Zwei-Drittel-Mehrheit verabschiedet und am 18. Dezember 2020 hat der Bundesrat dem Gesetz ebenfalls mit der erforderlichen Zwei-Drittel-Mehrheit zugestimmt.[570] Allerdings sind beim Bundesverfassungsgericht zwei Verfassungsbeschwerden[571] gegen das deutsche Ratifizierungsgesetz anhängig, sodass der weitere Fortgang des Ratifizierungsprozesses abzuwarten bleibt.

Seiner Konzeption nach soll das Einheitspatent auf dem Europäischen Patent beruhen, dann aber einen einheitlichen Schutz für alle Staaten gewährleisten, für die das Patent beantragt wurde.[572] Zudem soll es gemäß Art. 1 EPG einen eigenständigen europäischen Rechtsweg beim Einheitlichen Patentgericht geben, mit einer Zuständigkeit sowohl für Verletzungs-[573] als auch für Nichtigkeitsklagen[574]. Das Einheitspatent ist ferner, jedenfalls zunächst, als Parallelsystem zu dem bereits existierenden einzelstaatlichen Patentschutz konstruiert und soll diese Systeme nicht ablösen.[575]

Letztlich bleibt es daher bei dem das Patentrecht prägenden Grundsatz der Territorialität. Dies folgt aus der Souveränität eines jeden Nationalstaats. Auch das Einheitspatent kann nicht als Überwindung des Prinzips der Territorialität betrachtet werden, sondern es erweitert das Territorium auf die entsprechenden Vertragsstaaten und wird weiterhin die Möglichkeit der Beantragung nationaler Patente unberührt lassen. Zudem bleibt abzuwarten, wann es zum Inkrafttreten des Einheitspatents kommt und ob sich dieses System in der Praxis bewähren wird.

g) *Die Entstehungsgrundlage des Patents*

Gemäß § 1 Abs. 1 PatG müssen für eine Patenterteilung folgende Voraussetzungen gegeben sein: Es muss eine Erfindung vorliegen; diese Erfindung muss auf

569 BVerfG, Beschl. v. 13.02.2020 – Az. 2 BvR 739/17 – EuZW 2020, 324.
570 Bundesrat, Drucksache 723/20.
571 BVerfG, Az. 2 BvR 2216/20 und Az. 2 BvR 2217/20.
572 *Luginbühl*, GRUR Int 2013, 305, 307.
573 Art. 32 (1) a) EPG.
574 Art. 32 (1) d) und e) EPG.
575 Vgl. *Luginbühl*, GRUR Int 2013, 305, 307.

einem Gebiet der Technik liegen; sie muss neu sein; sie muss auf einer erfinderischen Tätigkeit beruhen; und die Erfindung muss gewerblich anwendbar sein.[576] Durch die patentierbare Erfindung entsteht das Erfinderrecht des Erfinders.[577] Das Erfinderrecht entsteht nicht bereits durch die Idee des Erfinders, sondern bedarf zu seiner hinreichenden Manifestation der Fertigstellung und Verlautbarung.[578] Inhaber des Erfinderrechts kann allein eine natürliche Person sein.[579] Gemäß § 6 S. 2 PatG steht das Erfinderrecht mehreren Erfindern gemeinschaftlich zu; das Recht auf Erfindernennung steht jedoch jedem Miterfinder allein zu, wobei er jeweils nur das Recht auf Nennung als Miterfinder hat.[580] Das Erfinderrecht ist ein „sonstiges Recht" i.S.v. § 823 Abs. 1 BGB und genießt auch vor Patenterteilung entsprechenden Schutz.[581] Das Erfinderrecht hat zwei Bestandteile: Erstens das vermögensrechtlich geprägte Recht auf das Patent und zweitens das Erfinderpersönlichkeitsrecht.[582]

Das Recht auf das Patent umfasst nicht allein das Recht *auf Erteilung* des Patents, sondern ganz allgemein das Recht auf das Patent, da sich das Recht auf Erteilung des Patents im Falle einer Anmeldung durch einen Nichtberechtigten gemäß § 8 S. 2 PatG am Patent selbst fortsetzt. Im Falle der Anmeldung entsteht beim Anmelder[583] ein subjektives öffentliches Recht auf Erteilung des Patents gegen den Staat bzw. gegen das Patentamt.[584] Dieses Recht *am* Patent ist ab dem Zeitpunkt der Anmeldung dogmatisch als Anwartschaft zu qualifizieren, da dem Vollrechtserwerb keine weiteren Voraussetzungen mehr im Wege stehen.[585]

---

576 S. nur *Einsele*, in: BeckOK, PatG, § 1 Rn. 3

577 Vgl. *Ann*, in: Kraßer/Ann, PatR, § 19 IV 1; *Baumann*, Patentstreitigkeiten, S. 79 f.

578 Ausführlich hierzu: BGH, Urt. v. 10.11.1970 - X ZR 54/67 – GRUR 1971, 210 ff.; s. auch *Haedicke*, in: Haedicke/Timmann, PatR, § 10 Rn. 6 ff.

579 *Ann*, in: Kraßer/Ann, PatR, § 1 III 1; *Haedicke*, in: Haedicke/Timmann, PatR, § 10 Rn. 3.

580 Vgl. LG Nürnberg-Fürth, Teilurt. v. 25.10.1967 - 3 O 3/67 – GRUR 1968, 252, 254 ff. mit ausführlicher Diskussion zur rechtlichen Stellung des Miterfinders; s. auch *Ann*, in: Kraßer/Ann, PatR, § 19 I 2.

581 *Pahlow*, GRUR 2008, 97, 101; *Haedicke*, in: Haedicke/Timmann, PatR, § 10 Rn. 13.

582 *Haedicke*, in: Haedicke/Timmann, PatR, § 10 Rn. 1; *Mes*, PatG/GebrMG, § 6 PatG, Rn. 15.

583 Dieses Recht steht nicht (zwingend) dem materiell berechtigten Erfinder, sondern generell dem Anmelder zu, selbst falls dieser Nichtberechtigter sein sollte, vgl. *Mes*, GRUR 2001, 584, 585.

584 *Pahlow*, GRUR 2008, 97, 101; *Mes*, GRUR 2001, 584, 585.

585 *Haedicke*, in: Haedicke/Timmann, PatR, § 10 Rn. 22.

Das Erfinderpersönlichkeitsrecht hingegen ist ein höchstpersönliches Recht, das nicht übertragbar, nicht verzichtbar und nicht pfändbar ist.[586] Es besteht insbesondere in dem Recht auf Erfindernennung, auf welches der Erfinder gemäß § 63 Abs. 1 S. 5 PatG nicht wirksam verzichten kann.[587] Die persönlichkeitsbezogenen Rechte einer Erfindung verbleiben auch im Falle einer Übertragung des Patents beim Erfinder.[588]

Anders als bei Urheberrechten hat bei technischen Erfindungen das vermögensrechtlich geprägte Recht auf das Patent eine klar dominante Rolle gegenüber dem Erfinderpersönlichkeitsrecht.[589] Denn eine technische Erfindung ist nur in geringem Ausmaß als Ausfluss der Persönlichkeit des Erfinders zu sehen und in der Regel steht bei technischen Erfindungen die kommerzielle Verwertung bzw. Verwertbarkeit im Vordergrund. Auch das in § 1 Abs. 1 PatG konstituierte und durch § 5 PatG präzisierte Erfordernis der gewerblichen Anwendbarkeit einer Erfindung deutet auf den Charakter des Patents als vornehmlich wirtschaftlich nutzbares Recht hin. Zudem ist zu beachten, dass die beiden Komponenten des Erfinderrechts funktional getrennt neben einander stehen. Während das Patent übertragbar und wirtschaftlich verwertbar ist, verbleibt das Erfinderpersönlichkeitsrecht als ideelles Recht beim Erfinder, ohne dass das Patent selbst dadurch in seiner rechtlichen Qualität beeinträchtigt würde. Diese Unterscheidung legt nahe, dass es sich bei dem Patent – als gewissermaßen dem „abgespaltenen" wirtschaftlich geprägten Teil des Erfinderrechts – um einen vermögensrechtlichen Anspruch i.S.v. § 1030 Abs. 1 ZPO handelt.

h) Wirkungsweise und Reichweite des Patents

Die Wirkung des Patents bemisst sich nach §§ 9 – 13 PatG. Die hierbei für das Verständnis der Rechtsnatur des Patents wesentlichen Normen sollen an dieser Stelle dargelegt werden.

---

586 BGH, Urt. v. 20.06.1978 - X ZR 49/75 – GRUR 1978, 583, 585, wonach der Anspruch auf Erfindernennung nicht einmal durch einen vom Berechtigten ermächtigten Dritten geltend gemacht werden kann; vgl. auch *Haedicke*, in: Haedicke/Timmann, PatR, § 10 Rn. 11; *Fitzner*, in: BeckOK, PatG, § 6 Rn. 14; ebenfalls hierzu *Jacob*, Ausschließlichkeitsrechte, S. 151.

587 Der Erfinder kann jedoch gemäß § 63 Abs. 1 S. 3 PatG einen Antrag auf Nichtnennung stellen, der gemäß S. 4 jederzeit widerruflich ist, vgl. *Schnekenbühl*, in: BeckOK, PatG, § 63 Rn. 9 ff.

588 *Fitzner*, in: BeckOK, PatG, § 6 Rn. 14; *Ann*, in: Kraßer/Ann, PatR, § 1 III 1.

589 *Haedicke*, in: Haedicke/Timmann, PatR, § 10 Rn. 10.

§ 9 S. 1 PatG bringt zunächst den Grundsatz, dass allein der Patentinhaber[590] sein Patent nutzen darf sowie den Charakter des Patents als Ausschließlichkeitsrecht zum Ausdruck.[591] Allerdings stellt § 9 PatG kein allumfassendes Ausschließungsrecht dar,[592] sondern § 9 S. 2 PatG führt enumerativ und abschießend die Tätigkeiten auf, die Dritten in Bezug auf das Patent ohne Zustimmung des Patentinhabers untersagt sind.[593] Hierbei wird zwischen Erzeugnis- und Verfahrenspatenten unterschieden.

Erzeugnispatente beziehen sich auf das Ergebnis eines technischen Herstellungsprozesses, wobei nicht das Erzeugnis selbst, sondern die dem Erzeugnis zugrundeliegende Erfindung Gegenstand des Erzeugnispatents ist.[594] § 9 S. 2 Nr. 1 PatG nennt die beim Erzeugnispatent geschützten Handlungen herstellen, anbieten, in Verkehr bringen, gebrauchen oder zu den genannten Zwecken einführen oder besitzen. Dadurch kommt dem Patentinhaber ein recht weitgehender und umfassender Schutz zu, da ihm sämtliche Herstellungs- und Nutzungsmöglichkeiten des geschützten Patents vorbehalten sind.[595] Allein die Angabe der Herstellungsart im Patent beschränkt den Schutz nicht auf die genannte Art der Herstellung.[596]

Das Verfahrenspatent hingegen schützt gemäß § 9 S. 2 Nr. 2 PatG die Anwendung und unter Umständen das Anbieten zur Anwendung eines patentierten Verfahrens. Hierbei muss der Erfolg gerade durch das Anwenden des geschützten Verfahrens herbeigeführt worden sein.[597] Gemäß § 9 S. 2 Nr. 3 PatG sind unmittelbar aus dem geschützten Verfahren stammende Erzeugnisse ebenfalls geschützt. Die Unmittelbarkeit ist bei Weiterverarbeitung oder Vermischung nicht mehr gegeben, soweit das ursprüngliche Erzeugnis seine eigenständige Funktionsfähigkeit hierdurch verliert.[598]

---

590 Anspruchsinhaber ist hierbei der Patentinhaber und nicht der Erfinder, vgl. *Scharen*, in: Benkard, PatG, § 9 Rn. 4.

591 *Scharen*, in: Benkard, PatG, § 9 Rn. 4; *Osterrieth*, PatR, Rn. 566 f.

592 *Ensthaler*, in: BeckOK, PatG, § 9 Vorb. zu Rn. 1.

593 Vgl. *Mes*, PatG/GebrMG, § 9 PatG, Rn. 1.

594 BPatG, Beschl. v. 16.10.1973 - 32 W (pat) 82/72 - GRUR 1975, 654, 655; *Ensthaler*, in: BeckOK, PatG, § 9 Rn. 21.

595 BGH, Urt. v. 25.04.1956 - I ZR 256/52 - GRUR 1959, 125; BGH, Urt. v. 7.11.1978 - X ZR 58/77 - GRUR 1979, 149, 151; *Bacher*, in: Benkard, PatG, § 1 Rn. 16.

596 BGH, Urt. v. 25.04.1956 - I ZR 256/52 - GRUR 1959, 125; *Ensthaler*, in: BeckOK, PatG, § 9 Rn. 22.

597 *Ensthaler*, in: BeckOK, PatG, § 9 Rn. 63.

598 *Ensthaler*, in: BeckOK, PatG, § 9 Rn. 59.

§ 10 Abs. 1 PatG normiert einen Patentgefährdungstatbestand[599], der zuvor von der Rechtsprechung als sogenannte *mittelbare Patentverletzung* entwickelt worden war.[600] Hierbei wird im Sinne eines Vorfeldschutzes bereits das Anbieten und Liefern bestimmter Mittel, mittels derer eine patentierte Erfindung unberechtigt genutzt werden kann, untersagt.[601] Während die von der Rechtsprechung entwickelte mittelbare Patentverletzung als Teilnahme an einer fremden Patentverletzung konstruiert war und daher eine unmittelbare Patentverletzung als „Haupttat" erforderte,[602] verlangt § 10 Abs. 1 PatG eine solche „Haupttat" nicht mehr.[603]

§ 11 PatG nimmt gewisse Handlungen und Nutzungen vom Schutz des Patents aus. Gemäß § 11 Nr. 1 PatG sind alle Handlungen im privaten und nichtgewerblichen Bereich exkludiert. Die weiteren Ziffern dieser Norm nehmen, unter anderen, Handlungen zu Versuchszwecken vom Patentschutz aus, da diese Handlungen zur Realisierung weiterer technischer Entwicklungen erforderlich sind.[604] Durch diese Norm kommt die Wirkung des Patents als Schutzrecht zum Zwecke wirtschaftlicher Betätigung besonders deutlich zum Ausdruck.[605]

§ 12 PatG statuiert das sogenannte Vorbenutzungsrecht. Hiernach darf derjenige, der zur Zeit der Anmeldung des Patents die Erfindung bereits im Inland „in Benutzung genommen oder die dazu erforderlichen Veranstaltungen getroffen hatte", die Nutzung an dieser Erfindung im Rahmen seines bisherigen wirtschaftlichen Betriebs fortsetzen. Die Übertragung dieses Vorbenutzungsrecht ist nur im Zusammenhang mit einer Übertragung des Betriebs möglich. Hierdurch soll der Besitzstand desjenigen Benutzers einer Erfindung geschützt werden, der diese bereits vor Anmeldung genutzt hat oder Veranstaltungen zur

---

599 BGH, Urt. v. 24.9.1991 - X ZR 37/90 - NJW 1992, 1895, 1896; *Scharen*, GRUR 2008, 944.

600 BGH, Urt. v. 4.5.2004 - X ZR 48/03 - GRUR 2004, 758, 760; BGH, Urt. v. 3.6.2004 - X ZR 82/03 - GRUR 2004, 845, 848.

601 Umfassend hierzu: *Scharen*, GRUR 2008, 944 ff.

602 BGH, Urt. v. 30.4.1964 - Ia ZR 224/63 - GRUR 1964, 496, 497; BGH, Urt. v. 10.12.1981 - X ZR 70/80 - GRUR 1982, 165, 166.

603 BGH, Urt. v. 10.10.2000 - X ZR 176/98 - GRUR 2001, 228, 231; BGH, Urt. v. 3.6.2004 - X ZR 82/03 - GRUR 2004, 845, 848; *Holzapfel*, GRUR 2002, 193.

604 Diese Wertung ist Ausfluss der grundrechtlichen Freiheit von Forschung und Lehre, Art. 5 Abs. 3 GG, vgl. *Mes*, PatG/GebrMG, § 11 PatG, Rn. 5.

605 Vgl. *Scharen*, in: Benkard, PatG, § 11 Rn. 2.

Nutzung getroffen hat aber auf eine eigene Anmeldung der Erfindung verzichtet hat bzw. mit dieser nicht schnell genug war.[606]

Die Reichweite des Patentschutzes bemisst sich nach § 14 PatG. Maßgebend sind gemäß S. 1 die Patentansprüche und gemäß S. 2 die Beschreibung und die Zeichnungen. Ausgangspunkt zur Bestimmung der Reichweite eines Patents sind Wortlaut und Wortsinn des Patentanspruchs.[607] Der Patentanspruch ist jedoch oftmals auslegungsbedürftig und bei der Auslegung sind die Beschreibung und die Zeichnungen zu berücksichtigen.[608] Bei der Auslegung bildet der Wortlaut in doppelter Hinsicht eine Begrenzung. Einerseits darf der Schutzbereich nur unter engen Voraussetzungen auf Basis der Beschreibung und Zeichnungen hinter dem sich aus dem Wortlaut ohne Beschreibung und Zeichnungen ergebenden Schutzbereich zurückbleiben.[609] Andererseits darf die Auslegung mittels der Beschreibung und Zeichnungen nicht dazu führen, dass ein über den Wortlaut hinausgehender Schutz angenommen wird.[610]

Dadurch kommt der Formulierung des Patents durch den Antragsteller eine herausgehobene praktische Bedeutung zu.[611] Dies wiederum lässt den interessanten Schluss zu, dass der Patentanmelder durch die präzise Formulierung des Patentanspruchs selbst für die Sicherstellung einer hinreichenden Schutzwirkung verantwortlich ist[612] und zudem in engen Grenzen die Ausgestaltung des Schutzbereichs seines Patents mitbestimmen kann.

Letztlich kann der Inhaber noch gemäß § 20 Abs. 1 Nr. 1 PatG unter Wahrung der dort angeordneten Schriftform ohne weitere Voraussetzungen durch

---

606 Vgl. BGH, Urt. v. 21.5.1963 - Ia ZR 84/63 - GRUR 1964, 20, 22; BGH, Urt. v. 30.6.1964 - Ia ZR 206/63 - GRUR 1964, 673, 674; *Eichmann*, GRUR 1993, 73, 74; *Busche*, GRUR 1999, 645 ff.

607 *Loth*, in: BeckOK, PatG, § 14 Rn. 11.

608 BGH, Urt. v. 9.6.2015 - X ZR 101/13 - GRUR 2015, 868, 870 mit ausführlicher Herausarbeitung der Reichweite des Patents; *Ann*, Mitt. 2000, 181, 182 ff. weist darauf hin, dass andere als die genannten Mittel zur Auslegung nicht herangezogen werden dürfen; vgl. auch *Loth*, in: BeckOK, PatG, § 14 Rn. 21.

609 BGH, Urt. v. 2.3.1999 - X ZR 85 / 96 - GRUR 1999, 909, 912; BGH, Urt. v. 7.9.2004 - X ZR 255/01 - GRUR 2004, 1023, 1024; BGH, Urt. v. 12.2.2008 - X ZR 153/05 - GRUR 2008, 779, 783; *Loth*, in: BeckOK, PatG, § 14 Rn. 117.

610 *Loth*, in: BeckOK, PatG, § 14 Rn. 117.

611 Vgl. BGH, Urt. v. 3.10.1989 - X ZR 33/88 - GRUR 1989, 903, 905; *Busche*, Mitt. 1999, 161.

612 Vgl. *Busche*, Mitt. 1999, 161, 165.

Erklärung gegenüber dem Patent- und Markenamt auf sein Patent verzichten.[613] Die Verzichtserklärung führt zum Erlöschen des Patents ex nunc; die entsprechende Eintragung im Patentregister wirkt nur deklaratorisch.[614]

i) Übertragbarkeit und wirtschaftliche Nutzbarkeit

Das Patent ist generell frei übertragbar und als Recht verkehrsfähig und wirtschaftlich nutzbar. Die Grundsätze ergeben sich im Wesentlichen aus § 15 PatG und werden im Folgenden dargelegt.

aa) Gesamtrechtsnachfolge

Gemäß § 15 Abs. 1 S. 1 PatG sind das Recht auf das Patent[615], das Recht auf Erteilung des Patents, sowie das Patent selbst nach §§ 1922 ff. BGB frei vererblich. Zudem sind Verfügungen von Todes wegen sowie Verfügungen unter Lebenden auf den Todesfall zulässig.[616]

Ferner ist eine Gesamtrechtsnachfolge bei bestimmten Transaktionen (beispielsweise bei Umwandlungen nach dem UmwG) in Bezug auf die Gesellschaft, welche Inhaberin des Patents ist, problemlos möglich.[617]

bb) Einzelrechtsnachfolge

Die Einzelrechtsübertragung eines Patents nach § 15 Abs. 1 S. 2 PatG erfolgt formlos[618] durch Abtretung gemäß §§ 413, 398 BGB.[619] Bei der Übertragung europäischer Patentanmeldungen ist jedoch das Schriftformerfordernis des Art. 72 EPÜ zu beachten.[620] Das der Übertragung eines Patents zugrundeliegende

---

613 Vgl. BPatG, Urt. v. 16.6.1977 - 1 Ni 1/76 - GRUR 1978, 41; BPatG, Beschl. v. 19.3.1980 - 3 Ni 63i 78 - GRUR 1980, 782, 783; *Einsele*, in: BeckOK, PatG, § 20 Rn. 8 ff.

614 BGH, Beschl. v. 19.10.2000 - I ZB 62/98 - GRUR 2001, 337, 339.

615 Dieses Recht entsteht bereits mit hinreichender Manifestation der Fertigstellung und Verlautbarung der Erfindung und nicht erst bei Anmeldung beim Patentamt, vgl. Kap. E. III. 1. g).

616 Vgl. *Ullmann/Deichfuß*, in: Benkard, PatG, § 15 Rn. 4.

617 Vgl. *Loth/Hauck*, in: BeckOK, PatG, § 15 Rn. 10; *Mes*, PatG/GebrMG, § 15 PatG, Rn. 6.

618 Früher war u.U. das kartellrechtliche Schriftformerfordernis des § 34 GWB a.F. zu beachten, vgl. BGH, Urt. v. 3.6.2003 - X ZR 215/01 - GRUR 2003, 896 f.; *Osterrieth*, PatR, Rn. 889; *Loth/Hauck*, in: BeckOK, PatG, § 15 Rn. 13.

619 *Ann*, in: Kraßer/Ann, PatR, § 40 II 1; *Ullmann/Deichfuß*, in: Benkard, PatG, § 15 Rn. 5; *Godt*, Eigentum an Information, S. 508; vgl. auch *Kraßer*, GRUR Int 1973, 230, 231.

620 Vgl. BGH, Urt. v. 23.6.1992 - X ZR 98/90 - GRUR 1992, 692, 693; *Ann*, in: Kraßer/Ann, PatR, § 40 II 2.

Kausalgeschäft ist ein Rechtskauf nach § 453 BGB.[621] Neben dem bereits erteilten Patent selbst kann auch das Recht auf das Patent, welches als vermögensrechtlicher Teil des Erfinderrechts bereits durch die Erfindung entsteht, übertragen werden.[622]

Gemäß § 15 Abs. 1 S. 2 Alt. 1 PatG ist das Patent auch beschränkt übertragbar. Eine solche beschränkte Übertragung kann verschiedene Formen annehmen. Einerseits kann an einem Patent durch Abtretung ideeller Bruchteile eine Bruchteilsgemeinschaft gemäß § 741 BGB begründet werden.[623] Andererseits kann die Abtretung auch aufschiebend oder auflösend bedingt oder befristet werden sowie zur Sicherheit erfolgen.[624] Eine Patentübertragung kann zudem in der Weise beschränkt erfolgen, dass eine Lizenz beim Veräußerer verbleibt; hierbei handelt es sich nicht um eine Rücklizenz[625], sondern um eine echte beschränkte Übertragung, sodass die beim Veräußerer verbleibende Lizenz nicht von der Insolvenz des Erwerbers betroffen ist.[626] Das Patent kann gemäß §§ 1068, 1069 BGB mit einem Nießbrauchsrecht oder gemäß §§ 1273, 1274 BGB mit einem Pfandrecht belastet werden.[627] Die Aufspaltung der dem Patent zugeordneten Nutzungsmöglichkeiten unterliegt insgesamt, im Gegensatz zur Belastung von Rechten nach dem BGB, keinem gesetzlichen Typenzwang.[628]

Ein gutgläubiger Erwerb an einem Patent ist nicht möglich, sondern allein der tatsächlich materiell Berechtigte kann das Patent wirksam übertragen. Dies liegt darin begründet, dass es keinen Gutglaubensträger gibt; insbesondere erfüllt gerade das Patentregister diesen Zweck nicht.[629]

---

621 *Mes*, PatG/GebrMG, § 15 PatG, Rn. 16.

622 *Haedicke*, in: Haedicke/Timmann, PatR, § 10 Rn. 15; *Osterrieth*, PatR, Rn. 889.

623 *Loth/Hauck*, in: BeckOK, PatG, § 15 Rn. 29; *Kraßer*, GRUR Int 1973, 230, 231.

624 *Ann*, in: Kraßer/Ann, PatR, § 40 III 1.

625 Unter einer Rücklizenz versteht man eine vom Lizenznehmer dem Lizenzgeber zu gewährende Lizenz über vom Lizenznehmer erreichte Weiterentwicklungen der ursprünglichen Lizenz, vgl. *Osterrieth*, in: Pfaff/Osterrieth, Lizenzverträge, Anhang, Rn. 129 ff.; vgl. auch *Wündisch/Hering*, GRUR Int 2009, 106, 109; *Heyers*, GRUR Int 2011, 213, 224.

626 LG München I, Urt. v. 9.2.2012 - 7 O 1906/11 - GRUR-RR 2012, 142, 144 f.; vgl. auch hierzu *Haedicke*, in: Haedicke/Timmann, PatR, § 11 Rn. 257.

627 *Kraßer*, GRUR Int 1973, 230, 231; *Ann*, in: Kraßer/Ann, PatR, § 40 III 1.

628 *Ann*, in: Kraßer/Ann, PatR, § 40 IV a) 1.

629 Vgl. BPatG, Beschl. v. 6.9.2007 - 10 W (pat) 53/06 - BeckRS 2007, 16680; *Ullmann/Deichfuß*, in: Benkard, PatG, § 15 Rn. 8.

cc) Lizenzierung

Die bedeutendste Form der wirtschaftlichen Nutzung eines Patents durch Dritte ist die Lizenzierung.[630] Sie ist in § 15 Abs. 2 PatG gesetzlich normiert. Aufgrund der Möglichkeit, auf Basis von § 15 Abs. 1 S. 2 PatG die verschiedenen Nutzungsmöglichkeiten des Patents ohne gesetzliche Einschränkungen auf Dritte zu übertragen, hatte sich die Lizenzierung jedoch zunächst ohne gesetzliche Grundlage entwickelt, bis sie in § 15 Abs. 2 PatG eine Kodifizierung erfuhr.[631] Die besondere Bedeutung der Patentlizenz ergibt sich ferner daraus, dass an der Lizenz (mehrstufige) Unterlizenzen erteilt werden können und auch die Lizenz selbst veräußert werden kann, sodass die Lizenz umfassend verkehrsfähig ist.[632]

Gegenstand einer Lizenz kann bereits die noch nicht angemeldete, geheime Erfindung sein.[633] Die Patentlizenz gibt es in verschiedenen Formen. Die Unterscheidung zwischen ausschließlichen und nicht-ausschließlichen Lizenzen ergibt sich aus § 15 Abs. 2 S. 1 PatG. Die Abgrenzung erfolgt im Wege der Auslegung nach §§ 133, 157 BGB, wobei im Zweifel eine einfache Lizenz vereinbart sein soll.[634] Eine ausschließliche Lizenz gibt dem Lizenznehmer das ausschließliche Nutzungsrecht an dem Patent in dem jeweils konkret gewährten Umfang, wobei dieser Schutz auch gegenüber dem Patentinhaber selbst gilt.[635] Dabei ergibt sich bei der ausschließlichen Lizenz die schuldrechtliche Verpflichtung aus dem Lizenzvertrag und auf der dinglichen Ebene steht die Einräumung der Lizenz.[636] Die einfache Lizenz beinhaltet hingegen lediglich einen schuldrechtlichen Anspruch gegenüber dem Patentinhaber auf Benutzung des Patents, ohne dass ein Verbietungsrecht gegenüber Dritten besteht.[637] Die Einräumung einer einfachen Lizenz ist daher auch keine Verfügung im rechtlichen Sinne.[638]

---

630 *Groß*, Der Lizenzvertrag, Rn. 1; *Haedicke*, in: Haedicke/Timmann, PatR, § 11 Rn. 70; *Ullmann/Deichfuß*, in: Benkard, PatG, § 15 Rn. 54; vgl. auch bereits *Pioch*, GRUR Int 1982, 610 zur Bedeutung von Lizenzverträgen in Deutschland und Japan.

631 Vgl. *Ullmann/Deichfuß*, in: Benkard, PatG, § 15 Rn. 54.

632 Vgl. *Haedicke*, in: Haedicke/Timmann, PatR, § 4 Rn. 57.

633 BGH, Urt. v. 12.2.1980 - KZR 7/79 - GRUR 1980, 750, 751; *Loth/Hauck*, in: BeckOK, PatG, § 15 Rn. 38.

634 *Bartenbach*, Patentlizenz- und Know-how-Vertrag, Rn. 89.

635 BGH, Urt. v. 20.5.2008 - X ZR 180/05 – GRUR 2008, 896, 899; *Haedicke*, in: Haedicke/Timmann, PatR, § 11 Rn. 70; *Loth/Hauck*, in: BeckOK, PatG, § 15 Rn. 44.

636 *Loth/Hauck*, in: BeckOK, PatG, § 15 Rn. 39; *Kraßer/Schmid*, GRUR Int 1982, 324, 329 m.w.N.; vgl. auch *Bartenbach*, Patentlizenz- und Know-how-Vertrag, Rn. 93.

637 *Kraßer/Schmid*, GRUR Int 1982, 324, 329; *Loth/Hauck*, in: BeckOK, PatG, § 15 Rn. 48.

638 *Kraßer/Schmid*, GRUR Int 1982, 324, 329; offenlassend noch: *Kraßer*, GRUR Int 1973, 230, 234.

Der Lizenznehmer einer ausschließlichen Lizenz kann in Abwesenheit entgegenstehender vertraglicher Regelungen ohne Genehmigung des Patentinhabers Unterlizenzen an der Patentlizenz erteilen,[639] wohingegen der Inhaber einer einfachen Lizenz ohne Genehmigung des Inhabers gerade keine Unterlizenzen an Dritte vergeben darf.[640]

Wird das Patent für nichtig erklärt, so fällt hierdurch in aller Regel die Zahlungspflicht des Lizenznehmers ex nunc weg, da der Patentinhaber dem Lizenznehmer nicht mehr das vereinbarte (exklusive) Nutzungsrecht an dem Patent gewährt.[641] Aus der Nichtigkeit des Patents folgt jedoch nicht zwingend die Nichtigkeit des Lizenzvertrags, es sei denn, die Nichtigkeitsgründe führen dazu, dass die Lizenzierung des Patents für sich genommen zur Nichtigkeit nach §§ 134, 138 BGB führen.[642]

dd) Zwischenergebnis

Das Patent ist umfassend und in verschiedensten Formen übertragbar und verkehrsfähig.[643] Allein die fehlende Möglichkeit des gutgläubigen Erwerbs eines Patents mindert die umfassende Verkehrsfähigkeit des Patents. Zudem kann das Patent auf mannigfaltige Art und Weise belastet werden, ohne dass es einen Typenzwang gibt. Ferner kann es durch die verschiedenen möglichen Arten der Lizenzierung umfassend wirtschaftlich genutzt und Dritten nach Belieben zugänglich gemacht werden. Es zeigt sich insgesamt, dass das Patent als Recht ganz überwiegend von seiner wirtschaftlichen Nutzbarkeit geprägt ist. Daher sprechen auch die hier herausgearbeiteten Eigenschaften dafür, dass es sich bei Streitigkeiten im Zusammenhang mit einem Patent um vermögensrechtliche Ansprüche im Sinne von § 1030 Abs. 1 ZPO handelt.

---

639 BGH, Urt. v. 7.11.1952 - I ZR 43/52 - GRUR 1953, 114, 118; wohl auch so BGH, Urt. v. 26.11.1954 - I ZR 244/52 - GRUR 1955, 338, 340; *Osterrieth*, PatR, Rn. 845; *Loth/Hauck*, in: BeckOK, PatG, § 15 Rn. 45; *Haedicke*, in: Haedicke/Timmann, PatR, § 11 Rn. 84.

640 BGH, Urt. v. 23.4.1974 - X ZR 4/71 - GRUR 1974, 463, 464; *Loth/Hauck*, in: BeckOK, PatG, § 15 Rn. 48.

641 BGH, Urt. v. 28.9.1976 - X ZR 22/75 - GRUR 1977, 107, 109; *Kraßer*, GRUR Int 1990, 611, 612.

642 Vgl. *Kraßer*, GRUR Int 1990, 611, 612.

643 Vgl. hierzu auch *Baumann*, Patentstreitigkeiten, S. 236.

j) Begründung/Rechtfertigung des Patentschutzes

Ein Patent gewährt seinem Inhaber während seiner Laufzeit ein Monopol. Die staatliche Gewährung eines solchen Monopols ist begründungsbedürftig. Im 19. Jahrhundert gab es zu der Rechtfertigung von Patentschutz eine umfangreiche Diskussion.[644] Im Folgenden werden die bedeutendsten Ansätze zur Rechtfertigung des Patentschutzes dargestellt.

aa) Vier Theorien nach Machlup/Penrose *zur Rechtfertigung*

Machlup/Penrose haben aus den verschiedenen Begründungsansätzen der Diskussion um Patentschutz vier Theorien bzw. Argumente identifiziert.[645] Diese Einteilung ist auch heute noch weitgehend anerkannt.[646]

(1) Die Naturrechts- und Eigentumstheorie

Nach diesem Ansatz liegt der Patentschutz in dem naturrechtlichen Eigentumsrecht des Erfinders an seinen Ideen begründet. Hiernach soll es eine moralische Pflicht der Gesellschaft sein, das Eigentumsrecht an Ideen anzuerkennen und zu schützen und die Verwendung und Aneignung der Idee durch Dritte wie Diebstahl an körperlichen Gegenständen zu verurteilen. Diese Theorie stammt aus der Naturrechtslehre und geht auf das französische Patentgesetz aus dem Jahr 1791 zurück.[647] Philosophisch basiert die Theorie auf den Annahmen, dass der Mensch als Individuum zu schöpferischen Leistungen befähigt sei und dass die Mitmenschen diese Schöpfungen zu respektieren hätten.[648]

(2) Die Belohnungstheorie

Die Belohnungstheorie geht im Ausgangspunkt davon aus, dass (jedenfalls patentierbare) Erfindungen generell der Allgemeinheit Nutzen stiften.[649] Im Gegenzug sei die Gesellschaft verpflichtet sicherzustellen, dass dem Erfinder

---

644 Vgl. *Beier*, GRUR Int 1970, 1.

645 Hierzu insgesamt *Machlup/Penrose*, The Patent Controversy, 1950, S. 10 ff.

646 Vgl. *Godt*, Eigentum an Information, S. 515 ff.; *Beier*, GRUR Int 1970, 1; *Bacher*, in: Benkard, PatG, § 1 Rn. 1a ff.; *Keukenschrijver*, in: Busse/Keukenschrijver, PatG, Einl. Rn. 64 ff.; bezugnehmend hierauf auch *Tönnies*, GRUR 2013, 796, 797; *Fitzner*, in: BeckOK, PatG, Vorb. § 1 Rn. 5 ff.; *Baumann*, Patentstreitigkeiten, S. 80; kritisch *Kunczik*, Geistiges Eigentum an genetischen Informationen, S. 51 ff.

647 *Machlup/Penrose*, The Patent Controversy, 1950, S. 11; *Beier*, GRUR Int 1970, 1, 2.

648 *Säger*, GRUR 1991, 267, 269.

649 Vgl. zu dieser nicht trivialen Annahme *Horn*, GRUR 1977, 329, 334.

eine Belohnung für seine Erfindung zukäme.[650] Diese Belohnung könne durch ein Patent an der Erfindung bewirkt werden.[651]

(3) Die Anspornungstheorie

Nach dieser Theorie soll der Patentschutz durch die Erwartung von Gewinnen aus Patenten Anreize zu Investitionen in Forschung und Entwicklung setzen.[652] Im Gegensatz zu den beiden vorgenannten Theorien orientiert sich dieser Ansatz nicht an normativen Kriterien von Gerechtigkeit und Moral sondern zielt darauf ab, ein gesellschaftlich wünschenswertes Verhalten zu incentivieren.[653] Hierbei setzt die Anspornungstheorie nicht bei der einzelnen Tätigkeit im Bereich von Forschung und Entwicklung an, sondern sieht den Patentschutz als Voraussetzung dafür, dass in einer Marktwirtschaft überhaupt ein (Gewinn-)Anreiz besteht, in Forschung und Entwicklung zu investieren und entsprechende Abteilungen zu schaffen.[654]

(4) Die Offenbarungs- bzw. Vertragstheorie

Diese Theorie geht von einem Austausch zwischen Erfinder und Gesellschaft aus. Der Erfinder sei nur dann zur Offenbarung seiner Erfindung bereit, wenn er im Gegenzug ein Ausschlussrecht in Form eines Patents für seine Erfindung erhalte.[655] Somit sei das Patentrecht erforderlich, da sonst Erfindungen geheim gehalten und der Öffentlichkeit nicht zugänglich gemacht würden.[656]

Diesem Ansatz liegt der Gedanke zugrunde, dass eine Erfindung dann besonders großen Nutzen stifte, wenn sie eine umfassende Verbreitung erfährt; deshalb wird hier, anders als bei der Anspornungstheorie, nicht darauf abgestellt, dass erfinderische Tätigkeit stattfindet, sondern es wird die Verbreitung einer Erfindung in den Blick genommen.[657]

---

650 *Jacob*, Ausschließlichkeitsrechte, S. 18 f.

651 *Machlup/Penrose*, The Patent Controversy, 1950, S. 17 ff.; *Rogge/Melullis*, in: Benkard, PatG, Einl. Rn. 3.

652 *Machlup/Penrose*, The Patent Controversy, 1950, S. 21 ff.; *Fitzner*, in: BeckOK, PatG, Vorb. § 1 Rn. 8.

653 So ähnlich *Säger*, GRUR 1991, 267, 269.

654 *Tönnies*, GRUR 2013, 796.

655 *Fitzner*, in: BeckOK, PatG, Vorb. § 1 Rn. 9.

656 Vgl. *Ahrens*, GRUR 2003, 89, 96; *Kunczik*, Geistiges Eigentum an genetischen Informationen, S. 53.

657 Vgl. *Godt*, Eigentum an Information, S. 520.

bb) Ökonomische Begründung von Patentschutz

Neben den rechtlichen Theorien zum Patentschutz haben sich auch Ökonomen mit der Rechtfertigung bzw. Begründung des Patentrechts auseinandergesetzt. Zunächst wird davon ausgegangen, dass der Markt selbst dazu führt, dass Informationen und Wissen sich effizient verbreiten und insbesondere dorthin fließen, wo sie ihren größten Nutzen entfalten.[658] Gleichwohl führt der Markt von sich aus nicht zu hinreichenden Anreizen zur Hervorbringung von Wissen. An dieser Stelle wird zunächst die Anspornungstheorie herangezogen, wonach generell das Patentrecht erst dazu führt, dass Anreize zu erfinderischer Tätigkeit bestehen.[659] Denn ein Erfinder müsste damit rechnen, dass seine Wettbewerber seine Erfindung in kürzester Zeit nachahmen würden. Diese könnten dann entsprechende Produkte zu deren Grenzkosten, also ohne Einbeziehung der vorausgegangenen Forschungs- und Entwicklungskosten, anbieten. Somit wäre der Erfinder nicht in der Lage, seine Forschungs- und Entwicklungskosten am Markt auf seine Produkte aufzuschlagen und würde daher erst gar nicht in entsprechende Innovationen investieren.[660]

Andererseits führt die Gewährung eines Patents zu einem Monopol für den Patentinhaber, was generell mit Verlusten für die Gesamtwohlfahrt verbunden ist.[661] Das Patentrecht muss in seiner konkreten Ausgestaltung diese beiden Effekte in Einklang bringen, mit der Maßgabe, die gesamtwirtschaftliche Wohlfahrt zu maximieren. Die Lösung dieses Maximierungsproblems sollte in den spezifischen Ausgestaltungen des Patentrechts, wie beispielsweise der Erfindungshöhe als Voraussetzung der Patentierbarkeit, dem Prioritätsprinzip, dem Ausschließlichkeitscharakter, der zeitlichen Begrenzung sowie der Offenbarungspflicht[662], gefunden werden.[663]

---

658 *Schäfer/Ott*, Ökonomische Analyse, S. 423; wohl auch *Hayek*, American Economic Review, XXXV, S. 519 ff.

659 *Posner*, Economic Analysis of Law, S. 48 ff.; *Schäfer/Ott*, Ökonomische Analyse, S. 617; *Jacob*, Ausschließlichkeitsrechte, S. 11.

660 S. hierzu insgesamt *Schäfer/Ott*, Ökonomische Analyse, S. 667 f.

661 Zu den Wohlfahrtsverlusten infolge eines Monopols siehe Kap. F. II. 3. a) dd) (1).

662 In dieser Hinsicht greift die ökonomische Theorie die Ansätze der Offenbarungstheorie auf, wobei die normativen Elemente der dazugehörigen Vertragstheorie hier nicht herangezogen werden.

663 Vgl. zu diesen sowie weiteren Aspekten des Patentrechts aus ökonomischer Sicht *Schäfer/Ott*, Ökonomische Analyse, S. 667 ff.

k) Zwischenergebnis und Bezug zur objektiven Schiedsfähigkeit

Das Patent als Recht ist maßgeblich durch den wirtschaftlichen Nutzen, den es seinem Inhaber gewährt, geprägt. Dies ergibt sich insbesondere aus der Abgrenzung und Trennung vom Erfinderpersönlichkeitsrecht, welches insoweit das Gegenstück zum wirtschaftlich geprägten Patent ist. Das Patent bietet keinen allumfassenden Schutz, sondern schützt seinen Inhaber in dem Umfang, in welchem dieser ein gewerbliches Interesse daran hat.[664]

Das Patent unterliegt als eigentumsgleiches Recht dem Schutz durch Art. 14 GG. Die Patenterteilung stellt einen Verwaltungsakt dar, nach der Erteilung weist das Patent jedoch kaum noch Eigenschaften eines Verwaltungsakts auf.

Zudem ist das Patent frei übertragbar und kann frei belastet werden, wobei es insoweit nicht den Einschränkungen des BGB unterliegt. Einzig die fehlende Möglichkeit des gutgläubigen Erwerbs eines Patents schränkt die im Übrigen umfassende Verkehrsfähigkeit dieses Rechts ein. Die konkrete gesetzliche Ausgestaltung des Patentschutzes orientiert sich maßgeblich an der ökonomischen Verwertbarkeit eines Patents und bietet hierzu ausdifferenzierte Regelungen. Das Patent ist vom Grundsatz der Territorialität geprägt, weshalb jede Rechtsordnung die Frage der Schiedsfähigkeit der Patentnichtigkeitsklage im Hinblick auf im jeweiligen Staatsgebiet geschützte Patente beantworten muss.

Auch die verschiedenen Ansätze zur Rechtfertigung von Patentschutz basieren – wenn auch nicht ausschließlich so doch überwiegend – auf dem wirtschaftlichen Nutzen eines Patents. Insbesondere hier zeigt sich, dass Interessen Dritter an einem Patent allenfalls eine untergeordnete Rolle spielen. Es geht im Wesentlichen darum, den Patentinhaber hinsichtlich seiner ökonomischen Interessen am Patent zu schützen. Die Interessen der Allgemeinheit an einem funktionsfähigen Patentwesen, welches hinreichend Anreize zu Forschung und Entwicklung bietet, stehen dem nicht entgegen; diese Allgemeininteressen werden gerade dadurch gewahrt, dass der einzelne Patentinhaber in seinen Rechtspositionen geschützt wird.

Die historische Entwicklung des Patentschutzes zeigt, dass ein Anreize zu Forschung und Entwicklung bietendes Patentwesen sich gegenüber der allseitigen ungeschützten Nutzbarkeit von technischen Erfindungen durchsetzen konnte. Auch bei den historischen Diskussionen ging es stets um die Frage,

664 Vgl. § 11 Nr. 1 PatG, wonach nicht-gewerbliche Handlungen Dritter vom Patentschutz ausgenommen sind.

inwieweit einem Erfinder wirtschaftlich verwertbare Rechte an seiner Erfindung zu gewähren sind.

Die herausgearbeiteten Charakteristika des Patents sprechen dafür, dass Streitigkeiten über den Bestand eines Patents als vermögensrechtliche Ansprüche[665] i.S.v. § 1030 Abs. 1 S. 1 ZPO anzusehen sind.[666] Zudem legen die dargestellten Eigenschaften des Patents nahe, dass insoweit von einer „objektiven Verfügbarkeit"[667] des Rechts und damit von einer Vergleichsfähigkeit i.S.v. § 1030 Abs. 1 S. 2 ZPO auszugehen ist. Die Struktur des Patents bietet keinerlei Anhaltspunkte dafür, dass das Patent nicht zur Disposition seines Inhabers stehen würde. Die Ausprägungen und Besonderheiten des Patents stehen daher der Schiedsfähigkeit der Patentnichtigkeitsklage nicht entgegen.

Ferner ist die Qualifikation der Patenterteilung als Verwaltungsakt[668] mit Blick auf die Schiedsfähigkeit der Patentnichtigkeitsklage unproblematisch, da auch verwaltungsrechtliche Streitigkeiten schiedsfähig sein können[669] und zudem das Patent, nachdem es erteilt worden ist, eher zivilrechtlich und von seiner wirtschaftlichen Nutzbarkeit geprägt ist[670].

2. Die Patentnichtigkeitsklage

In diesem Abschnitt geht es um die Frage, ob die Besonderheiten des Verfahrens der Erklärung der Nichtigkeit des Patents der Schiedsfähigkeit einer Streitigkeit hierüber entgegenstehen.

a) Rechtsnatur der Patentnichtigkeitsklage

Durch die kontradiktorische Patentnichtigkeitsklage kann der Kläger ein Patent gerichtlich für nichtig erklären lassen.[671] Da das Patent aufgrund des förmlichen Akts der Patenterteilung wirksam ist, auch wenn es materiell-rechtlich zu Unrecht erteilt wurde oder besteht, bedarf es der rechtsgestaltenden Beseitigung des Patentschutzes durch das Urteil.[672] Die später im Falle einer erfolgreichen

---

665 Vgl. zu den hierfür maßgeblichen Kriterien Kap. D. I. 3. a).

666 So im Ergebnis auch *Baumann*, Patentstreitigkeiten, S. 204.

667 Vgl. zu den hierfür maßgeblichen Kriterien Kap. D. I. 3. b) aa) (2).

668 Vgl. Kap. E. III. 1. b).

669 Vgl. Kap. E. III. 1. c).

670 Vgl. Kap. E. III. 1. i).

671 *Baumann*, Patentstreitigkeiten, S. 87.

672 *Ann*, in: Kraßer/Ann, PatR, § 23 II b) 1; *Kaneko*, EU-Einheitspatent, S. 114 f.; *Keukenschrijver*, Patentnichtigkeitsverfahren, S. 35 Rn. 86.

Nichtigkeitsklage erfolgende Eintragung der Nichtigkeit des Patents im Patentregister gemäß § 30 Abs. 1 S. 2 PatG hat hingegen keine rechtsgestaltende sondern lediglich deklaratorische (rechtsbekundende) Wirkung.[673] Auch die Erhebung eines Einspruchs oder einer Patentnichtigkeitsklage sind gemäß § 30 Abs. 1 S. 2 PatG im Patentregister zu vermerken.[674]

b) Verhältnis zum Einspruchsverfahren

Der Patentnichtigkeitsklage vorgeschaltet ist der Einspruch gemäß §§ 59 ff. PatG. Dieser kann gemäß § 59 Abs. 1 S. 1 PatG grundsätzlich innerhalb von neun Monaten nach Veröffentlichung der Erteilung eines Patents durch jedermann eingelegt werden. Gemäß § 81 Abs. 2 S. 1 PatG ist die Patentnichtigkeitsklage gegenüber dem Einspruch subsidiär; sie kann nicht erhoben werden, solange der Einspruch noch erhoben werden kann oder ein Einspruchsverfahren anhängig ist.[675] Die Subsidiarität gilt auch für Dritte, die nicht an dem Einspruchsverfahren beteiligt sind, mit der Folge, dass auch ein am Einspruchsverfahren nicht beteiligter Dritter in gleicher Weise keine Patentnichtigkeitsklage erheben kann wie der Einspruchsführer.[676] Der Einspruch kann gemäß § 59 Abs. 1 S. 3 PatG ebenfalls nur auf einen der Nichtigkeitsgründe[677] von § 21 Abs. 1 PatG gestützt werden.

c) Verhältnis zur Verletzungsklage

Die Klage des Patentinhabers gegen einen Dritten aus einer Patentverletzung wird prozessual als „normale" zivilrechtliche Streitigkeit behandelt, für welche

---

673 *Otten-Dünnweber*, in: BeckOK, PatG, § 30 Rn. 12; gleichwohl kommt der Eintragung eine „erhebliche Indizwirkung" zu, BGH, Urt. v. 7.5.2013 – X ZR 69/11 – GRUR 2013, 713 Rn. 58; *Ohly*, GRUR 2016, 1120 spricht sich sogar für eine vollständige Beweislastumkehr aus.

674 *Hall/Nobbe*, in: Benkard, PatG, § 81 Rn. 45.

675 Vgl. *Mes*, PatG/GebrMG, § 22 PatG, Rn. 2; *Landry*, in: Haedicke/Timmann, Handbuch PatR, § 8 Rn. 10; s. auch BGH, Urt. v. 12.7.2005 - X ZR 29/05 - GRUR 2005, 967 zur Subsidiarität im Falle europäischer Patente.

676 BGH, Urt. v. 12.7.2005 - X ZR 29/05 - GRUR 2005, 967, 968 mit dem Argument, dies sei für eine Drittpartei nicht unbillig, da diese dem Einspruchsverfahren bis zu dessen Abschluss gemäß § 59 Abs. 2 PatG beitreten könne.

677 S. hierzu Kap. E. III. 2. e).

gemäß § 143 Abs. 1 PatG streitwertunabhängig das Landgericht zuständig ist. Die Anspruchsgrundlagen ergeben sich im Wesentlichen[678] aus § 139 PatG.

Das Verhältnis der Patentnichtigkeitsklage zur Verletzungsklage ist dadurch gekennzeichnet, dass im Verletzungsverfahren, mit Ausnahme vom Nichtigkeitsgrund der widerrechtlichen Entnahme nach § 21 Abs. 1 Nr. 3 PatG, das Patent nicht auf seine Rechtsbeständigkeit geprüft werden kann, sondern hinsichtlich Inhalt und Umfang so hinzunehmen ist, wie es erteilt wurde.[679] Hat ein Gericht im Verletzungsverfahren Zweifel an der Rechtsbeständigkeit des Patents, so kann es nach § 148 Abs. 1 ZPO das Verfahren – selbst in der Revision[680] – aussetzen, um die Entscheidung der Nichtigkeitsklage abzuwarten.[681] Diese Konstellation hat eine hohe praktische Relevanz, da der Beklagte einer patentrechtlichen Verletzungsklage sich regelmäßig, unter anderem – und oftmals hilfsweise – mit dem Einwand zur Wehr setzen wird, das Patent sei zu Unrecht erteilt worden.[682] Gerade aber aus dem Umstand, dass der Beklagte sich im Rahmen der Verletzungsklage nicht mit dem Einwand, das Patent sei nichtig, zur Wehr setzen kann, ergibt sich die besondere praktische Bedeutung der Nichtigkeitsklage.[683] Denn der Sachvortrag des Beklagten im Verletzungsstreit, das Patent, das er angeblich verletze, sei nichtig, kann im Verletzungsstreit vor dem Landgericht gar nicht berücksichtigt werden. Dogmatisch wird diese Besonderheit mit der „Tatbestandswirkung der Patenterteilung" begründet.[684]

Ferner ergeben sich aus dem prozessualen Auseinanderfallen von Verletzungs- und Nichtigkeitsklage einige Schwierigkeiten.[685] So hat zwar die erfolg*reiche*

678 Daneben sollen auch andere Ansprüche, insbesondere aus dem Bereicherungsrecht, möglich sein, vgl. nur *Grabinski/Zülch*, in: Benkard, PatG, § 139 Rn. 14 m.w.N.

679 BGH, Urt. v. 6.3.1959 - I ZR 93/57 - GRUR 1959, 320; *Einsele*, in: BeckOK, PatG, § 22 Rn. 11; *Kaneko*, EU-Einheitspatent, S. 116 ff.

680 Zur Aussetzung in der Revision s. BGH, Urt. v. 8.10.1957 - I ZR 164/56 - GRUR 1958, 75, 76 wobei betont wird, dass die Aussetzung im pflichtgemäßen Ermessen des Gerichts liegt und auch die Interessen des Verletzungsklägers an einer baldigen Entscheidung der Verletzungsklage zu berücksichtigen sind.

681 BGH, Beschl. v. 6.4.2004 - X ZR 272/02 - GRUR 2004, 710, 711; *Horn*, GRUR 1969, 169, 170; ausführlich *von Maltzahn*, GRUR 1985, 163 ff.; *Einsele*, in: BeckOK, PatG, § 22 Rn. 12.

682 *von Maltzahn*, GRUR 1985, 163.

683 Vgl. *Landry*, in: Haedicke/Timmann, Handbuch PatR, § 8 Rn. 5.

684 *Keukenschrijver*, Patentnichtigkeitsverfahren, S. 23 f., Rn. 72.

685 Zu der Frage, ob es rechtspolitisch sinnvoll bzw. wünschenswert wäre, Nichtigkeits- und Verletzungsklage in einem einheitlichen Prozess behandeln zu können *Krieger*,

Nichtigkeitsklage Gestaltungswirkung, sodass der Verletzungsprozess unmittelbar vom Ausgang der Nichtigkeitsklage abhängt. Die erfolg*lose* Nichtigkeitsklage hat jedoch keine über den Nichtigkeitsprozess hinausgehende Wirkung; das Gericht ist im Verletzungsverfahren insbesondere nicht an die Feststellungen des Nichtigkeitsurteils gebunden.[686] Es liegt also eine asymmetrische Bindungswirkung für den Verletzungsstreit vor.

d) Zuständigkeits- und Verfahrensfragen

Prozessual ist das Patentnichtigkeitsverfahren zweistufig ausgestaltet mit dem Ausgangsverfahren beim BPatG und einer Berufung zum Bundesgerichtshof.

aa) Erste Instanz, Bundespatentgericht

Gemäß § 65 Abs. 1 PatG ist für die Patentnichtigkeitsklage erstinstanzlich ausschließlich das Bundespatentgericht (BPatG) (teilweise, insbesondere im PatG mit Ausnahme von § 65 Abs. 1 S. 3, auch Patentgericht genannt) mit Sitz in München zuständig. Es wird als echte Gerichtsbarkeit und nicht lediglich als Verwaltungsselbstkontrolle des Patentamts selbstständig und unabhängig tätig.[687] Das BPatG ist gemäß Art. 96 Abs. 1 GG als besonderes oberes Bundesgericht errichtet und ist wie ein Oberlandesgericht dem Bundesgerichtshof gemäß Art. 96 Abs. 3 GG nachgeordnet.[688] Ob das BPatG der ordentlichen[689] Gerichtsbarkeit oder der Verwaltungsgerichtsbarkeit[690] angehört, ist umstritten.[691]

GRUR 1977, 343, 344 m.w.N. sowie *Horn*, GRUR 1969, 169 mit rechtsvergleichenden Erwägungen.

686 BGH, Urt. v. 26.1.1988 - X ZR 6/87 - GRUR 1988, 444, 445 f.; *Mes*, PatG/GebrMG, § 84 PatG, Rn. 19.

687 Vgl. *Schäfers/Schwarz*, in: Benkard, PatG, § 65 Rn. 3, 5.

688 Vgl. *Mes*, PatG/GebrMG, § 65 PatG, Rn. 4.

689 *Pitz*, Patentverletzungsverfahren, Rn. 186; *Mes*, GRUR 2001, 584, 585 liest die Zuordnung zur ordentlichen Gerichtsbarkeit unmittelbar aus Art. 96 Abs. 3 GG („Oberster Gerichtshof (...) ist der BGH"); *Herbst*, in: FS 25 Jahre BPatG, 47 ff.; wohl auch *Ann*, in: Kraßer/Ann, PatR, § 23 II b) 1.

690 So wohl tendenziell *Bernhardt*, NJW 1961, 996, 999; zudem *Spanner*, JZ 1960, 329, 333 f.; *Detterbeck*, in: Sachs, GG, Art. 96 Rn. 7; die Frage offenlassend, da im PatG ohnehin ein „eigener Patentrechtsweg geregelt" sei: *Jachmann-Michel*, in: Maunz/Dürig, GG, Art. 96 Rn. 15.

691 *van Hees*, Verfahrensrecht in Patentsachen, Kap. 2.2, nennt es „ordentliche Gerichtsbarkeit besonderer Art"; zu der Entwicklungsgeschichte der Patentnichtigkeitsklage von einem öffentlich-rechtlichen Patentamtsverfahren hin zu einem stärker zivilprozessual geprägten Verfahren s. *Pitz*, GRUR 1995, 231.

Für europäische Patente wird es gemäß Art. 83 Abs. 1 EPGÜ jedenfalls für einen Übergangszeitraum von sieben Jahre nach Inkrafttreten des EPGÜ die Möglichkeit geben, Patentnichtigkeitsklagen auch weiterhin vor dem BPatG zu führen.[692]

Werden mehrere Nichtigkeitsklagen, die sich auf das gleiche Patent beziehen, zur gleichzeitigen Verhandlung und Entscheidung verbunden, sind die Kläger notwendige Streitgenossen gemäß § 62 Abs. 1 ZPO.[693]

Gemäß § 65 Abs. 2 PatG gibt es am BPatG rechtskundige und technische Richter. Die technischen Richter sind aufgrund ihrer technischen Sachkunde, die den Maßstäben von § 65 Abs. 2 S. 3 PatG i.V.m. § 26 Abs. 3 PatG genügen muss, allgemein zur Beurteilung technischer Sachverhalte berufen und hierbei nicht auf die Bereiche beschränkt, welche Ihnen unmittelbar aufgrund von Vorbildung und bisheriger Tätigkeit bekannt sind.[694] Insbesondere sollen die technischen Richter hierbei in der Lage sein, nach pflichtgemäßem Ermessen zu entscheiden, ob zur Beurteilung einer technischen Frage die Einholung eines Sachverständigengutachtens erforderlich ist, oder ob die eigene Sachkunde mindestens eines Mitglieds des Senats ausreicht.[695] Dabei sind die technischen Mitglieder nicht verpflichtet, den genauen Stand ihrer technischen Sachkunde zu offenbaren und müssen keine Auskünfte über ihren Werdegang erteilen.[696]

Gemäß § 66 Abs. 1 Nr. 2 PatG werden beim BPatG eigene Nichtigkeitssenate gebildet. Derzeit sind am BPatG sechseinhalb Nichtigkeitssenate eingerichtet.[697] Diese sind zwar nicht nur für Nichtigkeitsklagen, sondern auch für Zwangslizenzverfahren zuständig, der absolute Tätigkeitsschwerpunkt liegt jedoch im Bereich der Nichtigkeitsklagen. Deshalb werden die Senate im Gesetzestext auch entsprechend bezeichnet.[698] Ein Nichtigkeitssenat ist im Falle einer Patentnichtigkeitsklage gemäß § 67 Abs. 2 PatG mit einem rechtskundigen Richter als Vorsitzenden, einem weiteren rechtskundigen sowie drei technischen Richtern

---

692 *Landry*, in: Haedicke/Timmann, Handbuch PatR, § 8 Rn. 3.

693 BGH, Urt. v. 27.10.2015 - X ZR 11/13 - GRUR 2016, 361, 365.

694 BGH, Beschl. v. 30.9.1997 - X ZB 17/96 - GRUR 1998, 373, 375.

695 BPatG, Urt. v. 10.1.2012 - 4 Ni 6/11 - GRUR 2013, 165.

696 *Mes*, PatG/GebrMG, § 65 PatG, Rn. 10.

697 Die Senate 1-6 sind reine Nichtigkeitssenate und der 7. Senate ist juristischer Beschwerdesenat und Nichtigkeitssenat, s. https://www.bundespatentgericht.de/DE/dasGericht/Organisation/organisation_node.html#doc240336bodyText2

698 *Ann*, in: Kraßer/Ann, PatR, § 23 II b) 1.; *Schäfers/Schwarz*, in: Benkard, PatG, § 66 Rn. 4.

besetzt.[699] Gemäß § 68 PatG bestimmt sich die Geschäftsverteilung nach dem zweiten Titel des GVG. Die einschlägige Vorschrift ist insoweit § 21 Abs. 1 S. 1 GVG, wonach das Präsidium die Geschäftsverteilung bestimmt. Die jeweiligen Zuständigkeiten der einzelnen Nichtigkeitssenate werden hierbei korrespondierend zu den Zuständigkeiten bestimmter Technischer Beschwerdesenate des BPatG gebildet.[700] Die Zuständigkeiten der Technischen Beschwerdesenate sind wiederum nach technischen Fachgebieten im Sinne der Internationalen Patentklassifikation (IPC) festgelegt. Die entsprechende Klassifikation eines Patents wird bereits bei der Anmeldung des Patents vom Patentamt vorgenommen. Diese Festlegung durch das Patentamt ist jedoch nicht bindend für den jeweiligen Senat, sondern das Beschwerdegericht hat die Kompetenz, seine Zuständigkeit selbstständig festzustellen.[701]

Durch die Einführung von § 83 PatG zum 1. Oktober 2009 wurde das erstinstanzliche Patentnichtigkeitsverfahren in prozessualer Hinsicht neu gefasst. Die Dauer des erstinstanzlichen Verfahrens betrug zwischen 2013 und 2017 durchschnittlich etwa zwei Jahre.[702] § 83 PatG sieht vor, dass das Verfahren vor dem BPatG stärker strukturiert und transparenter gestaltet werden soll. Kernpunkt dieser Neuerungen ist der qualifizierte Hinweis des Gerichts an die Parteien nach § 83 Abs. 1 PatG, welcher damit korrespondiert, dass im Berufungsverfahren vor dem BGH keine Tatsachenfeststellungen, sondern nur noch eine reine Rechtsprüfung stattfinden soll. Zudem ist in § 83 Abs. 4 PatG eine Präklusionsregelung für verspätetes Vorbringen bereits in dem erstinstanzlichen Verfahren vorgesehen, wobei gegenüber den Präklusionsregeln der ZPO und der VwGO die Besonderheit besteht, dass die Präklusion nicht erst bei einer Verzögerung[703] des Rechtstreits im Sinne von § 296 ZPO greift, sondern der neue Vortrag lediglich eine Vertagung des Termins zur Folge haben muss. Dadurch ist zu erwarten,

---

699 Der Verweis auf § 84 PatG schließt die Patentnichtigkeitsklage mit ein, vgl. *Mes*, PatG/GebrMG, § 67 PatG, Rn. 12.

700 Vgl. *Schnurr*, in: BeckOK, PatG, § 68 Rn. 2.

701 BGH, Beschl. v. 5.10.1982 - X ZB 4/82 - GRUR 1983, 114, 115.

702 *Landry*, in: Haedicke/Timmann, Handbuch PatR, § 8 Rn. 25.

703 "Verzögerung" i.S.d. ZPO beinhaltet nach der herrschenden absoluten Theorie stets das Erfordernis einer neuen Beweisaufnahme, was wiederum voraussetzt, dass der neue Sachvortrag von der Gegenseite bestritten wird, vgl. BGH, Urt. v. 26.11.1984 - VIII ZR 217/83 - NJW 1985, 1556, 1558. Bei Patentverfahren geht es jedoch regelmäßig um umfangreiches Material zu technischen Fragen, das unstreitig bleibt, aber den Prozess dennoch im untechnischen Sinn des Worts "verzögert", vgl. BT-Drs. 16/11339, S. 22.

dass das Verfahren vor dem BPatG sich tendenziell verlängern dürfte, da die zuvor vorhandene Möglichkeit, noch in der Berufung weiteren Sachvortrag zu präsentieren, nicht mehr besteht.[704]

bb) Zweite Instanz, Bundesgerichtshof

Gegen die Urteile des BPatG steht den Parteien die Berufung zum BGH offen. Dieses Verfahren ist in §§ 110 ff. PatG geregelt. Seit der Reformierung des PatG zum 1. Oktober 2009 finden gemäß § 117 S. 1 PatG die §§ 529 ff. ZPO entsprechende Anwendung. Damit ist die Berufung beim BGH in aller Regel auf die Prüfung von Rechtsfehlern beschränkt und es gibt keine echte zweite Tatsacheninstanz.[705]

e) Nichtigkeitsgründe, § 22 Abs. 1 i.V.m. § 21 Abs. 1 Nr. 1-4 PatG

Die Nichtigkeitsgründe sind in § 21 Abs. 1 PatG abschließend[706] aufgeführt und finden gemäß § 22 Abs. 1 PatG auf die Nichtigkeitsklage betreffend deutsche Patente, die nach dem 1. Januar 1981 angemeldet wurden, Anwendung.[707] Bei allen Nichtigkeitsgründen aus § 21 Abs. 1 PatG handelt es sich um materielle Gründe.

Die Nichtigkeitsklage ist grundsätzlich als Popularklage ausgestaltet, sodass es das Erfordernis der Klagebefugnis nur bei dem Nichtigkeitsgrund der widerrechtlichen Entnahme nach § 21 Abs. 1 Nr. 3 PatG gibt; es genügt in jedem Fall bereits, wenn die Möglichkeit besteht, dass der Kläger aus dem angegriffenen Patent in Anspruch genommen werden könnte.[708] Die Ausgestaltung der Patentnichtigkeitsklage als Popularklage wird damit gerechtfertigt, dass die förmliche Nichtigerklärung eines Patents im öffentlichen Interesse liegen soll.[709]

---

704 Vgl. BT-Drs. 16/11339, S. 22 mit dem Hinweis, das BPatG sei besser als der BGH in der Lage, stärkerem Arbeitsanfall infolge der Neuerungen zu begegnen.

705 Vgl. *Kubis*, in: BeckOK, PatG, Vorb. § 110 Rn. 4; Ziel dieser Änderung war es, den BGH durch den Wegfall einer zweiten Tatsacheninstanz zu entlasten, vgl. BT-Drs. 16/11339, S. 17.

706 Allg. M., s. BGH, Beschl. v. 22.2.1994 - X ZB 15/92 - GRUR 1994, 439, 441; BGH, Beschl. v. 15.5.1997 – X ZB 8/95 – GRUR 1997, 612, 613; *Mes*, PatG/GebrMG, § 21 PatG, Rn. 1; *Landry*, in: Haedicke/Timmann, Handbuch PatR, § 8 Rn. 12.

707 *Mes*, PatG/GebrMG, § 22 PatG, Rn. 3; zu vor dem Jahr 1981 angemeldeten Patenten s. BGH, Beschl. v. 23.1.1990 - X ZB 9/89 - GRUR 1990, 432, 433.

708 BGH, Urt. v. 29.6.2010 - X ZR 49/09 - GRUR 2010, 992; *Einsele*, in: BeckOK, PatG, § 22 Rn. 6; *Baumann*, Patentstreitigkeiten, S. 87.

709 *Mes*, PatG/GebrMG, § 22 PatG, Rn. 2.

Die Nichtigkeitsklage ist grundsätzlich unabhängig von vorangegangenen Entscheidungen im Erteilungs- oder Einspruchsverfahren, sodass auch eine Partei, die zuvor im Einspruchsverfahren gegen das Patent unterlag, Nichtigkeitsklage erheben kann, wobei frühere Entscheidungen als „sachverständige Stellungnahmen von erheblichem Gewicht" zu beachten sein sollen.[710]

f) Amtsermittlungsgrundsatz, § 87 Abs. 1 PatG

Gemäß § 87 Abs. 1 PatG, der mit Ausnahme eines Halbsatzes mit der entsprechenden Norm zum Verwaltungsverfahren, § 86 Abs. 1 VwGO, übereinstimmt, gilt im Verfahren zur Patentnichtigkeitsklage grundsätzlich der Amtsermittlungsgrundsatz. Beim Amtsermittlungsgrundsatz hat das Gericht den Sachverhalt von Amts wegen zu ermitteln, wohingegen bei dessen Gegenstück, dem im Zivilprozess geltenden Dispositionsgrundsatz, den Parteien weitgehend freigestellt ist, welchen Sachverhalt sie dem Gericht als Entscheidungsgrundlage darlegen.[711] Die Reichweite der richterlichen Ermittlungspflicht hängt hierbei davon ab, inwieweit das öffentliche Interesse bei den entscheidungserheblichen Tatsachen betroffen ist; hierbei soll ebenfalls zu berücksichtigen sein, dass es bei der Patentnichtigkeitsklage um die Bestandskraft von Verwaltungsakten geht.[712] Ferner ist im Patentnichtigkeitsverfahren infolge des Amtsermittlungsgrundsatzes ein das Gericht bindendes Anerkenntnis gemäß § 307 ZPO nicht möglich.[713] An § 308 Abs. 1 ZPO soll das BPatG hingegen gebunden sein, sodass es nicht über den Antrag des Klägers hinausgehen darf und keine anderen als die geltend gemachten Nichtigkeitsgründe prüfen darf.[714]

Der Grundsatz der Amtsermittlung im Nichtigkeitsverfahren unterliegt aber auch Einschränkungen. Die normative Anknüpfung hierfür ist einerseits § 124 PatG, wonach die Parteien einer Wahrheits- und Mitwirkungspflicht unterliegen.[715] Diese Norm entspricht zudem fast wörtlich § 138 Abs. 1 ZPO, also der diesbezüglichen Vorschrift aus dem Zivilprozess. Andererseits verweist § 99 Abs. 1 PatG im Übrigen auf das GVG und die ZPO, „wenn die Besonderheiten des Verfahrens vor dem Patentgericht dies nicht ausschließen". Hierbei ist

---

710 BGH, Urt. v. 4.5.1995 - X ZR 29/93 - GRUR 1996, 757, 759; *Landry*, in: Haedicke/Timmann, Handbuch PatR, § 8 Rn. 11; vgl. auch *Kaneko*, EU-Einheitspatent, S. 112 ff.

711 *Schäfers*, in: Benkard, PatG, § 87 Rn. 2.

712 *Schäfers*, in: Benkard, PatG, § 87 Rn. 2a.

713 BGH, Beschl. v. 28.3.1995 - X ZB 1/95 - GRUR 1995, 577.

714 *Einsele*, in: BeckOK, PatG, § 22 Rn. 10.

715 Vgl. *Landry*, in: Haedicke/Timmann, Handbuch PatR, § 8 Rn. 8.

jedoch zu beachten, dass auch die VwGO in § 173 S. 1 eine wiederum fast wörtlich identische Vorschrift enthält.

Insgesamt lassen der Amtsermittlungsgrundsatz nach § 87 Abs. 1 PatG und seine Auswirkungen auf die Nichtigkeitsklage dieselbe als einen Prozess eigener Art erscheinen, der sowohl Elemente des Verwaltungsprozesses als auch Elemente des Zivilprozesses in sich vereint. Die Berufung vor dem BGH ist dann ganz überwiegend zivilprozessual geprägt.[716]

g) Rechtsfolgen

Hat die Patentnichtigkeitsklage Erfolg, so wird das Patent durch rechtsgestaltendes Urteil gemäß § 22 Abs. 1, 2 i.V.m. § 21 Abs. 3 PatG ex tunc und mit Erga-omnes-Wirkung für nichtig erklärt.[717] Eine Besonderheit zu der Ex-tunc-Nichtigkeit des Patents bildet der Fall, dass ein Lizenzvertrag vorliegt. Hier ist zwar weiterhin das Patent selbst, im Falle des Erfolgs der Nichtigkeitsklage, ex tunc nichtig, der Lizenzvertrag behält jedoch seine Wirksamkeit, bis das Patent rechtskräftig für nichtig erklärt ist; im Hinblick auf den Lizenzvertrag liegt daher eine Ex-nunc-Wirkung vor.[718] Wenn sich nach rechtskräftiger Vernichtung des Patents weitere Rechte und Pflichten aus dem Lizenzvertrag ergeben sollen, so muss dies explizit geregelt sein.[719]

Die Erklärung der Nichtigkeit durch Urteil wird gemäß § 30 Abs. 1 S. 2 PatG im Patentregister eingetragen.[720] Diese Eintragung berührt allerdings nicht den materiellen Bestand des Patents, sondern begründet lediglich aufgrund der Eigenschaft des Patentregisters als öffentliches, von einer Verwaltungsbehörde geführtes Register die Vermutung ihrer Richtigkeit und vermittelt einen gewissen Rechtsschein.[721]

---

716 Vgl. *Rogge/Kober-Dehm*, in: Benkard, PatG, § 22 Rn. 8.

717 BGH, Urt. v. 5.7.2005 - X ZR 167/03 - GRUR 2005, 935, 936; BGH, Beschl. v. 17.1.2006 - X ZR 236/01 - GRUR 2006, 438, 439 führt die Erga-omnes-Wirkung aus, um darzulegen, dass die Voraussetzungen für eine Nebenintervention nach § 66 ZPO gegeben sind; s. BGH, Urt. v. 27.10.2015 – X ZR 11/13 – GRUR 2016, 361, 365 ebenfalls zur Erga-Omnes-Wirkung und zur Ex-tunc-Wirkung der Patentnichtigkeit; *Baumann*, Patentstreitigkeiten, S. 89; vgl. auch *Hall/Nobbe*, in: Benkard, PatG, § 84 Rn. 12.

718 BGH, Urt. v. 25.1.1983 - X ZR 47/82 - GRUR 1983, 237, 238 f.; LG Düsseldorf, Teilurt. v. 21.8.2014 - 4a O 141/13 - GRUR-RS 2015, 04893.

719 OLG Düsseldorf, Urt. v. 10.9.2015 - I-15 U 124/14 - GRUR-RS 2015, 16404, Rn. 28 ff.

720 Vgl. Kap. E. III. 2. a).

721 So BPatG, Beschl. v. 5.8.2008 - 24 W (pat) 97/07 - GRUR 2009, 188, 191; *Otten-Dünnweber*, in: BeckOK, PatG, § 30 Rn. 12.

Wird die Patentnichtigkeitsklage abgewiesen, können sich verschiedene Rechtsfolgen ergeben. Das klagabweisende Nichtigkeitsurteil gilt grundsätzlich gemäß § 325 Abs. 1 ZPO i.V.m. § 99 Abs. 1 PatG nur zwischen den Parteien des Rechtsstreits und deren Rechtsnachfolgern.[722] Der erfolglose Nichtigkeitskläger selbst kann nicht erneut das gleiche Patent im Hinblick auf den oder die gleichen Nichtigkeitsgrund bzw. -gründe angreifen.[723] Dies gilt selbst dann, wenn er sich bei gleichem Nichtigkeitsgrund auf einen anderen Sachverhalt beruft.[724] Nach herrschender Meinung sind Dritte in keiner Weise an eine abgewiesene Patentnichtigkeitsklage eines anderen gebunden und können das gleiche Patent, sogar unter Berufung auf die gleichen Nichtigkeitsgründe, noch mal angreifen.[725] Der Richter im Verletzungsrechtstreit ist an die Feststellungen des Nichtigkeitsurteils im Falle der Klagabweisung nicht gebunden, soll auf diese aber als Hilfe bei der Auslegung des Patents zurückgreifen können.[726]

h) Zwischenergebnis und Bezug zur objektiven Schiedsfähigkeit

Die Patentnichtigkeitsklage zeigt sich als eine Klage mit einer Reihe von Besonderheiten. Zunächst ist die dogmatische und prozessuale Ansiedlung zwischen Zivil- und Verwaltungsprozess, allerdings mit deutlichem Überhang zum Zivilprozess, festzustellen.[727] Ferner wird den sehr technischen und dadurch über rechtliche Fragen hinausgehenden, sehr komplexen Sachverhalten durch die Sonderzuständigkeit bei den entsprechenden hochspezialisierten Senaten des

722 BGH, Urt. v. 29.11.2011 - X ZR 23/11 - GRUR 2012, 540, 541; *Mes*, PatG/GebrMG, § 84 PatG, Rn. 21; *Schnekenbühl*, in: BeckOK, PatG, § 84 Rn. 15; kritisch hierzu *van Venrooy*, GRUR 1991, 92.

723 BGH, Urt. v. 19.2.1963 - Ia ZR 64/63 - GRUR 1964, 18, 19; *Hall/Nobbe*, in: Benkard, PatG, § 84 Rn. 12.

724 *Schnekenbühl*, in: BeckOK, PatG, § 84 Rn. 15.

725 BGH, Urt. v. 29.11.2011 - X ZR 23/11 - GRUR 2012, 540, 541, wonach sich selbst eine Kapitalgesellschaft nicht das Urteil gegen ihren Alleingesellschafter entgegenhalten lassen muss; *Hall/Nobbe*, in: Benkard, PatG, § 84 Rn. 12; *Rogge/Kober-Dehm*, in: Benkard, PatG, § 22 Rn. 95; a.A. hierzu bereits *Gaul*, GRUR 1965, 337, 342 mit dem Vorschlag, bestimmte Tatsachen, die ausweislich der abgewiesenen Nichtigkeitsklage einem Patent nicht entgegenstehen, sollten de lege ferenda ins Patentregister aufgenommen werden können; a.A. auch *van Venrooy*, GRUR 1991, 92, der im Ergebnis über eine teleologische Reduktion von § 99 Abs. 1 PatG eine Drittwirkung annimmt.

726 BGH, Urt. v. 30.9.1958 - I ZR 54/57 - GRUR 1959, 81, 82; BGH, Urt. v. 26.1.1988 - X ZR 6/87 - GRUR 1988, 444, 445 f.; *Rogge/Kober-Dehm*, in: Benkard, PatG, § 22 Rn. 96.

727 So im Ergebnis auch *Kaneko*, EU-Einheitspatent, S. 122 ff.

BPatG Rechnung getragen. Die Besetzung der Nichtigkeitssenate auch mit technischen Richtern sowie eine in technischer Hinsicht weitreichende Spezialisierung durch die Verteilung der Zuständigkeiten nach technischen Fachgebieten bzw. Klassifikationen versprechen eine hohe fachliche Kompetenz der einzelnen Senate des BPatG, gerade auch hinsichtlich der technischen Fragestellungen.

Zudem ist das prozessuale Auseinanderfallen von Nichtigkeits- und Verletzungsklage zu beachten. Hierdurch entstehen einige Schwierigkeiten. Einerseits erscheint die (mögliche) Aussetzung des Verletzungsprozesses um den Ausgang eines parallel und möglicherweise als Verteidigungsstrategie angestrengten Nichtigkeitsprozesses abzuwarten, unter prozessökonomischen Gesichtspunkten ungünstig, da sich zwei unterschiedliche Gerichte mit der gleichen Sache beschäftigen und im Falle der Abweisung der Nichtigkeitsklage noch nicht einmal eine Bindungswirkung gegenüber dem Landgericht im Verletzungsverfahren besteht. Andererseits können gerade diese Umstände für den Beklagten im Nichtigkeitsprozess erhebliche Anreize und Möglichkeiten bieten, die gegen ihn angestrengte Verletzungsklage durch einen Nichtigkeitsprozess zu verzögern.[728] Bei einer Behandlung der Patentnichtigkeitsklage im Schiedsverfahren würden diese Nachteile des Auseinanderfallens von Nichtigkeits- und Verletzungsklage entfallen, da diese in einem einheitlichen Schiedsverfahren behandelt werden könnten.[729]

Die herausgearbeiteten Spezifika der Patentnichtigkeitsklage stehen der Schiedsfähigkeit der Patentnichtigkeitsklage nicht entgegen. Insbesondere kann auf Basis dieser Besonderheiten kein Verstoß gegen den verfahrensrechtlichen Ordre Public[730] infolge einer schiedsgerichtlichen Behandlung der Patentnichtigkeitsklage ausgemacht werden. Allein die hohe Spezialisierung und die technische Kompetenz der Richter des BPatG bedeuten nicht, dass eine schiedsrichterliche Behandlung der Patentnichtigkeitsklage gegen grundlegende Verfahrensgrundsätze verstoßen würde. Denn einerseits ist es den Parteien im Rahmen der Privatautonomie zuzubilligen, sich einem Schiedsgericht zu unterstellen und somit auf den Ordre Public-Schutz, den das gerichtliche Verfahren gewährt, zu verzichten.[731] Andererseits kann nicht pauschal angenommen werden, dass Schiedsgerichte hinsichtlich der fachlich-technischen Expertise den Senaten des BPatG unterlegen sind.[732]

---

728 S. hierzu auch *Horn*, GRUR 1969, 169, 170.
729 S. auch Kap. D. IV. 7.
730 S. Kap. D. III. 1. a) bb).
731 S. Kap. D. III. 4.
732 S. Kap. D. IV. 4.

Auch führt der Amtsermittlungsgrundsatz[733] – für sich genommen – nicht dazu, dass eine schiedsgerichtliche Behandlung den verfahrensrechtlichen Ordre Public verletzt. Denn einerseits ist der Amtsermittlungsgrundsatz eingeschränkt und gilt nicht absolut.[734] Andererseits ist die Patentnichtigkeitsklage kontradiktorisch[735] und als Popularklage[736] ausgestaltet, sodass die privatautonome Initiierung und Gestaltung der Patentnichtigkeitsklage dem eingeschränkten Amtsermittlungsgrundsatz gegenüberstehen. Bei einer Gesamtschau der Beschaffenheit der Patentnichtigkeitsklage ist daher nicht ersichtlich, dass eine Behandlung durch ein Schiedsgericht einen Verstoß gegen den verfahrensrechtlichen Ordre Public bedeuten würde.

3. Zwischenergebnis

Im vorangegangenen Kapitel[737] konnte herausgestellt werden, dass die allgemeinen Kriterien und Maßstäbe der objektiven Schiedsfähigkeit bereits dafürsprechen, dass einerseits die objektive Schiedsfähigkeit generell weit auszulegen ist und dass andererseits viele Argumente dafürsprechen, dass die Patentnichtigkeitsklage nach diesen Kriterien und Maßstäben schiedsfähig sein dürfte. Darauf aufbauend konnte in diesem Abschnitt nunmehr herausgearbeitet werden, dass auch die Spezifika des Patents und der Patentnichtigkeitsklage dafürsprechen, dass die Patentnichtigkeitsklage schiedsfähig ist. Durchgreifende Argumente, die einer Schiedsfähigkeit der Patentnichtigkeitsklage im Wege stehen würden, konnten in den bisherigen Untersuchungen nicht ausgemacht werden.

IV. Rechtswirkungen des Schiedsspruchs

Im letzten Abschnitt dieses Kapitels wird der Frage nachgegangen, ob die Rechtswirkungen des Schiedsspruchs der objektiven Schiedsfähigkeit der Patentnichtigkeitsklage entgegenstehen.

Um diese Frage zu beantworten, wird zunächst untersucht, ob Schiedssprüche generell rechtskraftfähig sind, inwieweit sich die Rechtskraft des Schiedsspruchs von der Rechtskraft gerichtlicher Urteile unterscheidet und ob sich hinsichtlich der Rechtskraft des Schiedsspruchs sonstige Besonderheiten ergeben. Ein

733 S. Kap. E. III. 2. f)
734 S. Kap. E. III. 2. f).
735 S. Kap. E. III. 2. a).
736 S. Kap. E. III. 2. e).
737 S. Kap. D.

Schiedsspruch kann grundsätzlich gegenüber jedermann, also erga omnes, wirken, die Wirkungen des Schiedsspruchs können sich aber auch auf die Parteien des Schiedsverfahrens beschränken, sodass der Schiedsspruch allein inter partes wirkt. Im Folgenden wird untersucht, welche rechtlichen Wirkungen ein Schiedsspruch über die Nichtigkeit eines Patents hat. Abschließend wird herausgearbeitet, ob sich die dargestellten Lösungen mit den Regelungen von §§ 1053 und 894 S. 1 ZPO vereinbaren lassen bzw. welche Implikationen aus diesen Regelungen folgen.

1. Die Rechtskraft des Schiedsspruchs

In Folgenden wird untersucht, ob Schiedssprüche generell rechtskraftfähig sind, inwieweit sich die Rechtskraft des Schiedsspruchs von der Rechtskraft gerichtlicher Urteile unterscheidet und ob sich hinsichtlich der Rechtskraft des Schiedsspruchs sonstige Besonderheiten ergeben.

a) Rechtskraft zivilgerichtlicher Urteile

Da das PatG keine Aussagen zur Rechtskraft trifft, sind die Vorschriften der ZPO zur Rechtskraft grundsätzlich gemäß § 99 PatG auch auf das gerichtliche Patentnichtigkeitsverfahren anzuwenden.[738] Deshalb soll zunächst in gebotener Kürze die Rechtskraft des zivilgerichtlichen Urteils skizziert werden, bevor die Rechtskraft des Schiedsspruchs hierzu abgegrenzt wird.

Die Rechtskraft des zivilgerichtlichen Urteils ergibt sich aus §§ 705 (formelle Rechtskraft), 322 (materielle Rechtskraft) ZPO.[739] Die formelle Rechtskraft beschreibt die Unangreifbarkeit einer Entscheidung durch ordentliche Rechtsbehelfe.[740] Materielle Rechtskraft bedeutet hingegen, dass ein später angerufenes Gericht an die rechtskräftige Entscheidung gebunden ist.[741] Diese Gebundenheit ist nach heute herrschender Meinung rein prozessual – also ohne dass das Gericht das zwischen den Parteien geltende materielle Recht gestalten würde – angeknüpft.[742] Die materielle Rechtskraft ist durch das Gericht von Amts wegen

738 Vgl. BGH, Beschl. v. 16.6.1993 - I ZB 14/91 - NJW 1993, 2942, 2943.

739 Vgl. *Germelmann*, Die Rechtskraft, S. 9 f.

740 Vgl. *Bosch*, Rechtskraft und Rechtshängigkeit, S. 35; *Stapf*, Die Entwicklung der Rechtskraftlehre, S. 532; *Götz*, in: MünchKomm, ZPO, § 705 Rn. 1; *Musielak*, in: Musielak/Voit, ZPO, § 322 Rn. 1; *Saenger*, in: Saenger, ZPO, § 322 Rn. 1.

741 Vgl. *Stapf*, Die Entwicklung der Rechtskraftlehre, S. 532 f.; *Musielak*, NJW 2000, 3593.

742 Ausführlich und zugleich kritisch *Braun*, in: FS Spellenberg 2010, 69 ff.; *Lühmann*, Die Rechtskraft des Schiedsspruchs, S. 14; *Gottwald*, in: MünchKomm, ZPO, § 322 Rn. 9.

zu berücksichtigen.[743] Sie führt dazu, dass jeder neuen Verhandlung, Beweiserhebung oder Entscheidung zu dem rechtskräftig entschiedenen Streitgegenstand[744] das Rechtsschutzbedürfnis fehlt.[745] Die formelle Rechtskraft ist daher eine Voraussetzung für die materielle Rechtskraft.[746] Subjektiv wirkt das gerichtliche Urteil nur zwischen den Prozessparteien, wobei § 325 Abs. 1 ZPO die Rechtskraft auf Personen erstreckt, die nach Rechtshängigkeit Rechtsnachfolger einer Partei geworden sind.[747]

b) § 1055 ZPO

Da der Schiedsspruch lediglich von einem privaten Schiedsgericht erlassen wird, entfaltet er aus sich heraus zunächst keine hoheitlichen Wirkungen.[748] Deshalb muss das Gesetz den Schiedsspruch mit hoheitlichen Wirkungen ausstatten.[749] Im Schiedsverfahren ist hinsichtlich der Rechtskraft des Schiedsspruchs § 1055 ZPO die maßgebliche Norm. Dort heißt es: „Der Schiedsspruch hat unter den Parteien die Wirkungen eines rechtskräftigen gerichtlichen Urteils.“ Damit wird der Schiedsspruch dem gerichtlichen Urteil in dieser Hinsicht gleichgestellt.[750] § 1055 ZPO bezieht sich insoweit allerdings nur auf die materielle

---

743 BGH, Urt. v. 16.1.2008 - XII ZR 216/05 - NJW 2008, 1227 f.; BGH, Urt. v. 14.2.1962 - IVZR 156/61 - NJW 1962, 1109; *Lühmann*, Die Rechtskraft des Schiedsspruchs, S. 15; *Schwab*, Zivilprozessrecht, Rn. 352; ausführlich hierzu *Gaul*, in: FS Flume 1978, 443, 513 ff.; kritisch *Braun*, in: FS Spellenberg 2010, 69 f.; ebenfalls kritisch *Homfeldt*, Die Beachtung der Rechtskraft, S. 39 ff.

744 Zum zweigliedrigen Streitgegenstandsbegriff, bestehend aus Klageantrag und Lebenssachverhalt vgl. BGH, Urt. v. 5.11.2009 - IX ZR 239/07 - NJW 2010, 2210, 2211 m.w.N.; BGH, Urt. v. 22.5.1981 - V ZR 111/80 - NJW 1981, 2306; *Germelmann*, Die Rechtskraft, S. 28 ff; *Lühmann*, Die Rechtskraft des Schiedsspruchs, S. 85; *Paulus*, Zivilprozessrecht, Rn. 154; *Reischl*, Die objektiven Grenzen der Rechtskraft, S. 208 ff.

745 BGH, Urt. v. 22.10.2013 - XI ZR 42/12 - NJW 2014, 314; BGH, Urt. v. 19.11.2003 - VIII ZR 60/03 - NJW 2004, 1252, 1253; *Gottwald*, in: MünchKomm, ZPO, § 322 Rn. 9.

746 BGH, Urt. v. 19.10.2005 - VIII ZR 217/04 - NJW 2005, 3724, 3725; *Bosch*, Rechtskraft und Rechtshängigkeit, 37; *Stapf*, Die Entwicklung der Rechtskraftlehre, S. 532; *Gottwald*, in: MünchKomm, ZPO, § 322 Rn. 17.

747 *Germelmann*, Die Rechtskraft, S. 41 ff.; *Pohlmann*, Zivilprozessrecht, Rn. 710.

748 *Lühmann*, Die Rechtskraft des Schiedsspruchs, S. 28.

749 *Lühmann*, Die Rechtskraft des Schiedsspruchs, S. 28.

750 Früher wurde vertreten, dass der Schiedsspruch ein vor dem Schiedsrichter geschlossener Vergleich sei. Diese Ansicht wird heute nicht mehr vertreten, vgl. *Fournier*, Bindungswirkung schiedsgerichtlicher Rechtsansichten, S. 79 m.w.N.

Rechtskraft nach § 322 ZPO.[751] Es mangelt hinsichtlich der Wirkungen eines Schiedsspruchs auch an einer vollständigen Gleichstellung mit dem gerichtlichen Urteil, insbesondere hat der Schiedsspruch keine Titelwirkung.[752] Wie auch beim gerichtlichen Urteil ist beim Schiedsspruch die formelle Rechtskraft Voraussetzung für die materielle Rechtskraft.[753] Da die ZPO für das Schiedsverfahren keine ordentlichen Rechtsbehelfe vorsieht, stellt sich die Frage, wann vom Eintritt der formellen Rechtskraft auszugehen ist. Dieser ist, etwas allgemeiner gefasst als beim gerichtlichen Urteil, dann anzunehmen, wenn überhaupt keine Rechtsmittel gegen den Schiedsspruch mehr eingelegt werden können.[754] Ferner sind die §§ 322 Abs. 2, 323 und 324 ZPO auch im Schiedsverfahren anwendbar.[755] Die objektiven Grenzen der Rechtskraft des Schiedsspruchs bestimmen sich trotz der Beschränkungen, welche die Schiedsvereinbarung dem Schiedsverfahren setzt,[756] nach dem Streitgegenstandsbegriff der ZPO.[757]

c) Berücksichtigung des Schiedsspruchs als Einrede und Disponibilität

Nach heute wohl herrschender Meinung ist der Schiedsspruch nicht von Amts wegen zu berücksichtigen, sondern lediglich als Einrede.[758] Als Begründung

---

751 *Münch*, in: MünchKomm, ZPO, § 1055 Rn. 8.

752 *Bosch*, Rechtskraft und Rechtshängigkeit, S. 37 f. noch zu § 1040 ZPO a.F. Dieser wurde durch den wortgleichen § 1055 ZPO ersetzt, vgl. BT-Drucks. 13/5274, S. 56; vgl. auch *Münch*, in: MünchKomm, ZPO, § 1055 Rn., 1 f., 8 m.w.N.

753 *Bosch*, Rechtskraft und Rechtshängigkeit, S. 39; *Loritz*, ZZP 105 (1992), 1.

754 *Bosch*, Rechtskraft und Rechtshängigkeit, S. 39 ff.

755 *Loritz*, ZZP 105 (1992), 1, 2 f. m.w.N.

756 Zu den Implikationen dieser Besonderheit s. *Lühmann*, Die Rechtskraft des Schiedsspruchs, S. 88 ff.; vgl. auch *Bosch*, Rechtskraft und Rechtshängigkeit, S. 108 ff., der den Streitgegenstand im Schiedsverfahren materiell-rechtlich bestimmen will.

757 BGH, Urt. v. 13.1.2009 - XI ZR 66/08 - NJW 2009, 790; *Münch*, in: MünchKomm, ZPO, § 1055 Rn. 20 m.w.N.; zum Streitgegenstandsbegriff selbst s. die Nachweise in Fn. 744.

758 Noch zu § 1040 ZPO a.F. BGH, Urt. v. 11.4.1958 - VIII ZR 190/57 - NJW 1958, 950; so explizit denn auch BT-Drucks. 13/5274, S. 56 f.; dies bereits im Tatbestand feststellend OLG Karlsruhe, Urt. v. 15.7.2008 - 17 U 79/07 - SchiedsVZ 2008, 311, 312; *Anders*, in: Baumbach/Lauterbach/Hartmann/Anders/Gehle, ZPO, § 1055 Rn. 4; *Lühmann*, Die Rechtskraft des Schiedsspruchs, S. 188 ff.; *Münch*, in: MünchKomm, ZPO, § 1055 Rn. 12; *Saenger*, in: Saenger, ZPO, § 1055 Rn. 5; *Wilske/Markert*, in: BeckOK, ZPO, § 1055 Rn. 4; a.A. *Gaul*, in: FS Sandrock 2000, 285, 320 f.; *Bosch*, Rechtskraft und Rechtshängigkeit, 75; *Homfeldt*, Die Beachtung der Rechtskraft, S. 79 ff.; auch so bereits *Neef*, Die Rechtskraft des Schiedsspruchs, S. 70 ff.;

hierfür wird von der herrschenden Meinung angeführt, dass die Schiedsabrede eine private Parteivereinbarung sei, weshalb es an dem für eine Beachtung von Amts wegen erforderlichen öffentlichen Interesse mangele.[759] *Münch*[760] sieht eine Ausnahme von diesem Grundsatz, wenn der Schiedsspruch bereits für vollstreckbar erklärt wurde; dann soll er von Amts wegen zu berücksichtigen sein.

Mit der vorstehend untersuchten Frage der Beachtung des Schiedsspruchs von Amts wegen hängt ferner die Frage zusammen[761], ob der rechtskräftige Schiedsspruch im Nachhinein zur Disposition der Parteien stehen kann. Nach herrschender Meinung soll dies möglich sein.[762] Hierbei werden überwiegend die gleichen Argumente vorgebracht, wie bei der Frage nach der Rechtskraftbeachtung von Amts wegen.[763] Im Kern dreht sich die Diskussion auch hierbei um die Frage, ob der Rechtskraft des Schiedsspruchs in gleicher Weise ein öffentliches Interesse beizumessen ist wie gerichtlichen Urteilen, oder ob insoweit der privatautonome Charakter der Schiedsgerichtsbarkeit den Ausschlag gibt.[764] Folgt man jeweils der herrschenden Meinung, soll es den Parteien offen stehen, sowohl den rechtskräftigen Schiedsspruch einvernehmlich aufzuheben, als auch im Anschluss die Streitigkeit entweder auf Basis der bisherigen Schiedsvereinbarung erneut vor einem Schiedsgericht oder vor einem staatlichen Gericht auszutragen.[765]

Schwab/Walter, Schiedsgerichtsbarkeit, Kap. 21 Rn. 6; *Voit*, in: Musielak/Voit, ZPO, § 1055 Rn. 5; kritisch ebenfalls *Loritz*, ZZP 105 (1992), 1, 12.

759 Vgl. *Münch*, in: MünchKomm, ZPO, § 1055 Rn. 12 m.w.N.

760 *Münch*, in: MünchKomm, ZPO, § 1055 Rn. 13; kritisch hierzu *Bosch*, Rechtskraft und Rechtshängigkeit, S. 71 m.w.N.

761 Zum Verhältnis der beiden Problemfelder zueinander vgl. *Lühmann*, Die Rechtskraft des Schiedsspruchs, S. 186; *Münch*, in: MünchKomm, ZPO, § 1055 Rn. 29.

762 BGH, Beschl. v. 1.3.2007 - III ZB 7/06, NJW-RR 2007, 1511, 1512; *Lühmann*, Die Rechtskraft des Schiedsspruchs, S. 187 m.w.N. zu Rechtsprechung und Literatur; a.A. *Schwab/Walter*, Schiedsgerichtsbarkeit, Kap. 21 Rn. 7 mit dem Argument, dem Schiedsspruch komme aufgrund von § 1055 ZPO eben keine geringere Bedeutung zu als dem gerichtlichen Urteil.

763 *Bosch*, Rechtskraft und Rechtshängigkeit, S. 75; vgl. auch *Lühmann*, Die Rechtskraft des Schiedsspruchs, S. 186.

764 Vgl. *Bosch*, Rechtskraft und Rechtshängigkeit, S. 83 m.w.N.

765 *Münch*, in: MünchKomm, ZPO, § 1055 Rn. 28.

d) *Zwischenergebnis*

Führt man sich die skizzierten Rechtswirkungen der Rechtskraft des Schiedsspruchs im Vergleich zu den Rechtswirkungen des gerichtlichen Urteils vor Augen, so lässt sich Folgendes konstatieren. Auf den ersten Blick scheinen sich der Charakter des Schiedsspruchs als Einrede in einem potentiellen Folgeprozess sowie die Disponibilität des Schiedsspruchs durch die Parteien mit der Behandlung der Patentnichtigkeitsklage im Schiedsverfahren zu widersprechen. Denn die Patentnichtigkeitsklage vor dem BPatG ist eine Gestaltungsklage, sodass unmittelbar durch das Urteil die Rechtlage gestaltet wird.[766] Diese Gestaltungswirkung steht zu den oben dargestellten Wirkungen des Schiedsspruchs nach § 1055 ZPO in einem Spannungsverhältnis. Wie dieses Spannungsverhältnis aufgelöst werden könnte, wird im Folgenden ermittelt werden.[767]

2. Ordre Public-Verstoß bei Inter-partes-Wirkung

Die Patentnichtigkeitsklage vor dem BPatG wirkt erga omnes, da das Patent durch das Urteil für nichtig erklärt und in seinem Bestand beseitigt wird.[768] Ausgangspunkt der Rechtswirkungen des Schiedsspruchs ist indes § 1055 ZPO und damit eine Wirkung allein zwischen den Parteien des Schiedsverfahrens. Vor diesem Hintergrund stellt sich die Frage, ob die Patentnichtigkeitsklage nur dann überhaupt als schiedsfähig zu beurteilen ist, wenn der Schiedsspruch in einem Patentnichtigkeitsstreit ebenfalls – wie das Urteil des BPatG – erga omnes wirkte und das Patent – im Erfolgsfall – für nichtig erklärt würde. Das wäre der Fall, wenn in einer Inter-partes-Wirkung ein Verstoß gegen den Ordre Public[769] liegen würde. Ein Verstoß gegen den Ordre Public erscheint unter verschiedenen Gesichtspunkten möglich.

a) *Abweichung von objektiver Rechtslage gegenüber Dritten*

Eine Inter-partes-Wirkung des Schiedsspruchs würde dazu führen, dass, im Falle einer Nichtigerklärung des Patents durch das Schiedsgericht, die objektive Rechtslage im Hinblick auf das Patent, die auch durch das Patentregister widergespiegelt würde, faktisch[770] von dem zwischen den Parteien geltenden Recht

766 Vgl. Kap. E. III. 2. g).
767 Vgl. Kap. E. IV. 3. a).
768 Vgl. Kap. E. III. 2. g).
769 Vgl. Kap. D. III.
770 Dies wäre „nur“ faktisch der Fall, da das Patent auch zwischen den Parteien nicht per se nichtig wäre, sondern dem Kläger „nur“ eine Einrede gegen das Patent zustünde.

abweichen würde. Zudem könnte es zu divergierenden Schiedssprüchen in Parallelverfahren kommen, da der jeweilige Schiedsspruch jeweils nur die Parteien binden würde.

Es stellt sich die Frage, ob eine solche Wirkungsweise einen Verstoß gegen den verfahrensrechtlichen Ordre Public bedeuten würde.

Es könnte insoweit ein Verstoß gegen den Grundsatz der Einheit der Rechtsordnung vorliegen. Dieser Grundsatz ist allerdings wenig konturiert und wird in unterschiedlichen Zusammenhängen diskutiert. Zudem betrifft er regelmäßig die Einheit(lichkeit) verschiedener Rechtsgebiete zueinander, einschließlich ihrer Begrifflichkeiten und Terminologie.[771] Eine Perspektive der Einheit der Rechtsordnung liegt nach *Felix*[772] jedoch auch in der anzustrebenden[773] Widerspruchslosigkeit der Gesamtrechtsordnung.[774] *K. Schmidt*[775] spricht in diesem Zusammenhang von „innerer Stimmigkeit des positiven Rechts". Nach *Pawlowski*[776] ist das Ziel allen Rechts „wesentlich Gleiches von Rechts wegen gleich zu behandeln und wesentlich Ungleiches in der richtigen Weise ungleich".

So lässt sich zunächst fragen, ob in einer Inter-Partes-Wirkung ein Widerspruch in dem von *Felix* ausgeführten Sinne liegt. Rechtsnormen, die denselben Sachverhalt rechtlich unterschiedlich beurteilen, liegen nicht vor, sodass die „innere Stimmigkeit des positiven Rechts" nicht betroffen wäre. Dennoch würde, im Falle des Erfolgs der Nichtigkeitsschiedsklage, die Rechtslage zwischen den Parteien des Schiedsverfahrens nicht im Einklang stehen mit der objektiven Rechtslage hinsichtlich des Patents oder – möglicherweise – der Rechtslage zwischen dem Patentinhaber und einem Dritten infolge eines Schiedsspruchs in einem von diesen geführten Parallelschiedsverfahren. Insbesondere da die zu beurteilende Grundlage ein Patent ist, welches die Voraussetzungen für seine Wirksamkeit entweder objektiv erfüllt oder objektiv nicht erfüllt, könnte man

---

771 Vgl. BVerfG, Urt. v. 24.1.1962 - 1 BvR 845/58 - BVerfGE 13, 331, 340; *Felix*, Einheit der Rechtsordnung, S. 57 ff.; *K. Schmidt*, in: K. Schmidt, Vielfalt des Rechts, S. 11 ff.; *Baldus*, Die Einheit der Rechtsordnung, S. 11 ff.; *Hefendehl*, in: MünchKomm, StGB, § 263 Rn. 505.

772 *Felix*, Einheit der Rechtsordnung, S. 57 ff.

773 S. zu diesem Aspekt *Felix*, Einheit der Rechtsordnung, S. 165 f.

774 *Luhmann*, Kontingenz und Recht, S. 86 sieht in der Einheit der Rechtsordnung die Ausrichtung des Rechts in allen seinen Erscheinungsformen auf das Prinzip der Einheit hin.

775 *K. Schmidt*, in: K. Schmidt, Vielfalt des Rechts, S. 11.

776 *Pawlowski*, Methodenlehre für Juristen, S. 95.

insoweit eine Ungleichbehandlung von wesentlich Gleichem im Sinne *Pawlowskis* annehmen.

Andererseits sprechen die die Schiedsgerichtsbarkeit prägenden Grundsätze der Privatautonomie[777] dafür, dass die Parteien sich grundsätzlich einem Streitbeilegungsmechanismus unterstellen dürfen, der eben gerade nur das Verhältnis zwischen den Parteien regelt und auch ein Ergebnis zur Folge haben kann, welches möglicherweise nicht stimmig hinsichtlich der Rechtslage gegenüber Dritten ist. Ein Verstoß gegen fundamentale Rechtsgrundsätze wäre daher in einer Inter-Partes-Wirkung des Schiedsspruchs in einem Patentnichtigkeitsstreit unter dem Gesichtspunkt von Abweichungen zur objektiven Rechtslage bzw. zur Rechtslage gegenüber Dritten nicht zu sehen und demnach unter diesem Gesichtspunkt auch kein Verstoß gegen den Ordre Public.

b) Abweichender Streitgegenstand bzw. Anspruch?

Ein Verstoß gegen den verfahrensrechtlichen Ordre Public[778] könnte ferner in den grundlegend anders gelagerten Rechtswirkungen der Nichtigkeitsklage vor dem BPatG einerseits und einer Inter-partes-Wirkung des Schiedsspruchs andererseits liegen. Ein solcher Verstoß liegt vor, wenn „(..) das schiedsgerichtliche Verfahren an einem schwerwiegenden, die Grundlagen des staatlichen und wirtschaftlichen Lebens berührenden Mangel leidet“[779], wobei es auf die grundlegenden hinter den einzelnen relevanten Normen liegenden Wertungen ankommt.[780]

Während das Nichtigkeitsurteil des BPatG erga omnes die Rechtslage gestaltet und das Patent in seinem Bestand beseitigt, würde der Schiedsspruch mit Inter-Partes-Wirkung – mangels Gestaltungswirkung – lediglich feststellen, dass das betreffende Patent zwischen den Parteien der Schiedsklage keine Wirkung entfaltet.[781]

Es lässt sich zunächst fragen, ob ein Schiedsspruch über einen bestimmten Anspruch bzw. Streitgegenstand[782] in gleicher Weise wirken muss, wie dies

---

777 Vgl. Kap. D. II.

778 Vgl. Kap. D. III. 1. a) dd).

779 BGH, Beschl. v. 6.10.2016 – I ZB 13/15 – NJW-RR 2017, 313, Rn. 56; BGH, Urt. v. 14.4.1988 - III ZR 12/87 - NJW 1988, 3090, 3092; BGH, Urt. v. 15.5.1986 - III ZR 192/84 - NJW 1986, 3027, 3029; vgl. auch Kap. D. III. 1. a) dd).

780 *de Pfeifle*, Der Ordre Public-Vorbehalt, S. 160; vgl. auch Kap. D. III. 1. a) dd).

781 So auch *Kaneko*, EU-Einheitspatent, S. 248.

782 Zum Gegenstand der objektiven Schiedsfähigkeit vgl. Kap. C. I.

im entsprechenden gerichtlichen Verfahren der Fall wäre, damit der jeweilige Anspruch bzw. Streitgegenstand als schiedsfähig zu qualifizieren ist (wobei hinsichtlich der Schiedsfähigkeit freilich weitere Anforderungen zu stellen sind bzw. sein können) und nicht gegen den verfahrensrechtlichen Ordre Public verstößt. In dieser absoluten Ausprägung ist diese Frage zu verneinen, da zwischen Schiedsverfahren und gerichtlichem Verfahren stets und notwendigerweise prozessuale Unterschiede bestehen (beispielsweise kein Instanzenzug im Schiedsverfahren, dafür jedoch das Erfordernis der Vollstreckbarerklärung), sodass die Rechtswirkungen niemals vollständig identisch sind. Gewisse Abweichungen zwischen den Rechtwirkungen gerichtlicher und schiedsgerichtlicher Entscheidungen stehen der Schiedsfähigkeit daher nicht im Wege und bedeuten auch keinen Ordre Public-Verstoß.

Es bleibt jedoch zu fragen, ob eine Wirkung des Schiedsspruchs allein inter partes eine derart erhebliche Abweichung von den Rechtswirkungen der Patentnichtigkeitsklage vor dem BPatG bedeuten würde, dass es sich nicht mehr um denselben Anspruch bzw. Streitgegenstand – als Gegenstand der objektiven Schiedsfähigkeit gemäß § 1030 ZPO[783] – handeln würde und aus diesem Grund einen Verstoß gegen den verfahrensrechtlichen Ordre Public begründen würde. Der Gegenstand der objektiven Schiedsfähigkeit ist insoweit der Anspruch auf bzw. die Erklärung eines Patents für nichtig gemäß § 22 PatG.[784]

Für die Annahme, dass es sich bei den beiden Verfahren um denselben Streitgegenstand handelt, spricht zunächst, dass Gegenstand des Verfahrens jeweils dieselbe Frage ist, nämlich ob ein Patent wirksam ist.

Dagegen spricht jedoch, dass ein Schiedsspruch über die Nichtigkeit eines Patents im Falle einer Inter-partes-Wirkung letztlich einem anderen Rechtsschutzziel dienen würde. Denn im Verfahren vor dem BPatG ist das Rechtsschutzziel des Klägers, dass das Patent für nichtig erklärt wird, was ein gänzlich anderes Rechtsschutzziel darstellt, als die Feststellung der Unwirksamkeit allein im Verhältnis der Parteien. Die Annahme, dass die Inter-partes-Wirkung nicht denselben Streitgegenstand bzw. Anspruch wie das gerichtliche Verfahren zum Gegenstand hat, wird ferner dadurch gestützt, dass die Gestaltungswirkung erga omnes gerade charakteristisch für die Patentnichtigkeitsklage ist und dass die erga omnes wirkende Beseitigung zu Unrecht erteilter Patente im öffentlichen

783 Vgl. zum Gegenstand der objektiven Schiedsfähigkeit Kap. C. I.

784 Vgl. Kap. E. III. 2. g).

Interesse liegt.[785] Ferner zeigt die Verzahnung der Patentnichtigkeitsklage mit der Patentrolle über die Vorschrift des § 30 Abs. 1 S. 2 PatG, dass die Gestaltungswirkung der Patentnichtigkeitsklage erga omnes geradezu elementar prägend für den Charakter derselben ist. Daher ist eine Inter-partes-Wirkung des Schiedsspruchs im Patentnichtigkeitsverfahren nicht auf denselben Streitgegenstand gerichtet, wie die Patentnichtigkeitsklage vor dem BPatG. Dies wiederum hat zur Folge, dass die Inter-partes-Wirkung bedeuten würde, dass „(..) das schiedsgerichtliche Verfahren an einem schwerwiegenden, die Grundlagen des staatlichen und wirtschaftlichen Lebens berührenden Mangel leidet“[786] und damit gegen den verfahrensrechtlichen Ordre Public verstoßen würde.

Somit kann für den Fortgang der Arbeit festgehalten werden, dass der Schiedsspruch über die Nichtigkeit eines Patents erga omnes wirken muss, damit die Patentnichtigkeitsklage als schiedsfähig qualifiziert werden kann, da eine Wirkung allein inter partes gegen den verfahrensrechtlichen Ordre Public verstoßen würde. Eine weitere Untersuchung der Wirkungsweise inter partes ist daher nicht angezeigt. Nachfolgend wird untersucht, ob der Schiedsspruch eines Patentnichtigkeitsverfahren rechtsgestaltend erga omnes wirkt. Diese Wirkung kann einerseits über eine Gestaltungswirkung des Schiedsspruchs erreicht werden oder aber über eine fingierte Willenserklärung nach § 894 ZPO. Diese beiden Möglichkeiten einer Erga-omnes-Wirkung des Schiedsspruchs sowie mögliche Besonderheiten bzgl. § 1053 ZPO werden im Folgenden untersucht.

3. Wirkung erga omnes

In diesem Abschnitt soll untersucht werden, ob der Schiedsspruch über die Nichtigkeit eines Patents eine Gestaltungswirkung erga omnes hat. Ausgangspunkt hierzu ist das Recht der Schweiz zur objektiven Schiedsfähigkeit der Patentnichtigkeitsklage. Dort gilt die Patentnichtigkeitsklage als schiedsfähig, wobei die Nichtigkeit durch den Schiedsspruch festgestellt wird, mit Eintragung im Register Wirkung entfaltet und erga omnes wirkt.[787] Diese Konstruktion bedeutet jedoch rechtlich eine andere Wirkungsweise, als es bei der gerichtlichen

---

785 BGH, Urt. v. 10.1.1963 - Ia ZR 174/63 - GRUR 1963, 253; vgl. auch *Kaneko*, EU-Einheitspatent, S. 112 ff. und S. 173; hierzu ebenfalls *Holzner*, Die objektive Schiedsfähigkeit, S. 78 f. m.w.N.

786 BGH, Beschl. v. 6.10.2016 – I ZB 13/15 – NJW-RR 2017, 313, Rn. 56; BGH, Urt. v. 14.4.1988 - III ZR 12/87 - NJW 1988, 3090, 3092; BGH, Urt. v. 15.5.1986 - III ZR 192/84 - NJW 1986, 3027, 3029; vgl. auch Kap. D. III. 1. a) dd).

787 Vgl. zur Rechtslage in der Schweiz Kap. E. II. 1.

Patentnichtigkeitsklage vor dem BPatG der Fall ist, da bei dieser das Urteil unmittelbar die Rechtslage gestaltet.[788] Im Folgenden wird die Ausgestaltung einer Wirkung entsprechend dem Nichtigkeitsurteil des BPatG untersucht.

a) *Gestaltungswirkung des Schiedsspruchs*

Die Erga-omnes-Wirkung müsste zunächst dogmatisch mit der Wirkungsweise des Schiedsspruchs, insbesondere im Hinblick auf seine Rechtskraft,[789] in Einklang zu bringen sein. Wie gezeigt, ist der Schiedsspruch rechtskraftfähig, bedarf aber generell der Vollstreckbarerklärung.[790] Soll der Schiedsspruch jedoch wie das gerichtliche Nichtigkeitsurteil wirken, so handelte es sich um ein Gestaltungsurteil, welches grundsätzlich keiner Vollstreckung bedarf, da es unmittelbar die Rechtslage gestaltet.

Fraglich ist, inwieweit eine unmittelbare Gestaltungswirkung durch einen Schiedsspruch erreicht werden könnte. Es ist allgemein anerkannt, dass ein Schiedsspruch Gestaltungswirkung haben kann.[791] Insoweit ist kein Grund ersichtlich, der per se dagegen sprechen würde, dass der Schiedsspruch im Patentnichtigkeitsverfahren nicht auch erga omnes die Rechtslage gestalten kann. Umstritten ist hierbei allerdings, zu welchem Zeitpunkt die Gestaltungswirkung eintritt.[792] Teilweise wird vertreten, ein rechtskräftiger Schiedsspruch erlange Gestaltungswirkung erst durch die gerichtliche Vollstreckbarerklärung.[793] Die wohl herrschende Meinung lehnt dies jedoch zu Recht unter Berufung auf die dogmatische Trennung zwischen Rechtskraft und Vollstreckbarkeit ab.[794] Denn

---

788 Vgl. Kap. E. III. 2. g).

789 Vgl. Kap. E. IV. 1.

790 Hierzu vgl. Kap. B. IV. und E. IV. 1. b).

791 BayObLG, Beschl. v. 24.2.1984 - 3 Z 197/83 - BayObLGZ 1984, 45, 48 m.w.N.; *Voit*, in: Musielak/Voit, ZPO, § 1055 Rn. 11; *Münch*, in: MünchKomm, ZPO, § 1055 Rn. 37; *Schwab/Walter*, Schiedsgerichtsbarkeit, Kap. 21 Rn. 12; vgl. auch Kap. D. V. 2. zu dem Parallelproblem bei Beschlussmängelstreitigkeiten.

792 Vgl. hierzu insgesamt *Baumann*, Patentstreitigkeiten, S. 259 ff.

793 BayObLG, Beschl. v. 24.2.1984 - 3 Z 197/83 - BayObLGZ 1984, 45, 48; *Saenger*, in: Saenger, ZPO, § 1055 Rn. 11; *K. Schmidt*, ZGR 1988, 523, 535 f., der für die Gestaltungswirkung sogar die Rechtskraft der gerichtlichen Vollstreckbarerklärung verlangt; *Wieser*, ZZP 102 (1989), 261, 270 f.; zur Patentnichtigkeitsklage spricht sich auch *Holzner*, Die objektive Schiedsfähigkeit, S. 104 ff., 133 hierfür aus.

794 *Geimer*, in: Zöller, ZPO, § 1055 Rn. 2; *Lakkis*, Gestaltungsakte, S. 255; *Lindacher*, ZGR 1979, 201, 209; *Münch*, in: MünchKomm, ZPO, § 1060 Rn. 6; *Schwab/Walter*, Schiedsgerichtsbarkeit, Kap. 21 Rn. 12; *Voit*, in: Musielak/Voit, ZPO, § 1060 Rn. 2; *Vollmer*, BB 1984, 1774, 1777; *Walter*, in: FS Schwab 1990, 539, 552; wohl auch *Lühmann*, Die

die Grundlage der Gestaltungswirkung ist die Rechtskraft des Schiedsspruchs, sodass insoweit keine weiteren Voraussetzungen zu fordern sind.[795] Dem Erfordernis einer Vollstreckbarerklärung zur Erreichung der Gestaltungswirkung steht bereits der Wortlaut von § 1055 ZPO entgegen und es würde seine Wertung unterlaufen.[796] Daher ist davon auszugehen, dass die Gestaltungswirkung mit der Rechtskraft des Schiedsspruchs eintreten kann.[797]

Die Erga-omnes-Wirkung des Schiedsspruchs lässt sich somit, der herrschenden Meinung zur Gestaltungswirkung folgend, mit der zivilprozessualen Dogmatik zur Wirkungsweise des Schiedsspruchs im Allgemeinen, in Einklang bringen. Die unmittelbare Gestaltungswirkung mit Rechtskraft des Schiedsspruchs geht dabei noch über die Rechtslage in der Schweiz hinaus.

Die in der Schweiz gewählte Konstruktion, dass erst die Registereintragung rechtsgestaltend wirkt, ist indes für Deutschland abzulehnen, da dies der Dogmatik zur gerichtlichen Patentnichtigkeitsklage widersprechen würde; der Registereintragung würde im Falle von Schiedsverfahren eine Gestaltungswirkung zukommen, die diese bei gerichtlichen Verfahren nicht hat. Zudem würde das Argument bzw. die Annahme, dass die Schiedsgerichtsbarkeit als der staatlichen Gerichtsbarkeit gleichwertiger Streitbeilegungsmechanismus anzusehen ist,[798] insoweit nicht greifen, da die Wirkung des Schiedsspruchs hinter der Wirkung des Urteils des BPatG zurückbleiben würde. Da eine Gestaltungswirkung unmittelbar mit Rechtskraft des Schiedsspruchs mit der herrschenden Meinung zur Gestaltungswirkung des Schiedsspruchs vereinbar ist, ist diese Lösung vorzugswürdig.

Rechtskraft des Schiedsspruchs, S. 43 Fn. 90 und *Anders*, in: Baumbach/Lauterbach/Hartmann/Anders/Gehle, ZPO, § 1055 Rn. 7.

795 Vgl. *Lindacher*, ZGR 1979, 201, 209; so ähnlich auch *Walter*, in: FS Schwab 1990, 539, 552.

796 *Walter*, in: FS Schwab 1990, 539, 552.

797 So auch *Baumann*, Patentstreitigkeiten, S. 260 f.; eine andere Frage ist es indes, ob die Vollstreckbarerklärung bei einem Gestaltungsschiedsspruch *möglich* und *zulässig* ist. Dies ist zu bejahen, da die Vollstreckbarerklärung noch andere Zwecke erfüllen kann, als die Zwangsvollstreckung zu ermöglichen, vgl. BGH, Beschl. v. 30.3.2006 - III ZB 78/05 - NJW-RR 2006, 995, 996; *Kröll*, SchiedsVZ 2007, 145, 152 m.w.N.; a.A. *Voit*, in: Musielak/Voit, ZPO, § 1060 Rn. 2; kritisch zur unmittelbaren Gestaltungswirkung des rechtskräftigen Schiedsspruchs ohne gerichtliche Vollstreckbarerklärung *Kaneko*, EU-Einheitspatent, S. 249 ff.

798 Vgl. BT-Drs. 13/5274, S. 34.

b) Betroffenheit der Rechte Dritter

Oben wurde die Frage, ob und inwieweit Rechte Dritter durch den Schiedsspruch betroffen sind oder sein können, bereits generell für die Patentnichtigkeitsklage erörtert.[799] Es stellt sich sodann die Frage, ob durch eine Erga-omnes-Wirkung Rechte oder Interessen Dritter in einer Weise betroffen sind oder sein könnten, die einen Verstoß gegen den Ordre Public bedeuten könnte.[800] Dies ist jedoch zu verneinen. Durch die Erga-omnes-Wirkung würden zwar insbesondere Lizenznehmer unmittelbar durch den Schiedsspruch die Grundlage ihrer Lizenz, nämlich das Patent, verlieren. Hierzu ist jedoch zu sagen, dass es aus Sicht eines Lizenznehmers kaum einen Unterschied machen wird, ob das Patent durch den Schiedsspruch, durch eine spätere Austragung im Register oder durch ein gerichtliches Urteil erlischt.[801] In Bezug auf Dritte bedeutete die Erga-omnes-Wirkung des Schiedsspruchs daher keine Intensivierung des Eingriffsniveaus in ihre Rechte.

c) § 30 Abs. 1 S. 2 PatG und die Vertraulichkeit des Schiedsverfahrens

Gemäß § 30 Abs. 1 S. 2 PatG sind die Erklärung der Nichtigkeit eines Patents, sowie die Erhebung einer Nichtigkeitsklage im Patentregister zu vermerken, wobei die Eintragung im Hinblick auf die Erklärung der Nichtigkeit nur deklaratorisch wirkt.[802] Die Eintragung der erklärten Nichtigkeit erfolgt von Amts wegen.[803] Ein Antragsrecht steht nur demjenigen zu, der in seinen Rechten berührt wird, wobei ein Antrag aufgrund dessen, dass die Eintragung von Amts wegen erfolgt, als Anregung für eine Prüfung von Amts wegen zu verstehen sein soll.[804] Es stellt sich die Frage, ob bzw. inwieweit diese Norm auch im Schiedsverfahren zur Anwendung gelangt und wie sie sich zum Grundsatz der Vertraulichkeit des Schiedsverfahrens verhält.

aa) Anwendbarkeit im Schiedsverfahren

Sowohl hinsichtlich der Eintragung der erklärten Nichtigkeit als auch hinsichtlich der Eintragung der Erhebung der Nichtigkeitsklage wird man – ungeachtet

799 Vgl. Kap. D. III. 3.
800 S. hierzu auch *Baumann*, Patentstreitigkeiten, S. 241 ff.
801 Vgl. Kap. D. III. 3.
802 Vgl. Kap. E. III. 2. g).
803 *Schäfers*, in: Benkard, PatG, § 30 Rn. 2.
804 BPatGE 17, 14; *Schäfers*, in: Benkard, PatG, § 30 Rn. 2.

möglicherweise bestehender Vertraulichkeitspflichten – generell von einer Anwendbarkeit im Falle eines Schiedsverfahrens über die Nichtigkeit eines Patents ausgehen können. Insoweit kommt es auch nicht auf Fragen des anwendbaren Rechts im Schiedsverfahren an. Denn die Anträge bzw. Anzeigen gegenüber dem Patent- und Markenamt nach § 30 Abs. 1 PatG betreffen gar nicht das eigentliche Schiedsverfahren, bei dem es um die Wirksamkeit des Patents geht, sondern es geht um Handlungen der Parteien, die außerhalb des bzw. neben dem Schiedsverfahren(s) liegen.

Die Anzeige der erfolgten Nichtigerklärung des Patents knüpft tatbestandlich daran an, dass das Patent für nichtig erklärt worden ist, wobei dies nicht durch das BPatG erfolgt sein muss. Diese Anzeige kann daher auch bei erfolgter Nichtigerklärung im Schiedsverfahren erfolgen.

Hinsichtlich der Anzeige der Erhebung einer Nichtigkeitsklage bezieht sich das Gesetz offenbar auf eine Erhebung vor dem BPatG. Da allerdings anerkannt ist, dass die Schiedsgerichtsbarkeit gegenüber der staatlichen Gerichtbarkeit gleichwertigen Rechtschutz vermittelt,[805] da das Gesetz nicht explizit an eine Klageerhebung vor dem BPatG anknüpft und da auch das Schiedsverfahren gleichermaßen mit der Nichtigerklärung des Patents enden kann,[806] kann auch die Erhebung eines Patentnichtigkeitsschiedsverfahrens angezeigt werden.

Daher wird eine Anzeige der Parteien des Schiedsverfahrens an das Deutsche Patent- und Markenamt erfolgen können, sofern keine Vertraulichkeitspflichten entgegenstehen und das Deutsche Patent- und Markenamt wird die angezeigten Umstände von Amts wegen eintragen.

bb) Konkurrenzverhältnis zur Vertraulichkeit im Schiedsverfahren

Die Vertraulichkeit[807] des Schiedsverfahrens ist allgemein anerkannt.[808] Sie kann sich aus der Schiedsvereinbarung, hinsichtlich des Schiedsrichters aus dem Schiedsrichtervertrag und sonst aus der jeweiligen Schiedsordnung[809] ergeben.[810] Die Vertraulichkeit des Schiedsverfahrens gilt allerdings nicht grenzenlos.

---

805 Vgl. Kap. D. II. 2. m.w.N.

806 Vgl. Kap. E. IV. 3. a).

807 Zur Vertraulichkeit des Schiedsverfahrens als Vorteil der Schiedsgerichtsbarkeit vgl. Kap. D. IV. 3.

808 *Thümmel*, in: Schütze/Thümmel, Schiedsgericht und Schiedsverfahren, § 10 Rn. 28.

809 Artikel 44 der DIS-Rules etwa verpflichtet die Beteiligten zur Vertraulichkeit, „sofern die Parteien nichts anderes vereinbart haben".

810 *Thümmel*, in: Schütze/Thümmel, Schiedsgericht und Schiedsverfahren, § 10 Rn. 28 ff.; s. auch Kap. D. IV. 3.

So erstreckt sich die Vertraulichkeit nicht auf Fälle, in denen die Offenlegung durch ein Gericht gefordert oder erlaubt wird oder zur Durchsetzung rechtlicher Ansprüche erforderlich oder unverzichtbar ist.[811] Insbesondere kann eine Offenlegung auch bei bestehender Vertraulichkeitsverpflichtung im Rahmen der Vollstreckbarerklärung oder Aufhebung des Schiedsspruchs erfolgen.[812] Zudem steht die Vertraulichkeit in einem Konkurrenzverhältnis zu bestimmten Offenlegungspflichten, etwa Ad-hoc-Mitteilungen gemäß § 15 WpHG, Angaben im Lagebericht nach §§ 289, 315 HGB oder Anzeigeobliegenheiten des Versicherungsnehmers nach § 104 VVG.[813]

(1) Anzeige der Nichtigerklärung

Hinsichtlich einer Anzeige beim Deutschen Patent- und Markenamt bezogen auf die Eintragung der erklärten Nichtigkeit hat das Gleiche zu gelten wie bei einer Vollstreckbarerklärung. Denn der erfolgreiche Nichtigkeitskläger hat ein erhebliches rechtliches Interesse daran, dass die vom Schiedsgericht erklärte Nichtigkeit auch im Patentregister eingetragen wird, um damit auch nach außen dokumentieren zu können, dass der Patentinhaber sich nicht mehr auf das Patent stützen kann. Für einen effektiven Rechtsschutz des erfolgreichen Nichtigkeitsschiedsklägers ist dies somit erforderlich. Demgegenüber hat der Patentinhaber kein schützenswertes rechtliches Interesse daran, dass die mit Wirkung erga omnes durch den Schiedsspruch erklärte Nichtigkeit des Patents nicht auch im Patentregister vermerkt wird, denn das Register würde dann lediglich die zutreffende Rechtslage wiedergeben. Ein Interesse daran, dass das Patentregister eine unzutreffende Rechtslage abbilden und nicht korrigiert werden soll, kann rechtlich nicht anerkannt werden. Hinzu kommt das Interesse der Allgemeinheit daran, dass ein nicht mehr bestehendes Patent auch nicht mehr im Patentregister stehen soll,[814] sodass für den Rechtsverkehr erkennbar ist, dass die zugrundeliegende Erfindung der Allgemeinheit zur Verfügung steht. Mithin

---

811 *Wittinghofer*, in: Salger/Trittmann, Internationale Schiedsverfahren, § 24 Rn. 346; *Thümmel*, in: Schütze/Thümmel, Schiedsgericht und Schiedsverfahren, § 10 Rn. 30.

812 *Thümmel*, in: Schütze/Thümmel, Schiedsgericht und Schiedsverfahren, § 10 Rn. 30.

813 *Münch*, in: MünchKomm, ZPO, § 1025 Rn. 95a.

814 Zum rechtlichen Interesse an der Beseitigung zu Unrecht bestehender Patente BGH, Urt. v. 10.1.1963 - Ia ZR 174/63 - GRUR 1963, 253; vgl. auch *Kaneko*, EU-Einheitspatent, S. 112 ff. und S. 173; hierzu ebenfalls *Holzner*, Die objektive Schiedsfähigkeit, S. 78 f. m.w.N.

kann die Anzeige der erklärten Nichtigkeit des Patents regelmäßig auch im Falle bestehender Vertraulichkeitspflichten erfolgen.

(2) Anzeige der Erhebung der Nichtigkeitsklage

Hinsichtlich der Eintragung der Erhebung einer Nichtigkeitsklage wird eine Vertraulichkeitsvereinbarung allerdings regelmäßig durchgreifen. Denn für die Parteien – und insbesondere den Kläger – ist es zur effektiven Verfolgung seiner rechtlichen Interessen nicht erforderlich, dass die Erhebung der Nichtigkeitsklage im Patentregister vermerkt wird. Für die Allgemeinheit besteht ein Interesse daran, dass der Rechtsverkehr von der Tatsache, dass das Patent streitbefangen ist, Kenntnis nehmen kann und dass ineffiziente Parallelverfahren während der Dauer des Ausgangsschiedsverfahrens über die Nichtigkeit des Patents vermieden werden können.[815] Dies sind indes nicht sehr gewichtige Interessen und insbesondere sind nicht die Interessen der Parteien des Schiedsverfahrens betroffen. Soweit die Vertraulichkeit die Erhebung der Nichtigkeitsklage erfasst, werden die Parteien daran regelmäßig gebunden sein und eine Mitteilung hinsichtlich der Erhebung der Nichtigkeitsschiedsklage würde regelmäßig einen Verstoß gegen die Vertraulichkeitspflicht bedeuten.

d) Zwischenergebnis

Zusammenfassend kann festgehalten werden, dass eine Gestaltungswirkung mit Rechtskraft des Schiedsspruchs erga omnes im Patentnichtigkeitsverfahren mit der herrschenden Dogmatik vereinbar ist und keinen Ordre Public-Verstoß darstellen würde.[816] Die Erklärung der Nichtigkeit kann dem Deutschen Patent- und Markenamt angezeigt werden, wobei dies regelmäßig keinen Verstoß gegen die Vertraulichkeit des Schiedsverfahrens bedeuten würde.

4. § 1053 ZPO – der Vergleich vor dem Schiedsgericht

Im Zusammenhang mit den Rechtswirkungen des Schiedsspruchs im Hinblick auf die Patentnichtigkeitsklage sind die Besonderheiten des Schiedsspruchs mit vereinbartem Wortlaut nach § 1053 ZPO zu beachten. Dieser ist hier in zweifacher Hinsicht von Interesse. Einerseits ist zu untersuchen, inwieweit diese Regelungsanordnung mit der Erga-omnes-Wirkung des Nichtigkeitsurteils im schiedsgerichtlichen Patentnichtigkeitsverfahren in Einklang zu bringen ist.

---

815 Vgl. hierzu Kap. F. II. 3. a) cc).
816 So im Ergebnis auch *Baumann*, Patentstreitigkeiten, S. 239.

Denn es besteht die Möglichkeit, dass die Parteien im Rahmen der Nichtigkeitsklage Vergleichsbereitschaft erzielen. In diesem Fall wäre zu klären, inwiefern ein solcher Vergleich geschlossen werden könnte und ob hierbei Besonderheiten zu berücksichtigen wären. Andererseits ist die Vereinbarkeit mit dem Ordre Public hier gemäß § 1053 Abs. 1 S. 2 ZPO explizit als Voraussetzung für den schiedsgerichtlichen Vergleich angeführt. Insoweit ist zu untersuchen, ob sich hierbei Besonderheiten bei der Prüfung bzw. den Maßstäben des Ordre Public ergeben.

a) Der Schiedsspruch mit vereinbartem Wortlaut und die Erga-omnes-Wirkung

Der Schiedsspruch mit vereinbartem Wortlaut bezieht seine besondere praktische Bedeutung aus der Tatsache, dass die Schiedsgerichtsbarkeit eine generelle Eignung zur einvernehmlichen Streitbeilegung aufweist.[817] Zunächst ist zu berücksichtigen, dass der vor einem staatlichen Gericht geschlossene Prozessvergleich nach allgemeiner Ansicht eine Doppelnatur hat. Er stellt sowohl einen materiell-rechtlichen Vergleich nach § 779 BGB als auch einen prozessrechtlichen Prozessbeendigungsvertrag dar.[818] Diese beiden Ebenen sind unter Anwendung des Rechtsgedankens von § 139 BGB in der Weise miteinander verknüpft, dass die Unwirksamkeit einer Ebene zur Unwirksamkeit der anderen Ebene führt.[819] Gemäß § 794 Abs. 1 Nr. 1 ZPO ist der gerichtliche Prozessvergleich zudem Vollstreckungstitel.

Wird der Vergleich nun statt vor einem staatlichen Gericht vor einem Schiedsgericht abgeschlossen, so ergeben sich einige Unterschiede. Ob die Dogmatik der Doppelnatur des Prozessvergleichs auch auf den Schiedsspruch mit

---

817 *Bredow*, SchiedsVZ 2010, 295 führt aus, dass etwa 30 % der DIS-Schiedsverfahren mit einem Schiedsspruch mit vereinbartem Wortlaut enden; vgl. auch *Waßmuth*, Richtigkeitskontrolle und Rechtskraft, S. 1; *Baur*, Der schiedsrichterliche Vergleich, Rn. 2 geht davon aus, dass 50 % aller Schiedsverfahren mit Vergleich enden; *Münch*, in: MünchKomm, ZPO, § 1053 Rn. 2; *Spohnheimer*, in: FS Kaissis 2012, 933; *Mankowski*, ZZP 114 (2001), 37, 38 m.w.N.

818 BGH, Urt. v. 21.3.2000 - IX ZR 39/99 - NJW 2000, 1942, 1943; BGH, Urt. v. 14.5.1987 - III ZR 267/85 - NJW 1988, 65; *Wagner*, Prozeßverträge, S. 43 ff.; *Waßmuth*, Richtigkeitskontrolle und Rechtskraft, S. 26 f.; *Prütting*, in: MünchKomm, ZPO, § 278 Rn. 55; *Spohnheimer*, in: FS Kaissis 2012, 933, 934.

819 BGH, Urt. v. 3.12.1980 - VIII ZR 274/79 - NJW 1981, 823, 824; *Wagner*, Prozeßverträge, S. 45; *Waßmuth*, Richtigkeitskontrolle und Rechtskraft, S. 28; *Lackmann*, in: Musielak/Voit, ZPO, § 794 Rn. 3.

vereinbartem Wortlaut anzuwenden ist, ist umstritten. Ganz überwiegend wird dies abgelehnt, da der Schiedsspruch mit vereinbartem Wortlaut gemäß § 1053 Abs. 1 S. 1 ZPO a.E. nicht durch Erklärungen der Parteien sondern durch eine Handlung des Schiedsgerichts beendet werde; deshalb mangele es an den für die prozessuale Qualifikation erforderlichen Prozesshandlungen der Parteien.[820] Der Schiedsspruch mit vereinbartem Wortlaut sei deshalb allein eine prozessuale Handlung des Schiedsgerichts.[821] *Schwab/Walter*[822] billigen dem Schiedsspruch mit vereinbartem Wortlaut hingegen weiterhin[823] die Doppelnatur des Prozessvergleichs zu; der Vergleich sei lediglich „in die Form eines Schiedsspruches gekleidet". Ferner hat der Schiedsspruch mit vereinbartem Wortlaut die Wirkung des § 1055 ZPO, da es sich um einen „normalen" Schiedsspruch handelt.[824] Deshalb kann der Schiedsspruch mit vereinbartem Wortlaut auch kein Titel sein, wie der Prozessvergleich es gemäß § 794 Abs. 1 Nr. 1 ZPO ist.[825] Mithin bedarf der Schiedsspruch mit vereinbartem Wortlaut auch generell der Vollstreckbarerklärung, wobei die Besonderheiten von § 1053 Abs. 4 ZPO zu berücksichtigen sind.[826]

Bezogen auf die Patentnichtigkeitsklage ergeben sich hinsichtlich des Schiedsspruchs mit vereinbartem Wortlaut keine durchgreifenden Bedenken. Da dieser, wie gezeigt, letztlich wie ein „normaler" Schiedsspruch zu qualifizieren ist, gelten die allgemein zur Erga-omnes-Wirkung herausgearbeiteten Grundsätze auch hier. Fraglich bleibt allein, ob auch hier, wie zur Erga-omnes-Wirkung des Nichtigkeitsschiedsspruchs generell angenommen,[827] das Erfordernis der

---

820 *Spohnheimer*, in: FS Kaissis 2012, 933, 934; *Bilda*, DB 2004, 171; *Busse*, SchiedsVZ 2010, 57, 58 Fn. 1; *Mankowski*, ZZP 114 (2001), 37, 64.

821 *Mankowski*, ZZP 114 (2001), 37, 66.

822 *Schwab/Walter*, Schiedsgerichtsbarkeit, Kap. 23 Rn. 6.

823 Nach altem Recht vor dem SchiedsVfG war die Doppelnatur des Schiedsvergleichs nach § 1044a ZPO a.F. allgemein anerkannt, vgl. *Spohnheimer*, in: FS Kaissis 2012, 933, 934 Fn. 6; *Bilda*, DB 2004, 171 m.w.N.

824 *Bredow*, SchiedsVZ 2010, 295, 296; *Schütze*, in: FS Lorenz 2001, 275, 280; *Schwab/Walter*, Schiedsgerichtsbarkeit, Kap. 23 Rn. 13; *Spohnheimer*, in: FS Kaissis 2012, 933, 943; *Voit*, in: Musielak/Voit, ZPO, § 1053 Rn. 12.

825 *Schütze*, in: FS Lorenz 2001, 275.

826 *Bredow*, SchiedsVZ 2010, 295, 300 f.; *Mankowski*, ZZP 114 (2001), 37, 57; *Schütze*, in: FS Lorenz 2001, 275, 281; *ders.*, SchiedsVZ 2009, 241, 245; *Voit*, in: Musielak/Voit, ZPO, § 1053 Rn. 14; zum alten Recht nach § 1044a ZPO so bereits *Baur*, Der schiedsrichterliche Vergleich, S. 36 ff. sowie *Raeschke-Kessler*, in: FS Glossner 1994, 255, 264; a.A. *Busse*, SchiedsVZ 2010, 57, 60.

827 Vgl. Kap. E. IV. 3. a).

Vollstreckbarerklärung wegfallen würde und dem Schiedsspruch mit vereinbartem Wortlaut ebenfalls unmittelbar Gestaltungswirkung zukäme. Konsequenterweise ist dies auch hier anzunehmen. Denn da die unmittelbare Gestaltungswirkung im Hinblick auf die Patentnichtigkeit bereits bei einem „normalen" Schiedsspruch anzuerkennen wäre, muss dies erst Recht beim Schiedsspruch mit vereinbartem Wortlaut gelten. Dieser Erst-recht-Schluss fußt darauf, dass der Schiedsspruch mit vereinbartem Wortlaut einer Zustimmung der (quasi) unterliegenden Partei, also hier dem Patentinhaber, bedarf, und dieser mithin weniger schutzwürdig ist, als beim „normalen" Nichtigkeitsschiedsspruch. Daher wäre der Schiedsspruch mit vereinbartem Wortlaut gemäß § 1053 Abs. 1 S. 1 ZPO mit der Konstruktion einer Gestaltungswirkung erga omnes mit Rechtskraft des schiedsgerichtlichen Patentnichtigkeitsspruchs in Einklang zu bringen.[828]

b) Der Ordre Public-Vorbehalt aus § 1053 Abs. 1 S. 2 ZPO

§ 1053 Abs. 1 S. 2 ZPO sieht als Voraussetzung für den Erlass eines Schiedsspruchs mit vereinbartem Wortlaut vor, dass der Inhalt des Vertrags nicht gegen den Ordre Public verstößt. Hierbei stellt sich zunächst die Frage, welches Verständnis des Ordre Public hierbei Anwendung findet. *Mankowski*[829] ist der Ansicht, es handele sich nicht um den Ordre Public-Begriff des § 1059 Abs. 2 Nr. 2 lit. b ZPO, da es dort um einen anerkennungsrechtlichen Ordre Public gehe, wohingegen bei § 1053 Abs. 1 S. 2 ZPO ein materiell-rechtliches Ordre Public-Verständnis heranzuziehen sei. Zudem sei der Ordre Public bei § 1053 Abs. 1 S. 2 ZPO weiter zu verstehen als bei § 1059 Abs. 2 Nr. 2 lit. b ZPO. Überwiegend wird hinsichtlich dieser beiden Normen allerdings das gleiche Ordre Public-Verständnis zugrunde gelegt.[830] Die Gesetzesbegründung stellt indes die beiden Normen offenbar in einen einheitlichen Zusammenhang und nennt sodann die fehlende objektive Schiedsfähigkeit des Vergleichsgegenstandes als

---

828 Kritisch zur Erga-omnes-Wirkung des Schiedsspruchs mit vereinbartem Wortlaut *Kaneko*, EU-Einheitspatent, S. 271 ff.

829 *Mankowski*, ZZP 114 (2001), 37, 43 ff.; so ähnlich auch *Bilda*, DB 2004, 171, 174 f. der von einem ausschließlich inländischen materiell-rechtlichen Ordre Public ausgeht.

830 *Anders*, in: Baumbach/Lauterbach/Hartmann/Anders/Gehle, ZPO, § 1053 Rn. 6; *Schütze*, in: FS Lorenz 2001, 275, 278; *Voit*, in: Musielak/Voit, ZPO, § 1053 Rn. 10; *Waßmuth*, Richtigkeitskontrolle und Rechtskraft, S. 38 f.; so ähnlich auch *Münch*, in: MünchKomm, ZPO, § 1053 Rn. 26 der alle von Amts wegen zu prüfenden Aufhebungsgründe des § 1059 Abs. 2 Nr. 2 ZPO mit unter den hiesigen Ordre Public fasst.

einen Unterfall der Ordre Public-Widrigkeit.[831] Letztlich ist der herrschenden Meinung, insbesondere aufgrund des Wortlauts der Regierungsbegründung und der dadurch erzielten systematischen Einheitlichkeit,[832] der Vorzug zu geben und ein gemeinsames Verständnis dieser beiden Ordre Public-Begriffe anzunehmen. Somit gelten die insoweit von der Rechtsprechung entwickelten Maßstäbe.[833]

c) Zwischenergebnis zu § 1053 ZPO

Es kann festgehalten werden, dass sich der Schiedsspruch mit vereinbartem Wortlaut nach § 1053 ZPO in das untersuchte Modell zur objektiven Schiedsfähigkeit der Patentnichtigkeitsklage mit Gestaltungswirkung erga omnes mit Rechtskraft des Schiedsspruchs einfügen lässt. Der Ordre Public-Vorbehalt aus § 1053 Abs. 1 S. 2 ZPO würde hierbei keine Schwierigkeiten bereiten.

5. Lösung nach § 894 S. 1 ZPO?

Von einigen Befürwortern der Schiedsfähigkeit der Patentnichtigkeitsklage wird § 894 S. 1 ZPO als Argument zur Begründung der Schiedsfähigkeit angeführt.[834] Hierbei wird insbesondere argumentiert, das Schiedsgericht könne zwar nicht selbst das Patent für nichtig erklären, es könne jedoch den Patentinhaber zur Beantragung der Löschung des Patents beim Patentamt verurteilen. Der Schiedsspruch werde dann, nachdem er gemäß § 1060 ZPO für vollstreckbar erklärt wurde, nach § 894 S. 1 ZPO vollstreckt.[835] Diese Argumentation soll im Folgenden näher betrachtet werden.

a) Anwendbarkeit im Schiedsverfahren

Die generelle Anwendbarkeit von § 894 S. 1 ZPO im Schiedsverfahren steht außer Zweifel.[836] Hierbei bezieht sich die Fiktion über Ersetzung der Willenserklärung stets auf die Situation, dass der Gläubiger gegen den Schuldner einen Anspruch

---

831 BT-Drucks. 13/5274, S. 55.

832 Vgl. hierzu *Waßmuth*, Richtigkeitskontrolle und Rechtskraft, S. 38.

833 Vgl. Kap. D. III. 1. a).

834 *Holzner*, Die objektive Schiedsfähigkeit, S. 112 ff.; *Geimer*, in: Zöller, ZPO, § 1030 Rn. 15; *Schulze*, Grenzen der objektiven Schiedsfähigkeit, S. 216; wohl auch *Wolf/Eslami*, in: BeckOK, ZPO, § 1030 Rn. 5 sowie *Saenger*, in: Saenger, ZPO, § 1030 Rn. 3.

835 Vgl. nur *Geimer*, in: Zöller, ZPO, § 1030 Rn. 15.

836 Vgl. nur OLG München, Beschl. v. 15.9.2016 - 34 Sch 19/16 - NJOZ 2016, 1709; OLG Dresden, Beschl. v. 8.5.2001 - 11 Sch 8/01 - BeckRS 2016, 18274; *Geimer*, in: Zöller, ZPO, § 1055 Rn. 2.

auf eine Leistung hat. Fraglich ist, ob sich diese Situation auf die Patentnichtigkeitsklage übertragen lässt.

b) Wirkungsweise der Norm

Im gerichtlichen Zivilverfahren erfüllt § 894 S. 1 ZPO die Funktion, dass der Gläubiger die Abgabe einer Willenserklärung des Schuldners gerichtlich ersetzen lassen kann, wenn der Gläubiger hierauf einen Anspruch hat. Die Willenserklärung gilt dann mit Rechtskraft des Urteils qua Fiktion als abgegeben. Als eine solche Willenserklärung gilt auch die Bewilligung einer Eintragung in einem Register.[837] Weitere Handlungen, wie beispielsweise der Zugang der Willenserklärung, werden durch § 894 S. 1 ZPO nicht ersetzt, sodass bei einer Erklärung gegenüber einer Behörde, dieser das rechtskräftige Urteil vorgelegt werden muss.[838] § 894 S. 1 ZPO erfordert nach herrschender Meinung zu seiner Wirksamkeit im Schiedsverfahren zusätzlich eine Vollstreckbarerklärung nach § 1060 ZPO.[839]

Zur Anwendbarkeit dieser Grundsätze auf die schiedsgerichtliche Patentnichtigkeitsklage sind folgende Aspekte anzumerken. Zunächst ist festzustellen, dass § 894 S. 1 ZPO in grundlegend anderer Weise wirkt als das Nichtigkeitsurteil des BPatG. Denn das Nichtigkeitsurteil des BPatG hat unmittelbar rechtsgestaltende Wirkung, wobei die Eintragung der Löschung des Patents im Register lediglich deklaratorisch wirkt.[840] Bei einer Verurteilung durch ein staatliches Gericht nach § 894 S. 1 ZPO erfolgt die gestaltende Wirkung, soweit es um Erklärungen gegenüber einer Behörde geht, erst durch die, auf Basis der abgegebenen Willenserklärung, sowie ggf. der Vollstreckbarerklärung, vorgenommene Handlung der Behörde.[841] Ferner handelt es sich bei der Wirkung von § 894 S. 1 ZPO um

---

837 Vgl. BGH, Urt. v. 21.2.1986 - V ZR 246/84 - NJW 1986, 1867, 1868; *Gruber*, in: MünchKomm, ZPO, § 894 Rn. 2.

838 *Gruber*, in: MünchKomm, ZPO, § 894 Rn. 17.

839 BGH, Urt. v. 22.12.1960 - VII ZR 92/59 - KTS 1961, 31; *Fritze*, GRUR Int 1992, 218, 220; *Münch*, in: MünchKomm, ZPO, § 1060 Rn. 5; mit ausführlicher Begründung *Holzner*, Die objektive Schiedsfähigkeit, S. 112 ff.; *Kaneko*, EU-Einheitspatent, S. 255; *Schwab/Walter*, Schiedsgerichtsbarkeit, Kap. 28 Rn. 18; *Voit*, in: Musielak/Voit, ZPO, § 1060 Rn. 2; unklar *Geimer*, in: Zöller, ZPO, § 1060 Rn. 22 und § 1055 Rn 2; a.A. *Loritz*, ZZP 105 (1992), 1, 19.

840 Vgl. Kap. E. III. 2. g).

841 OLG München, Beschl. v. 15.9.2016 - 34 Sch 19/16 - NJOZ 2016, 1709, 1710; es erscheint allerdings auch denkbar, eine gestaltende Wirkung bereits mit Abgabe der fingierten Erklärung anzunehmen, da dies bei einem tatsächlich erklärten Verzicht auf ein Patent ebenfalls der Fall wäre.

eine Erga-omnes-Wirkung. Denn durch die Fiktion des § 894 S. 1 ZPO und die auf dieser Basis vorgenommene Behördenhandlung fände eine Gestaltung der Rechtslage statt, die notwendigerweise erga omnes wirkte.

c) Stellungnahme

Die Lösung über eine fingierte Willenserklärung nach § 894 S. 1 ZPO begegnet einigen Bedenken.[842] Im Hinblick auf die Patentnichtigkeitsklage würde dadurch das gesamte Verfahren ein anderes Gepräge erfahren. Denn § 894 S. 1 ZPO bezieht sich auf Leistungsklagen, die Patentnichtigkeitsklage ist jedoch eine Gestaltungsklage.[843] Die Verurteilung müsste sodann auf Vornahme einer Erklärung, auf das Patent gemäß § 20 Abs. 1 Nr. 1 PatG zu verzichten[844], erfolgen; die Löschung aus dem Patentregister wirkt allein deklaratorisch.[845] Auch die teilweise vorgeschlagene Verurteilung zur Beantragung der Löschung würde daher nicht verfangen,[846] was bei der Stellung des Klageantrags nach § 253 Abs. 2 S. 2 ZPO zu berücksichtigen wäre. Ausgangspunkt der rechtsgestaltenden Wirkung wäre damit die durch den Schiedsspruch fingierte Verzichtserklärung, sofern dieser für vollstreckbar erklärt worden ist.

Ferner stellt sich die Frage, ob die Voraussetzungen für eine Verurteilung zur Erklärung des Verzichts, welche dann gemäß § 894 S. 1 ZPO durch den Schiedsspruch ersetzt werden würde, überhaupt vorliegen. Denn für eine Ersetzung der Willenserklärung gemäß § 894 S. 1 ZPO ist es erforderlich, dass der Kläger einen Anspruch auf die Abgabe der jeweiligen Willenserklärung hat. Die Nichtigerklärung eines Patents erfolgt jedoch auf Basis des Vorliegens mindestens eines Nichtigkeitsgrundes. Es stellt sich die Frage, ob man allein auf der Grundlage des Vorliegens eines Nichtigkeitsgrundes eine Anwendbarkeit von § 894 S. 1 ZPO wird annehmen können. Dagegen spricht bereits, dass es insoweit schlicht an einer gesetzlichen Grundlage mangelt. *Holzner*[847] denkt eine Analogie zu § 10c

---

842 Kritisch zur „Verzichtslösung“ auch *Baumann*, Patentstreitigkeiten, S. 179 ff.

843 Zu § 894 ZPO führt OLG München, Beschl. v. 15.9.2016 - 34 Sch 19/16 - NJOZ 2016, 1709, 1710 zutreffend aus: „Dies (also § 894 ZPO, Anm. d. Verf.) stellt sich als gesetzlich besonders ausgestaltete Bestimmung über die Zwangsvollstreckung von Leistungsurteilen des betroffenen Inhalts dar.“

844 Zu der Möglichkeit, auf sein eigenes Patent jederzeit verzichten zu können, vgl. Kap. E. III. 1. h).

845 Vgl. Kap. E. III. 1. h).

846 Hierzu ebenfalls kritisch *Kaneko*, EU-Einheitspatent, S. 254 f.

847 *Holzner*, Die objektive Schiedsfähigkeit, S. 108.

Abs. 2 GeschmMG und § 55 MarkenG an, lehnt diese aber zurecht mangels Regelungslücke ab, da in den §§ 81 Abs. 1 S. 1, 22 Abs. 1 PatG bereits Regelungen zur Beseitigung von unrechtmäßigen Patenten existieren. *Kaneko*[848] hingegen argumentiert, die Privatautonomie gebiete, dass der Patentinhaber sich auch einer Schiedsvereinbarung unterwerfen können müsse, wonach er eine Entscheidung über einen zu erklärenden Verzicht zu akzeptieren hätte. Dies ist zwar prinzipiell richtig, allerdings erscheint es zweifelhaft, ob eine Schiedsvereinbarung Grundlage für eine solche Entscheidung sein kann, wenn es materiell-rechtlich an einer Anspruchsgrundlage mangelt. Dies dürfte regelmäßig nicht der Fall sein.

Die Lösung über § 894 S. 1 ZPO erscheint daher zur Beilegung einer Patentnichtigkeitsstreitigkeit insgesamt systemwidrig und problematisch. Da sich die Lösung, dass der Schiedsspruch bei Eintritt von dessen Rechtskraft selbst die Gestaltungswirkung herbeiführt, als praktikabel und nicht gegen den Ordre Public verstoßend herausgestellt hat, erscheint diese Lösung gegenüber dem Weg über § 894 S. 1 ZPO vorzugswürdig.

6. Zwischenergebnis

Insgesamt ist zu diesem Abschnitt festzustellen, dass dem Schiedsspruch im Rahmen der Patentnichtigkeitsklage Erga-Omnes-Wirkung zukommt und die Patentnichtigkeitsklage auch unter diesem Gesichtspunkt schiedsfähig ist. Eine solche Rechtswirkung ist innerhalb der zivilprozessualen und schiedsrechtlichen Dogmatik möglich und begründet keinen Verstoß gegen den Ordre Public. Rechte Dritter wären durch diese Wirkung des Schiedsspruchs nicht in einer Weise betroffen, die einen Ordre Public-Verstoß begründen würde. Die Gestaltungswirkung erga omnes tritt mit Rechtskrafterlangung des Schiedsspruchs ein, ohne dass es einer Vollstreckbarerklärung des Schiedsspruchs bedarf.

Eine Wirkung des Nichtigkeitsschiedsspruchs inter partes würde gegen den verfahrensrechtlichen Ordre Public verstoßen und ist abzulehnen.

Auch der Schiedsspruch mit vereinbartem Wortlaut nach § 1053 ZPO wäre mit der skizzierten Erga-omnes-Wirkung zu vereinbaren, wobei auch dieser Schiedsspruch zur Entfaltung der Gestaltungswirkung keiner Vollstreckbarerklärung bedürfte.

Die Besonderheiten zur Rechtskraft des Schiedsspruchs nach § 1055 ZPO fügen sich in die Lösung einer Erga-Omnes-Wirkung des Schiedsspruchs bei Rechtskraft ein ohne dass durchgreifende Bedenken bestehen.

---

848 *Kaneko*, EU-Einheitspatent, S. 256 f.

Eine Lösung über § 894 S. 1 ZPO durch Fiktion der Abgabe der Verzichtserklärung erscheint hingegen aufgrund der aufgezeigten Probleme nicht zielführend und ist abzulehnen.

V. Ergebnis

Zu diesem Kapitel lassen sich folgende wesentliche Ergebnisse festhalten:

- Die Schiedsfähigkeit der Patentnichtigkeitsklage ist nach wie vor umstritten, wobei die mittlerweile herrschende Meinung die Schiedsfähigkeit bejaht.[849]
- Die spezifischen Ausprägungen und Merkmale des Patents stehen der Schiedsfähigkeit der Patentnichtigkeitsklage nicht entgegen. Das Patent ist wesentlich durch die wirtschaftliche Nutzbarkeit zugunsten seines Inhabers geprägt. Die Eigenschaften des Patents sprechen ferner dafür, dass es sich bei Streitigkeiten über den Bestand eines Patents um „vermögensrechtliche Ansprüche" im Sinne von § 1030 Abs. 1 S. 1 ZPO handelt, die zudem „vergleichsfähig" im Sinne von § 1030 Abs. 1 S. 2 ZPO sind.[850]
- Auch die Besonderheiten der Patentnichtigkeitsklage stehen der Schiedsfähigkeit derselben nicht entgegen. Insbesondere kann in einer schiedsgerichtlichen Behandlung der Patentnichtigkeitsklage kein Verstoß gegen den verfahrensrechtlichen Ordre Public ausgemacht werden.[851]
- Der Schiedsspruch über die Patentnichtigkeit gestaltet im Falle der erfolgreichen Schiedsklage mit Rechtskrafterlangung erga omnes die Rechtslage. Eine Wirkung des Schiedsspruchs inter partes verstieße gegen den verfahrensrechtlichen Ordre Public und ist abzulehnen. Ein Vergleich vor dem Schiedsgericht nach § 1053 ZPO kann in gleicher Weise wie ein Nichtigkeitsschiedsspruch erga omnes wirken. Eine Verurteilung durch das Schiedsgericht zu einem Verzicht auf das Patent nach § 894 ZPO ist aus verschiedenen Gründen abzulehnen.[852]

---

849 Kap. E. I.
850 Kap. E. III. 1.
851 Kap. E. III. 2.
852 Kap. E. IV.

F. Ökonomische Analyse der Schiedsfähigkeit der Patentnichtigkeitsklage

In diesem Kapitel soll die Schiedsfähigkeit der Patentnichtigkeitsklage mit den Instrumentarien der ökonomischen Analyse des Rechts untersucht werden. Hierbei wird insbesondere die gesetzgeberische Entscheidung, ob die Patentnichtigkeitsklage durch ein Schiedsverfahren beigelegt werden können sollte oder nicht, im Hinblick auf die damit verbundenen ökonomischen Implikationen beleuchtet. Es handelt sich mithin um eine Untersuchung, die im Ausgangspunkt losgelöst von konkreten rechtlichen Regelungen in allgemeiner Weise die behandelte Forschungsfrage einzuordnen und zu beantworten sucht. Hierbei geht es im Kern um die Frage, ob es unter ökonomischen Gesichtspunkten rechtpolitisch wünschenswert ist, dass Streitigkeiten über die Wirksamkeit eines Patents vor einem Schiedsgericht beigelegt werden können sollen, oder ob eine exklusive Streitbeilegung durch staatliche Gerichte ökonomisch vorteilhafter erscheint.

Die Beschaffenheit der Methodik der ökonomischen Analyse des Rechts – welche von modellhaft-abstrakten Betrachtungen geprägt ist – hat zur Folge, dass dieses Kapitel gewissermaßen in sich geschlossen neben den vorangegangenen Teilen der Arbeit steht, da die rechtlichen und rechtsdogmatischen Untersuchungen der vorangegangenen Kapitel argumentativ grundlegend anders angeknüpft sind.

I. Ausgangspunkt einer ökonomischen Betrachtung

Die ökonomische Analyse des Rechts schwebt nicht im luftleeren Raum, sondern stützt sich, insbesondere in Bezug auf seine modellhaften, aber auch betreffend rechtstatsächlich-empirische Untersuchungen, auf einige Grundannahmen. Einige der im Weiteren relevanten Prämissen sollen bereits hier, „vor die Klammer gezogen", dargestellt werden.

1. Methodologischer Individualismus und Verhaltensökonomik

Eine dieser Grundannahmen ist der dem Utilitarismus[853] entstammende methodologische Individualismus[854] der neoklassischen[855] ökonomischen Theorie. Hierunter versteht man die Annahme, dass Individuen ihren eigenen Nutzen maximieren und hierbei rational vorgehen.[856]

Hierzu häufig anzutreffende Vorbehalte sind die, dass das Modell der Nutzenmaximierung einerseits Egoismus postuliere und andererseits an einer Einseitigkeit der Betrachtung leide, da normative Gerechtigkeitserwägungen und -kriterien vernachlässigt würden. Zu erstem Vorwurf lässt sich sagen, dass Egoismus insoweit nicht mit Eigennützigkeit verwechselt werden darf und Eigennützigkeit nicht im Widerspruch zu Verhaltensmustern bzw. -motiven wie Mitleid, Mutterliebe aber auch Neid stehen muss.[857] Damit ist die unterstellte Eigennutzenorientierung inhaltlich bzw. moralisch neutral.[858] Zu dem zweiten Vorwurf muss klarstellend erwidert werden, dass es sich bei den Annahmen zum *Homo Oeconomicus* weder um ein Menschenbild noch um ein normatives Motivationsmodell handelt. Es ist schlicht ein Verhaltensmodell, welches zu

853 Zum Verhältnis des Utilitarismus, als sozialphilosophischer Hintergrund, zum methodologischen Individualismus bzw. zur ökonomischen Analyse des Rechts insgesamt s. *Lieth*, Die ökonomische Analyse, S. 35 ff. sowie *Eidenmüller*, Effizienz als Rechtsprinzip, S. 22 ff.

854 Hierzu ausführlich *Janson*, Ökonomische Theorie, S. 24 ff.

855 Zu diesem Begriff und seiner Einordnung s. *Mack*, Ökonomische Rationalität, S. 23 ff.

856 Die hierfür erforderlichen Annahmen haben *von Neumann/Morgenstern*, Theory of Games and Economic Behavior, aufgestellt und daraus eine Nutzenfunktion entwickelt. Zugleich haben sie auf diesen Annahmen basierend die Grundlagen für die Spieltheorie gelegt. Vgl. auch *Schäfer/Ott*, Ökonomische Analyse, S. 46, 95 ff. sowie *Cooter/Ulen*, Law & Economics, S. 18 ff.

857 Vgl. *Schäfer/Ott*, Ökonomische Analyse, S. 99 f. Ein komplexer Fall im Hinblick auf Eigennutzen ist der Altruismus. Bei diesem wird darüber gestritten, ob er sich an „echter" Fremdnützigkeit orientiere oder doch eher eigenen Nutzen stifte, da der Altruist aus seinen Handlungen eigene Befriedigung ziehe, vgl. *Hunt*, Das Rätsel der Nächstenliebe, S. 19 ff. Je nachdem, wie man diese Frage nach der Motivation des Altruisten beantwortet, stellt sich der Altruismus als Nutzenmaximierung oder als Abweichung hiervon im Sinne der Verhaltensökonomik dar. Für letztgenannte Ansicht spricht sich wohl *Meier*, The Economics of Non-selfish Behaviour, S. 135, aus; *Dutta*, Warum Erbrecht?, S. 160 f. m.w.N. hält Altruismus als mögliches Motiv bei der insoweit außergewöhnlichen Situation der Vererbung von Vermögen wohl für eigennutzenorientiert.

858 *Janson*, Ökonomische Theorie, S. 33.

Analysezwecken herangezogen wird und welches daher zusätzlichen normativen Erwägungen nicht im Wege steht.[859]

Der Begriff des Nutzens ist denkbar weit zu verstehen und kann keinesfalls allein auf monetäre Aspekte verengt werden; vielmehr kann er beispielsweise auch Gesichtspunkte wie soziale Anerkennung sowie ideelle, moralische oder sexuelle Bedürfnisse beinhalten.[860] Der diesem Modell zugrunde liegende Akteur ist der *Homo Oeconomicus*.[861] Da es in der folgenden Untersuchung im Kern nicht um die Analyse der Handlungen einzelner Akteure geht, sondern um die Richtigkeit bzw. Sinnhaftigkeit einer gesetzgeberischen Entscheidung, soll auf weitere Einzelheiten des methodologischen Individualismus nicht eingegangen werden.

Gleichwohl hat der Aufstieg des Forschungszweigs der Verhaltensökonomik die zuvor weitgehend anerkannten Annahmen und Aussagen der neoklassischen ökonomischen Theorie ins Wanken gebracht.[862] Die Auszeichnungen des Psychologen *Daniel Kahneman* im Jahr 2002 und des Ökonomen *Richard Thaler* im Jahr 2017 – zwei der prominentesten Protagonisten der Verhaltensökonomik – mit dem Alfred-Nobel-Gedächtnispreis für Wirtschaftswissenschaften, waren die breitenwirksamsten Manifestationen dieses Trends. Hier soll die von der Verhaltensökonomik hervorgebrachte Kritik an den Grundannahmen des methodologischen Individualismus eine kurze Einordnung erfahren.

Die Verhaltensökonomik konnte bezüglich nahezu aller Annahmen der neoklassischen ökonomischen Theorie zeigen, dass Individuen tatsächlich systematisch von dem postulierten rationalen Verhalten abweichen.[863] Dies führt zu der Frage, inwieweit diese Abweichungen das wissenschaftliche Arbeiten mit neoklassischen Modell-Annahmen noch angemessen und sinnvoll erscheinen lassen. Hierbei sind verschiedene Aspekte zu berücksichtigen. Zu dem (vermeintlichen) Abweichen von rationalen Verhaltensweisen ist zu beachten, dass

---

859 Vgl. *Janson*, Ökonomische Theorie, S. 24 ff.; *Lieth*, Die ökonomische Analyse, S. 63 f.; vgl. auch *Williamson*, Die ökonomischen Institutionen, S. 49 ff. zu den Verhaltensannahmen im Zusammenhang der Transaktionskostentheorie.

860 Ausführlich zum weiten Verständnis des Merkmals des „Nutzens" *Janson*, Ökonomische Theorie, S. 31 ff.

861 *Baumann*, RNotZ 2007, 297, 300; *Bechtold*, Die Grenzen, S. 21; *Eidenmüller*, Effizienz als Rechtsprinzip, S. 29 ff.; vgl. auch *Ruffner*, Die ökonomischen Grundlagen, S. 58 ff.

862 Umfassend hierzu *Hacker*, Verhaltensökonomik und Normativität, S. 29 ff.

863 Vgl. *Bechtold*, Die Grenzen, S. 25; *Hacker*, Verhaltensökonomik und Normativität, S. 122; *Rehberg*, Das Rechtfertigungsprinzip, S. 998 ff. hält diese Erkenntnis für offensichtlich und banal.

gewisse Verhaltensmuster, die als irrational erscheinen, auch als rationales Verhalten beschrieben werden könnten, wenn die zugrundeliegenden Präferenzen entsprechend berücksichtigt würden. *Posner*[864] hat hierzu folgendes Beispiel angeführt: Wer mit Genuss einen Hummer verspeist, den er zuvor nicht lebend gesehen hat, gleichwohl aber den Appetit verliert, wenn er einen Hummer zuvor im lebendigen Zustand aus einem Hummer-Becken aussuchen soll, handele nicht zwingend irrational. Vielmehr eröffne sich auch die mögliche Interpretation, dass die Person verschiedene Präferenzen für verschiedene Produkte habe. Einmal gehe es um einen Hummer, den sie vor dem Verzehr nicht lebendig gesehen habe und einmal um einen Hummer, den sie im lebendigen und im gekochten Zustand gesehen habe.[865] Diese Ausführungen überzeugen nur bedingt. Einerseits ist es durchaus nachvollziehbar, dass sich die Präferenz zu einem Gut in Abhängigkeit zu gewissen Vorbedingungen ändern kann. Andererseits erscheint eine Einteilung in derartig feingliedrige Güter als unnatürliche Aufspaltung eines einheitlichen Gutes, nämlich des zu konsumierenden gekochten Hummers; die Frage, ob der Hummer zuvor lebendig gesehen wurde oder nicht, kann wohl kaum dazu führen, dass das Gut selbst sich ändert.[866] Ferner führt eine derartig starke Aufspaltung von Gütern, um damit divergierende Präferenzen zu erklären, dazu, dass auch die Aussagekraft der Modelle, die sich notwendig aus der Abstraktion und Vereinfachung speist, deutlich absinkt.[867] Gewisse Abweichungen vom idealtypischen Rationalverhalten wird die ökonomische Theorie letztlich nicht abstreiten können.

Der Verhaltensökonomik ist jedoch anzulasten, dass sie bisher noch nicht in der Lage war, ein eigenes Verhaltensmodell anzubieten, sondern lediglich einzelne unverknüpft nebeneinander stehende Abweichungen menschlichen Verhaltens vom Rationalverhalten zutage gefördert hat.[868] Daher kann bei der Untersuchung der Auswirkungen rechtlicher Regelungen auf das menschliche Verhalten, mangels besserer Alternativen, weiterhin auf das Modell des Rationalverhaltens zurückgegriffen werden.[869] Unter Umständen notwendige

---

864 *Posner*, Stanford Law Review, Vol. 50, No. 5, (1998), S. 1551, 1553.

865 Vgl. hierzu auch *Hacker*, Verhaltensökonomik und Normativität, S. 126 f.; *Schäfer/Ott*, Ökonomische Analyse, S. 111, Fn. 33.

866 Kritisch auch *Hacker*, Verhaltensökonomik und Normativität, S. 126 ff.

867 *Hacker*, Verhaltensökonomik und Normativität, S. 141.

868 *Mackaay*, Law and Economics, S. 45; *Schäfer/Ott*, Ökonomische Analyse, S. 115.

869 *Bechtold*, Die Grenzen, S. 25 f.; *Mackaay*, Law and Economics, S. 45 f.; *Pindyck/Rubinfeld*, Mikroökonomie, S. 827; *Schäfer/Ott*, Ökonomische Analyse, S. 114; kritischer wohl *Hacker*, Verhaltensökonomik und Normativität, S. 141 f.

Ergänzungen infolge erkennbarer systematischer Abweichungen vom angenommenen Rationalverhalten können sodann im Einzelfall berücksichtigt werden, sofern diese Abweichungen nicht bei genauerer Betrachtung bereits durch eine Anpassung der Annahmen über rationales Verhalten als eine Form von Rationalverhalten bewertet werden können.[870]

2. Effizienz

Der zweite vorab zu diskutierende Punkt ist der Begriff der Effizienz. In der Analyse von gesetzgeberischen Entscheidungen sind die Effizienz und die Verteilung zu unterscheiden. Die ökonomische Analyse des Rechts beschäftigt sich vornehmlich mit der Allokationseffizienz von Regeln.[871] Denn die Verteilungsperspektive ist letztlich das Ergebnis von Wertentscheidungen und entzieht sich damit der ökonomischen Analyse in dem Sinne, dass nicht eine Variante von (Um-)Verteilung als „besser“ als eine andere bewertet werden kann.[872]

Ausgangspunkt der Betrachtung der Effizienz gesetzgeberischer Maßnahmen ist die Erkenntnis, dass alle gesellschaftlichen Ressourcen relativer Knappheit unterliegen, also nur in begrenztem Umfang und nicht endlos zur Verfügung stehen.[873] Dem stehen prinzipiell unbegrenzte Bedürfnisse der Menschen gegenüber.[874] Deshalb erscheint es erstrebenswert, die gesellschaftlichen Ressourcen so zu verwenden, dass der gesamtgesellschaftliche Nutzen maximiert wird. Zur Erreichung dieser gesamtgesellschaftlichen Effizienz der Ressourcenallokation wurden einige Theorien und Kriterien entwickelt. Die Bedeutsamsten sind die Folgenden.

a) Pareto-Effizienz

Der Begriff der Effizienz bezieht sich hier auf die gesamtgesellschaftliche Allokation von Ressourcen. Dabei wird zunächst davon ausgegangen, dass jedes

---

870 *Bechtold*, Die Grenzen, S. 26; *Mackaay*, Law and Economics, S. 45 f.; so ähnlich auch *Cooter/Ulen*, Law & Economics, S. 51; *Pindyck/Rubinfeld*, Mikroökonomie, S. 827; a.A. *Rehberg*, Das Rechtfertigungsprinzip, S. 1007 ff.

871 Zum Begriff der Allokationseffizienz vgl. *Bechtold*, Die Grenzen, S. 27 ff.; vgl. auch *Peifer*, Individualität im Zivilrecht, S. 288 der insoweit von der Gesamtwohlfahrt der Gesellschaft spricht.

872 Vgl. *Cooter/Ulen*, Law & Economics, S. 7 f.; *Lieth*, Die ökonomische Analyse, S. 48.

873 Vgl. *Tunick*, in: White, Theoretical Foundations, S. 77; *Schäfer/Ott*, Ökonomische Analyse, S. 45 f.

874 *Schäfer/Ott*, Ökonomische Analyse, S. 45.

Gut seinem Besitzer einen positiven Nutzen aber abnehmenden Grenznutzen stiftet.[875] Dies bedeutet, dass der steigende Konsum eines Gutes zu einem steigenden Nutzen führt, die Nutzensteigerung pro zusätzlicher Einheit des Gutes jedoch abnimmt.[876] Zudem wird davon ausgegangen, dass Präferenzen eines Individuums bei Betrachtung mehrerer Güter konvex sind, das heißt, dass eine Gütermischung generell einer „Randlösung", also der Ausstattung mit nur einem der Güter, vorgezogen wird.[877] Ausgehend von einer Tauschwirtschaft[878] bezeichnet man einen Zustand der Ressourcenallokation dann als gegenüber einem anderen Zustand Pareto-superior, wenn durch diese Transaktion mindestens ein Gesellschaftsmitglied besser gestellt wird, ohne dass ein anderes schlechter gestellt wird und als Pareto-optimal, wenn sich kein Mitglied der Gesellschaft durch eine Transaktion mit anderen Gesellschaftsmitgliedern besser stellen kann, ohne dass ein anderes Mitglied schlechter gestellt würde.[879] Dies bedeutet, dass jedes Gesellschaftsmitglied ein Veto-Recht in Bezug auf hoheitliche Maßnahmen hätte, die seine Ressourcenverteilung betreffen.[880] Deshalb gilt das Pareto-Prinzip als Entscheidungsregel für sich genommen als untauglich.[881]

b) Kaldor-Hicks-Kriterium

Wegen der praktischen Unbrauchbarkeit des Pareto-Prinzips, haben *Nicholas Kaldor* und und *John Hicks* das Kaldor-Hicks-Kriterium als Erweiterung hierzu entwickelt.[882] Danach kann aus einem Pareto-optimalen Zustand heraus noch

---

875 Formal gilt daher für die Nutzenfunktion eines Gutes: $f' > 0$; $f'' < 0$.

876 *Pindyck/Rubinfeld*, Mikroökonomie, S. 107.

877 *Knieps*, Wettbewerbsökonomie, S. 10; zu Randlösungen bei Konsumentenentscheidungen insgesamt *Pindyck/Rubinfeld*, Mikroökonomie, S. 123.

878 Zur Tauschwirtschaft als Grundannahme der ökonomischen Theorie vgl. *Fritsch/Wein/Ewers*, Marktversagen und Wirtschaftspolitik, S. 24.

879 *Eidenmüller*, Effizienz als Rechtsprinzip, S. 48; *Fritsch/Wein/Ewers*, Marktversagen und Wirtschaftspolitik, S. 24 ff.; *Janson*, Ökonomische Theorie, S. 91; *Lieth*, Die ökonomische Analyse, S. 45; *Pindyck/Rubinfeld*, Mikroökonomie, S. 696; *Schäfer*, in: Ott/Schäfer, Allokationseffizienz, S. 1, 2 f.; *Steinbach*, Rationale Gesetzgebung, S. 29 f.; *Unberath*, Die Vertragsverletzung, S. 125.

880 *Janson*, Ökonomische Theorie, S. 91; *Lieth*, Die ökonomische Analyse, S. 45.

881 *Eidenmüller*, Effizienz als Rechtsprinzip, S. 50; *Janson*, Ökonomische Theorie, S. 91; *Lieth*, Die ökonomische Analyse, S. 45; *Ruffner*, Die ökonomischen Grundlagen, S. 38 f.; *Steinbach*, Rationale Gesetzgebung, S. 30.

882 Vgl. *Eidenmüller*, Effizienz als Rechtsprinzip, S. 51; *Ruffner*, Die ökonomischen Grundlagen, S. 39 f.; *Schäfer*, in: Ott/Schäfer, Allokationseffizienz, S. 1, 3; *Steinbach*, Rationale Gesetzgebung, S. 30 ff.

ein sozial-gesellschaftlich vorzugswürdigerer Zustand erreicht werden, wenn eine Transaktion mindestens eine Person besser stellt und das Ausmaß der aggregierten Besserstellung dieser Person(en) das Ausmaß der aggregierten Schlechterstellung anderer Personen übersteigt.[883] Dadurch könnte(n) die besser gestellte(n) Person(en) die schlechter gestellte(n) Person(en) für ihren erlittenen Verlust vollständig entschädigen, wobei noch ein Zugewinn bei den besser Gestellten verbliebe.[884] Eine Pflicht zu einer Kompensation soll jedoch nicht bestehen, da allein der gesamtgesellschaftliche Nutzen, ungeachtet der Verteilung des Nutzens, betrachtet wird; es reicht für die Erfüllung des hierdurch postulierten Effizienzverständnisses, dass eine solche Kompensation möglich wäre.[885] Das Kaldor-Hicks-Kriterium bildet in der ökonomischen Analyse des Rechts die theoretische Grundlage für die Kosten-Nutzen-Analyse öffentlicher Projekte und für die Evaluierung von neuen oder modifizierten Rechtsnormen.[886]

c) Coase-Theorem

Das ökonomische Prinzip der Effizienz hat sodann *Ronald Coase*[887] in seinem bekannten Aufsatz „The Problem of Social Cost" in für gesetzgeberische Fragestellungen besonders bedeutsamer Weise weiterentwickelt. *Coase* stellte folgendes Theorem auf: Er führte aus, dass unter bestimmten Bedingungen die Ausgestaltung des Rechts keine Auswirkungen auf die tatsächlich von den betreffenden Akteuren getroffenen Maßnahmen zur Vermeidung von Externalitäten habe, da auf dem Verhandlungswege ohnehin die allokationseffiziente Lösung herbeigeführt werde.[888] Als Voraussetzung hierfür müssten folgende drei Annahmen

883 *Eidenmüller*, Effizienz als Rechtsprinzip, S. 51; *Janson*, Ökonomische Theorie, S. 92; *Lieth*, Die ökonomische Analyse, S. 45 f.; *Unberath*, Die Vertragsverletzung, S. 127.

884 *Lieth*, Die ökonomische Analyse, S. 45 f.; *Unberath*, Die Vertragsverletzung, S. 127.

885 *Eidenmüller*, Effizienz als Rechtsprinzip, S. 51; *Janson*, Ökonomische Theorie, S. 92; *Ruffner*, Die ökonomischen Grundlagen, S. 39; *Unberath*, Die Vertragsverletzung, S. 127.

886 *Schäfer*, in: Ott/Schäfer, Allokationseffizienz S. 1, 3.

887 *Coase*, Journal of Law and Economics 1960, 1; vgl. hierzu auch *Janson*, Ökonomische Theorie, S. 62 ff.; *Lieth*, Die ökonomische Analyse, S. 45 f.

888 Hierzu ausführlich *Parisi*, in: Backhaus, The Elgar Companion, S. 7, 12 ff.; im Zusammenhang mit Immaterialrechtsgütern *Peifer*, Individualität im Zivilrecht, S. 286 ff.; *Posner*, Overcoming Law, S. 406; *Schmidtchen*, in: Schmidtchen/Weth, Der Effizienz auf der Spur, S. 9, 17 ff.

erfüllt sein: 1. Es gibt keine Transaktionskosten[889]; 2. alle Akteure haben vollständige Informationen; und 3. die Verfügungsrechte der Verhandlungspartner sind eindeutig definiert und frei übertragbar.[890] Als Beispiel nannte er unter anderem das Verhältnis zweier Landwirte mit benachbarten Ländereien. Während der eine Landwirt Getreide anbaut, widmet sich der andere der Rinderzucht. Nun soll es immer wieder vorkommen, dass die Rinder sich auf die Getreideflächen begeben, wodurch das Getreide teilweise zerstört wird. Hinsichtlich dieser Zerstörung von Getreide durch die Rinder gäbe es verschiedene Möglichkeiten der Handhabung. So könnten die Rinder eingezäunt werden, es könnten Hunde oder Hirten eingesetzt werden, oder aber es könnte die Zerstörung des Getreides hingenommen werden, wobei eventuell Ausgleichszahlungen erfolgen könnten. Nach *Coase* wird bei Vorliegen der genannten Annahmen eine Verhandlung zwischen den beiden Landwirten dazu führen, dass in jedem Fall diejenige Handlungsvariante gewählt wird, die mit den geringsten sozialen Kosten verbunden ist. Wenn also der Verlust aus der Zerstörung des Getreides unter den Kosten der möglichen Vermeidungsmaßnahmen liegt, wird die Zerstörung nicht verhindert, wenn aber die Verluste aus der Zerstörung über den Kosten der Verhinderung liegen, wird die kostengünstigste Verhinderungsmaßnahme ergriffen. Interessant ist insbesondere, dass das Rechtssystem – bei Vorliegen der genannten Voraussetzungen – auf diesen Mechanismus keinen Einfluss haben soll. Das Rechtssystem kann durch die Zuweisung der Verantwortlichkeit, typischerweise durch Regeln zum Schadensersatz, lediglich Einfluss darauf nehmen, wer, aufgrund der aus der rechtlichen Lage erwachsenden Verhandlungspositionen, die Kosten der Zerstörung bzw. der Verhinderung tragen wird.[891]

Das beachtliche Ergebnis dieses Theorems ist, dass die Parteien ungeachtet der rechtlichen Lage immer die Lösung wählen, die den gesamtgesellschaftlichen Nutzen maximiert.[892] Allerdings ist die zugrundeliegende Annahme, dass die erforderlichen Transaktionen keine Kosten verursachen, von vornherein unrealistisch, weshalb *Coase* sich sodann auch den Transaktionskosten zuwendet.[893] Damit gewinnt die Ausgestaltung der Rechtslage wiederum an Bedeutung für

---

889 Vgl. hierzu, auch mit kritischer Würdigung dieser Annahme, *Richter/Furubotn*, Neue Institutionenökonomik, S. 9 ff.

890 Vgl. auch *Janson*, Ökonomische Theorie, S. 62 ff.

891 *Coase*, Journal of Law and Economics 1960, 1, 7.

892 *Eidenmüller*, Effizienz als Rechtsprinzip, S. 61; *Janson*, Ökonomische Theorie, S. 63; *Kobler*, Der Staat, S. 41; *Ruffner*, Die ökonomischen Grundlagen, S. 16 f.

893 *Coase*, Journal of Law and Economics 1960, 1, 7 ff.; vgl. auch *Leistner*, Richtiger Vertrag, S. 74.

die allokative Effizienz.[894] Das Recht soll so ausgestaltet sein, dass diese Transaktionskosten durch die Bereitstellung von Institutionen möglichst niedrig gehalten werden.[895] Im Falle prohibitiv hoher Transaktionskosten soll nach *Coase* das Recht möglichst diejenige Regelung aufstellen, welche die Parteien durch eine Verhandlung ohne Transaktionskosten nachgebildet hätten.[896]

3. Vollständige und unvollständige Verträge

Ein weiteres im Folgenden bedeutsames ökonomisches Konzept ist die Theorie von vollständigen und unvollständigen Verträgen. Ein vollständiger Vertrag ist dadurch gekennzeichnet, dass alle vom Vertragssubstrat betroffenen Parteien in den Vertrag einbezogen sind und vollständige Informationen über den Vertragsgegenstand und über alle im Hinblick auf den Vertragsgegenstand relevanten Umweltzustände haben und deshalb alle Eventualitäten vertraglich abgebildet haben.[897] Mithin ist der vollständige Vertrag derart gestaltet, dass er sowohl im Zeitpunkt des Vertragsabschlusses als auch im darauf folgenden relevanten Zeitablauf zu effizienten Ergebnissen führt.[898] Nach dem Coase-Theorem[899] wird bei dem vollständigen Vertrag zudem jedes denkbare vertragliche Risiko durch die Verhandlungslösung jeweils dem Vertragspartner zugewiesen, der dieses Risiko zu den geringsten Kosten zu tragen im Stande ist.[900] Diese Partei entspricht hierbei „quasi“ dem, was der „cheapest cost avoider“[901] im Schadensrecht ist. Angesichts der genannten Voraussetzungen des vollständigen Vertrages ist offensichtlich, dass es sich bei diesem um ein theoretisches Modell zur Vergegenwärtigung der ökonomischen Wirkungsweisen von Verträgen handelt und nicht um ein in der Wirklichkeit anzutreffendes Gebilde.[902] Typischerweise scheitert die

---

894 Vgl. *Kobler*, Der Staat, S. 41 ff.; *Ruffner*, Die ökonomischen Grundlagen, S. 17; *Schmidtchen*, in: Schmidtchen/Weth, Der Effizienz auf der Spur, S. 9, 22.

895 Vgl. *Leistner*, Richtiger Vertrag, S. 74; vgl. auch *Richter/Furubotn*, Neue Institutionenökonomik, S. 12.

896 Vgl. auch *Eidenmüller*, Effizienz als Rechtsprinzip, S. 62; *Leistner*, Richtiger Vertrag, S. 74; *Schmidtchen*, in: Schmidtchen/Weth, Der Effizienz auf der Spur, S. 9, 22.

897 *Hart/Moore*, Review of Economic Studies 1999, 115; *Bechtold*, Die Grenzen, S. 37 f.; *Kumpan*, Der Interessenkonflikt, S. 69; *Richter/Furubotn*, Neue Institutionenökonomik, S. 278 ff.; *Schäfer/Ott*, Ökonomische Analyse, S. 431 m.w.N.

898 *Hart/Moore*, Review of Economic Studies 1999, 115; *Bechtold*, Die Grenzen, S. 37 f.

899 Vgl. Kap. F. I. 2. c).

900 Vgl. *Schäfer/Ott*, Ökonomische Analyse, S. 432 mit Beispielen.

901 Vgl. hierzu *Schäfer/Ott*, Ökonomische Analyse, S. 252 ff.

902 Vgl. *Bechtold*, Die Grenzen, S. 38 m.w.N.; *Schäfer/Ott*, Ökonomische Analyse, S. 432.

vertragliche Berücksichtigung aller denkbaren zukünftigen Situationen bereits daran, dass die Erstellung eines solchen Vertrages extrem aufwändig und daher mit prohibitiv hohen Kosten verbunden wäre.[903] Deshalb und auch weil das moderne Wirtschaftsleben ständige Anpassungen an sich ändernde Rahmenbedingungen erfordert, ist der Abschluss eines vollständigen Vertrages auch ökonomisch nicht sinnvoll.[904] Letztlich sind Verträge im Sinne der skizzierten Definition daher notwendig unvollständig.[905]

Eine Folge der Unvollständigkeit eines Vertrages kann es sein, dass eine Partei die andere Partei zu einem späteren Zeitpunkt aufgrund von Moral-Hazard-Anreizen opportunistisch ausnutzt (Hold-up-Problem).[906] So ist es möglich, dass eine Partei vertragsgemäße Investitionen in den Vertragsgegenstand oder die Vertragsbeziehung vornimmt, die außerhalb der betreffenden Vertragsbeziehung nicht verwertbar sind bzw. zu einem späteren Zeitpunkt nicht mehr nachprüfbar sind.[907] Sodann könnte die andere Partei diese Situation später opportunistisch ausnutzen und von der Partei, die die Investitionen bereits getätigt hat, erhebliche Zugeständnisse an anderer Stelle verlangen.[908] Die Partei, die spezifisch investiert hat, ist dann „locked-in".[909] Da die Möglichkeit derartiger Szenarien antizipierbar ist, kann die Unvollständigkeit von Verträgen daher dazu führen, dass ökonomisch sinnvolle Transaktionen ausbleiben, was wiederum zu Wohlstandsverlusten führt.[910]

Die Aufgabe des Rechts ist es daher, derartige Lücken in Verträgen zu füllen, indem es den Parteien entsprechende residuale Verfügungsrechte zuweist.[911]

903 *Hart/Moore*, Review of Economic Studies 1999, 115; *Bechtold*, Die Grenzen, S. 38; *Kumpan*, Der Interessenkonflikt, S. 69; *Schäfer/Ott*, Ökonomische Analyse, S. 432.

904 Vgl. *Kumpan*, Der Interessenkonflikt, S. 69.

905 *Bechtold*, Die Grenzen, S. 38.

906 *Bechtold*, Die Grenzen, S. 39; *Nicita/Pagano*, in: Backhaus, The Elgar Companion, S. 145, 146 ff.; *Richter/Furubotn*, Neue Institutionenökonomik, S. 279; so ähnlich auch *Unberath*, Die Vertragsverletzung, S. 132.

907 *Nicita/Pagano*, in: Backhaus, The Elgar Companion, S. 145.

908 *Bechtold*, Die Grenzen, S. 39; *Unberath*, Die Vertragsverletzung, S. 132.

909 *Richter/Furubotn*, Neue Institutionenökonomik, S. 279.

910 *Bechtold*, Die Grenzen, S. 39; wohl auch *Unberath*, Die Vertragsverletzung, S. 132.

911 *Bechtold*, Die Grenzen, S. 40 f.; *Schäfer/Ott*, Ökonomische Analyse, S. 433; vgl. hierzu im Zusammenhang mit den Aktionären einer Aktiengesellschaft als residuale Eigentümer auch *Ruffner*, Die ökonomischen Grundlagen, S. 135; so ähnlich auch *Unberath*, Die Vertragsverletzung, S. 132.

II. Minimierung sozialer Kosten

Eine Streitigkeit beizulegen, ist notwendig mit Kosten und Nutzen verbunden. So kann angenommen werden, dass die Streitbeilegung den Nutzen stiftet, dass die Streitparteien aus einem streitigen Rechtsverhältnis ein unstreitiges Rechtsverhältnis machen konnten und dadurch Ressourcen, die infolge der Streitbeilegung gebunden waren, nunmehr in produktiven Tätigkeiten Verwendung finden können. Auch die durch die Streitbeilegung erlangte Rechtssicherheit hinsichtlich des konkreten Streitgegenstandes stiftet den Streitparteien Nutzen. Derjenige Nutzen, den die obsiegende Partei aus Zahlungen (bzw. anderen Leistungen), zu denen die unterlegene Partei verurteilt wird, ziehen mag, fällt aufgrund der Zahlungspflicht (oder sonstigen Leistungspflicht) der unterlegenen Partei bei dieser allerdings mindestens[912] in gleicher Weise als Nutzenverlust an, sodass insoweit nicht von einem gesamtwirtschaftlichen Nutzenzuwachs ausgegangen werden kann.

Die Betrachtung eines möglichen Nutzens einer erfolgten Streitbeilegung ist indes für die Frage der Schiedsfähigkeit der Patentnichtigkeitsklage nicht von primärer Bedeutung, da die Streitbelegung sowohl bei Schiedsfähigkeit als auch bei Schiedsunfähigkeit erfolgen kann. Stattdessen geht es darum, auf welche Weise eine – für sich genommen wünschenswerte – Streitbeilegung soll erfolgen können.

Deshalb soll hier das zuvor dargestellte Modell, dass der gesamtgesellschaftliche Nutzen maximiert werden soll, mit Blick auf die Beilegung einer Streitigkeit, zu dem Ziel der Minimierung der gesamtgesellschaftlichen Kosten präzisiert werden. Hierzu zählen zunächst die direkten privaten Kosten, die den Parteien unmittelbar durch mögliche Verhandlungen zur Erzielung einer einvernehmlichen Lösung oder durch die Führung eines Gerichts- oder Schiedsverfahrens entstehen. Zudem können auch Dritten oder der Gesellschaft insgesamt Kosten entstehen.[913] So stellt beispielsweise der Staat die Infrastruktur der Gerichte zur

---

912 In Anbetracht der Erkenntnisse aus der Prospect Theory ließe sich argumentieren, dass der infolge einer Zahlungsverpflichtung erlittene Nutzenverlust des Prozessverlierers aufgrund der allgemeinen Verlustaversion des Menschen sogar höher ausfällt als der Nutzengewinn des Prozessgewinners durch die Leistung der gleichen Zahlung an ihn, s. *Kahneman/Tversky*, Prospect Theory, Econometrica, Band 47, 1979, Nr. 2, S. 263; hierzu auch ausführlich *Hacker*, Verhaltensökonomik und Normativität, S. 63 ff.

913 Vgl. *Schäfer/Ott*, Ökonomische Analyse, S. 54 zur Unterschiedung von privaten und (sonstigen) sozialen Kosten.

Verfügung. Zudem können von einer Streitigkeit auch weitere Personen betroffen sein, was wiederum mit sozialen Kosten verbunden sein kann. Im Folgenden soll es daher um die Minimierung der Summe von privaten und sonstigen sozialen Kosten bei der Beilegung einer Streitigkeit über die Nichtigkeit eines Patents gehen. Hierzu werden verschiedene ökonomische Ansätze auf diese Fragestellung angewendet.

Vordergründig scheint die Fragestellung hierbei darauf hinauszulaufen, ob ein staatliches Gericht oder ein Schiedsgericht aus ökonomischer Sicht besser geeignet ist, die Streitigkeit beizulegen, diese Aufgabe also zu geringeren sozialen Kosten bewältigen kann. Diese Betrachtungsweise würde allerdings die Wirkungsweise der Frage der objektiven Schiedsfähigkeit außer Acht lassen. Denn bei Schiedsfähigkeit hierbei haben die Parteien gerade die Wahl, ob sie ihre Streitigkeit in einem Schiedsverfahren oder vor einem staatlichen Gericht austragen. Die Fragestellung muss daher richtigerweise lauten, ob es geringere soziale Kosten verursacht, wenn Streitigkeiten über die Nichtigkeit von Patenten ausschließlich vor staatlichen Gerichten ausgetragen werden dürfen oder ob es geringere soziale Kosten mit sich bringt, wenn die Parteien insoweit zwischen Schieds- und gerichtlichem Verfahren die Wahl haben. Ausgehend von der Annahme, dass die Akteure in aller Regel selbst am besten Wissen, was in ihrem eigenen Interesse liegt,[914] läuft diese Betrachtungsweise wiederum auf die Frage hinaus, ob es im Hinblick auf die gesamten sozialen Kosten zwingende Gründe gibt, die einen Ausschluss der Schiedsgerichtsbarkeit zur Frage der Patentnichtigkeit rechtfertigen.

1. Schiedsunfähigkeit als Reaktion auf unvollständigen Vertrag?

Auf den ersten Blick erscheint es ein denkbarer Ansatz, die Schiedsunfähigkeit der Patentnichtigkeitsklage als eine gesetzliche Regelung zur Überwindung unvollständiger Verträge[915] zu betrachten. Es ist jedoch bereits nicht ersichtlich,

---

914 Dem liegt wiederum die Annahme zugrunde, dass in Abwesenheit von Informationsasymmetrien und anderen Störfaktoren einzelne Marktakteure informierte und freiwillige Entscheidungen zur Maximierung ihres eigenen Nutzens treffen und dadurch eine gesamtgesellschaftlich effiziente Ressourcenallokation herbeiführen. Diese Annahme geht zurück auf die von *Adam Smith*, The Wealth of Nations, viertes Buch Kapitel 2, beschriebene unsichtbare Hand. Vgl. auch *Leistner*, Richtiger Vertrag, S. 81 ff.; vgl. auch *Schäfer/Ott*, Ökonomische Analyse, S. 449 f.; in anderem Zusammenhang aber ebenso *Rehberg*, Das Rechtfertigungsprinzip, S. 467; so ähnlich auch *Unberath*, Die Vertragsverletzung, S. 124.

915 Vgl. hierzu Kap. F. I. 3.

dass in einer Streitigkeit um eine Patentnichtigkeitsklage die Vereinbarung einer Schiedsklausel zu einer Unvollständigkeit dieses Vertrages oder wenigstens einer Vertiefung der Unvollständigkeit führen würde. Denn dies würde erfordern, dass die Parteien im Zeitablauf ihre Präferenzen im Hinblick auf die Schiedsklausel ändern und dadurch eine Partei, infolge von getätigten Investitionen, in eine Hold-up-Situation[916] geraten könnte. Dies ist jedoch nicht ersichtlich. Vielmehr liegt es nahe, die Schiedsabrede als Möglichkeit zu betrachten, potentiell drohenden Situationen, die einer Hold-up-Situation ähneln könnten – beispielsweise willkürlich in einem unliebsamen oder unzuständigen Land verklagt zu werden – zu begegnen.[917]

2. Schiedsunfähigkeit als staatlicher Eingriff zur Überwindung von Marktversagen

Eine weitere Möglichkeit, die Schiedsunfähigkeit der Patentnichtigkeitsklage ökonomisch zu fassen, wäre es, diese als staatlichen regulativen Eingriff zur Überwindung von Marktversagen zu verstehen. Im Folgenden soll zunächst dargelegt werden, inwieweit Schiedsunfähigkeit einen staatlichen Eingriff darstellt und sodann mögliches Marktversagen erörtert werden, welches einen solchen Eingriff rechtfertigen könnte.

a) Schiedsfähigkeit als „Urzustand"

Dass es sich bei einer gesetzgeberischen Entscheidung, eine bestimmte Art von Streitigkeit für nicht schiedsfähig zu halten, um einen staatlichen Eingriff handelt, ist nicht trivial. Denn auf den ersten Blick geht es bei der Frage der objektiven Schiedsfähigkeit um eine „schlichte" gesetzgeberische Aufgabe, die dieser je nach Art der Streitigkeit bzw. Streitgegenstand positiv oder negativ entscheiden kann. Folgende Überlegungen zeigen jedoch, dass die Schiedsunfähigkeit eines gegebenen Streitgegenstandes dennoch als staatlicher Eingriff zu qualifizieren ist.

aa) Privatautonomie als Grundlage

Die Schiedsgerichtsbarkeit hat ihre Grundlagen in der privaten Abrede der Parteien, ihre (möglichen) Streitigkeiten einem Schiedsgericht zu unterwerfen. Diese Entscheidung der Parteien fußt ganz wesentlich auf den Grundsätzen von

---

916 Vgl. hierzu Kap. F. I. 3.

917 Vgl. hierzu im Folgenden Kap. F. II. 3. b) aa).

Privatautonomie und Vertragsfreiheit.[918] Grundsätzlich ist es demnach rechtlich anerkennenswert, wenn die Parteien einer Streitigkeit sich für ein Schiedsverfahren entscheiden.[919]

bb) Bindungswirkung von Schiedsklauseln

Die Freiheit der Parteien, sich einem Schiedsverfahren als Streitbeilegungsmechanismus zu unterwerfen, erfährt seine rechtliche Wirkungskraft jedoch nicht aus sich heraus. Wie bei jeder privatautonomen Betätigung von Individuen, bedarf es zur rechtlichen Verbindlichkeit ihres Handelns der staatlichen Anerkennung dieser Handlungen; nur so kann ein Vertrag tatsächlich Wirkung entfalten.[920] Im Hinblick auf die Schiedsgerichtsbarkeit basiert diese Anerkennung einer Schiedsabrede auf dem UNÜ bzw. den jeweiligen gesetzlichen Regelungen[921] der Vertragsstaaten. Hierdurch sind private Akteure in der Lage, sich gegenseitig wirksam an ein schiedsgerichtliches Verfahren zu binden.

Diese Möglichkeit, sich grundsätzlich gegenseitig rechtlich wirksam zur Streitbeilegung in einem bestimmten Rechtsverhältnis an ein schiedsgerichtliches Verfahren zu binden und die staatliche Gerichtsbarkeit auszuschließen, kann daher als rechtlicher „Quasi-Urzustand“ angesehen werden. In gleicher Weise, wie Rechtssubjekte auch sonst rechtsverbindliche Verträge schließen können, können sie sich auch wirksam an die Streitbeilegung durch ein Schiedsgericht binden.

cc) Begründungsbedürftigkeit von Schiedsunfähigkeit

Eine Folge dessen, dass die Schiedsfähigkeit zu privaten Streitigkeiten als „Quasi-Urzustand“ betrachtet werden kann, ist es, dass eine Abweichung von diesem Zustand der Rechtfertigung bedarf. Denn nach den aufgezeigten ökonomischen Effizienz-Kriterien, insbesondere dem Coase-Theorem[922], ist aus ökonomischer Sicht grundsätzlich davon auszugehen, dass private Akteure ihre Angelegenheiten durch Verhandlungen allokationseffizienten Lösungen zuführen.[923] Will man argumentieren, dass dies in einem bestimmten Fall, also hier

918 Vgl. Kap. D. II.
919 S. zu den möglichen Vorteilen von Schiedsverfahren gegenüber gerichtlichen Verfahren auch Kap. D. IV.
920 Vgl. Kap. D. II. 1. c) bb).
921 Im deutschen Recht sind dies die §§ 1029 ff. ZPO.
922 Vgl. Kap. F. I. 2. c).
923 Vgl. Kap. F. I. 2.; s. auch *Kotzorek*, Mehr Markt, S. 1.

der schiedsgerichtlichen Behandlung der Patentnichtigkeit, nicht der Fall sei, so bedarf dies einer Begründung. Eine solche (ökonomische) Begründung ist typischerweise, dass der Markt an dieser Stelle nicht hinreichend funktioniert, also an irgendeiner Form von Marktversagen leidet, und deshalb nicht zu allokationseffizienten Lösungen führt. Ferner kann es auch politische Argumente geben, die trotz möglicher Einbußen der allokativen Effizienz zur Begründung eines Markteingriffs herangezogen werden.

dd) Zwischenergebnis

Es kann festgehalten werden, dass aus ökonomischer Sicht die Rechtfertigung der Schiedsgerichtsbarkeit aus der Privatautonomie und der Wirkmechanismus des UNÜ dazu führen, dass Schiedsfähigkeit (der Patentnichtigkeitsklage) der „Quasi-Urzustand" ist. Daher bedarf nicht die Schiedsfähigkeit, sondern die Schieds*un*fähigkeit einer Begründung, dass entweder die Entscheidung der Parteien, ein Schiedsverfahren zu führen, infolge von Marktversagen nicht zu allokationseffizienten Lösungen führt, oder dass aus anderen – politischen – Erwägungen eine schiedsrichterliche Streitbeilegung nicht wünschenswert ist.

b) Regulierungsmechanismus der Schiedsunfähigkeit

Weiter gilt es zu untersuchen, wie die Schiedsunfähigkeit der Patentnichtigkeit als Verbot funktional wirken würde.

aa) Das Verbot im ökonomischen Sinn

Das Verbot im zu untersuchenden Fall wäre der Rechtssatz, dass die Patentnichtigkeitsklage nicht durch ein Schiedsgericht behandelt werden kann. Ein Verbot ist typischerweise mit einer Sanktionierung der untersagten Handlung verbunden, da sonst keine Anreize zur Beachtung des Verbots bestünden.

Aus ökonomischer Sicht bedeutet die Sanktionierung einer Handlung, dass dieser Handlung ein Preis gegeben wird bzw. dass durch einen Regelungsmechanismus die Vornahme der untersagten Handlung mit Kosten belegt wird. Am plastischsten zeigt sich dies im Strafrecht. Dort werden gewisse Folgen, nämlich Geld- oder Freiheitsstrafen, an die verbotenen Handlungen geknüpft.

Becker[924] hat in seiner Untersuchung zu Kriminalität und Strafe mit dem Rational-Choice-Ansatz ein neoklassisches Modell entwickelt, welches dem

924 *Becker*, Journal of Political Economy, Vol. 76 (2), 169 ff.; vgl. hierzu auch *Curti*, Abschreckung durch Strafe, S. 27 ff.; *Pyle*, The Economics of Crime, S. 9 ff.; *Wittig*,

Phänomen der Kriminalität folgendermaßen begegnen will. Zunächst werden kriminelle Handlungen wie legale Handlungen betrachtet und dem Kriminellen wird hierbei rationales Verhalten unterstellt; er wägt Kosten und Nutzen seiner kriminellen Handlungen gegeneinander ab. Das Recht soll demnach so beschaffen sein, dass der Erwartungsnutzen[925] aus einer kriminellen Handlung negativ ist. Hierdurch wäre kriminelles Verhalten – jedenfalls unter wirtschaftlichen Gesichtspunkten – objektiv irrational.

Becker hingegen verfolgt den Ansatz, dass die gesamtgesellschaftlichen Kosten, die aus Kriminalität resultieren, durch das Recht zu minimieren sind. Hierzu sei im Wesentlichen die Funktion aus den aus Kriminalität entstehenden Schäden, den Kosten der Strafverfolgung und den Kosten des Strafvollzugs zu minimieren. Hierdurch soll die optimale Kriminalitätsrate[926] ermittelt werden. Ein Ergebnis dieser Betrachtung ist die generelle Überlegenheit von Geldstrafen gegenüber Freiheitsstrafen, da hierdurch keine Kosten des Strafvollzuges entstehen und finanzielle Mittel dem Staat (oder einem Geschädigten) zufließen.[927] Die Unterstellung dieses Modells, Kriminelle folgten bei ihren kriminellen Handlungen rationalen Gründen wurde vielfach kritisiert. Gleichwohl konnte *Curti*[928] empirisch feststellen, dass die Kriminalitätsrate durch die Strafhöhe und noch stärker durch die Verurteilungswahrscheinlichkeit beeinflussbar ist und reduziert werden kann.

Im Folgenden soll erarbeitet werden, wie die Schiedsunfähigkeit als Verbot in diesem Sinne funktional ausgestaltet ist.

bb) Sanktionsbewehrtheit?

Zunächst stellt sich die Frage, inwiefern Schiedsunfähigkeit bei Zuwiderhandlung mit einer Sanktion bewehrt ist, die dieser Handlung im ökonomischen Sinne Kosten auferlegen würde.

Der rationale Verbrecher, S. 105 ff.

925 Der Erwartungsnutzen ist hierbei der Nutzen aus einer Straftat abzüglich des Nutzenverlusts aus der hierfür verhängten Strafe, wobei der Nutzenverlust mit der Verurteilungswahrscheinlichkeit multipliziert wird.

926 Zur optimalen Kriminalitätsrate ausführlich *Hellman/Alper*, Economics of Crime, S. 59 ff.

927 *Becker*, Journal of Political Economy, Vol. 76 (2), 169, 190 ff.; vgl. zur Kritik an diesem Ergebnis Beckers *Pyle*, The Economics of Crime, S. 99 ff.

928 *Curti*, Abschreckung durch Strafe, S. 59 ff.

(1) Angreifbarkeit bzw. mangelnde Vollstreckbarkeit des Schiedsspruchs

Rechtlich gesehen bewirkt die Schiedsunfähigkeit einer (Art von) Streitigkeit, dass staatliche Gerichte für diese Streitigkeit ausschließlich zuständig sind und die Zuständigkeit eines Schiedsgerichts nicht wirksam begründet werden kann.[929] In aller Regel wird ein Schiedsgericht daher bei der Prüfung seiner Zuständigkeit bereits gestützt auf § 1030 ZPO von der Durchführung eines Schiedsverfahrens Abstand nehmen. Rechtstatsächlich wird das dogmatische Ergebnis der ausschließlichen Zuständigkeit der staatlichen Gerichte jedoch dadurch bewirkt, dass ein Schiedsspruch, der trotz objektiver Schiedsunfähigkeit erlassen würde, nicht durchsetzbar bzw. vollstreckbar wäre bzw. von der Gegenpartei angegriffen werden könnte.[930]

(2) Moral Hazard bei unterliegender Partei

Würde nun also ein Schiedsspruch trotz objektiver Schiedsunfähigkeit erlassen, so entstünde ein Moral-Hazard-Problem[931]. Dieses läge darin begründet, dass die im Schiedsverfahren unterlegene Partei hierbei einem Anreiz zu opportunistischem Verhalten unterläge. Obgleich die Schiedsgerichtsbarkeit für ihre befriedende Funktion gepriesen wird und tatsächlich die meisten Schiedssprüche von der unterlegenen Partei freiwillig befolgt werden,[932] hat hier die unterlegene Partei einen sehr starken Anreiz den Schiedsspruch nicht zu befolgen, da dieser infolge der annahmegemäß fehlenden Schiedsfähigkeit angreifbar bzw. nicht vollstreckbar wäre.

Es ist den Parteien daher nicht möglich, sich ex ante auf ein Schiedsverfahren zu einigen, wenn die Streitigkeit nicht schiedsfähig ist. Denn jede Partei wird antizipieren, dass die jeweils andere Partei im Falle des Unterliegens den Schiedsspruch nicht befolgen wird. Keine der Parteien hat daher einen

---

929 Vgl. Kap. C. IV. 1.

930 Vgl. Kap. C. IV. zu den verschiedenen prozessualen Konstellationen in denen diese Fragen auftreten können. Zu unterscheiden ist insoweit insbesondere, ob der Schiedsspruch der Vollstreckbarerklärung bedarf, was bei dem Gestaltungsschiedsspruch der Patentnichtigkeitsklage nicht der Fall ist, vgl. Kap. E. IV. 3. a), und ob ein paralleles Gerichtsverfahren angestrengt wurde und in welchem Stadium sich dieses befindet, vgl. Kap. C. IV. 3.

931 Zum Moral-Hazard-Problem s. *Kumpan*, Der Interessenkonflikt, S. 62 f.; *Schäfer/Ott*, Ökonomische Analyse, S. 692 f.

932 Vgl. Fn. 352.

rationalen Anreiz, ein Schiedsverfahren über einen nicht schiedsfähigen Streitgegenstand zu führen.

c) *Marktversagen?*

Gesetzliche Verbote werden regelmäßig mit Marktversagen begründet.[933] Es stellt sich die Frage, ob die Schiedsunfähigkeit der Patentnichtigkeitsklage mit einem Marktversagen begründet werden könnte. Ausgangspunkt dieser Untersuchung ist die Annahme, dass der Markt durch vollkommenen Wettbewerb mit allen Teilnehmern als Preisnehmern[934] in Abwesenheit von Marktversagen zu effizienten Ergebnissen führt.[935] Deshalb ist die typische Begründung für eine zwingende gesetzliche Regelung, die in einen Markt eingreift, diejenige, dass der jeweilige Markt unter Marktversagen leide.[936] Der betreffende Markt wäre hier der bei Schiedsfähigkeit der Patentnichtigkeitsklage stattfindende Wettbewerb zwischen der Streitbeilegung durch das BPatG und der Streitbeilegung durch ein Schiedsgericht.

Marktversagen bedeutet, dass der Markt aus irgendeinem Grund entweder gar nicht oder aber nur in eingeschränkter Weise funktioniert, jedenfalls aber nicht zu effizienter Ressourcenallokation führt.[937] Für Marktversagen kann es verschiedene Gründe geben. Als typische Gründe für Marktversagen

---

933 Vgl. *Fritsch/Wein/Ewers*, Marktversagen und Wirtschaftspolitik, S. 82; *Knieps*, Wettbewerbsökonomie, S. 11 weist allerdings darauf hin, dass ein Marktversagen für sich genommen nicht zwingend einen staatlichen Eingriff gebietet. Hierzu treffend *Inman*, in: Auerbach/Feldstein, Handbook of Public Economics, S. 647, 653: "Where markets fail to achieve efficiency, governments *may* succeed." (Hervorhebung im Original).

934 Ein Preisnehmer ist dadurch charakterisiert, dass er den Preis eines Gutes nicht beeinflussen kann. Der Preis entsteht durch die anonymen Kräfte des Marktes, vgl. *Eidenmüller*, Effizienz als Rechtsprinzip, S. 83; ähnlich auch *Inman*, in: Auerbach/Feldstein, Handbook of Public Economics, S. 647, 653 ff.

935 Vgl. *Fritsch/Wein/Ewers*, Marktversagen und Wirtschaftspolitik, S. 45 ff.; *Knieps*, Wettbewerbsökonomie, S. 4 ff.; *Mankiw/Taylor*, Grundzüge der Volkswirtschaftslehre, S. 59.

936 Vgl. *Basedow*, AcP 200 (2000), 445, 486; vgl. auch *Hecker*, Marktoptimierende Wirtschaftsaufsicht, S. 48, der dies unter dem Stichwort der Marktoptimierung diskutiert.

937 Hierbei ist zu sehen, dass Märkte in der Wirklichkeit nie vollständig perfekt funktionieren, sodass immer eine gewisse graduelle Form von Marktversagen zu beobachten ist. Die Frage, ob und ab wann ein Markteingriff gerechtfertigt ist, muss also stets anhand eines Vergleichs zwischen den Ergebnissen des Markts und denen eines entsprechenden Markteingriffs beantwortet werden. Vgl. hierzu auch *Inman*, in: Auerbach/Feldstein, Handbook of Public Economics, S. 647, 653.

gelten externe Effekte, Unteilbarkeiten, Informationsmängel, Marktmacht sowie Anpassungsmängel.[938]

Von externen Effekten oder Externalitäten spricht man, wenn bei einer Transaktion nicht der gesamte Nutzen (positive Externalität) den Parteien zufällt oder nicht die gesamten Kosten (negative Externalität) von den Parteien getragen wird bzw. werden.[939] Im Falle positiver Externalitäten kann das Recht Anreize zu den entsprechenden Handlungen setzen, beispielsweise durch eine Subvention, da diese der Gesellschaft insgesamt Nutzen stiften. Im Falle negativer Externalitäten kann ein staatlicher Eingriff darin bestehen, dass die Externalität internalisiert wird, dass also den Handelnden die tatsächlichen gesamtgesellschaftlichen Kosten ihrer Handlungen, beispielsweise durch eine Steuer oder Abgabe, auferlegt werden.[940] Im Falle der Patentnichtigkeitsklage vor einem Schiedsgericht ist jedoch nicht ersichtlich, dass Dritte durch eine negative[941] Externalität mit Kosten belastet würden, die zu einem Marktversagen führen würden. Es konnte gezeigt werden, dass Dritte hiervon nicht in stärkerer Weise betroffen sind, als wenn die Patentnichtigkeit vor dem BPatG behandelt wird.[942] Als negative Externalität kommt zwar die Tatsache in Betracht, dass es bei Schiedsverfahren nicht (oder nicht im gleichen Umfang) zu richterlicher Rechtsfortbildung kommt; dies führt allerdings nicht zu einem Marktversagen.[943]

Die weiteren genannten Fälle von Marktversagen sind hier offensichtlich ebenfalls nicht einschlägig. Es kann also festgehalten werden, dass die Schiedsunfähigkeit der Patentnichtigkeitsklage nicht auf die Begründung des Vorliegens eines Marktversagens gestützt werden kann.

---

938 *Fritsch/Wein/Ewers*, Marktversagen und Wirtschaftspolitik, S. 82; *Knieps*, Wettbewerbsökonomie, S. 13 nennt zusätzlich zunehmende Skalenerträge als Monopole begünstigende Form von Marktversagen; vgl auch *Cooter/Ulen*, Law & Economics, S. 38 ff.

939 *Cooter/Ulen*, Law & Economics, S. 39.

940 Vgl. *Cooter/Ulen*, Law & Economics, S. 40; *Mankiw/Taylor*, Grundzüge der Volkswirtschaftslehre, S. 337 ff.

941 Da die Schiedsunfähigkeit der Patentnichtigkeitsklage, wie oben gezeigt, funktional ein Verbot darstellt, kommt hier als Rechtfertigung nur eine negative Externalität in Betracht.

942 Vgl. Kap. E. IV. 3. b).

943 Dieser Aspekt wird unten zu den sozialen Kosten der Schiedsfähigkeit separat diskutiert.

d) Zwischenergebnis

Die Schiedsunfähigkeit der Patentnichtigkeitsklage wäre ein Markteingriff in Form eines Verbots, denn die Schiedsfähigkeit von Streitigkeiten zwischen privaten Akteuren ist ein „Quasi-Urzustand". Die hierfür mögliche Begründung des Marktversagens kann nicht verfangen.

3. Vergleich der sozialen Kosten von Schiedsfähigkeit und Schiedsunfähigkeit

Im Folgenden sollen ausgehend von der Überlegung, dass Streitigkeiten notwendig Kosten produzieren,[944] die sozialen Kosten, die im Falle der Schiedsfähigkeit der Patentnichtigkeitsklage entstehen und die sozialen Kosten, die im Falle der Schiedsunfähigkeit der Patentnichtigkeitsklage entstehen, gegenübergestellt werden.

a) Soziale Kosten der Schiedsfähigkeit

In dem Fall, dass die Patentnichtigkeitsklage schiedsfähig ist, ergeben sich einige Unterschiede zu dem Fall der Schiedsunfähigkeit. Auf die sozialen Kosten, die hierdurch verursacht würden, wird in diesem Abschnitt eingegangen.

aa) Entscheidung privater Schiedsrichter über (teilweise) öffentliche Rechtspositionen?

Ein in der juristischen Literatur gelegentlich anzutreffendes Argument gegen die Schiedsfähigkeit der Patentnichtigkeitsklage, aber auch allgemein gegen die Schiedsfähigkeit gewisser anderer Arten von Streitigkeiten, ist, dass ein privater Spruchkörper nicht über ein öffentlich-rechtliches Rechtsverhältnis entscheiden könne.[945] Tatsächlich ist das Patent im Hinblick auf seine Entstehung ein Verwaltungsakt, gleicht jedoch im weiteren Verlauf seiner Existenz kaum noch einem Verwaltungsakt sondern ist ein eigentumsähnliches Recht.[946]

Aus ökonomischer Warte könnte es soziale Kosten verursachen, wenn durch ein privates Schiedsgericht, welches auf Basis des autonomen Parteiwillens tätig wird und auch seine Autorität mindestens teilweise aus dem Parteiwillen

---

944 Vgl. Kap. F. II.

945 So z.B. *Münch*, in: MünchKomm, ZPO, § 1030 Rn. 33. Tatsächlich können auch öffentlich-rechtliche Streitigkeiten unter gewissen Umständen schiedsfähig sein, vgl. Kap. E. III. 1. c), sodass dieses Argument auch rechtlich fragwürdig erscheint.

946 Vgl. hierzu insgesamt Kap. E. III. 1.

bezieht,[947] sodann weitere Belange Dritter oder der Allgemeinheit nicht hinreichend beachtet. Es wäre deshalb möglich, dass das Schiedsgericht sich nur den Parteien verpflichtet fühlt und deshalb deren Belange über die der Allgemeinheit oder Dritter stellt.

Wie bereits gezeigt wurde, handelt es sich jedoch bei der Patentnichtigkeitsklage um ein kontradiktorisches Verfahren, in welchem sich die Interessen der Parteien gegenüberstehen.[948] Deshalb besteht kein Raum dafür, die Belange der Parteien gegen anderweitige berücksichtigenswerte Interessen opportunistisch auszunutzen; der Kläger begehrt die Nichtigkeit und der Beklagte und Patentinhaber setzt sich hiergegen zur Wehr. Ein kollusiver Zusammenschluss zum Nachteil Dritter scheint in dieser Konstellation nicht möglich. Zudem konnte gezeigt werden, dass bei der Patentnichtigkeitsklage Interessen Dritter, mit wenigen Ausnahmen, gar nicht betroffen sind,[949] sodass bereits in dieser Hinsicht keine Interessenkollisionen drohen. Deshalb steht die Entstehung sozialer Kosten infolge der Außerachtlassung von Rechtspositionen Dritter sowie der Allgemeinheit durch die schiedsgerichtliche Bescheidung eines Anspruchs, der teilweise öffentlich-rechtlich ausgeprägt ist, nicht zu befürchten.

bb) Verminderung der positiven Externalität der Rechtsfortbildung

Rechtsfortbildung durch Gerichte führt zu mehr Rechtssicherheit und stellt dadurch eine positive Externalität[950] dar, da die Rechtsfortbildung zwar durch den zugrundeliegenden Rechtstreit bewirkt wird, dann aber am Rechtstreit nicht beteiligten Dritten einen Nutzen stiftet. Wenn eine Streitigkeit anstatt vor einem staatlichen Gericht vor einem Schiedsgericht ausgetragen wird, so stellt sich die Frage, ob hierdurch die positiven Effekte, die aus richterlicher Rechtsfortbildung resultieren, wegfallen bzw. geringer ausfallen. Folglich ist die Frage zu untersuchen, ob bei schiedsrichterlicher Streitbeilegung die Rechtsfortbildung der Entscheidungen geringer ausfällt als bei Entscheidungen staatlicher Gerichte. Denn

---

947 Vgl. dazu OLG Hamm, Urt. v. 8.12.1986 - 8 U 73/86 - NJW-RR 1987, 1319, 1320; so auch *Schulze*, Grenzen der objektiven Schiedsfähigkeit, S. 27; a.A. *Lew*, Applicable Law, S. 53.

948 Vgl. nur *Holzner*, Die objektive Schiedsfähigkeit, S. 79 sowie oben Kap. E. III. 2.

949 Betroffen können Inhaber einer Lizenz sowie Inhaber eines Pfandrechts an dem angegriffenen Patent sein, wobei diese im Schiedsverfahren nicht schlechter gestellt sind, als in einem gerichtlichen Verfahren, vgl. Kap. E. IV. 3. b).

950 Vgl. Kap. F. II. 2. c).

dann wäre die Differenz an Rechtsfortbildung als Verminderung einer positiven Externalität zu konstatieren.

Auf Basis einer durch das Common Law geprägten Sichtweise stellten *Landes/Posner*[951] fest, dass Gerichte, gleich ob staatlicher oder privater Natur, stets zwei Dienstleistungen erbringen: Einerseits die Beilegung der konkreten Streitigkeit und andererseits Rechtsetzung als Ergebnis des Rechtsprechungsprozesses. Im Civil Law beschränkt sich der Aspekt der Rechtsetzung auf die richterliche Rechtsfortbildung.

(1) Rechtsfortbildung durch staatliche Gerichte

Die Rechtsprechung staatlicher Gerichte führt zu richterlicher Rechtsfortbildung durch die Bildung von Präzedenzfällen und Präjudizien.[952] Insbesondere ist die richterliche Rechtsfortbildung neben der Anwendung der Gesetze und der Gewährung von Individualrechtsschutz als Kernaufgabe der Bundesgerichte anerkannt.[953] Die notwendige Lückenhaftigkeit der Rechtssetzung mittels abstrakter Gesetze macht Konkretisierungen durch die Gerichte erforderlich.[954] Auch wenn Gerichte nicht formell an die Rechtsprechung instanzhöherer Gerichte ihres Rechtsweges gebunden sind,[955] besteht faktisch ein hoher Befolgungsdruck, um eine Aufhebung in Rechtsmittelverfahren zu vermeiden.[956] In

951 *Landes/Posner*, The Journal of Legal Studies, Vol. 8, No. 2, (1979), 235, 236.

952 Vgl. *Duve/Keller*, SchiedsVZ 2005, 169, 170; *Kruse*, Richterrecht als Rechtsquelle, S. 3 ff.; *Reinhardt*, Konsistente Jurisdiktion, S. 84 ff.; zur Bindung des Richters an bereits entwickelte Rechtssätze des Richterrechts vgl. *Schröder*, Gesetzesbindung des Richters, S. 57 ff.

953 *Duve/Keller*, SchiedsVZ 2005, 169, 170; *Jachmann-Michel*, in: Maunz/Dürig, GG, Art. 95 Rn. 13; *Wimalasena*, Die Veröffentlichung von Schiedssprüchen, S. 138.

954 So formulierte das BVerfG treffend in BVerfG, Beschl. v. 19.10.1983 - 2 BvR 485/80, 2 BvR 486/80 - NJW 1984, 475: „Rechtsfortbildung war in der deutschen Rechtsgeschichte nicht nur seit jeher eine anerkannte Funktion der Rechtsprechung; sie ist im modernen Staat geradezu unentbehrlich."; vgl. auch BVerfG, Beschl. v. 14.2.1973 - 7 O 73/61 - BVerfGE 34, 269, 287; *Jachmann-Michel*, in: Maunz/Dürig, GG, Art. 95 Rn. 13; *Kruse*, Richterrecht als Rechtsquelle, S. 9 f.; *Seiler*, Auslegung als Normkonkretisierung, S. 42 ff.; kritisch zur Reichweite der „Lückenausfüllung" durch Richterrecht *Hattenhauer*, ZRP 1978, 83, 84.

955 Vgl. *Hattenhauer*, ZRP 1978, 83, 85, der dies kritisch gegen das angelsächsische Case Law kontrastiert und in der fehlenden Verbindlichkeit des deutschen Richterrechts dessen maßgebliche Schwäche erblickt. S. zudem *Duve/Keller*, SchiedsVZ 2005, 169, 170; *Haverkate*, ZRP 1978, 88 ff.; *Raiser*, ZRP 1985, 111, 115.

956 *Duve/Keller*, SchiedsVZ 2005, 169, 171; *Schütze*, in: FS Glossner 1994, 333.

der Rechtsprechungspraxis haben Präjudizien daher eine ähnlich starke Bindungswirkung wie ein Gesetz, da Obergerichte von einer einmal entwickelten Rechtsprechung regelmäßig nicht ohne Weiteres abweichen.[957] Vor diesem Hintergrund ersetzen Gerichte in der Praxis oftmals eine eigene inhaltliche Argumentation durch einen Hinweis auf die entsprechende höchstrichterliche Rechtsprechung.[958] Die Rechtsberatungspraxis stützt sich ihrerseits bei Prognosen, wie ein Gericht in einer bestimmten Lage entscheiden wird oder würde, oftmals auf Präjudizien und hierbei insbesondere auf die höchstrichterliche Rechtsprechung.[959] Daher haben Präjudizien und richterliche Rechtsfortbildung verschiedene positive ökonomische Auswirkungen. Teilweise wird gerade hierdurch eine besonders differenzierte Rechtsprechung erst möglich, was wiederum erheblich zur Rechtssicherheit in dem betreffenden Rechtsgebiet beiträgt.[960] Ferner bedeutet die Prognostizierbarkeit bis in rechtliche Randbereiche hinein eine größere Verlässlichkeit in rechtlichen Beziehungen und somit ebenfalls mehr Rechtssicherheit[961]. Die hierdurch gewonnene Rechtssicherheit stellt eine positive Externalität dar, da die hierdurch geleistete Quasi-Rechtssetzung[962] als „kostenlose Vorleistung" in spätere Urteile zur gleichen Rechtsfrage mit einfließt.[963]

(2) Rechtsfortbildung durch Schiedsgerichte

In der Schiedsgerichtsbarkeit findet die Rechtsfortbildung notwendigerweise nicht in gleicher Weise statt, wie bei staatlichen Gerichten. Hierbei sind allerdings zwei Aspekte voneinander zu unterscheiden. Einerseits ist fraglich, ob

957 *Duve/Keller*, SchiedsVZ 2005, 169, 170; *Raiser*, ZRP 1985, 111, 115.

958 Ausführlich hierzu *Wimalasena*, Die Veröffentlichung von Schiedssprüchen, S. 138 ff. m.w.N.

959 *Duve/Keller*, SchiedsVZ 2005, 169, 170.

960 Zur Rechtssicherheit als durch die Justiz gestifteter gesamtgesellschaftlicher Nutzen vgl. *Bier*, in: Schmidtchen/Weth, Der Effizienz auf der Spur, S. 124 f.; ebenfalls hierzu *Kirchner*, in: Rückert/Seinecke, Methodik des Zivilrechts, S. 489, 492 f.

961 Zum Begriff der Rechtssicherheit als ökonomisches Kriterium s. *Kotzorek*, Private Gerichte, S. 11 ff.

962 Gerichte können formal betrachtet wegen der Grundsätze von Gewaltenteilung und Gesetzesbindung der Gerichte keine Rechtssetzung betreiben, vgl. BVerfG, Beschl. v. 25.1.2011 - 1 BvR 918/10 - BeckRS 2011, 46873, Rn. 52 f.; *Bethge*, in: Maunz/Schmidt-Bleibtreu/Klein/Bethge, BVerfGG, § 90 Rn. 306 m.w.N.; *Schütze*, in: FS Glossner 1994, 333. Gleichwohl vermittelt die faktische Bindungswirkung obergerichtlichen Urteilen eine rechtssetzungsähnliche Qualität.

963 *Kotzorek*, Private Gerichte, S. 18 f.

bzw. inwieweit Schiedsgerichte an die bisherige Rechtsprechung von staatlichen Gerichten gebunden sind.[964] Andererseits stellt sich die Frage, inwieweit Schiedsgerichte selbst durch ihre Schiedssprüche zur Rechtsfortbildung beitragen und inwieweit sie, was damit freilich zusammenhängt, an vorherige Rechtsprechung von *Schiedsgerichten* gebunden sind.[965] An dieser Stelle interessiert vor allem die zweite Fragestellung, da insoweit die möglichen sozialen Kosten von Interesse sind, die dadurch entstünden, wenn eine Rechtsfortbildung bei einem schiedsgerichtlichen Verfahren geringer ausfallen könnte, als bei einem hypothetisch alternativ durchgeführten gerichtlichen Verfahren.

Zwar ist anerkannt, dass die Wirkung eines Schiedsspruchs über den zu entscheidenden Fall hinausgehen kann.[966] Diese Quasibindungswirkung für nachfolgende Entscheidungen ist jedoch geringer als die faktische Bindungswirkung, die Entscheidungen staatlicher Gerichte untereinander zukommt.[967] Dies liegt insbesondere daran, dass Schiedssprüche nicht von einem festen Spruchkörper im Rahmen eines zuvor abstrakt feststehenden Organisationsgefüges erlassen werden, wie dies bei staatlichen Gerichten der Fall ist; denn staatliche Gerichte sind hierbei um eine einheitliche Rechtsprechung bemüht, woraus der faktische Befolgungsdruck im Hinblick auf bereits bestehende Rechtsprechung resultiert.[968] Bei Schiedsgerichten dürfte die Bindungswirkung einer Entscheidung für Folgeentscheidungen umso größer sein, je eher die Schiedsrichter institutionell mit Listenbindung berufen werden, da insoweit eine Einheitlichkeit der Spruchpraxis leichter zu realisieren sein wird; bei internationalen Schiedsverfahren dürfte demnach eine allgemein einheitliche Spruchpraxis eher unrealistisch sein.[969]

König[970] hat empirisch herausgearbeitet, dass bei ICC-Schiedssprüchen zwar relativ häufig vorangegangene Schiedssprüche zitiert werden, eine explizite Befolgung vorangegangener schiedsgerichtlicher Rechtsprechung jedoch sehr selten ist, was sie auf die fehlende formale Bindungswirkung vorangegangener

964 Vgl. hierzu *Duve/Keller*, SchiedsVZ 2005, 169, 171 m.w.N.

965 Hierzu etwa *Schütze*, in: FS Glossner 1994, 333.

966 Vgl. *Schütze*, in: FS Glossner 1994, 333.

967 *Duve/Keller*, SchiedsVZ 2005, 169, 171; *Schütze*, in: FS Glossner 1994, 333, 334; *Kaneko*, EU-Einheitspatent, S. 75; mit empirischen Daten hierzu *König*, Präzedenzwirkung, S. 129 ff.

968 *Schütze*, in: FS Glossner 1994, 333, 334.

969 Vgl. *Schütze*, in: FS Glossner 1994, 333, 336 f.

970 *König*, Präzedenzwirkung, S. 129 ff.

Schiedssprüche zurückführt.[971] Hierbei hat *König* unter anderem die Präzedenzwirkungen der prominenten *Dow-Chemical-Entscheidung*[972] untersucht.[973] Bei dieser Entscheidung ging es um die mögliche Erstreckung einer Schiedsklausel auf verbundene Unternehmen, die sogenannte „Group of Companies Doctrine", die in diesem Schiedsspruch entwickelt wurde. Obwohl es sich hierbei um eine schiedsrechtliche Thematik handelt, sodass man gerade hier eine vergleichsweise ausgeprägte Präzedenzwirkung des Schiedsspruchs erwarten dürfte, kommt *König* zu dem Ergebnis, dass die Präzedenzwirkung dieser Entscheidung insgesamt gering ausfällt.[974] Eine stärkere Präzedenzwirkung hat *König* für Investitionsschiedssprüche zu spezifisch investitionsschiedsrechtlichen Fragen festgestellt.[975]

Nimmt man die Frage, ob Schiedsgerichte zur Rechtsfortbildung beitragen, in den Blick, so kommt gewichtig der Aspekt hinzu, dass viele Schiedssprüche nicht veröffentlicht werden.[976] In diesen Fällen ist ein Beitrag zur Rechtsfortbildung durch einen Schiedsspruch gar nicht möglich. Zudem ist zu sehen, dass nicht alle Schiedsinstitutionen zwingend eine schriftliche Begründung des Schiedsspruchs verlangen. Ohne eine veröffentlichte Begründung kann eine Präzedenzwirkung jedoch ebenfalls nicht zum Tragen kommen.[977]

(3) Anreize zum Betreiben von Rechtsfortbildung?

Unter anderen hat *Kotzorek*[978] sich ausführlich mit der Frage auseinandergesetzt, inwieweit sich die Anreizstruktur zur Rechtsfortbildung bei staatlichen Gerichten von der bei Schiedsgerichten unterscheidet.

---

971 S. hierzu auch *Wimalasena*, Die Veröffentlichung von Schiedssprüchen, S. 190 ff., der sich in diesem Zusammenhang für eine systematischere Veröffentlichungspraxis bei Schiedssprüchen stark macht.

972 ICC-Award 4131/1982.

973 *König*, Präzedenzwirkung, S. 132 ff.

974 *König*, Präzedenzwirkung, S. 142 ff.

975 *König*, Präzedenzwirkung, S. 160 ff.

976 *Schütze*, in: FS Glossner 1994, 333, 338 f.; umfassend *Wimalasena*, Die Veröffentlichung von Schiedssprüchen; die Vertraulichkeit von Schiedsverfahren gilt als einer der Hauptvorteile von Schiedsverfahren gegenüber gerichtlichen Verfahren, vgl. Kap. D. IV. 3.

977 Vgl. *König*, Präzedenzwirkung, S. 39.

978 *Kotzorek*, Private Gerichte, S. 19 ff.

(a) Staatliche Richter

Kotzorek[979] geht zunächst davon aus, dass staatliche Richter keine (oder nur sehr geringe) Anreize hätten, Präzedenzfälle zu schaffen. Staatliche Richter hätten keine unmittelbaren finanziellen Anreize, sich der aufwendigeren Aufgabe zu stellen, eine Präzedenzentscheidung zu fällen. Einen Anreiz zur Rechtsfortbildung infolge dadurch verbesserter Aufstiegschancen lehnt er ebenfalls ab; denn Aufstiegschancen erhöhten sich durch Urteile, die Anerkennung bei den Richterkollegen fänden und dies könne nicht mit der Schaffung von Rechtsfortbildung gleichgesetzt werden. In Ermangelung direkter finanzieller Anreize sei davon auszugehen, dass staatliche Richter bestrebt seien, ihre Freizeit zu maximieren. Es sei allerdings zu sehen, dass durch Präzedenzentscheidungen infolge der dadurch gestiegenen Rechtssicherheit die Nachfrage nach gerichtlichen Entscheidungen sinke, was generell im Interesse der freizeitmaximierenden staatlichen Richter liegen könnte. Allerdings soll dieser Effekt nicht dem einzelnen Richter bzw. Gericht zugutekommen, der bzw. das die die Rechtssicherheit erhöhende Präzedenzentscheidung getroffen hat, sondern der gesamten Richterschaft. Deshalb werde insgesamt der zusätzliche Aufwand, der staatlichen Richtern durch die Schaffung von Präzedenzfällen entstehe, allenfalls zu geringen Teilen internalisiert.

(b) Private Richter bzw. Schiedsgerichte[980]

Im Hinblick auf die Anreize von Schiedsgerichten, Rechtsfortbildung zu betreiben, sehen *Landes/Posner*[981] zwei Aspekte, die gegen das Hervorbringen von Präzedenzentscheidungen sprechen: Erstens könnten Schiedsrichter keinerlei (Eigentums-)Rechte an Präzedenzentscheidungen begründen. Deshalb seien sie auch nicht in der Lage, hierfür eine Vergütung zu verlangen; der Nutzen aus Präzedenzentscheidungen komme ja gerade erst in der Folge Drittparteien durch gesteigerte Rechtssicherheit zugute. Somit sei die „Produktion" einer Präzedenzentscheidung aus Sicht eines Schiedsrichters eine Leistung, für die er nicht vergütet werde, und die sogar in Zukunft unter Umständen noch anderen

979 Zu dem folgenden Gedankengang insgesamt *Kotzorek*, Private Gerichte, S. 19 ff.

980 *Kotzorek*, Private Gerichte, spricht in den eher abstrakt gehaltenen Teilen seiner Untersuchung vielfach von „privaten Richtern", um diese von staatlichen Richtern abzugrenzen. Seine Ausführungen zu privaten Richtern lassen sich jedoch für hiesige Zwecke ohne Weiteres auf Schiedsgerichte übertragen.

981 *Landes/Posner*, The Journal of Legal Studies, Vol. 8, No. 2, (1979), 235, 238 f.

Schiedsrichtern zugutekommen könnte, mit denen der die Präzedenzentscheidung schaffende Schiedsrichter im Wettbewerb stehe.

Zweites gebe es bei privaten Richtern bzw. Schiedsgerichten kein System, welches die Einheitlichkeit von Präzedenzentscheidungen sicherstelle.[982] Hierdurch bestehe die Gefahr sich widersprechender Präzedenzentscheidungen. Eine Systematisierung von Präzedenzentscheidungen erfordere ein Rechtsprechungsmonopol; denn ein System, welches vom Wettbewerb privater Richter, die Präzedenzentscheidungen produzieren, geprägt sei, sei nicht harmonisierbar. Der zweite Aspekt verknüpft die Anreize der Schiedsrichter mit den tatsächlichen Problemen, die bei einer Rechtsfortbildung durch Schiedsgerichte anzutreffen sein sollen.

Demgegenüber geht *Kotzorek*[983] wiederum davon aus, dass private Richter stärkere Anreize als staatliche Richter hätten, Präzedenzfälle zu schaffen. Dies liege darin begründet, dass Schiedsrichter – anders als staatliche Richter – ihr Einkommen erhöhen können sollen, wenn sie zur Rechtsfortbildung beitragen.[984] Diese Annahme begründet *Kotzorek*[985] folgendermaßen: Besonders eindeutige Urteile, sowie die Schaffung von Präzedenzfällen, führten zu mehr Rechtssicherheit für zukünftige Fälle, da Streitparteien zukünftig unter Beachtung der existierenden Präzedenzfälle besser die Rechtslage in ihrer jeweiligen Situation einschätzen könnten. Dies wiederum führe zu einer geringeren Nachfrage nach der Dienstleistung „Rechtsprechung" und daher zu weniger Prozessen. Generell liege es im Interesse des Anbieters einer Dienstleistung – also hier im Interesse von Richtern und Schiedsrichtern – die Nachfrage nach den eigenen Dienstleistungen nicht zu senken, also bezogen auf Richter und Schiedsrichter keine Präzedenzentscheidungen zu fällen und Urteile eher vage zu formulieren. Dieser Anreiz soll nach *Kotzorek* jedoch lediglich bei staatlichen Gerichten tatsächlich auf das Verhalten durchschlagen können, da private Schiedsgerichte, dies überlagernd, starke Anreize hätten, auf effiziente Weise für Rechtssicherheit zu sorgen, um ihr eigenes Ansehen und damit die Nachfrage nach ihren Dienstleistungen zu erhöhen.[986] Somit würde bei privaten Schiedsrichtern der zuletzt

---

982 *Landes/Posner*, The Journal of Legal Studies, Vol. 8, No. 2, (1979), 235, 239.
983 Zu diesem Gedankengang insgesamt *Kotzorek*, Private Gerichte, S. 20 ff.
984 *Kotzorek*, Private Gerichte, S. 21.
985 *Kotzorek*, Private Gerichte, S. 21.
986 Diesen Anreiz von Schiedsrichtern bzw. privaten Richtern diskutiert auch *Cooter*, Public Choice, Vol. 41, No. 1 (1983), 107 ff.

genannte Anreiz überwiegen und sie hätten einen stärkeren Anreiz zur Rechtsfortbildung, als dies bei staatlichen Richtern der Fall sei.

(c) Stellungnahme zur Analyse der Anreize

Die Ausführungen *Kotzoreks* zu den Anreizen von (Schieds-)Richtern können nicht überzeugen bzw. sind auf die hier zu untersuchende Frage der Anreize von staatlichen Gerichten und demgegenüber privaten Schiedsgerichten nicht übertragbar.[987] Zunächst ist die Annahme, staatlichen Richtern würde es an Anreizen zu richterlicher Rechtsfortbildung mangeln, da dies eine unkompensiert bleibende Leistung sei, fraglich. So dürfte die Motivation vieler staatlicher Richter ohnehin nicht primär finanziell getrieben sein, da in anderen Tätigkeitsbereichen im privatwirtschaftlichen Sektor typischerweise höhere Einkommen erzielt werden können. Gleichwohl dürfte es innerhalb der Richterschaft als verdienstvoll erachtet werden, durch ein Urteil die richterliche Rechtsfortbildung vorangetrieben zu haben. Ein Anreiz zur richterlichen Rechtsfortbildung dürfte also durch die damit verbundene Anerkennung unter den Kollegen bestehen. In Abwesenheit unmittelbarer finanzieller Leistungsanreize für staatliche Richter erscheint die Annahme daher durchaus plausibel, dass staatliche Richter bestrebt seien dürften, durch ihre Urteile Präzedenzfälle zu schaffen.

Die Analyse *Kotzoreks* lässt ferner zwei weitere wichtige Aspekte außer Acht. So kommt erstens allein obergerichtlicher Rechtsprechung eine (mögliche) Präjudizwirkung für zukünftige Fälle zu, wohingegen untergerichtliche Rechtsprechung eine solche Präjudizwirkung für zukünftige Fälle typischerweise gar nicht entfaltet. Somit hängt die Frage, ob ein Richter bzw. Gericht Rechtsfortbildung betreibt, maßgeblich von der jeweiligen Rolle innerhalb der Justiz ab und erheblichen Teilen der Richterschaft ist die Möglichkeit richterlicher Rechtsfortbildung gar nicht eröffnet.

Zweitens ist zu beachten, dass die Frage, ob ein Richter bzw. Gericht in einem konkreten Fall Rechtsfortbildung betreibt, maßgeblich von dem Fall

987 *Kotzorek*, Private Gerichte, untersucht in diesem Abschnitt seiner Abhandlung die Frage, wie die Anreize von staatlichen Gerichten unter Monopolbedingungen wären und wie demgegenüber die Anreize in einer Wettbewerbssituation zwischen staatlichen und privaten Gerichten wären. Wenngleich diese Frage strukturell der Frage der Schiedsfähigkeit gleicht, so soll an dieser Stelle allein auf die Anreize von Schiedsrichtern und staatlichen Richtern eingegangen werden. Die sich aus einer Wettbewerbssituation zwischen staatlichen Gerichten und privaten Schiedsgerichten ergebenden Besonderheiten werden im Folgenden separat diskutiert, vgl. Kap. F. II. 3. b) bb).

selbst abhängt. Die von *Kotzorek* implizit angenommene Wahlmöglichkeit eines jeweiligen Gerichts, sich zwischen der reinen Entscheidung des konkreten Falles und zusätzlicher richterlicher Rechtsfortbildung zu entscheiden, ist in dieser Weise gar nicht gegeben und wirkt konstruiert. Vielmehr kommt es wesentlich darauf an, ob in dem zugrundeliegenden Fall ungeklärte Rechtsfragen aufgeworfen werden. Ist dies der Fall, so wird eine entsprechende obergerichtliche Entscheidung typischerweise als Teil der richterlichen Rechtsfortbildung gelten, ohne dass das Gericht hierbei eine Wahlmöglichkeit hat. Stellen sich andererseits derartige ungeklärte Rechtsfragen in einem konkreten Fall nicht, so wird der Richter bzw. das Gericht gar nicht die Möglichkeit haben, richterliche Rechtsfortbildung zu betreiben.

Auch die Ergebnisse der Analyse *Kotzoreks* zu den Anreizen privater Richter erscheinen kaum plausibel. Der angeführte Effekt eines generellen Anreizes bei Richtern und Schiedsrichtern gegen die Schaffung von Präzedenzfällen, um die Nachfrage nach ihren eigenen Dienstleistungen zukünftig nicht sinken zu lassen, ist insgesamt eher fraglich, was auch *Kotzorek* anmerkt.[988] Insbesondere die Annahme, ein staatlicher Richter würde seine Urteile nicht mit Präzedenzwirkung sondern eher vage formulieren, damit „seine" Dienstleistung in Zukunft weiterhin stark nachgefragt werde, erscheint eher fernliegend. Ohnehin dürfte eine insgesamt gestiegene oder gesunkene Nachfrage nach gerichtlichen Dienstleistungen nicht unmittelbar auf die Arbeitslast eines einzelnen Richters durchschlagen, sondern – allenfalls – bei der Besetzung und Schaffung von Planstellen berücksichtigt werden. Insofern erschient insgesamt die Annahme eher fernliegend, die Art und Weise, in der staatliche Richter ihre Entscheidungen träfen und entwürfen, hinge davon ab, inwieweit dies zu einer Veränderung in der Nachfrage nach gerichtlichen Leistungen führe.

Die Annahme *Kotzoreks,*[989] private Gerichte seien indes darauf bedacht, in effizienter Weise Rechtssicherheit herbeizuführen und würden deshalb ihre Urteile nicht vage formulieren, sondern richterliche Rechtsfortbildung betreiben, um ihr eigenes Ansehen am Markt zu steigern, bedarf einer differenzierten Betrachtung. Einerseits erscheint es durchaus plausibel, dass ein Schiedsrichter darauf bedacht ist, durch besonders bedeutsame Entscheidungen sein Ansehen und seine Bekanntheit im Markt zu erhöhen. In dieser Hinsicht kann ein schiedsrichterlicher Anreiz zur Rechtsfortbildung angenommen werden. Auf der anderen Seite betrifft das von *Kotzorek* angeführte „Herbeiführen von

---

988 *Kotzorek*, Private Gerichte, S. 21.
989 *Kotzorek*, Private Gerichte, S. 21.

Rechtssicherheit in effizienter Weise", welches Schiedsrichter zur Steigerung ihres eigenen Ansehens bestrebt sein sollen herbeizuführen, gerade den jeweiligen Einzelfall und nicht die Erstreckung von Rechtssätzen auf weitere Fälle. Sofern der Markt also Schiedsrichter nachfragt, die in den ihnen vorgelegten Streitigkeiten in effizienter Weise Rechtssicherheit herbeiführen, so spricht dies eher für eine zwar präzise, aber nicht über den konkreten Einzelfall hinausgehende Entscheidungspraxis. Gleichwohl bleibt der Anreiz von Schiedsrichtern, sich durch besonders bedeutsame, über den Einzelfall hinausgehende Entscheidungen ein größeres Ansehen im Markt zu erarbeiten um die Nachfrage nach ihrer Dienstleistung zu erhöhen.

(4) Zwischenergebnis

Die vorstehenden Ausführungen haben gezeigt, dass richterliche Rechtsfortbildung eine positive Externalität von Rechtsprechung ist. Erst eine differenzierte Rechtsprechung führt zu hoher Rechtssicherheit. Bei schiedsrichterlicher Streitbeilegung findet die Rechtsfortbildung aus verschiedenen Gründen in geringerem Umfang statt, als bei staatlichen Gerichten. Die Analyse der Anreize von Schiedsrichtern und staatlichen Richtern zur Betreibung von Rechtsfortbildung vermag hierin im Ergebnis nichts zu ändern.

Bezogen auf die Behandlung der Patentnichtigkeitsklage ist zu beachten, dass die verschiedenen Nichtigkeitssenate des BPatG in hoch spezialisierter Weise arbeiten.[990] Somit dürfte die richterliche Rechtsfortbildung hier eine besonders bedeutsame Funktion haben. Im Falle der Schiedsfähigkeit der Patentnichtigkeitsklage würde die Rechtsfortbildung in dem Teil der Entscheidungen, die durch Schiedsgerichte getroffen würden, geringer ausfallen und es würde insoweit zu einer Verminderung der positiven Externalität richterlicher Rechtsfortbildung kommen.

cc) Potentielle Mehrfachprozesse wegen fehlender Anzeige nach § 30 Abs. 1 S. 2 PatG

Die Anzeige der Erhebung einer schiedsgerichtlichen Nichtigkeitsklage beim BPatG nach § 30 Abs. 1 S. 2 PatG wird den Parteien wegen entgegenstehender Vertraulichkeitspflichten regelmäßig verwehrt sein,[991] mit der Folge, dass eine Eintragung der Klageerhebung unterbleiben wird, da das Deutsche Patent- und Markenamt keine Kenntnis von dem anhängigen Schiedsverfahren erlangt. Die

990 Vgl. Kap. E. III. 2. d) aa).
991 Vgl. Kap. E. IV. 3. c).

Information an den Rechtsverkehr, dass es bereits ein anhängiges Schiedsverfahren über die Wirksamkeit dieses Patents gibt, entfällt damit. Infolgedessen besteht die Gefahr, dass es zu einem (oder mehreren) parallelen Schieds- oder auch Klageverfahren vor dem BPatG kommt, die insofern ineffizient sind, als dass sie auf das gleiche Ziel gerichtet sind, nämlich darauf, ein bestimmtes Patent für nichtig zu erklären und da möglichweise von einer parallelen (Schieds-) Klage abgesehen worden wäre, wenn dem (Schieds-)Kläger des Parallelverfahrens bekannt gewesen wäre, dass bereits ein Nichtigkeitsverfahren hinsichtlich des betreffenden Patents geführt wird. Die insoweit zu befürchtenden Ineffizienzen infolge von Parallelprozessen sind jedoch aus mehreren Gründen als gering zu bewerten.

Zunächst dürfte auch bei bestehender Vertraulichkeitsverpflichtung ein Interesse sowohl des Schiedsbeklagten als auch des Schiedsklägers im Ausgangsnichtigkeitsschiedsverfahren bestehen, dass einem weiteren (Schieds-)Kläger die Existenz des Ausgangsnichtigkeitsschiedsverfahrens offengelegt wird. Denn aus Sicht des Nichtigkeitsbeklagten wird so ein möglicherweise unnötiges weiteres Nichtigkeitsverfahren vermieden. Der Nichtigkeitskläger wird indes typischerweise allenfalls ein untergeordnetes Interesse an einer Geheimhaltung der Existenz des Nichtigkeitsschiedsverfahrens gegenüber einem anderen potentiellen Nichtigkeitskläger haben. Insoweit könnte auch im Einzelfall zu prüfen sein, ob der weitere Nichtigkeitskläger an dem Ausgangsnichtigkeitsverfahren im Wege der Nebenintervention gemäß § 99 PatG i.V.m. § 66 ZPO beteiligt werden kann.[992]

Andererseits ist es auch gut möglich, dass der weitere Nichtigkeitskläger auch bei Kenntnis des Ausgangsnichtigkeitsschiedsverfahrens parallel eine Nichtigkeits(schieds)klage gegen den Patentinhaber betreiben möchte, etwa, weil er sich auf andere Nichtigkeitsgründe stützen möchte, oder weil er sich nicht darauf verlassen möchte, dass der Schiedskläger des Ausgangsverfahrens den Prozess ordnungsgemäß betrieben hat oder betreibt. Insofern ergäben sich keine Unterschiede zu der Situation bei einem gerichtlichen Ausgangsverfahren vor dem BPatG, bei dem die Erhebung der Nichtigkeitsklage im Patentregister eingetragen würde.

Die insoweit zu erwartenden Ineffizienzen und damit einhergehenden sozialen Kosten durch ineffiziente Mehrfachprozesse infolge der regelmäßig wegen bestehender Vertraulichkeitspflichten nicht erfolgenden Eintragung

992 Allgemeiner zur Beteiligung Dritter im Patentnichtigkeitsschiedsverfahren *Holzner*, Die objektive Schiedsfähigkeit, S. 98 f.; *Kaneko*, EU-Einheitspatent, S. 243.

der Nichtigkeitsschiedsklage im Patentregister sind daher insgesamt als gering einzustufen.

Demgegenüber kann die erfolgte Nichtigerklärung eines Patents durch ein Schiedsgericht gemäß § 30 Abs. 1 S. 2 PatG auch bei bestehender Vertraulichkeitsverpflichtung dem deutschen Patent- und Markenamt angezeigt und damit im Patentregister eingetragen werden,[993] sodass sich insoweit keine Unterschiede zur gerichtlichen Nichtigkeitsklage vor dem BPatG ergeben.

dd) Soziale Kosten bei Inter-partes-Wirkung des Schiedsspruchs

Nähme man an, dass ein Schiedsspruch über die Nichtigkeit eines Patents lediglich inter partes wirkte,[994] so könnte dies gewisse spezifische soziale Kosten zur Folge haben.

(1) Wegfall der positiven Externalität durch Beseitigung eines rechtswidrigen Patents

Wird eine Patentnichtigkeitsklage erfolgreich vor dem BPatG geführt, so hat das Urteil Gestaltungswirkung und das Patent ist nichtig.[995] Für eine Erga-omnes-Wirkung eines Schiedsspruchs würde, wie gezeigt werden konnte, das Gleiche gelten.[996] Die hierbei erklärte Nichtigkeit hätte zweierlei zur Folge: Einerseits würde der konkrete Rechtsstreit zwischen den Parteien beigelegt und die Berechtigung zur Benutzung des von dem Patent umfassten technischen Verfahrens würde für die Parteien festgelegt. Die erklärte Nichtigkeit würde bedeuten, dass das technische Verfahren nicht mehr der exklusiven Nutzung des Patentinhabers vorbehalten ist.

Andererseits würde durch das Nichtigkeitsurteil für alle sonstigen potentiellen Nutzer der vormals patentierten Technologie eine entsprechende Nutzung rechtlich zulässig.[997] Das zuvor bestehende Monopol des Patentinhabers an der Nutzung der vom Patent erfassten Technologie wäre damit aufgehoben. Dieser

---

993 Vgl. Kap. E. IV. 3. c).

994 Diese Rechtswirkung des Schiedsspruchs wird allerdings in dieser Arbeit unter rechtlichen Gesichtspunkten abgelehnt, vgl. Kap. E. IV. 2.

995 Ausführlich hierzu Kap. E. III. 2. g).

996 Vgl. Kap. E. IV. 3.

997 *Rechtlich* anerkannt ist hierbei ein öffentliches Interesse an der Beseitigung zu Unrecht bestehender Schutzrechte, vgl. BGH, Urt. v. 10.1.1963 - Ia ZR 174/63 - GRUR 1963, 253; vgl. auch *Kaneko*, EU-Einheitspatent, S. 112 ff. und S. 173; hierzu ebenfalls *Holzner*, Die objektive Schiedsfähigkeit, S. 78 f. m.w.N.

zweite Aspekt stellt eine positive Externalität einer erfolgreichen Patentnichtigkeitsklage dar. Denn Monopole führen generell zu Wohlfahrtsverlusten, da der Monopolist für sein Gut am Markt nicht den Wettbewerbspreis, sondern zulasten der Marktnachfrager den darüber liegenden Monopolpreis verlangt.[998] Die Beseitigung dieses Monopols wäre deshalb mit Wohlfahrtsgewinnen verbunden und eine positive Externalität.

Die vorgenannte Annahme der positiven Externalität beruht auf der Grundannahme, dass ein entsprechendes (schiedsgerichtliches) Urteil regelmäßig richtig sein wird. Selbst wenn gelegentlich ein Urteil, welches die Nichtigkeit eines Patents feststellt, rechtlich unzutreffend wäre, so würde dies dem oben geschilderten Mechanismus der positiven Externalität nicht entgegenstehen. Denn aus ökonomischer Sicht besteht die Ratio des Patentrechts gerade darin, durch die Aussicht auf ein zeitlich begrenztes Monopol Anreize zu Forschung und Entwicklung neuer Technologien zu setzen.[999] Solange Patentnichtigkeitsurteile in aller Regel korrekt sind, wird ein einzelnes unzutreffendes Nichtigkeitsurteil diese Ex-ante-Anreize zur Forschung nicht aufheben. Die Beseitigung eines Monopols durch die Nichtigerklärung eines nicht mehr zu Recht bestehenden Patents, ist daher wohlfahrtsfördernd und eine positive Externalität.

Im Falle einer Inter-partes-Wirkung des Schiedsspruchs würde diese positive Externalität durch den Schiedsspruch hingegen nicht erreicht, da der Schiedsspruch allein die Parteien binden und das – im Falle der vom Schiedsgericht angenommenen Nichtigkeit höchstwahrscheinlich zu Unrecht bestehende – Patent nicht beseitigt würde. Im Falle der hier aus rechtlicher Sicht vertretenen Erga-Omnes-Wirkung[1000] des Schiedsspruches würden sich unter diesem Gesichtspunkt keine Unterschiede zwischen der gerichtlichen und schiedsgerichtlichen Behandlung der Patentnichtigkeitsklage ergeben, da in beiden Fällen eine Beseitigung des zu Unrecht bestehenden Patents erfolgen würde.

(2) Prozessunökonomische Mehrfachprozesse bei Inter-partes-Wirkung

Eine Inter-partes-Wirkung des Schiedsspruchs hätte zudem zur Folge, dass potentiell jede Partei, die sich auf die Nichtigkeit eines Patents beruft, ein

998 Zur gewinnmaximierenden Preissetzung durch den Monopolisten s. *Mankiw/Taylor*, Grundzüge der Volkwirtschaftslehre, S. 401 ff. sowie zu den damit verbundenen Wohlfahrtsverlusten S. 409 ff. sowie hierzu insgesamt *Mackaay*, Law and Economics, S. 135 ff.

999 Vgl. Kap. E. III. 1. j) bb).

1000 Vgl. Kap. E. IV. 3.

separates Schiedsverfahren durchführen müsste, da die Schiedssprüche jeweils nur die Parteien binden würden. Dies würde im Vergleich zu einem gerichtlichen Verfahren oder einem schiedsgerichtlichen Verfahren mit Erga-omnes-Wirkung zusätzliche soziale Kosten durch die zu führenden Schiedsverfahren produzieren.

b) Soziale Kosten der Schiedsunfähigkeit

Würde man die Patentnichtigkeitsklage für schiedsunfähig erachten, so wäre diese Rechtslage ebenfalls mit gewissen sozialen Kosten verbunden, welche hier dargestellt werden.

aa) Potentielle Vorteile von Schiedsverfahren nicht nutzbar / unvollständiger Vertrag

Aus verschiedenen Gründen können die Parteien einer Streitigkeit ein Interesse daran haben, diese Streitigkeit in einem Schiedsverfahren und nicht in einem gerichtlichen Verfahren beizulegen.[1001] Da diese Vorteile nicht in jedem Fall und für jede Konstellation zutreffen, ist insoweit auf *potentielle* Vorteile des Schiedsverfahrens abzustellen. Im Falle von Schiedsunfähigkeit der Patentnichtigkeitsklage könnten diese potentiellen Vorteile nicht von den Parteien genutzt werden. Durch die fehlende Nutzbarkeit dieser potentiellen Vorteile wären die Parteien im Hinblick auf die Möglichkeiten der Streitbeilegung graduell stärker unvollständigen Verträgen[1002] ausgesetzt als es unter der Annahme der Schiedsfähigkeit der Patentnichtigkeitsklage der Fall wäre. Insbesondere die Möglichkeiten, im Schiedsverfahren die Modalitäten des Verfahrens weitreichend zu regeln, können dazu beitragen, unvollständige Verträge teilweise zu vervollständigen.

Zudem können die eher begrenzten Möglichkeiten, die Modalitäten der Streitbeilegung in einem gerichtlichen Verfahren zu regeln, dazu führen, dass eine Partei dies aufgrund eines Moral-Hazard-Anreizes opportunistisch ausnutzt, was zu einem Hold-up-Problem bei der Gegenpartei führt.[1003] Beispielhaft kann hier der sogenannte italienische Torpedo angeführt werden. Dieser bezeichnet eine Situation, in welcher eine Partei, die befürchtet, aus einem vertraglichen Verhältnis verklagt zu werden, an einem Ort, an dem sich eine gerichtliche Zuständigkeit nicht begründen lässt, an dem jedoch die Gerichte

---

1001 Zu den verschiedenen potentiellen Gründen, ein Schiedsverfahren statt eines gerichtlichen Verfahrens durchzuführen, vgl. Kap. D. IV.

1002 Vgl. *Bechtold*, Die Grenzen, S. 39 m.w.N. zum unvollständigen Vertrag.

1003 Vgl. hierzu Kap. F. I. 3.

mutmaßlich sehr viel Zeit beanspruchen, um ihre Unzuständigkeit festzustellen, Klage gegen die andere Partei erhebt und den Streitgegenstand dadurch rechtshängig macht.[1004] Im Hinblick auf derartige und vergleichbare Konstellationen kann die Vereinbarung einer Schiedsklausel späteres opportunistisches Verhalten eindämmen und dadurch Probleme des unvollständigen Vertrags graduell vermindern.

bb) Keine Effizienzgewinne infolge Wettbewerbs zwischen Gericht und Schiedsgericht[1005]

Wettbewerbsmärkte führen in Abwesenheit von Marktversagen zu allokationseffizienten Ergebnissen.[1006] Die hier angenommene Schiedsfähigkeit der Patentnichtigkeitsklage hätte zur Folge, dass einerseits staatliche Gerichte, also erstinstanzlich das BPatG, und andererseits private Schiedsgerichte miteinander im Wettbewerb um zu entscheidende Patentnichtigkeitsklagen stehen. Beide Arten von Spruchkörpern bieten am Markt die Beilegung von Streitigkeiten über die Nichtigkeit eines Patents an. Dieses Wettbewerbsszenario kann zu Effizienzgewinnen führen gegenüber einer Situation in der allein die staatliche Gerichtsbarkeit über die Nichtigkeit von Patenten entscheiden kann und daher als Monopolist auftritt. Die Effizienzgewinne können hierbei auf verschiedenen Effekten beruhen, die im Folgenden untersucht werden.

(1) Effizienzgewinne durch Spezialisierung

Die sich aus dem Wettbewerb zwischen staatlichen Gerichten und privaten Schiedsgerichten ergebenden Effizienzgewinne können durch verschiedene Effekte auftreten. So ist beispielsweise denkbar, dass sich sowohl staatliche Gerichte als auch private Schiedsgerichte auf bestimmte Typen von Patentnichtigkeitsklagen spezialisieren und ihre jeweiligen komparativen Vorteile

---

1004 Vgl. zum sogenannten italienischen Torpedo im Zusammenhang mit Patentstreitigkeiten *Haertel*, GRUR-RR 2009, 373.

1005 Vgl. zu diesem Gedanken *Kotzorek*, Private Gerichte, S. 31 ff., der sodann allerdings auf andere Aspekte eingeht. Der Gedanke von Wettbewerb im Justizsektor im Allgemeinen ist auch angedeutet in *Landes/Posner*, The Journal of Legal Studies, Vol. 8, No. 2, (1979), 235, 253 ff.

1006 *Fetzer*, Staat und Wettbewerb, S. 40; *Fritsch/Wein/Ewers*, Marktversagen und Wirtschaftspolitik, S. 45 ff.; *Knieps*, Wettbewerbsökonomie, S. 4 ff.; *Mankiw/Taylor*, Grundzüge der Volkswirtschaftslehre, S. 59; ausführlich zu den verschiedenen Dimensionen von Wettbewerb und m.w.N. *Musil*, Wettbewerb in der staatlichen Verwaltung, S. 11 ff.; vgl. auch *Schott*, Staat und Wettbewerb, S. 9 ff.

nutzen.[1007] Insoweit hätten die Parteien die Wahl zwischen zwei unterschiedlichen Arten der Streitbeilegung mit Vor- und Nachteilen und könnten diejenige wählen, die ihrer jeweiligen Bedürfnislage eher entspricht.

(2) Effizienzgewinne durch Verhaltenssteuerung

Ferner kann eine solche Wettbewerbssituation dazu führen, dass das Verhalten der Anbieter im Sinne der Nachfrager in Richtung einer für die Nachfrager attraktiveren Weise der Streitbeilegung beeinflusst wird. Für private Schiedsgerichte ist dieser Effekt naheliegend. Denn sie müssen die Nachfrager überzeugen, dass ein von diesen vollständig zu finanzierendes Schiedsverfahren deren Bedürfnisse besser befriedigt, als ein staatlich subventioniertes[1008] Verfahren vor dem BPatG.

Im Hinblick auf staatliche Gerichte muss zwischen dem einzelnen Richter und der Institution der Gerichtsbarkeit unterschieden werden. Der einzelne Richter wird vermittelt durch eine Wettbewerbssituation mit privaten Schiedsgerichten kaum Anreize haben, im Sinne der Parteien die Streitigkeit in kosteneffizienter Weise und auch sonst stärker im gemeinsamen Interesse der Parteien beizulegen; schließlich wird er durch ein solches Verhalten die Nachfrage nach seiner Dienstleistung der Streitbeilegung und überhaupt seine persönliche Situation kaum beeinflussen können.[1009] Im Hinblick auf die Institution der staatlichen Gerichtsbarkeit, also das BPatG, sieht die Situation allerdings anders aus. Hier dürfte ein Wettbewerb mit privaten Schiedsgerichten durchaus eine verhaltenssteuernde Wirkung entfalten. Denn das BPatG wäre gezwungen, seine Dienstleistung der Streitbeilegung in für die Parteien attraktiver Weise anzubieten, um seine Existenz zu rechtfertigen und um ein Abwandern zu privaten Schiedsgerichten einzudämmen.[1010]

1007 Zu den potentiellen Vorteilen von privaten Schiedsgerichten s. Kap. D. IV. Die staatliche Gerichtsbarkeit kann demgegenüber beispielsweise durch die Überprüfungsmöglichkeit vor dem BGH aufwarten, vgl. Kap. E. III. 2. d) bb).

1008 Die Kosten der Justiz werden durch die Gerichtsgebühren nur anteilig gedeckt, vgl. Kap. D. IV. 8.

1009 Vgl. *Musil*, Wettbewerb in der staatlichen Verwaltung, S. 388 ff. allgemein zu der Vereinbarkeit von Amtsprinzip und Wettbewerb sowie auf S. 396 f. zu den zu erwartenden schwach ausgeprägten Reaktionen von Amtsträgern auf äußere Wettbewerbsanreize.

1010 Diesem Effekt könnte der gegenläufige (wohl eher kurzfristige) Effekt entgegenstehen, dass staatliche Gerichte oftmals überlastet sind und eine Entlastung durch Schiedsgerichte willkommen heißen könnten, vgl. *Steiner*, SchiedsVZ 2013, 15, 16.

(3) Zwischenergebnis

Damit kann festgehalten werden, dass Effizienzgewinne sowohl durch eine Spezialisierung von Gerichten und Schiedsgerichten als auch durch eine Verhaltenssteuerung bei privaten Schiedsrichtern und bei der staatlichen Gerichtsbarkeit zu erwarten wären, wenn die Patentnichtigkeitsklage sowohl vor staatlichen Gerichten als auch von Schiedsgerichten ausgetragen werden darf. Diese Effizienzgewinne würden im Falle einer Schiedsunfähigkeit der Patentnichtigkeitsklage entfallen, da das BPatG dann die Leistung der Streitbeilegung als Monopolist anbieten würde.

cc) Schiedsverfahren als Verhandlungslösung

Nach dem Coase-Theorem[1011] führt bei Vorliegen der Annahmen eine Verhandlungslösung zwischen den Parteien zu allokativer Effizienz und ist daher prinzipiell die anzustrebende Lösung eines Konflikts.[1012] Verschiedene Aspekte sprechen dafür, dass ein Schiedsverfahren als kooperative Verhandlungslösung betrachtet werden kann.[1013]

So ist zunächst die Wahl eines Schiedsverfahrens zur Streitbeilegung das Ergebnis einer Verhandlung. Auch wenn dies durch die Aufnahme einer Schiedsklausel im Vorfeld einer späteren Streitigkeit ohne explizite Verhandlung über diesen Aspekt geschieht, so steht doch eine autonome Einigung der Parteien dahinter. Die Parteien müssen durch eine Schiedsklausel der staatlichen Gerichtsbarkeit die Zuständigkeit entziehen und die Zuständigkeit eines Schiedsgerichts für potentielle Streitigkeiten begründen.

Ferner hat die Durchführung eines Schiedsverfahrens eine systematische Nähe zum Vergleich.[1014] Ein Vergleich ist wiederum das unmittelbare Ergebnis einer Verhandlung.

Mittel- und langfristig dürfte jedoch der Anreiz, dass die staatliche Gerichtsbarkeit ihre Existenz durch attraktive Leistungen wird rechtfertigen wollen, überwiegen.

1011 Vgl. hierzu Kap. F. I. 2. c).

1012 Zu der Verhandlung als gegenüber einer richterlichen Entscheidung vorzugswürdiges Mittel der Streitbeilegung s. *Eidenmüller*, Effizienz als Rechtsprinzip, S. 60 ff.

1013 Vgl. *Cooter*, Public Choice, Vol. 41, No. 1 (1983), 107, 109.

1014 Vgl. OLG Hamm, Urt. v. 8.12.1986 - 8 U 73/86 - NJW-RR 1987, 1319, 1320: „Denn die Art und Weise, wie das Schiedsgericht Streitigkeiten erledigt, ist ihrem Wesen nach nichts anderes als ein besonderes Vergleichsverfahren."; vgl. auch *Ebbing*, Private Zivilgerichte, S. 94, der die besondere Eignung der Schiedsgerichtsbarkeit zur Herbeiführung gütlicher Einigungen betont.

Zudem gilt die Schiedsgerichtsbarkeit als besonders geeignet bei der Erzielung einer (tatsächlichen) vergleichsweisen Einigung der Parteien.[1015] Eine vergleichsweise Einigung zwischen den Parteien ist wiederum mit weniger sozialen Kosten verbunden als eine streitige Entscheidung durch einen Spruchkörper. Dies zeigt folgende Überlegung[1016]: Die Austragung eines Rechtsstreits zwischen zwei (oder mehr) Parteien erklärt sich aus einer optimistischen Sichtweise mindestens einer Partei. „Optimistisch" bedeutet hierbei, dass die betreffende Partei ihre rechtliche Position und damit auch ihre Chancen in einem korrespondierenden Rechtsstreit zu obsiegen, besser bewertet als dies ein rationaler objektiver Betrachter tun würde. Denn würden beide Parteien ihre jeweiligen Erfolgsaussichten realistisch einschätzen, so würde es nicht zu einem Rechtsstreit kommen, da die unterlegene Partei ihre schwache Position erkennen würde und entweder klägerseitig gar nicht erst klagen oder beklagtenseitig leisten würde, bevor es zu einem Prozess käme. Dadurch könnten sich die Parteien die Verfahrenskosten sparen. Die Gründe für dieses massenhaft zu beobachtende Phänomen des „Optimismus" liegen wohl in der menschlichen Psyche begründet.[1017] Gelingt es demgegenüber, eine vergleichsweise Einigung zu erzielen, so bedeutet dies, dass diese Fehleinschätzung des Optimismus überwunden werden konnte.

Zu den hierbei entstehenden sozialen Kosten ist Folgendes anzumerken: Aufgrund dieser Form des Optimismus, glauben bei einem streitig zu entscheidenden Verfahren beide Seiten im Recht zu sein. Demnach wird mindestens eine Partei das (Schieds-)Urteil als Niederlage empfinden; denn wenn mit dem Urteil bzw. Schiedsspruch alle Streitparteien einverstanden wären, so hätten sie bei unterstellter rationaler Herangehensweise diese Lösung des Konflikts auch selbst herbeiführen und hierbei die Verfahrenskosten sparen können. Die unterlegene Partei wird daher das Urteil als für sich ungünstig ansehen, war sie doch davonausgegangen, den Rechtsstreit gewinnen zu können. Demgegenüber führt ein Vergleich zu einer höheren Akzeptanz der getroffenen Regelung und somit auch zu einer stärkeren Befriedung. Dies wiederum reduziert die durch den Konflikt verursachten sozialen Kosten.[1018] Die Geeignetheit der Schiedsgerichtsbarkeit

1015 Vgl. *Ebbing*, Private Zivilgerichte, S. 94 mit ausführlicher Begründung; *Baur*, Der schiedsrichterliche Vergleich, Rn. 2 geht davon aus, dass insgesamt 50 % aller Schiedsverfahren mit einem Vergleich enden.

1016 S. hierzu insgesamt *Cooter*, Public Choice, Vol. 41, No. 1 (1983), 107, 109.

1017 Vgl. nur *Kahnemann*, Thinking, Fast and Slow, S. 199 ff. mit ausführlicher Darstellung dieser Ausprägung menschlichen Verhaltens.

1018 Durch einen Konflikt verursachte soziale Kosten können beispielsweise darin liegen, dass die Konfliktparteien aufgrund der Konfliktlage nicht mehr miteinander

zur Herbeiführung eines Vergleichs senkt daher die sozialen Kosten. Im Falle von Schiedsunfähigkeit der Patentnichtigkeitsklage müsste auf die Reduktion sozialer Kosten in diesem Bereich verzichtet werden.

dd) Wert eines Patents reduziert

Die Schiedsunfähigkeit der Patentnichtigkeitsklage würde den Wert eines Patents reduzieren, da dadurch die Handlungsmöglichkeiten des Patentinhabers in Bezug auf sein Patent eingeschränkt wären. Dieser Befund kann ökonomisch durch zwei Ansätze erfasst werden, die im Folgenden dargelegt werden.

(1) Schiedsunfähigkeit als Nebenbedingung des Maximierungsproblems des Patentinhabers

Das Patent ist von seiner Beschaffenheit her ein Recht, welches primär darauf ausgerichtet ist, wirtschaftlich genutzt zu werden; das Erfinderpersönlichkeitsrecht ist eher von untergeordneter Rolle und kann zudem hinsichtlich der Inhaberschaft vom Patent getrennt werden.[1019] Deshalb erscheint es plausibel, einem Patentinhaber in Bezug auf sein Patent Gewinnmaximierung zu unterstellen. Er hat typischerweise Investitionen getätigt, um eine technische Neuerung zu entwickeln und sich diese schützen lassen. Nach erfolgter Patentierung will der Patentinhaber dann möglichst viel wirtschaftlichen Nutzen aus seinem Patent ziehen, um eine möglichst hohe Rendite auf seine zuvor getätigte Investition zu realisieren. Hierbei hat er verschiedene Möglichkeiten. Er kann die patentierte Neuerung selbst vermarkten, er kann das Patent lizensieren oder veräußern sowie auf mannigfaltige andere Weise sich den Wert seines Patents zunutze machen.[1020] Die Entscheidung des Patentinhabers über die Art der Verwertung seines Patents ist daher ein Maximierungsproblem. Verschiedene Aspekte und Gegebenheiten können den Patentinhaber hierbei veranlassen, die eine oder andere Art der Verwertung zu wählen.

Bei diesem Maximierungsproblem des Patentinhabers stellt die Schiedsunfähigkeit eine Nebenbedingung dar.[1021] Eine solche Nebenbedingung schließt

---

kooperieren. Wird jedoch eine Befriedung erreicht, so kann auch Kooperation wieder möglich sein, was positiv für die Gesamtwohlfahrt sein kann.

1019 Vgl. Kap. E. III. 1. g).

1020 Vgl. zu den verschiedenen Möglichkeiten, ein Patent zu nutzen und zu übertragen Kap. E. III. 1. h) und i).

1021 Allgemein zu staatlicher Regulierung als Nebenbedingung vgl. *Knieps*, Wettbewerbsökonomie, S. 81; grundlegend zu den Effekten staatlicher Regulierung auch *Averch/ Johnson*, The American Economic Review, Vol. 52, No. 5, 1052 ff.

einen gewissen Handlungsraum[1022] aus und ist damit bei der Lösung des Maximierungsproblems zu berücksichtigen. Eine solche Nebenbedingung hat definitorisch stets einschränkenden Charakter, da es sich um eine Restriktion handelt;[1023] sie kann den Handlungsraum niemals erweitern, sondern lediglich verengen. Damit ist in dem Maximierungsproblem des Patentinhabers die Schiedsunfähigkeit eine den Handlungsraum verengende Nebenbedingung, welche die Verwertungsmöglichkeiten im Hinblick auf das Patent, und damit auch den Wert des Patents selbst, reduziert.

(2) Wert des Patents in der Verfügungsrechtetheorie

Eine weitere Perspektive auf die Auswirkungen einer Schiedsunfähigkeit der Patentnichtigkeitsklage auf das betreffende Patent bietet die Verfügungsrechtetheorie. Diese beschreibt die Position eines Eigentümers bzw. Inhabers bezogen auf eine Sache oder ein Recht. Die rechtliche Grundlage ist einerseits § 903 BGB bzgl. des Eigentums an Sachen und andererseits Art. 14 GG, der Immaterialgüterrechte, und damit auch das Patent, mit einschließt.[1024] Dem Eigentümer bzw. Inhaber einer Sache bzw. eines Rechts steht ein Bündel an Rechten zu.[1025] Dieses Bündel beinhaltet insbesondere Rechte (1) zur Nutzung, (2) zur Einbehaltung von Erträgen, (3) zur Änderung von Form und Substanz sowie (4) zur Übertragung.[1026] Diese enumerative Systematisierung darf jedoch nicht darüber hinwegtäuschen, dass die Handlungsrechte denkbar weit, nämlich im Sinne aller individuellen Handlungsmöglichkeiten und Entscheidungskompetenzen, zu verstehen sind.[1027]

Diese Handlungsrechte bestehen jedoch niemals vollständig, sondern unterliegen verschiedenen Einschränkungen und werden hierdurch verdünnt.[1028] So unterliegen gewisse Rechte beispielsweise der Einschränkung, dass sie nicht

---

1022 S. zu diesem Begriff auch *Bechtold*, Die Grenzen, S. 20.

1023 Vgl. *Bechtold*, Die Grenzen, S. 20.

1024 *Richter/Furubotn*, Neue Institutionenökonomik, S. 95; vgl. auch Kap. E. III. 1. a).

1025 *Schäfer/Ott*, Ökonomische Analyse, S. 69 f.; *Buhbe*, Ökonomische Analyse, S. 3; vgl. auch *Peukert*, Güterzuordnung als Rechtsprinzip, S. 100 ff.

1026 *Schäfer/Ott*, Ökonomische Analyse, S. 589; *Weigel*, Rechtsökonomik, S. 28 f.; so ähnlich ebenfalls *Richter/Furubotn*, Neue Institutionenökonomik, S. 90.

1027 *Weller*, Die Vertragstreue, S. 352; vgl. auch *Bechtold*, Die Grenzen, S. 20.

1028 Vgl. *Buhbe*, Ökonomische Analyse, S. 3; *Bechtold*, Die Grenzen, S. 20; *Weigel*, Rechtsökonomik, S. 29; zu der Verdünnung von Handlungsrechten s. *Schäfer/Ott*, Ökonomische Analyse, S. 70 f.

übertragbar sind.[1029] Nach der Verfügungsrechtetheorie ist ein Recht umso wertvoller, je weniger verdünnt es ist.[1030] Damit ist ein Recht wertvoller, wenn es übertragbar ist, als wenn es nicht oder nur eingeschränkt übertragbar ist.[1031] Dies kann durch folgendes Beispiel gezeigt werden. So mag eine Güterzuordnung mit einem bestimmten Inhaber eines Rechts zunächst, möglicherweise infolge vorangegangener Transaktionen,[1032] allokationseffizient sein. Dies würde bedeuten, dass der Rechteinhaber den größten Nutzen aus seinem Recht zieht und infolge dessen auch bereit wäre, dafür den höchsten Preis zu zahlen. Damit besteht kein Anreiz zur Übertragung dieses Rechts, da kein Erwerber bereit wäre, dem Inhaber einen Preis zu zahlen, der höher ist als der Nutzen, den der Inhaber aus seinem Recht ziehen kann. Die Situation wäre dann Pareto-effizient. Falls sich jedoch beispielsweise äußere Umstände ändern, wäre es möglich, dass eine Übertragung des Rechts an einen Dritten eine Pareto-Verbesserung der Beteiligten bedeuten würde, da der Dritte infolge der geänderten Umstände einen größeren Nutzen als der Inhaber aus dem Recht ziehen könnte.[1033] Falls jedoch die Übertragbarkeit des Rechts eingeschränkt wäre, könnte eine solche Transaktion möglicherweise nicht erfolgen, was bedeuten würden, dass die Gesamtwohlfahrt aber auch der Wert des Rechts gemindert wären.

Die Schiedsunfähigkeit der Patentnichtigkeitsklage ist deshalb eine Verdünnung der Rechte des Patentinhabers an seinem Patent. Es nähme ihm die Möglichkeit, die denkbaren wirtschaftlichen Beziehungen, die er zur Nutzung seines Patents begründet, einer Schiedsklausel zu unterstellen, soweit im Falle einer Streitigkeit auch die Wirksamkeit des Patents in Frage gestellt werden könnte. Wie bereits gezeigt, gibt es jedoch mannigfaltige Gründe, die im Einzelfall ein Schiedsverfahren für den Patentinhaber (und seinen Vertragspartner) als vorzugswürdigen Streitbeilegungsmechanismus erscheinen lassen *können.*[1034]

1029 Vgl. zu diesem Aspekt insgesamt *Holderness*, Journal of Legal Studies, vol. XIV, 321, 324 ff.; *Peukert*, Güterzuordnung als Rechtsprinzip, S. 103.

1030 *Schäfer/Ott*, Ökonomische Analyse, S. 71.

1031 Vgl. *Holderness*, Journal of Legal Studies, vol. XIV, 321, 326.

1032 Der Tausch von Handlungsrechten führt Ressourcen generell demjenigen zu, der aus diesen den größten Nutzen zieht und deshalb auch die höchste Zahlungs- oder Tauschbereitschaft hat, vgl. *Weller*, Die Vertragstreue, S. 352.

1033 So ähnlich *Holderness*, Journal of Legal Studies, vol. XIV, 321, 326, der allerdings in diesem Zusammenhang eher in Richtung des effizienten Vertragsbruchs argumentiert.

1034 Zu den potentiellen Vorteilen der Schiedsgerichtsbarkeit vgl. Kap. D. IV.

Damit würde die Schiedsunfähigkeit der Patentnichtigkeitsklage den Wert eines jeden hiervon betroffenen Patents reduzieren.

c) Kosten-Nutzen-Betrachtung der Justiz und Schiedsfähigkeit

Zu der Betrachtung von Kosten und Nutzen der Justiz hat *Bier*[1035] ein Modell entwickelt. Dieses Modell soll im Folgenden skizziert werden, um sodann die Unterscheidung zwischen Schiedsfähigkeit und Schiedsunfähigkeit der Patentnichtigkeitsklage im Rahmen dieses Modells zu untersuchen. Hierdurch kann im Hinblick auf den Vergleich der sozialen Kosten von Schiedsfähigkeit und Schiedsunfähigkeit der Patentnichtigkeitsklage noch eine weitere Perspektive eröffnet werden, die diesen Vergleich abschließen soll.

aa) Kosten-Nutzen-Modell der Justiz

Zunächst kann festgestellt werden, dass die Justiz gesellschaftliche Kosten verursacht, gleichsam der Gesellschaft aber auch Nutzen stiftet.[1036] Der Nutzen der Justiz[1037] besteht ganz allgemein darin, dass hierdurch die Handlungssicherheit der Marktakteure erhöht wird.[1038] Ohne eine funktionsfähige Justiz würde kaum jemand bereit sein, in Vorleistung zu treten, da die Gegenpartei einem Moral-Hazard-Anreiz unterläge und die Vorleistung der Gegenpartei opportunistisch ausnutzen könnte; dies führte wiederum dazu, dass ökonomisch wünschenswerte Transaktionen unterbleiben würden.[1039] Die Kosten der Justiz liegen ökonomisch betrachtet primär darin, dass die in der Justiz tätigen Personen ihre Arbeitskraft nicht in anderer, der Gesellschaft Nutzen stiftender Weise widmen und andere Güter und Dienstleistungen produzieren.[1040] Hierdurch entstehen gesellschaftliche Opportunitätskosten.[1041] Zudem entstehen Kosten durch den

---

1035 *Bier*, in: Schmidtchen/Weth, Der Effizienz auf der Spur, S. 124 ff.

1036 Vgl. *Bier*, in: Schmidtchen/Weth, Der Effizienz auf der Spur, S. 124, 125 ff.; zur Betrachtung von Kosten und Nutzen der Justiz aus staatlicher Sicht s. auch *Rohleder*, in: Schmidtchen/Weth, Der Effizienz auf der Spur, S. 111, 120 f.

1037 Die hier skizzierte Kosten-Nutzen-Untersuchung lässt sich unmittelbar nur auf die ordentliche Gerichtsbarkeit in Zivilsachen übertragen.

1038 *Bier*, in: Schmidtchen/Weth, Der Effizienz auf der Spur, S. 124, 125.

1039 *Bier*, in: Schmidtchen/Weth, Der Effizienz auf der Spur, S. 124, 125.

1040 *Bier*, in: Schmidtchen/Weth, Der Effizienz auf der Spur, S. 124, 126.

1041 *Bier*, in: Schmidtchen/Weth, Der Effizienz auf der Spur, S. 124, 126. Unter Opportunitätskosten versteht man die Kosten, die dadurch entstehen, dass eine alternative Verwendung einer Ressource nicht realisiert wird, vgl. hierzu ausführlich *Pindyck/Rubinfeld*, Mikroökonomie, S. 267.

steuerfinanzierten Betrieb der Justiz, da durch die Erhebung der hierfür notwendigen Steuern Verzerrungen[1042] entstehen, was wiederum Wohlfahrtsverluste mit sich bringt.[1043] Ferner hat die Justiz gewisse „Produktionskosten". Hierunter fallen die Vergütung aller im Justizsystem beschäftigten Personen, die Kosten für die Bereitstellung der Infrastruktur, beispielsweise für Gebäude, Material und Büroausstattung sowie die Kosten für die Ausbildung der in der Justiz tätigen, also insbesondere der Richter.[1044] Auch die Kosten von Rechtsanwälten und privaten Schiedsgerichten sind Teil der „Produktionskosten" der Justiz, da diese, obwohl sie allein aufgrund privater Abreden tätig werden, zur Funktionsfähigkeit des Justizapparats beitragen und gesellschaftliche Kosten produzieren.[1045]

Diese Gegenüberstellung von Kosten und Nutzen der Justiz lässt sich derart modellieren, dass eine optimale Größe bzw. ein optimaler Umfang des Justizsektors ermittelt werden kann.[1046] *Bier* nimmt bei der Kostenfunktion in Abhängigkeit der Anzahl Richter[1047] einen konvexen[1048] Verlauf und bei der Nutzenfunktion in Abhängigkeit der Anzahl Richter einen konkaven[1049] Verlauf an. Hinsichtlich der Kostenfunktion geht *Bier* also von steigenden Grenzkosten[1050] aus. Dies würde bedeuten, dass die zusätzlichen Kosten für die Einstellung eines Richters umso höher sind, je mehr Richter bereits eingestellt sind.

1042 Diese Verzerrungen sind darin zu sehen, dass durch die Erhebung der Steuern zur Finanzierung des Justizbetriebs gewisse Geschäftsmodelle, die ohne die für die Finanzierung der Justiz erhobenen Steuern gerade noch profitabel waren, unprofitabel werden. Dadurch fällt dann die gesamtgesellschaftlich wünschenswerte Erstellung von gewissen Gütern und Dienstleistungen weg. Zu den möglichen Einkommens- und Substitutionseffekten auf das individuelle Verhalten vgl. *Raab*, Öffentliche Transaktionskosten, S. 75 ff., 241 ff.

1043 *Bier*, in: Schmidtchen/Weth, Der Effizienz auf der Spur, S. 124, 126. Zu beachten ist, dass die gesellschaftlichen Kosten in dieser Betrachtung *Biers* nicht durch die Steuererhebung als solche, sondern durch die dadurch verursachten Verzerrungen entstehen.

1044 *Bier*, in: Schmidtchen/Weth, Der Effizienz auf der Spur, S. 124, 127.

1045 *Bier*, in: Schmidtchen/Weth, Der Effizienz auf der Spur, S. 124, 127 f.

1046 *Bier*, in: Schmidtchen/Weth, Der Effizienz auf der Spur, S. 124, 128 f.

1047 Dass allein auf die Richter abgestellt wird, dient der modellhaften Vereinfachung. Tatsächlich müsste das gesamte Justizsystem berücksichtigt werden.

1048 Dies bedeutet, dass für die Kostenfunktion gilt: $f' > 0$; $f'' > 0$.

1049 Dies bedeutet, dass für die Nutzenfunktion gilt: $f' > 0$; $f'' < 0$.

1050 Grenzkosten sind die Kosten einer zusätzlichen Einheit, also in diesem Modell der Einstellung eines zusätzlichen Richters, vgl. auch *Pindyck/Rubinfeld*, Mikroökonomie, S. 121.

Tatsächlich scheint es – jedenfalls für praktisch relevante Abschnitte der Funktion – wohl eher plausibel, konstante Grenzkosten, also einen linearen Anstieg der Kosten bei der Einstellung von Richtern anzunehmen. Dies würde Folgendes bedeuten: wenn die Anzahl der Richter durch Neueinstellungen um x % erhöht wird, so stiegen auch die Kosten um genau x %. Es ist kein Grund ersichtlich, weshalb die Kosten (jedenfalls langfristig[1051]) überproportional oder unterproportional steigen sollten.

Die optimale Größe der Justiz, hier vereinfacht dargestellt anhand der Anzahl Richter, liegt in diesem Modell dort, wo der Nutzen der Justiz die Kosten der Justiz betragsmäßig am meisten übersteigt.[1052] Dies ist bei derjenigen Anzahl an Richtern gegeben, bei der die Grenzkosten dem Grenznutzen entsprechen.[1053] Die Bestimmung der optimalen Anzahl an Richtern ist hierbei bei konvexer und linearer Kostenfunktion auf gleiche Weise ermittelbar. Die Besonderheit der linearen Kostenfunktion wäre hierbei lediglich, dass die Grenzkosten konstant sind.

bb) Kosten-Nutzen-Analyse im Falle der Schiedsfähigkeit

Bezogen auf die Schiedsfähigkeit der Patentnichtigkeitsklage können folgende Überlegungen angestellt werden. Würde man die Patentnichtigkeitsklage für schiedsfähig erklären, so würde ein Teil der Patentnichtigkeitsklagen schiedsgerichtlich beigelegt. Die Nichtigkeitssenate des BPatG müssten daher weniger Patentnichtigkeitsklagen bearbeiten, was bedeutet, dass das BPatG – wiederum langfristig betrachtet – mit weniger Richtern auskäme. Im gleichen Umfang der Entlastung des BPatG würden Schiedsgerichte mit der Aufgabe der Beilegung der Patentnichtigkeitsklagen betraut. Die privaten Schiedsgerichte produzieren allerdings, wie oben gezeigt, ebenfalls Kosten der Justiz und tragen auf der anderen Seite durch ihre Schiedssprüche zur Rechtssicherheit und damit zum Nutzen der Justiz bei. Daher stellt sich die Frage, ob allein dieser Effekt einer

---

1051 Die kurzfristigen Kosten können natürlich durch verschiedene Effekte der Anpassung über- oder unterproportional wachsen. So könnte beispielsweise im Hinblick auf die Gebäudemietkosten ein weiterer Richter noch in dem zuvor bereits gemieteten Gebäude ein zuvor ungenutztes Büro finden oder aber die Neueinstellung dieses Richters bringt genau „das Fass zum Überlaufen“ und es muss ein zusätzliches oder ein größeres Gebäude angemietet werde. Langfristig dürften allerdings Neueinstellungen von Richtern konstante Kosten haben. Allgemein zur Unterscheidung zwischen kurzfristigen und langfristigen Kosten vgl. *Pindyck/Rubinfeld*, Mikroökonomie, S. 276 ff.

1052 *Bier*, in: Schmidtchen/Weth, Der Effizienz auf der Spur, S. 124, 128 f.

1053 *Bier*, in: Schmidtchen/Weth, Der Effizienz auf der Spur, S. 124, 129.

Verschiebung vom BPatG zu Schiedsgerichten bereits zu einem Wohlfahrtsgewinn oder einem Wohlfahrtsverlust führen kann.

(1) Nutzen

Zunächst kann angenommen werden, dass Schiedssprüche einen gegenüber gerichtlichen Urteilen gleichwertigen Rechtsschutz gewähren[1054] und daher in dieser Hinsicht auch anteilig den gleichen Nutzen beisteuern. Auch wenn der Spezialisierungsgrad der rechtskundigen und technischen Richter in den Nichtigkeitssenaten des BPatG sehr hoch ist,[1055] so ist doch gerade ein anerkannter Vorteil der Schiedsgerichtsbarkeit, dass die Schiedsrichter nach spezifischer Fachkompetenz ausgewählt werden können und deshalb in aller Regel als ebenfalls sehr fachkundig gelten.[1056] Soweit die Parteien im Falle der Schiedsfähigkeit der Patentnichtigkeitsklage freiwillig etwaige Streitigkeiten über den Bestand des Patents einem Schiedsgericht unterwerfen, so kann davon ausgegangen werden, dass die Parteien sich hieraus einen höheren Nutzen versprechen als von einer Behandlung durch das BPatG. Insoweit ermöglichen die Wahlmöglichkeit[1057] und der Wettbewerb[1058] zwischen BPatG und Schiedsgerichten einen zusätzlichen Nutzen, den die Justiz stiftet, der im Falle der allein möglichen Behandlung durch das BPatG nicht realisiert werden könnte.

(2) Kosten

Fraglich ist, inwieweit Schiedsgerichte auch im gleichen Umfang Kosten produzieren. Die Opportunitätskosten fallen für Schiedsrichter in dem Umfang, in dem sie tätig werden und soweit man eine volle Auslastung der staatlichen Richter annimmt, in gleicher Weise an, da sie ihre Arbeitskraft insoweit nicht dazu nutzen können, andere Güter und Dienstleistungen zu produzieren. Hinsichtlich der „Produktionskosten" der Justiz ergeben sich allerdings einige Unterschiede. Einerseits muss für Schiedsgerichte nicht die gesamte Infrastruktur staatlicher Gerichte vorgehalten werden. Andererseits verlangen Schiedsgerichte oftmals recht hohe Honorare und auch die Schiedsorganisationen verlangen nicht unerhebliche Gebühren für die Bereitstellung der schiedsgerichtlichen Infrastruktur. Die üblicherweise in der Diskussion über die

---

1054 Vgl. oben Kap. D. II. 2.
1055 Vgl. oben Kap. E. III. 2. d) aa).
1056 Vgl. oben Kap. D. IV. 4.
1057 Vgl. Kap. F. II. 3. b) bb) (1).
1058 Vgl. Kap. F. II. 3. b) bb) (2).

(vermeintlich) geringen Kosten von Schiedsverfahren angestellten Kostenvergleiche[1059] können hier nicht herangezogen werden, da sie auf die Perspektive der Parteien abstellen und die durch die Justiz dem Staat anfallenden Kosten für die Vorhaltung der gerichtlichen Infrastruktur in dem Umfang, in dem diese Kosten nicht durch Gerichtsgebühren ersetzt werden, unberücksichtigt lassen. Insoweit kann die Untersuchung von *Ebbing*[1060] Hilfe bieten.[1061] Er unterteilt die in streitigen Verfahren anfallenden Kosten zunächst in Parteikosten und Gemeinkosten. Sodann geht er davon aus, dass regelmäßig die Parteikosten, jedenfalls aber die Gemeinkosten, beim Schiedsverfahren günstiger seien als bei gerichtlichen Verfahren. In der hier interessierenden Perspektive der gesamtgesellschaftlich anfallenden Kosten kann hieraus der Schluss extrahiert werden, dass die gesamten Kosten bei gerichtlichen Verfahren höher sind, als wenn diese Verfahren alternativ vor Schiedsgerichten geführt würden. Für diese Annahme spricht auch folgende Überlegung: Schiedsgerichte sind Agenten der Parteien, welche in dieser Hinsicht Prinzipale sind.[1062] Aus dieser Beziehung heraus üben die Parteien eine gewisse Kontrolle über die Schiedsrichter aus, wodurch diese einen Anreiz haben, die Streitigkeit kostengünstig abzuwickeln. Bei staatlichen Gerichten hingegen üben die Parteien keine Kontrolle über die von den Gerichten produzierten Gemeinkosten aus, da diese von der Allgemeinheit getragen werden. Ein weiteres Argument für in relativer Hinsicht kostengünstiges Arbeiten von Schiedsgerichten ist die Tatsache, dass die Schiedsrichter weitgehend frei gewählt werden können und sich damit auf einem Wettbewerbsmarkt befinden, welcher besonders ineffizient arbeitende Schiedsrichter aussortieren dürfte.[1063] Demgegenüber haben die Parteien einer gerichtlichen Streitigkeit kaum Möglichkeiten, die Wahl des Gerichts zu bestimmen. Ein weiteres Argument dafür, dass die Schiedsgerichtsbarkeit insgesamt geringere gesamtgesellschaftliche Kosten produziert als staatliche Gerichte, ist auch die Tatsache ihrer im Hinblick auf manche Arten von Streitigkeiten ganz erhebliche Ausbreitung, obgleich sie in Konkurrenz mit einem hinsichtlich der Gemeinkosten subventionierten

1059 Vgl. oben Kap. D. IV. 2.

1060 *Ebbing*, Private Zivilgerichte, S. 83 f.

1061 Vgl. zu den Ausführungen *Ebbings* auch oben Kap. D. IV. 2.

1062 Zur Prinzipal-Agent-Theorie, deren spezifische Probleme hier jedoch nicht weiter relevant sind, vgl. *Richter/Furubotn*, Neue Institutionenökonomik, S. 173; *Ruffner*, Die ökonomischen Grundlagen, S. 131 f. m.w.N.

1063 Vgl. hierzu *Landes/Posner*, The Journal of Legal Studies, Vol. 8, No. 2, (1979), 235, 249 f.

staatlichen Gerichtssystem steht.[1064] Mithin kann also davon ausgegangen werden, dass Schiedsgerichte jedenfalls weniger Gemeinkosten und damit auch insgesamt geringere gesellschaftliche Kosten produzieren.

cc) Verzerrungen und Fehlanreize aus Quersubventionierung

Weitere Implikationen erwachsen aus der Tatsache, dass die gerichtlichen Gemeinkosten ganz überwiegend von der Allgemeinheit getragen werden, wohingegen im Schiedsverfahren sämtliche Kosten, also auch die Gemeinkosten, von den Parteien getragen werden.

Einerseits führt dies bei gerichtlichen Verfahren zu den bereits genannten Verzerrungen infolge der für die Finanzierung des Justizbetriebs notwendigen Erhebung von Steuern.[1065] Diese Verzerrungen würden im Falle der Schiedsfähigkeit in dem Umfang wegfallen, in welchem gerichtliche Verfahren durch Schiedsverfahren ersetzt würden und daher langfristig Kapazitäten in der Justiz eingespart werden könnten.

Andererseits ist zu sehen, dass die Tatsache, dass in gerichtlichen Verfahren die Gemeinkosten nur zu einem geringen Teil, nämlich in Höhe der Gerichtsgebühren, von den Parteien der Streitigkeit getragen werden, zu einer Quersubventionierung[1066] führt. Diese Quersubventionierung schafft wiederum seitens der Subventionierten, also hier der potentiellen Parteien des Rechtsstreits, einen Anreiz, Prozesse zu führen, dessen tatsächliche Kosten sie möglicherweise nicht zu tragen bereit wären. In Schiedsverfahren besteht dieser Anreiz indes nicht, da die Parteien die Kosten vollständig tragen und Parteien des Rechtsstreits dies auch in ihr Kalkül, ob sie Klage erheben bzw. sich gegen eine solche verteidigen sollen oder nicht, mit einbeziehen.

1064 So ähnlich in anderem Zusammenhang auch *Posner*, Overcoming Law, S. 114 f.

1065 Vgl. *Bier*, in: Schmidtchen/Weth, Der Effizienz auf der Spur, S. 124, 126.

1066 Eine Quersubventionierung bedeutet, dass eine Leistung (hier die Leistung der Justiz) von einer Person in Anspruch genommen wird, diese Leistung aber (teilweise) von Dritten finanziert wird. Dies tritt häufig bei Versicherungen derart auf, dass Personen mit geringer Schadenswahrscheinlichkeit Personen mit hoher Schadenswahrscheinlichkeit quersubventionieren. Dies ist ökonomisch nicht wünschenswert, da die subventionierende Partei dadurch Anreize hat, die Versicherungsleistung gar nicht zu beanspruchen, da diese für sie zu teuer ist. Dies wiederum kann zu, aus ökonomischer Sicht, unterhalb des effizienten Niveaus liegender Inanspruchnahme von Versicherungen führen, vgl. *Schäfer/Ott*, Ökonomische Analyse, S. 367, 520 f.

dd) Zwischenergebnis

Es konnte gezeigt werden, dass sowohl die staatliche Justiz als auch die Schiedsgerichtsbarkeit mit gesellschaftlichen Kosten und gesellschaftlichem Nutzen einhergehen. Gleichwohl erscheint es aus verschiedenen Gründen plausibel, dass die jeweiligen gesamtgesellschaftlichen Kosten bei Schiedsverfahren niedriger sind als bei staatlichen Gerichtsverfahren. Zudem kann ein Schiedsverfahren einige der in einem gerichtlichen Verfahren bestehenden Fehlanreize überwinden. Demnach spricht die hier angestellte Kosten-Nutzen-Analyse von Justiz und Schiedsgerichtsbarkeit dafür, die Patentnichtigkeitsklage für schiedsfähig zu erachten, da dadurch gesamtgesellschaftliche Kosten reduziert werden könnten, ohne dass der Nutzen der Justiz sinken würde. Im Modell von *Bier*[1067] würde dies bedeuten, dass durch die teilweise Substitution von Gerichtsverfahren vor dem BPatG durch Schiedsgerichtsverfahren, die Kostenkurve flacher verliefe und infolgedessen eine größere Differenz zwischen Nutzen und Kosten – also größerer Netto-Nutzen – verbliebe.[1068]

III. Ergebnis

Zu der Betrachtung der Schiedsfähigkeit der Patentnichtigkeitsklage aus der Sicht der ökonomischen Analyse des Rechts in diesem Kapitel lassen sich folgende wesentliche Ergebnisse festhalten:

- Auf Basis der Wertungen der Privatautonomie sowie durch den Mechanismus des UNÜ kann Schiedsfähigkeit generell als „Quasi-Urzustand" angenommen werden und die Schiedsunfähigkeit ist, als Abweichung von diesem „Quasi-Urzustand", begründungsbedürftig.[1069]
- Die Schiedsunfähigkeit bestimmter Streitigkeiten ist ein Eingriff des Staates.[1070] Zudem wirkt die Schiedsunfähigkeit wie ein Verbot, das mit einer Sanktion belegt ist.[1071]
- Soziale Kosten infolge Schiedsfähigkeit fallen insbesondere dadurch an, dass hinsichtlich des Anteils an Streitigkeiten, der durch Schiedsverfahren beigelegt würde und der im Falle von Schiedsunfähigkeit vor staatlichen Gerichten

---

1067 *Bier*, in: Schmidtchen/Weth, Der Effizienz auf der Spur, S. 124 ff.

1068 Diese Betrachtung beruht wiederum auf der Modellannahme von *Bier*, dass Schiedsverfahren als Teil der Justiz betrachtet werden.

1069 Kap. F. II. 2. a).

1070 Kap. F. II. 2. b).

1071 Kap. F. II. 2. b) bb).

verhandelt würde, weniger, möglicherweise auch gar keine, Rechtsfortbildung stattfinden würde.[1072] Bezogen auf die Patentnichtigkeitsklage ist zu sehen, dass die Richter des BPatG hoch spezialisiert arbeiten. Hinsichtlich der Patentnichtigkeitsstreitigkeiten, die vor Schiedsgerichten behandelt würden, könnte also die differenzierte Rechtsprechung der Nichtigkeitssenate nicht weiter ausdifferenziert werden.[1073]

- Die Schiedsunfähigkeit im Allgemeinen und auch bezogen auf die Patentnichtigkeitsklage führt zu diversen sozialen Kosten. Insbesondere wären Vorteile aus einem Wettbewerb zwischen staatlicher Gerichtsbarkeit und Schiedsgerichten und einer möglichen Spezialisierung nicht nutzbar. Zudem könnten bestimmte Vorteile von Schiedsverfahren nicht genutzt werden, was auch den Wert eines Patents – im Hinblick auf diese Handlungsoptionen – reduzieren würde.[1074]
- Die sozialen Kosten der Schiedsunfähigkeit der Patentnichtigkeitsklage dürften die sozialen Kosten, die im Falle von Schiedsfähigkeit der Patentnichtigkeitsklage anfallen würden, überwiegen.[1075]
- Die Einflechtung der Frage der Schiedsfähigkeit der Patentnichtigkeitsklage in das Kosten-Nutzen-Modell der Justiz von *Bier*[1076] ergibt, dass die gesamtgesellschaftlich aufgewendeten Kosten für die Justiz insgesamt sinken würden, wobei der Nutzen konstant bliebe, sodass ein höherer Netto-Nutzen der Justiz zu konstatieren wäre.[1077] Unter Berücksichtigung der Ergebnisse zu den sozialen Kosten von Schiedsfähigkeit und Schiedsunfähigkeit könnte man zudem auch einen bei Annahme der Schiedsfähigkeit der Patentnichtigkeitsklage höheren Nutzen der Justiz annehmen, insbesondere da die spezifischen Vorteile der Schiedsgerichtsbarkeit auch in diesem Bereich nutzbar gemacht werden könnten. Dadurch würde der Netto-Nutzen der Justiz im Falle von Schiedsfähigkeit der Patentnichtigkeitsklage nochmal größer ausfallen.[1078]

1072 Kap. F. II. 3. a) bb).
1073 Kap. F. II. 3. a) bb).
1074 Kap. F. II. 3. b).
1075 Kap. F. II. 3.
1076 *Bier*, in: Schmidtchen/Weth, Der Effizienz auf der Spur, S. 124 ff.
1077 Kap. F. II. 3. c).
1078 Kap. F. II. 3.

G. Gesamtergebnis

Die in dieser Arbeit vorgenommenen Untersuchungen haben folgende wesentliche Ergebnisse hervorgebracht:

- Die Patentnichtigkeitsklage ist nach deutschem Recht unter verschiedenen Gesichtspunkten schiedsfähig.[1079]
- Die objektive Schiedsfähigkeit ist jeweils eine notwendige aber keine hinreichende Bedingung zur Begründung der Zuständigkeit des Schiedsgerichts und der Wirksamkeit der Schiedsvereinbarung und sie muss nicht ohne Weiteres auch nach einem vom deutschen Recht abweichenden Schiedsfähigkeitsstatut vorliegen.[1080]
- Präklusionswirkungen, die trotz fehlender objektiver Schiedsfähigkeit zur Wirksamkeit eines Schiedsverfahrens bzw. Schiedsspruchs führen würden, sind ausgeschlossen bzw. nicht zu berücksichtigen.[1081]
- Die Schiedsgerichtsbarkeit unterfällt dem Schutzbereich des Rechts auf Entfaltung der Persönlichkeit gemäß Art. 2 Abs. 1 GG.[1082]
- Die Grundsätze von Privatautonomie und Vertragsfreiheit, die den Ausgangspunkt der Schiedsgerichtsbarkeit bilden, legen generell ein weites Verständnis von Schiedsfähigkeit im Allgemeinen und von der Schiedsfähigkeit der Patentnichtigkeitsklage im Besonderen nahe.[1083]
- Der Begriff des Ordre Public hat in verschiedenen Konstellationen verschiedene Ausprägungen und ist insgesamt schwach konturiert.[1084] Eigenständige Begriffe des Ordre Public international oder Ordre Public d'arbitrage sind abzulehnen.[1085]
- Der Ordre Public-Schutz ist hinsichtlich des Patents und der Patentnichtigkeitsklage verzichtbar; die Unterzeichnung einer Schiedsabrede ist als Verzicht auf den Ordre Public-Schutz zu werten, den ein gerichtliches Verfahren gewährt.[1086]

1079 Insbesondere Kap. E.
1080 Kap. C. II.
1081 Kap. C. IV. 3. e).
1082 Kap. D. II. 1. b).
1083 Kap. D. II.
1084 Kap. D. III.
1085 Kap. D. III. 1. b).
1086 Kap. D. III. 4.

- Vor dem Hintergrund diverser potentieller Vorteile von Schiedsverfahren gegenüber Verfahren vor staatlichen Gerichten ist generell ein weites Verständnis von objektiver Schiedsfähigkeit anzunehmen, soweit nicht andere Wertungen gegen die Schiedsfähigkeit bestimmter Streitigkeiten sprechen.[1087]
- Die gefundenen Ergebnisse fügen sich ferner zwanglos in die Rechtsprechung zur Schiedsfähigkeit von Kartellstreitigkeiten und gesellschaftsrechtlichen Beschlussmängelstreitigkeiten ein.[1088]
- Die spezifischen Ausprägungen und Merkmale des Patents stehen der Schiedsfähigkeit der Patentnichtigkeitsklage nicht entgegen. Das Patent ist wesentlich durch die wirtschaftliche Nutzbarkeit zugunsten seines Inhabers geprägt. Die Eigenschaften des Patents sprechen ferner dafür, dass es sich bei Streitigkeiten über den Bestand eines Patents um „vermögensrechtliche Ansprüche" im Sinne von § 1030 Abs. 1 S. 1 ZPO handelt, die zudem „vergleichsfähig" im Sinne von § 1030 Abs. 1 S. 2 ZPO sind.[1089]
- Auch die Besonderheiten der Patentnichtigkeitsklage stehen der Schiedsfähigkeit derselben nicht entgegen. Insbesondere kann in einer schiedsgerichtlichen Behandlung der Patentnichtigkeitsklage kein Verstoß gegen den verfahrensrechtlichen Ordre Public ausgemacht werden.[1090]
- Der erfolgreiche Schiedsspruch über die Nichtigkeit des Patents gestaltet mit Rechtskrafterlangung erga omnes die Rechtslage. Einer Vollstreckbarerklärung des Schiedsspruchs bedarf es nicht. Eine Wirkung des Schiedsspruchs allein inter partes würde gegen den verfahrensrechtlichen Ordre Public verstoßen und eine Verurteilung durch das Schiedsgericht zu einem Verzicht auf das Patent nach § 894 ZPO ist aus verschiedenen Gründen abzulehnen.[1091]
- Bei der Betrachtung der objektiven Schiedsfähigkeit der Patentnichtigkeitsklage aus der Perspektive der ökonomischen Analyse des Rechts konnte gezeigt werden, dass die Schiedsfähigkeit als „Quasi-Urzustand" betrachtet werden kann und daher die Annahme der Schiedsunfähigkeit, als Abweichung von diesem Urzustand mittels eines Verbots, der Rechtfertigung bedarf.[1092]
- Die einzigen nennenswerten – wenngleich nicht unbedeutenden – sozialen Kosten von einer Schiedsfähigkeit der Patentnichtigkeitsklage lägen darin, dass in diesem Rechtsgebiet weniger richterliche Rechtsfortbildung stattfinden

---

1087 Kap. D. IV.
1088 Kap. D. V.
1089 Kap. E. III. 1.
1090 Kap. E. III. 2.
1091 Kap. E. IV.
1092 Kap. F. II. 2. a).

würde und damit die Rechtssicherheit im Sinne einer Prognostizierbarkeit des Rechts graduell abnehmen würde.[1093] Demgegenüber stehen eine ganze Reihe von sozialen Kosten, die mit der Schieds*un*fähigkeit der Patentnichtigkeit verbunden wären und die insgesamt die Kosten der Schiedsfähigkeit überwiegen dürften.[1094]

- Auch aus rechts-ökonomischer Sicht erweist sich die Rechtswirkung des Schiedsspruchs mit Gestaltungswirkung erga omnes gegenüber einer Inter-partes-Wirkung des Schiedsspruchs als überlegen.[1095]
- Durch die Einflechtung der Schiedsgerichtsbarkeit in das Kosten-Nutzen-Modell von *Bier*[1096] konnte gezeigt werden, dass die Schiedsfähigkeit der Patentnichtigkeitsklage zu einem höheren Netto-Nutzen der Justiz führen würde als die Schiedsunfähigkeit derselben.[1097]
- Zur Beseitigung der derzeitigen Unklarheiten sollte eine gesetzliche Regelung zur Schiedsfähigkeit der Patentnichtigkeitsklage getroffen werden. Da § 1030 ZPO die objektive Schiedsfähigkeit generell und anhand abstrakter Kriterien regelt, sollte die Zulässigkeit der Behandlung der Patentnichtigkeitsklage im Schiedsverfahren im PatG geregelt werden, wobei auch klargestellt werden sollte, dass der Schiedsspruch mit dessen Rechtskraft die Gestaltungswirkung herbeiführt.[1098]

1093 Kap. F. II. 3. a) bb).

1094 Kap. F. II. 3.

1095 Kap. F. II. 3. a) dd).

1096 *Bier*, in: Schmidtchen/Weth, Der Effizienz auf der Spur, S. 124 ff.

1097 Kap. F. II. 3. c).

1098 So auch *Holzner*, Die objektive Schiedsfähigkeit, S. 133, allerdings mit der von ihm vertretenen Gestaltungsvariante, dass es der Vollstreckbarerklärung des Schiedsspruchs bedarf, was in dieser Arbeit abgelehnt wird.

Literaturverzeichnis

Ahrens, Claus: Genpatente – Rechte am Leben? – Dogmatische Aspekte der Patentierbarkeit von Erbgut, GRUR 2003, 89. *(zit.: Ahrens, GRUR 2003, 89)*

Allison, John R.: Arbitration Agreements and Antitrust Claims: The Need for Enhanced Accommodation of Conflicting Public Policies, 64 North Carolina Law Review 219 (1986). *(zit.: Allison, 64 North Carolina L.Rev. (1986))*

Altenmüller, Reinhard: Die schiedsrichterliche Entscheidung kartellrechtlicher Streitigkeiten, Tübingen 1973. *(zit.: Altenmüller, Die schiedsrichterliche Entscheidung)*

Ann, Christoph: Privatrecht und Patentrecht? – Gedanken zur rechtssystematischen Einordnung eines Fachs, GRUR Int 2004, 696. *(zit.: Ann, GRUR Int 2004, 696)*

Ann, Christoph: Der Schutzbereich des Patents – Erteilungsakten als Auslegungshilfsmittel, Mitt. 2000, 181. *(zit.: Ann, Mitt. 2000, 181)*

Arnold, Stefan: Vertrag und Verteilung – Die Bedeutung der iustitia distributiva im Vertragsrecht, Tübingen 2014. *(zit.: Arnold, Vertrag und Verteilung)*

Averch, Harvey; *Johnson*, Leland L.: Behavior of the Firm Under Regulatory Constraint, The American Economic Review, Vol. 52, No. 5 (Dec., 1962), S. 1052 ff. *(zit.: Averch/Johnson, The American Economic Review, Vol. 52, No. 5)*

Baldus, Manfred: Die Einheit der Rechtsordnung – Bedeutungen einer juristischen Formel in Rechtstheorie, Zivil- und Staatsrechtswissenschaft des 19. und 20. Jahrhunderts, Berlin 1995. *(zit.: Baldus, Die Einheit der Rechtsordnung)*

Barber, Horst: Objektive Schiedsfähigkeit und „ordre public" in der internationalen Schiedsgerichtsbarkeit, Frankfurt a.M. 1993. *(zit.: Barber, Objektive Schiedsfähigkeit)*

Bärmann, Johannes: Schiedsfähigkeit, in: Festschrift für Friedrich Weber zum 70. Geburtstag am 19. Mai 1975, Berlin u.a. 1975, S. 1 – 22. *(zit.: Bärmann, in: FS Weber 1975)*

Baron, Patrick M.; *Liniger*, Stefan: A Second Look at Arbitrability, in: Arbitration International, Kluwer Law International 2003 Volume 19, Issue 1, S. 27 – 54. *(zit.: Baron/Liniger, A Second Look at Arbitrability)*

Bartenbach, Kurt: Patentlizenz- und Know-how-Vertrag, 6., neu bearbeitete Auflage, Köln 2007. *(zit.: Bartenbach, Patentlizenz- und Know-how-Vertrag)*

Basedow, Jürgen: Das BGB im künftigen europäischen Privatrecht. Der hybride Kodex – Systemsuche zwischen nationaler Kodifikation und Rechtsangleichung, AcP Bd. 200 (2000), 445. *(zit.: Basedow, AcP 200 (2000), 445)*

Baumann, Thomas: Patentstreitigkeiten vor Schiedsgerichten – Eine rechtsvergleichende Betrachtung ausgewählter Probleme nach deutschem und schweizerischem Recht, Frankfurt a.M. 2008. *(zit.: Baumann, Patentstreitigkeiten)*

Baumann, Wolfgang: Ökonomie und Recht – Ökonomische Effizienzjurisprudenz, RNotZ 2007, 297. *(zit.: Baumann, RNotZ 2007, 297)*

Baumbach, Adolf; *Lauterbach*, Wolfgang; *Hartmann*, Peter; *Anders*, Monika; *Gehle*, Burkhard: Zivilprozessordnung mit GVG und anderen Nebengesetzen, Kommentar, 79. Auflage, München 2021. *(zit.: Bearb., in: Baumbach/Lauterbach/Hartmann/Anders/Gehle, ZPO)*

Baur, Fritz: Einige Bemerkungen zum verfahrensrechtlichen ordre public, in: Festschrift zum 70. Geburtstag von Max Guldener, Zürich 1973, S. 1 ff. *(zit.: Baur, in: FS Guldener 1973)*

Baur, Fritz: Der schiedsrichterliche Vergleich, München 1971. *(zit.: Baur, Der schiedsrichterliche Vergleich)*

Bechtold, Stefan: Die Grenzen zwingenden Vertragsrechts – ein rechtsökonomischer Beitrag zu einer Rechtsetzungslehre des Privatrechts, Tübingen 2010. *(zit.: Bechtold, Die Grenzen)*

Becker, Gary S.: Crime and Punishment: An Economic Approach, Journal of Political Economy, Vol. 76, No. 2 (März - April, 1968), S. 169 ff. *(zit.: Becker, Journal of Political Economy, Vol. 76 (2))*

Behrens, Peter: Arbitration as an Instrument of Conflict Resolution in International Trade: Its Basis and Limits, in: Friedmann/Mestmäcker (Hrsg.), Conflict Resolution in International Trade, Baden-Baden 1993, S. 13 – 38. *(zit.: Behrens, in: Friedmann/Mestmäcker, Conflict Resolution)*

Beier, Friedrich-Karl: Zur Zulässigkeit von Parallelimporten patentierter Erzeugnisse, GRUR Int 1996, 1. *(zit.: Beier, GRUR Int 1996, 1)*

Beier, Friedrich-Karl: Die herkömmlichen Patentrechtstheorien und die sozialistische Konzeption des Erfinderrechts, GRUR Int 1970, 1. *(zit.: Beier, GRUR Int 1970, 1)*

Benkard, Georg: Patentgesetz – Gebrauchsmustergesetz – Patentkostengesetz, Kommentar, 11., neu bearbeitete Auflage, München 2015. *(zit.: Bearb., in: Benkard, PatG)*

Berger, Bernhard; *Kellerhals*, Franz: International and Domestic Arbitration in Switzerland, 3. Edition, Bern u.a. 2015. *(zit.: Berger/Kellerhals, Arbitration in Switzerland)*

Berkenfeld, Erich: Das älteste Patentgesetz der Welt, GRUR 1949, 139. *(zit.: Berkenfeld, GRUR 1949, 139)*

Bernhardt, Wolfgang: Das neue Verfahren in Patentsachen, NJW 1961, 996. *(zit.: Bernhardt, NJW 1961, 996)*

Beuthin, Volker: Zur Wissenszurechnung nach § 166 BGB – § 166 II BGB ausweiten – § 166 I BGB klarer ordnen, NJW 1999, 3585. *(zit.: Beuthin, NJW 1999, 3585)*

Bier, Christoph: Die volkswirtschaftlichen Kosten der Justiz, in: Der Effizienz auf der Spur – die Funktionsfähigkeit der Justiz im Lichte der ökonomischen Analyse des Rechts, Dieter Schmidtchen / Stephan Weth (Hrsg.), 1. Auflage, Baden-Baden 1999, S. 124 ff. *(zit.: Bier, in: Schmidtchen/Weth, Der Effizienz auf der Spur)*

Bilda, Klaus: Beendigung des Schiedsverfahrens durch Vergleich: Probleme des Schiedsspruchs mit vereinbartem Wortlaut, DB 2004, 171. *(zit.: Bilda, DB 2004, 171)*

Blackaby, Nigel; *Partasides*, Constantine; *Redfern*, Alan; *Hunter*, Martin: Redfern and Hunter on International Arbitration, Sixth Edition, New York 2015. *(zit.: Redfern/Hunter, International Arbitration)*

Böcker, Christian: Das neue Recht der objektiven Schiedsfähigkeit – Deutschland, Österreich, Spanien, Aachen 1998. *(zit.: Böcker, Objektive Schiedsfähigkeit)*

Böckstiegel, Karl-Heinz: Besondere Aspekte der Wirtschaftsschiedsgerichtsbarkeit mit Parteien aus Entwicklungsländern, NJW 1981, 1862. *(zit.: Böckstiegel, NJW 1981, 1862)*

Böckstiegel, Karl-Heinz; *Kröll*, Stefan Michael; *Nacimento*, Patricia (Hrsg.): Arbitration in Germany – the model law in practice, Austin u.a. 2007. *(zit.: Böckstiegel/Kröll/Nacimento, Arbitration in Germany)*

Borges, Georg: Die Anerkennung und Vollstreckung von Schiedssprüchen nach dem neuen Schiedsverfahrensrecht, ZZP, Bd. 111 (1998), 487 - 513. *(zit.: Borges, ZZP 111, 487)*

Bork, Reinhard: Zur Schiedsfähigkeit von Beschlußmängelstreitigkeiten, ZHR 160 (1996), 374. *(zit.: Bork, ZHR 160 (1996), 374)*

Bork, Reinhard: Der Begriff der objektiven Schiedsfähigkeit (§ 1025 Abs. 1 ZPO), ZZP 100 (1987), 249. *(zit.: Bork, ZZP 100)*

Bork, Reinhard; *Roth*, Herbert (Hrsg.): Stein/Jonas, Kommentar zur Zivilprozessordnung, 23. Auflage, Tübingen 2020. *(zit.: Bearb., in: Stein/Jonas, ZPO)*

Bork, Reinhard; *Stöve*, Elisabeth: Schiedsgerichtsbarkeit bei Börsentermingeschäften, Köln 1992. *(zit.: Bork/Stöve, Schiedsgerichtsbarkeit bei Börsentermingeschäften)*

Born, Gary B.: International Commercial Arbitration, Second Edition, The Netherlands 2014. *(zit.: Born, International Commercial Arbitration)*

Borris, Christian: Die „Schiedsfähigkeit" von Beschlussmängelstreitigkeiten in der Personengesellschaft, NZG 2017, 761. *(zit.: Borris, NZG 2017, 761)*

Borris, Christian: Die internationale Handelsschiedsgerichtsbarkeit in den USA – Rechtsgrundlagen, zwingendes Recht, Anerkennung und Vollstreckung von Schiedssprüchen, Köln u.a. 1987. *(zit.: Borris, Die internationale Handelsschiedsgerichtsbarkeit)*

Borris, Christian: Die „Ergänzenden Regeln für gesellschaftsrechtliche Streitigkeiten" der DIS („DIS-ERGeS"), SchiedsVZ 2009, 299. *(zit.: Borris, SchiedsVZ 2009, 299)*

Bosch, Wolfgang: Rechtskraft und Rechtshängigkeit im Schiedsverfahren, Tübingen 1991. *(zit.: Bosch, Rechtskraft und Rechtshängigkeit)*

Braun, Johann: Materielle Rechtskraft und prozessuale Betrachtungsweise des materiellen Rechts, in: Festschrift für Ulrich Spellenberg – zum 70. Geburtstag, München 2010, S. 69 ff. *(zit.: Braun, in: FS Spellenberg 2010)*

Bredow, Jens: Schiedsspruch mit vereinbartem Wortlaut – Form und Inhalt, SchiedsVZ 2010, 295. *(zit.: Bredow, SchiedsVZ 2010, 295)*

Brekoulakis, Stavros: On Arbitrability: Persisting Misconceptions and New Areas of Concern, in: Loukas A. Mistelis and Stavros L. Brekoulakis (Hrsg.), Arbitrability: International and Comparative Perspectives, The Netherlands 2009, S. 19 – 46. *(zit.: Brekoulakis, in: Mistelis/Brekoulakis, Arbitrability)*

Brill, Michael: Zulässigkeit gesellschaftsvertraglicher Schiedsvereinbarungen, Bonn 2002. *(zit.: Brill, Zulässigkeit gesellschaftsvertraglicher Schiedsvereinbarungen)*

Buhbe, Matthes: Ökonomische Analyse von Eigentumsrechten – der Beitrag der Economics of Property Rights zur Theorie der Institutionen, Frankfurt a.M. u.a. 1980. *(zit.: Buhbe, Ökonomische Analyse)*

Bumke, Christian: Privatautonomie. Grundelement privatrechtlicher Ordnungsbildung im demokratischen Verfassungsstaat, in: Bumke/Röthel (Hrsg.), Autonomie im Recht, Tübingen, 2017, S. 69–90. *(zit.: Bumke, in: Bumke/Röthel, Atonomie im Recht)*

Busche, Jan: Privatautonomie und Kontrahierungszwang, Tübingen 1999. *(zit.: Busche, Privatautonomie)*

Busche, Jan: Das Vorbenutzungsrecht im Rahmen des deutschen und europäischen Patentrechts, GRUR 1999, 645. *(zit.: Busche, GRUR 1999, 645)*

Busche, Jan: Die Reichweite des Patentschutzes – Zur Auslegung von Patentansprüchen im Spannungsfeld von Patentinhaberschutz und Rechtssicherheit, Mitt. 1999, 161. *(zit.: Busche, Mitt. 1999, 161)*

Busse, Daniel: Der Schiedsvergleich als verfahrensrechtliche Falle, SchiedsVZ 2010, 57. *(zit.: Busse, SchiedsVZ 2010, 57)*

Bydlinski, Franz: Privatautonomie und objektive Grundlagen des verpflichtenden Rechtsgeschäftes, Wien 1967. *(zit.: Bydlinski, Privatautonomie und objektive Grundlagen)*

Coase, Ronald: The Problem of Social Cost, The Journal of Law & Economics, 1960, Volume III, S. 1 ff. *(zit.: Coase, Journal of Law and Economics 1960)*

Coester-Waltjen, Dagmar: Die Inhaltskontrolle von Verträgen außerhalb des AGBG, AcP Bd. 190 (1990), S. 1 – 33. *(zit.: Coester-Waltjen, AcP 190 (1990))*

Cook, Trevor; *Garcia*, Alejandro I.: International Intellectual Property Arbitration, Kluwer Law International 2010. *(zit.: Cook/Garcia, International IP Arbitration)*

Cooter, Robert D.: The Objectives of Private and Public Judges, Public Choice, Vol. 41, No. 1, 1983, S. 107 ff. *(zit.: Cooter, Public Choice, Vol. 41, No. 1 (1983))*

Cooter, Robert; *Ulen*, Thomas: Law and Economics, 6. Edition, Harlow 2014. *(zit.: Cooter/Ulen, Law & Economics)*

Curti, Henning: Abschreckung durch Strafe – eine ökonomische Analyse der Kriminalität, Wiesbaden 1999. *(zit.: Curti, Abschreckung durch Strafe)*

Cziupka, Johannes: Dispositives Vertragsrecht – Funktionsweise und Qualitätsmerkmale gesetzlicher Regelungsmuster, Tübingen 2010. *(zit.: Cziupka, Dispositives Vertragsrecht)*

de Pfeifle, Maria Elena: Der Ordre Public-Vorbehalt als Versagungsgrund der Anerkennung und Vollstreckbarerklärung internationaler Schiedssprüche: unter Berücksichtigung des deutschen, schweizerischen, französischen und englischen Rechts sowie des UNICITRAL-Modellgesetzes, Frankfurt a.M. u.a. 2009. *(zit.: de Pfeifle, Der Ordre Public-Vorbehalt)*

Depenheuer, Otto (Hrsg.): Eigentum – Ordnungsidee, Zustand, Entwicklungen, Band 2, Berlin u.a. 2005. *(zit.: Bearb., in: Eigentum, Bd. 2, Depenheuer)*

Distler, Wolfram: Private Schiedsgerichtsbarkeit und Verfassung – Eine rechtsvergleichende Untersuchung zum deutschen und englischen Recht, Frankfurt a.M. 2000. *(zit.: Distler, Private Schiedsgerichtsbarkeit)*

Dutta, Anatol: Warum Erbrecht? – das Vermögensrecht des Generationenwechsels in funktionaler Betrachtung, Tübingen 2014. *(zit.: Dutta, Warum Erbrecht?)*

Duve, Christian; *Keller*, Moritz: Privatisierung der Justiz – bleibt die Rechtsfortbildung auf der Strecke? – Ein Beitrag zur Auflösung des Spannungsverhältnisses von Privatautonomie und Rechtsfortbildung in der Schiedsgerichtsbarkeit, SchiedsVZ 2005, 169. *(zit.: Duve/Keller, SchiedsVZ 2005, 169)*

Ebbing, Frank: Private Zivilgerichte – Möglichkeiten und Grenzen privater (schiedsgerichtlicher) Zivilrechtsprechung, München 2003. *(zit.: Ebbing, Private Zivilgerichte)*

Ebbing, Frank: Schiedsvereinbarungen in Gesellschaftsverträgen, NZG 1998, 281. *(zit.: Ebbing, NZG 1998, 281)*

Ebenroth, Carsten Thomas; *Bohne*, Michael: Die schiedsgerichtliche Überprüfung von Gesellschaftsbeschlüssen in der GmbH, BB 1996, 1393. *(zit.: Ebenroth/Bohne, BB 1996, 1393)*

Ehlers, Jochen (Hrsg.): Benkard, Europäisches Patentübereinkommen – Kommentar, 3. Auflage, München 2019. *(zit.: Bearb., in: Benkard, EPÜ)*

Eichmann, Helmut: Kritische Überlegungen zum Vor- und Weiterbenutzungsrecht, GRUR 1993, 73. *(zit.: Eichmann, GRUR 1993, 73)*

Eidenmüller, Horst: Effizienz als Rechtsprinzip – Möglichkeiten und Grenzen der ökonomischen Analyse des Rechts, 4. Auflage, Tübingen 2015. *(zit.: Eidenmüller, Effizienz als Rechtsprinzip)*

Eilansberger, Thomas: Die Bedeutung der Art. 81 und 82 EG für Schiedsverfahren, SchiedsVZ 2006, 5. *(zit.: Eilmansberger, SchiedsVZ 2006, 5)*

Epe, Axel: Die Funktion des Ordre Public im deutschen Internationalen Privatrecht, Tübingen 1983. *(zit.: Epe, Die Funktion des Ordre Public)*

Epping, Volker; *Hillgruber*, Christian (Hrsg.): Beck'scher Online-Kommentar, GG, 45. Edition, München 2020. *(zit.: Bearb., in: BeckOK, GG)*

Eslami, Nassim: Die Nichtöffentlichkeit des Schiedsverfahrens, Tübingen 2016. *(zit.: Eslami, Die Nichtöffentlichkeit des Schiedsverfahrens)*

Felix, Dagmar: Einheit der Rechtsordnung – zur verfassungsrechtlichen Relevanz einer juristischen Argumentationsfigur, Tübingen 1998. *(zit.: Felix, Einheit der Rechtsordnung)*

Fetzer, Thomas: Staat und Wettbewerb in dynamischen Märkten – eine juristisch-ökonomische Untersuchung unter besonderer Berücksichtigung der sektorspezifischen Telekommunikationsregulierung in Deutschland und den USA, Tübingen 2013. *(zit.: Fetzer, Staat und Wettbewerb)*

Fitzner, Uwe; *Lutz*, Raimund; *Bodewig*, Theo (Hrsg.): Beck'scher Online-Kommentar, Patentrecht, 18. Edition, München 2020. *(zit.: Bearb., in: BeckOK, PatG)*

Flume, Werner: Rechtsgeschäft und Privatautonomie, in: Hundert Jahre deutsches Rechtsleben: Festschrift zum 100jährigen Bestehen des Deutschen Juristentages 1860-1960, S. 135 – 238. *(zit.: Flume, in: FS 100 Jahre Deutsches Rechtsleben 1960)*

Fournier, Jörg Jochen: Bindungswirkung schiedsgerichtlicher Rechtsansichten und Tatsachenfeststellungen im Aufhebungsverfahren nach § 1059 Abs. 2 Nr. 2 b ZPO, Gießen 1999. *(zit.: Fournier, Bindungswirkung schiedsgerichtlicher Rechtsansichten)*

Frick, Christina: Ordre public und Parteiautonomie – der Verzicht auf das Eingreifen des ordre public, dargestellt anhand des deutschen internationalen Familien- und Erbrechts, Hamburg 2005. *(zit.: Frick, Ordre public und Parteiautonomie)*

Fried, Charles: Contract as Promise: A Theory of Contractual Obligation, Second Edition, New York 2015. *(zit.: Fried, Contract as Promise)*

Friedman, Milton: Capitalism and Freedom, Chicago and London 1962, zitiert nach Fortieth Anniversary Edition 2002. *(zit.: Friedman, Capitalism and Freedom)*

Fritsch, Michael; *Wein*, Thomas; *Ewers*, Hans-Jürgen: Marktversagen und Wirtschaftspolitik – Mikroökonomische Grundlagen staatlichen Handelns, 7., aktualisierte und ergänzte Auflage, München 2007. *(zit.: Fritsch/Wein/Ewers, Marktversagen und Wirtschaftspolitik)*

Fritze, Ulrich: Zulässigkeit der privaten Schiedsgerichtsbarkeit für Streitigkeiten auf dem Gebiet des geistigen Eigentums, GRUR Int 1992, 218. *(zit.: Fritze, GRUR Int 1992, 218)*

Frost, Ina Anne: Schiedsgerichtsbarkeit im Bereich des geistigen Eigentums nach deutschem und US-amerikanischem Schiedsrecht, München 2001. *(zit.: Frost, Schiedsgerichtsbarkeit)*

Gaul, Dieter: Patentnichtigkeitsklage und Rechtskraft, GRUR 1965, 337. *(zit.: Gaul, GRUR 1965, 337)*

Gaul, Hans Friedhelm: Die Rechtskraft und Aufhebbarkeit des Schiedsspruchs im Verhältnis zur Verbindlichkeit des staatlichen Richterspruchs, in: Festschrift für Otto Sandrock zum 70. Geburtstag, Heidelberg 2000, S. 285 ff. *(zit.: Gaul, in: FS Sandrock 2000)*

Gaul, Hans Friedhelm: Die Entwicklung der Rechtskraftlehre seit Savigny und der heutige Stand, in: Festschrift für Werner Flume zum 70. Geburtstag – 12. September 1978, Köln 1978, S. 443 ff. *(zit.: Gaul, in: FS Flume 1978)*

Geimer, Reinhold: Anerkennung ausländischer Entscheidungen in Deutschland, München 1995. *(zit.: Geimer, Anerkennung ausländischer Entscheidungen)*

Germelmann, Claas Friedrich: Die Rechtskraft von Gerichtsentscheidungen in der Europäischen Union – eine Untersuchung vor dem Hintergrund der deutschen, französischen und englischen Rechtskraftlehren, Tübingen 2009. *(zit.: Germelmann, Die Rechtskraft)*

Gillies, Peter: Enforcement of International Commercial Arbitration Awards – the New York Convention, (2004) 9 International Trade and Business Law Review, S. 19 - 44. *(zit.: Gillies, Int'l Trade & Bus. L. Rev. (2004))*

Girsberger, Daniel; *Vosser*, Nathalie: International Arbitration in Switzerland, 2. Edition, Zürich, Basel, Genf 2012. *(zit.: Girsberger/Voser, International Arbitration in Switzerland)*

Godt, Christine: Eigentum an Information – Patentschutz und allgemeine Eigentumstheorie am Beispiel genetischer Information, Tübingen 2007. *(zit.: Godt, Eigentum an Information)*

Graf, Jürgen (Hrsg.): Beck'scher Online-Kommentar, GVG, 9. Edition, München 2020. *(zit.: Bearb., in: BeckOK, GVG)*

Groß, Michael: Der Lizenzvertrag, 12., aktualisierte Auflage, Frankfurt a.M. 2020. *(zit.: Groß, Der Lizenzvertrag)*

Haas, Ulrich: Die gerichtliche Kontrolle der schiedsgerichtlichen Entscheidungszuständigkeit, in: Festschrift für Walter H. Rechberger zum 60. Geburtstag, Wien 2005, S. 187 – 210. *(zit.: Haas, in: FS Rechberger 2005)*

Habscheid, Walther J.: Zur Kompetenz-Kompetenz nach dem neuen Schiedsrecht, in: Festschrift für Peter Schlosser zum 70. Geburtstag, Tübingen 2005, S. 247 – 256. *(zit.: Habscheidt, in: FS Schosser 2005)*

Hacker, Philipp: Verhaltensökonomik und Normativität – Die Grenzen des Informationsmodells im Privatrecht und seine Alternativen, Tübingen 2017. *(zit.: Hacker, Verhaltensökonomik und Normativität)*

Haedicke, Maximilian: Patentrecht, 5. Auflage, Köln 2021. *(zit.: Haedicke, Patentrecht)*

Haedicke, Maximilian; *Timmann*, Henrik (Hrsg.): Handbuch des Patentrechts, 2. Auflage, München 2020. *(zit.: Bearb., in: Haedicke/Timmann, PatR)*

Haertel, Alexander: Italienischer Torpedo 2.0 – Anmerkungen zu LG Düsseldorf, GRUR-RR 2009, 402 – Italienischer Torpedo und OLG Düsseldorf, GRUR-RR 2009, 401 – Torpedo, GRUR-RR 2009, 373. *(zit.: Haertel, GRUR-RR 2009, 373)*

Hager, Günter: Konflikt und Konsens: Überlegungen zu Sinn, Erscheinung und Ordnung der alternativen Streitschlichtung, Tübingen 2001. *(zit.: Hager, Konflikt und Konsens)*

Haller, Heiko A.: Vorlagepflicht von Schiedsrichterakten im staatlichen Überprüfungsverfahren, SchiedsVZ 2011, 179. *(zit.: Haller, SchiedsVZ 2011, 179)*

Hanau, Hans: Der Grundsatz der Verhältnismäßigkeit als Schranke privater Gestaltungsmacht, Tübingen 2004. *(zit.: Hanau, Der Grundsatz der Verhältnismäßigkeit)*

Hart, Oliver; *Moore*, John: Foundations of Incomplete Contracts, The Review of Economic Studies, Volume 66, Issue 1, Januar 1999, S. 115 ff. *(zit.: Hart/Moore, Review of Economic Studies 1999)*

Häsemeyer, Ludwig: Drittinteressen im Zivilprozess, ZZP 101 (1988), 385. *(zit.: Häsemeyer, ZZP 101 (1988), 385)*

Hattenhauer, Hans: Reform durch „Richterrecht"?, ZRP 1978, 83. *(zit.: Hattenhauer, ZRP 1978, 83)*

Hau, Wolfgang; *Poseck*, Roman (Hrsg.): Beck'scher Online-Kommentar, BGB, 56. Edition, München 2020. *(zit.: Bearb., in: BeckOK, BGB)*

Haupt, Iris: Territorialitätsprinzip im Patent- und Gebrauchsmusterrecht bei grenzüberschreitenden Fallgestaltungen, GRUR 2007, 187. *(zit.: Haupt, GRUR 2007, 187)*

Haverkate, Georg: Untaugliche Warnung vor dem Richterrecht, ZRP 1978, 88. *(zit.: Haverkate, ZRP 1978, 88)*

Hayek, Friedrich August: The Use of Knowledge in Society, The American Economic Review, Vol. 35, No. 4 (September 1945), S. 519 – 530. *(zit.: Hayek, American Economic Review XXXV)*

Hecker, Jan: Marktoptimierende Wirtschaftsaufsicht – öffentlich-rechtliche Probleme staatlicher Wirtschaftsinterventionen zur Steigerung der Funktionsfähigkeit des Marktes, Tübingen 2007. *(zit.: Hecker, Marktoptimierende Wirtschaftsaufsicht)*

Heggen, Alfred: Zur Vorgeschichte des Reichspatentgesetzes von 1877, GRUR 1977, 322. *(zit.: Heggen, GRUR 1977, 322)*

Hellmann, Daryl A.; *Alper*, Neil O.: Economics of Crime – Theory and Practice, 2. Edition, Needham Heights (Massachusetts) 1990. *(zit.: Hellmann/Alper, Economics of Crime)*

Henze, Thomas: Zur Schiedsfähigkeit von Gesellschafterbeschlüssen im GmbH-Recht, ZGR 1988, 542. *(zit.: Henze, ZGR 1988, 542)*

Herbst, Gerhard: Das Bundespatentgericht als Gericht der ordentlichen Gerichtsbarkeit, in: 25 Jahre Bundespatentgericht – Festschrift, Köln 1986, S. 47 ff. *(zit.: Herbst, in: FS 25 Jahre BPatG)*

Herzog, Roman; *Scholz*, Rupert; *Herdegen*, Matthias; *Klein*, Hans H. (Hrsg.): Maunz/Dürig, Grundgesetz, Kommentar, 92. Ergänzungslieferung, München 2020. *(zit.: Bearb., in: Maunz/Dürig, GG)*

Hesselbarth, Franziska: Schiedsgerichtsbarkeit und Grundgesetz, (Teil-)Verfassungswidrigkeit des reformierten Schiedsverfahrensrechts, Lichtenberg 2004. *(zit.: Hesselbarth, Schiedsgerichtsbarkeit und Grundgesetz)*

Heukamp, Friso: Schiedszusagen in der Europäischen Fusionskontrolle zur Nutzung privater Streitbeilegungsverfahren durch die Exekutive, Köln u.a. 2006. *(zit.: Heukamp, Schiedszusagen)*

Heussen, Benno; *Hamm*, Christoph (Hrsg.): Beck'sches Rechtsanwaltshandbuch, 11., völlig überarbeitete Auflage, München 2016. *(zit.: Bearb., in: Heussen/Hamm, Beck'sches Rechtsanwalts-Handbuch)*

Heyers, Johannes: Effiziente Patentpoolkonstitution – zugleich ein Beitrag zum sog. More Economic Approach, GRUR Int 2011, 213. *(zit.: Heyers, GRUR Int 2011, 213)*

Hofer, Sybille: Freiheit ohne Grenzen? Privatrechtstheoretische Diskussion im 19. Jahrhundert, Tübingen 2001. *(zit.: Hofer, Freiheit ohne Grenzen?)*

Holder, Daniel: Vertraulichkeit im Schiedsverfahren nach deutschem Recht – unter Berücksichtigung der Rechtslage in England, Australien, Schweden und Neuseeland, Frankfurt a.M. u.a. 2009. *(zit.: Holder, Vertraulichkeit im Schiedsverfahren)*

Holderness, Clifford G.: A Legal Foundation for Exchange, The Journal of Legal Studies, Vol. 14, No. 2, Jun., 1985, S. 321 ff. *(zit.: Holderness, Journal of Legal Studies, vol. XIV)*

Holzapfel, Henrik: Zu § 10 PatG als Rechtszuweisungsnorm, GRUR 2002, 193. *(zit.: Holzapfel, GRUR 2002, 193)*

Holzner, Nelson: Die objektive Schiedsfähigkeit von Immaterialgüterrechtsstreitigkeiten, Baden-Baden 2001. *(zit.: Holzner, Die objektive Schiedsfähigkeit)*

Homfeldt, Arne: Die Beachtung der Rechtskraft im Zivilprozess von Amts wegen, Frankfurt a.M. u.a. 2001. *(zit.: Homfeldt, Die Beachtung der Rechtskraft)*

Horn, Wieland: Patentverletzungsprozeß und Nichtigkeitsverfahren, GRUR 1969, 169. *(zit.: Horn, GRUR 1969, 169)*

Horn, Wolfgang: Der Fortschritt und das Patentrecht, GRUR 1977, 329. *(zit.: Horn, GRUR 1977, 329)*

Huber, Peter: Das Verhältnis von Schiedsgericht und staatlichen Gerichten bei der Entscheidung über die Zuständigkeit, SchiedsVZ 2009, 73. *(zit.: Huber, SchiedsVZ 2009, 73)*

Huber, Ulrich: Die Praxis des Unternehmenskaufs im System des Kaufrechts, AcP 202 (2002), 179. *(zit.: Huber, AcP 202 (2002), 179)*

Hunt, Morton: Das Rätsel der Nächstenliebe – der Mensch zwischen Egoismus und Altruismus, Frankfurt a.M. u.a. 1992. *(zit.: Hunt, Das Rätsel der Nächstenliebe)*

Immenga, Ulrich; *Mestmäcker,* Ernst-Joachim: Wettbewerbsrecht, Band 2, GWB, 6. Auflage, München 2020. *(zit.: Bearb., in: Immenga/Mestmäcker, GWB)*

Inman, Robert: Markets, Government, and the "New" Political Economy, in: Handbook of Public Economics, Alan J. Auerbach / Martin S. Feldstein (Hrsg.), Volume 3, Amsterdam u.a. 2002, S. 647 ff. *(zit.: Inman, in: Auerbach/ Feldstein, Handbook of Public Economics)*

Jacob, Jan: Ausschließlichkeitsrechte an immateriellen Gütern – eine kantische Rechtfertigung des Urheberrechts, Tübingen 2010. *(zit.: Jacob, Ausschließlichkeitsrechte)*

Jagenburg, Walter: Schiedsgerichtsbarkeit zwischen Wunsch und Wirklichkeit, in: Festschrift für Walter Oppenhoff zum 80. Geburtstag, München 1985, S. 147 ff. *(zit.: Jagenburg, in: FS Oppenhoff 1985)*

Janson, Gunnar: Ökonomische Theorie im Recht – Anwendbarkeit und Erkenntniswert im allgemeinen und am Beispiel des Arbeitsrechts, Berlin 2004. *(zit.: Janson, Ökonomische Theorie)*

Jarass, Hans D.; *Pieroth*, Bodo (Hrsg.): Grundgesetz für die Bundesrepublik Deutschland – Kommentar, 16. Auflage, München 2020. *(zit.: Bearb., in: Jarass/Pieroth, GG)*

Joecks, Wolfgang; *Miebach*, Klaus (Hrsg.): Münchener Kommentar zum StGB, 3. Auflage, München 2019. *(zit.: Bearb., in: MünchKomm, StGB)*

Jung, Holger: Ägyptisches internationales Vertragsrecht, Tübingen 1999. *(zit.: Jung, Ägyptisches internationales Vertragsrecht)*

Kahlert, Heiner: Vertraulichkeit im Schiedsverfahren – eine Untersuchung nach deutschem Recht mit internationalen Bezügen, Tübingen 2015. *(zit.: Kahlert, Vertraulichkeit im Schiedsverfahren)*

Kahneman, Daniel: Thinking, Fast and Slow, zitiert nach Penguin Books, 2011. *(zit.: Kahnemann, Thinking, Fast and Slow)*

Kahnemann, Daniel; *Tversky*, Amos: Prospect Theory: An Analysis of Decision under Risk, Econometrica, Vol. 47, No. 2. (Mar., 1979), S. 263 ff. *(zit.: Kahneman/Tversky, Prospect Theory, Econometrica, Band 47, 1979, Nr. 2)*

Kaneko, Daniel Kenji: EU-Einheitspatent und Schiedsverfahren – Zugleich ein Beitrag zur objektiven Schiedsfähigkeit der Patentnichtigkeitsklage, Baden-Baden 2018. *(zit.: Kaneko, EU-Einheitspatent)*

Kant, Immanuel: Grundlegung zur Metaphysik der Sitten, zitiert nach Reclam, Philipp, jun. GmbH Verlag, 1998. *(zit.: Kant, Metaphysik der Sitten)*

Kautz, Timothy: What is „Manifest Disregard of the Law"?, SchiedsVZ 2011, 20. *(zit.: Kautz, SchiedsVZ 2011, 20)*

Keukenschijver, Alfred (Hrsg.): Busse/Keukenschrijver, Patentgesetz – unter Berücksichtigung des europäischen Patentübereinkommens und des Patenzusammenarbeitsvertrags, 9. Auflage, Berlin 2020. *(zit.: Bearb., in: Busse/ Keukenschrijver, PatG)*

Keukenschrijver, Alfred: Patentnichtigkeitsverfahren, 2., vollständig überarbeitete und stark erweiterte Auflage, Köln u.a. 2005. *(zit.: Kaukenschrijver, Patentnichtigkeitsverfahren)*

Kirchner, Christian: Methodiken für die judikative Rechtsfortbildung im Zivilrecht: die institutionenökonomische Perspektive, in: Methodik des Zivilrechts – von Savigny bis Teubner, Joachim Rückert / Ralf Seinecke (Hrsg.), 3., durchgesehene und erweiterte Auflage, Baden-Baden 2017, S. 489 ff. *(zit.: Kirchner, in: Rückert/Seinecke, Methodik des Zivilrechts)*

Knieps, Günter: Wettbewerbsökonomie – Regulierungstheorie, Industrieökonomie, Wettbewerbspolitik, 3., durchgesehene und aktualisierte Auflage, Berlin u.a. 2008. *(zit.: Knieps, Wettberwerbsökonomie)*

Kobler, Markus: Der Staat und die Eigentumsrechte – institutionelle Qualität und wirtschaftliche Entwicklung, Tübingen 2000. *(zit.: Kobler, Der Staat)*

Kohler, Klaus: Die moderne Praxis des Schiedsgerichtswesens in der Wirtschaft – Ergebnisse einer Untersuchung in Frankfurt am Main, Berlin, 1967. *(zit.: Kohler, Die moderne Praxis des Schiedsgerichtswesens)*

Köhler, Michael: Recht und Gerechtigkeit – Grundzüge einer Rechtsphilosophie der verwirklichten Freiheit, Tübingen 2017. *(zit.: Köhler, Recht und Gerechtigkeit)*

Köhn, Wilhelm: Schiedsgerichtsbarkeit und Ordre public im zwischenstaatlichen Handelsverkehr, KTS 1956, 185. *(zit.: Köhn, KTS 1956, 185)*

König, Reimar: Die Rechtsnatur der Patenterteilung und ihre Bedeutung für die Auslegung von Patentansprüchen, GRUR 1999, 809. *(zit.: König, GRUR 1999, 809)*

König, Valériane: Präzedenzwirkung internationaler Schiedssprüche – dogmatisch-empirische Analysen zur Handels- und Investitionsschiedsgerichtsbarkeit, Berlin u.a. 2013. *(zit.: König, Präzedenzwirkung)*

Kornblum, Udo: „Ordre public transnational", „ordre public international" und „ordre public interne" im Recht der privaten Schiedsgerichtsbarkeit, in: Beiträge zum internationalen Verfahrensrecht und zur Schiedsgerichtsbarkeit: Festschrift für Heinrich Nagel zum 75. Geburtstag, Münster 1987, S. 140 ff. *(zit.: Kornblum, in: FS Nagel 1987)*

Kornblum, Udo: Grenzfragen des ordre public in der privaten Schiedsgerichtsbarkeit, KTS 1968, 143. *(zit.: Kornblum, KTS 1968, 143)*

Kornmeier, Udo: Vergleichsbefugnis und Schiedsfähigkeit – dargestellt am Beispiel GmbH-rechtlicher Nichtigkeits- und Anfechtungsklagen, Göttingen 1982. *(zit.: Kornmeier, Vergleichsbefugnis und Schiedsfähigkeit)*

Kornmeier, Udo: Die Schiedsfähigkeit GmbH-rechtlicher Nichtigkeits- und Anfechtungsklagen – ein Beitrag zur Schiedsgerichtsbarkeit, 1980. *(zit.: Kornmeier, Die Schiedsfähigkeit)*

Kotzorek, Andreas: Mehr Markt im Bereich der Ziviljustiz, Kiel 1985. *(zit.: Kotzorek, Mehr Markt)*

Kotzorek, Andreas: Private Gerichte als Alternative zur staatlichen Zivilgerichtsbarkeit – eine ökonomische Analyse, Tübingen 1987. *(zit.: Kotzorek, Private Gerichte)*

Koussoulis, Stelios: Zur Dogmatik des auf die Schiedsvereinbarung anwendbaren Rechts, in: Festschrift für Peter Schlosser zum 75. Geburtstag, Tübingen 2005, S. 415 – 428. *(zit.: Koussoulis, in: FS Schlosser 2005)*

Kramer, Ernst A.: Die 'Krise' des liberalen Vertragsdenkens – Eine Standortbestimmung, München und Salzburg 1974. *(zit.: Kramer, Die „Krise" des liberalen Vertragsdenkens)*

Kraßer, Rudolf: Wirkungen der Nichtigkeit von Patenten oder Marken auf Lizenzverträge, GRUR Int 1990, 611. *(zit.: Kraßer, GRUR Int 1990, 611)*

Kraßer, Rudolf: Verpflichtung und Verfügung im Immaterialgüterrecht, GRUR Int 1973, 230. *(zit.: Kraßer, GRUR 1973, 230)*

Kraßer, Rudolf; *Ann*, Christoph: Patentrecht – Lehrbuch zum deutschen und europäischen Patentrecht und Gebrauchsmusterrecht, 7., neu bearbeitete Auflage, München 2016. *(zit.: Kraßer/Ann, Patentrecht)*

Kraßer, Rudolf; *Schmid*, Hans Dieter: Der Lizenzvertrag über technische Schutzrechte aus der Sicht des deutschen Zivilrechts, GRUR Int 1982, 324. *(zit.: Kraßer/Schmid, GRUR Int 1982, 324)*

Krieger, Albrecht: Das Bundespatentgericht als „Bundesgericht für Angelegenheiten des gewerblichen Rechtsschutzes" (Artikel 96 GG) – Zugleich ein Beitrag zum verfassungsrechtlichen Verhältnis von Nichtigkeitsverfahren und Verletzungsprozeß, GRUR 1977, 343. *(zit.: Krieger, GRUR 1977, 343)*

Kröll, Stefan: 50 Jahre UN-Übereinkommen über die Anerkennung und Vollstreckung ausländischer Schiedssprüche – Standortbestimmung und Zukunftsperspektive, SchiedsVZ 2009, 40. *(zit.: Kröll, SchiedsVZ 2009, 40)*

Kröll, Stefan: Schiedsrechtliche Rechtsprechung 2006, SchiedsVZ 2007, 145. *(zit.: Kröll, SchiedsVZ 2007, 145)*

Krüger, Wolfgang; *Rauscher*, Thomas (Hrsg.): Münchener Kommentar zur Zivilprozessordnung, Band 1, §§ 1 – 354, 6. Auflage, München 2020. *(zit.: Bearb., in: MünchKomm, ZPO)*

Krüger, Wolfgang; *Rauscher*, Thomas (Hrsg.): Münchener Kommentar zur Zivilprozessordnung Band 2, §§ 355 – 945b, 6. Auflage, München 2020. *(zit.: Bearb., in: MünchKomm, ZPO)*

Krüger, Wolfgang; *Rauscher*, Thomas (Hrsg.): Münchener Kommentar zur Zivilprozessordnung, Band 3, §§ 946 – 1117, 5. Auflage, München 2017. *(zit.: Bearb., in: MünchKomm, ZPO)*

Kruse, Heinrich Wilhelm: Das Richterrecht als Rechtsquelle des innerstaatlichen Rechts, Tübingen 1971. *(zit.: Kruse, Richterrecht als Rechtsquelle)*

Kumpan, Christoph: Der Interessenkonflikt im deutschen Privatrecht – eine Untersuchung zur Fremdinteressenwahrung und Unabhängigkeit, Tübingen 2014. *(zit.: Kumpan, Der Interessenkonflikt)*

Kunczik, Niclas: Geistiges Eigentum an genetischen Informationen – das Spannungsfeld zwischen geistigen Eigentumsrechten und Wissens- sowie Technologietransfer beim Schutz genetischer Informationen, Baden-Baden 2007. *(zit.: Kunczik, Geistiges Eigentum an genetischen Informationen)*

Lachmann, Jens-Peter: Handbuch für die Schiedsgerichtspraxis, 3., völlig überarbeitete Auflage, Köln 2008. *(zit.: Lachmann)*

Lakkis, Panajotta: Gestaltungsakte im internationalen Rechtsverkehr – zur prozessualen Bindung an in- und ausländische privatrechtsgestaltende Urteile und andere privatrechtsgestaltende Hoheitsakte, Tübingen 2007. *(zit.: Lakkis, Gestaltungsakte)*

Landes, William N.; *Posner*, Richard A.: Adjudication as a Private Good, The Journal of Legal Studies, Volume 8, Number 2, Mar., 1979, S. 235 – 284. *(zit.: Landes/Posner, The Journal of Legal Studies, Vol. 8, No. 2, (1979))*

Langheid, Theo; *Wand*, Manfred (Hrsg.): Münchener Kommentar zum Versicherungsvertragsgesetz, 2. Auflage, München 2016. *(zit.: Bearb., in: MünchKomm, VVG)*

Larenz, Karl; *Canaris*, Claus-Wilhelm: Methodenlehre der Rechtswissenschaft, 3., neu bearbeitete Auflage, Berlin u.a. 1995. *(zit.: Larenz/Canaris, Methodenlehre)*

Leibküchler, Peter: Die Parteiautonomie im chinesischen internationalen Privatrecht – Das Recht der Volksrepublik China im Lichte eines Vergleichs mit deutschem und europäischem Kollisionsrecht, Tübingen 2017. *(zit.: Leibküchler, Die Parteiautonomie)*

Leistner, Matthias: Richtiger Vertrag und lauterer Wettbewerb: eine grundlagenorientierte Studie unter besonderer Berücksichtigung der europäischen Perspektive, Tübingen 2007. *(zit.: Leistner, Richtiger Vertrag)*

Leuering, Dieter: Organhaftung und Schiedsverfahren, NJW 2014, 657. *(zit.: Leuering, NJW 2014, 657)*

Lew, Julian D. M.; *Mistelis*, Loukas A.; *Kröll*, Stefan M.: Comparative International Commercial Arbitration, The Hague / London / New York 2003. *(zit.: Lew/Mistelis/Kröll, Arbitration)*

Lew, Julian D.M.: Applicable Law in International Commercial Arbitration: a study in commercial arbitration awards, Leiden 1978. *(zit.: Lew, Applicable Law)*

Lieth, Oliver: Die ökonomische Analyse des Rechts im Spiegelbild klassischer Argumentationsrestriktionen des Rechts und seiner Methodenlehre, 1. Auflage, Baden-Baden 2007. *(zit.: Lieth, Die ökonomiche Analyse)*

Lindacher, Walter F.: Schiedsgerichtliche Kompetenz zur vorläufigen Entziehung der Geschäftsführungs- und Vertretungsbefugnis bei Personengesellschaften, ZGR 1979, 201. *(zit.: Lindacher, ZGR 1979, 201)*

Linder, Ludwig: Privatklage und Schadensersatz im Kartellrecht – eine vergleichende Untersuchung zum deutschen und amerikanischen Recht, Baden-Baden 1980. *(zit.: Linder, Privatklage und Schadensersatz)*

Lionnet, Klaus: Handbuch der internationalen und nationalen Schiedsgerichtsbarkeit, 3. Auflage, Stuttgart u.a. 2005. *(zit.: Lionnet, Schiedsgerichtsbarkeit)*

Lomfeld, Bertram: Die Gründe des Vertrages – Eine Diskurstheorie der Vertragsrechte, Tübingen 2015. *(zit.: Lomfeld, Die Gründe)*

Loos, Christa M.: Die Schiedsgerichtsbarkeit in der Verwaltungsgerichtsbarkeit, 1984. *(zit.: Loos, Die Schiedsgerichtsbarkeit)*

Lorenz, Werner: Die Rechtsnatur von Schiedsvertrag und Schiedsspruch, AcP Bd. 157 (1958/1959), S. 265 ff. *(zit.: Lorenz, AcP 157 (1958/1959), 265)*

Loritz, Karl-Georg: Probleme der Rechtskraft von Schiedssprüchen im deutschen Zivilprozeßrecht, ZZP Bd. 105 (1992), 1. *(zit.: Loritz, ZZP 105 (1992), 1)*

Luginbühl, Stefan: Das europäische Patent mit einheitlicher Wirkung (Einheitspatent), GRUR Int 2013, 305. *(zit.: Luginbühl, GRUR 2013, 305)*

Luhmann, Niklas: Legitimation durch Verfahren, Frankfurt a.M. 2005. *(zit.: Luhmann, Legitimation durch Verfahren)*

Luhmann, Niklas: Kontingenz und Recht – Rechtstheorie im interdisziplinären Zusammenhang, Berlin 2013. *(zit.: Luhmann, Kontingenz und Recht)*

Lühmann, Tobias: Die Rechtskraft des Schiedsspruchs im deutschen und US-amerikanischen Recht – zugleich ein Beitrag zur Bedeutung des Parteiwillens für die Bestimmung der Schiedsspruchwirkungen, Tübingen 2014. *(zit.: Lühmann, Die Rechtskraft des Schiedsspruchs)*

Machlup, Friedrich Eduard; *Penrose*, Edith: The Patent Controversy in the Nineteenth Century, 1950, 10 Journal of Economic History 1, S. 9 – 26. *(zit.: Machlup/Penrose, The Patent Controversy, 1950)*

Mack, Elke: Ökonomische Rationalität – Grundlage einer interdisziplinären Wirtschaftsethik?, Berlin 1994. *(zit.: Mack, Ökonomische Rationalität)*

Mackaay, Ejan: Law and Economics for Civil Law Systems, Cheltenham 2013. *(zit.: Mackaay, Law and Economics)*

Mankiw, N. Gregory; *Taylor*, Mark P.: Grundzüge der Volkswirtschaftslehre, 7., überarbeitete Auflage, Stuttgart 2018. *(zit.: Mankiw/Taylor, Grundzüge der Volkwirtschaftslehre)*

Mankoski, Peter: Der Schiedsspruch mit vereinbartem Wortlaut, ZZP 114 (2001), 37. *(zit.: Mankowski, ZZP 114 (2001), 37)*

Mannhart, Philip: Mediation im System der außergerichtlichen Streitbeilegung dargestellt anhand von Patentrechtsstreitigkeiten, Frankfurt a.M. u.a. 2004. *(zit.: Mannhart, Mediation)*

Mannteufel, Erich: Die Lehre vom Verzicht im bürgerlichen Recht – dargestellt unter besonderer Berücksichtigung der Verzichtsaktion, Leipzig 1937. *(zit.: Mannteufel, Die Lehre vom Verzicht)*

Markoulakis, Michail: Die Betroffenheit Dritter von der Rechtskraft, Köln 2013. *(zit.: Markoulakis, Die Betroffenheit Dritter)*

Martiny, Dieter: Die Zukunft des europäischen ordre public im Internationalen Privat- und Zivilverfahrensrecht, in: Festschrift für Hans Jürgen Sonnenberger zum 70. Geburtstag, München 2004, S. 523 ff. *(zit.: Martiny, in: FS Sonnenberger 2004)*

Marx, Ludger: Der verfahrensrechtliche ordre public bei der Anerkennung und Vollstreckung ausländischer Schiedssprüche in Deutschland, Frankfurt a.M. u.a. 1994. *(zit.: Marx, Der Verfahrensrechtliche ordre public)*

Maunz, Theodor; *Schmidt-Bleibtreu*, Bruno; *Klein*, Franz; *Bethge*, Herbert (Hrsg.): Bundesverfassungsgerichtsgesetz – Kommentar, 60. Ergänzungslieferung, München 2020. *(zit.: Bearb., in: Maunz/Schmidt-Bleibtreu/Klein/Bethge, BVerfGG)*

Mazza, Francesca; *Menz*, James: Neuerungen in der 2018 DIS-Schiedsgerichtsordnung im Überblick, SchiedsVZ-Beilage 2018, 39. *(zit.: Mazza/Menz, SchiedsVZ-Beilage 2018, 39)*

McGuire, Mary-Rose; *von Zumbusch*, Ludwig; *Joachim*, Björn: Verträge über Schutzrechte des geistigen Eigentums (Übertragung und Lizenzen) und dritte Parteien, GRUR Int 2006, 682. *(zit.: McGuire/von Zumbusch/Joachim, GRUR Int 2006, 682)*

Meier, Stephan: The Economics of Non-selfish Behaviour – Decisions to contribute Money to Public Goods, Cheltenham 2006. *(zit.: Meier, The Economics of Non-selfish Behaviour)*

Meise, Helmut: Zur Relativität der Vorbehaltsklausel im internationalen und interlokalen Privatrecht, Hamburg 1966. *(zit.: Meise, Zur Relativität)*

Mes, Peter: Patentgesetz – Gebrauchsmustergesetz, Kommentar, 5., neubearbeitete Auflage, München 2020. *(zit.: Mes, PatG/GebrMG*

Mes, Peter: Der Anspruch auf das Patent – ein Rechtsschutzanspruch?, GRUR 2001, 584. *(zit.: Mes, GRUR 2001, 584)*

Mohr, Jochen: Sicherung der Vertragsfreiheit durch Wettbewerbs- und Regulierungsrecht – Domestizierung wirtschaftlicher Macht durch Inhaltskontrolle der Folgeverträge, Tübingen 2015. *(zit.: Mohr, Sicherung der Vertragsfreiheit)*

Moller, Hans: Schiedsverfahrensnovelle und Vollstreckung ausländischer Schiedssprüche, NZG 1999, 143. *(zit.: Moller, SchiedsVZ 1999, 143)*

Möller, Kaspar Henrik: Echte Schiedsgerichtsbarkeit im Verwaltungsrecht – eine Studie zu Rechtsrahmen und Kontrolle nichtstaatlicher Streitentscheidung im Verwaltungsrecht, Berlin 2014. *(zit.: Möller, Echte Schiedsgerichtsbarkeit im Verwaltungsrecht)*

Moore, Kimberly A.: Xenophobia in American Courts, Northwestern University Law Review 97 (2003), S. 1504. *(zit.: Moore, Xenophobia in American Courts)*

Müller-Glöge, Rudi; *Preis*, Ulrich; *Schmidt*, Ingrid (Hrsg.): Erfurter Kommentar zum Arbeitsrecht, 21., neu bearbeitete Auflage, München 2021. *(zit.: Bearb., in: ErfK, GG)*

Musielak, Hans-Joachim: Der rechtskräftig entschiedene Lebenssachverhalt – Versuch einer Abgrenzung, NJW 2000, 3593. *(zit.: Musielak, NJW 2000, 3593)*

Musielak, Hans-Joachim; *Voit*, Wolfgang: Zivilprozessordnung mit Gerichtsverfassungsgesetz, Kommentar, 17., neubearbeitete Auflage, München 2020. *(zit.: Bearb., in: Musielak/Voit, ZPO)*

Musil, Andreas: Wettbewerb in der staatlichen Verwaltung, Tübingen 2005. *(zit.: Musil, Wettbewerb in der staatlichen Verwaltung)*

Neef, Manfred: Die Rechtskraft des Schiedsspruchs, Halle 1933. *(zit.: Neef, Die Rechtskraft des Schiedsspruchs)*

Nicolai, Thomas R.: Erstanmelder- oder Ersterfinderprinzip: Eine vergleichende Untersuchung des deutschen und amerikanischen Patentrechts, GRUR Int 1973, 169. *(zit.: Nicolai, GRUR Int 1973, 169)*

Niedermaier, Tilman: Schieds- und Schiedsverfahrensvereinbarungen in strukturellen Ungleichgewichtslagen – Ein deutsch-U.S.-amerikanischer Rechtsvergleich mit Schlaglichtern auf weitere Rechtsordnungen, Tübingen 2013. *(zit.: Niedermaier, Schieds- und Schiedsverfahrensvereinbarungen)*

Ochmann, Richard: Das schiedsrichterliche Verfahren unter Berücksichtigung der gewerblichen Schutzrechte und seine Vor- und Nachteile gegenüber dem staatlichen Gerichtsverfahren, GRUR 1993, 255. *(zit.: Ochmann, GRUR 1993, 255)*

Ohly, Ansgar: Wirkung und Reichweite der Registervermutung im Patentrecht, GRUR 2016, 1120. *(zit.: Ohly, GRUR 2016, 1120)*

Ohly, Ansgar: Geistiges Eigentum?, JZ 2003, 545. *(zit.: Ohly, JZ 2003, 545)*

Oldenstam, Robin; *von Pachelbel*, Johann: Confidentiality and Arbitration – a few reflections and practical notes, SchiedsVZ 2006, 31. *(zit.: Oldenstam/von Pachelbel, SchiedsVZ 2006, 31)*

Osterrieth, Christian: Patentrecht, 5. Auflage, München 2015. *(zit.: Osterrieth, Patentrecht)*

Osterrieth, Christian (Hrsg.): Pfaff/Osterrieth, Lizenzverträge – Formularkommentar, 4. Auflage, München 2018. *(zit.: Bearb., in: Pfaff/Osterrieth, Lizenzverträge)*

Pahlow, Louis: Erfindungsschutz vor Patenterteilung, GRUR 2008, 97. *(zit.: Pahlow, GRUR 2008, 97)*

Parisi, Francesco: Coase Theorem and Transaction Cost Economics in the Law, in: The Elgar Companion to Law and Economics, Jürgen G. Backhaus (Hrsg.), 2. Edition, Cheltenham u.a. 2005, S. 7 ff. *(zit.: Parisi, in: Backhaus, The Elgar Companion)*

Paulus, Christoph G.: Zivilprozessrecht – Erkenntnisverfahren, Zwangsvollstreckung und Europäisches Zivilprozessrecht, 6. Auflage, Berlin u.a. 2017. *(zit.: Paulus, Zivilprozessrecht)*

Pawlowski, Hans-Martin: Methodenlehre für Juristen – Theorie der Norm und des Gesetzes – ein Lehrbuch, 3., überarbeitete und erweiterte Auflage, Heidelberg 1999. *(zit.: Pawlowski, Methodenlehre für Juristen)*

Peifer, Karl-Nikolaus: Individualität im Zivilrecht – der Schutz persönlicher, gegenständlicher und wettbewerblicher Individualität im Persönlichkeitsrecht, Immaterialgüterrecht und Recht der Unternehmen, Tübingen 2001. *(zit.: Peifer, Individualität im Zivilrecht)*

Petermann, Dirk: Die Schiedsfähigkeit von Beschlüssen im Recht der GmbH, BB 1996, 277. *(zit.: Petermann, BB 1996, 277)*

Peukert, Alexander: Güterzuordnung als Rechtsprinzip, Tübingen 2008. *(zit.: Peukert, Güterzuordnung als Rechtsprinzip)*

Pfaff, Dieter: Grenzbewegungen der Schiedsfähigkeit – Patentnichtigkeit im Schiedsverfahren, in: Festschrift für Heinrich Nagel zum 75. Geburtstag, Aschaffenburg, Münster 1987, S. 279 ff. *(zit.: Pfaff, in: FS Nagel 1987)*

Pfundstein, Tobias: Pflichtteil und ordre public – Angehörigenschutz im internationalen Erbrecht, München 2010. *(zit.: Pfundstein, Pflichtteil und ordre public)*

Picht, Peter Georg: Einheitspatentsystem: Die Kompetenzreichweite des Mediations- und Schiedszentrums, GRUR Int 2018, 1. *(zit.: Picht, GRUR Int 2018, 1)*

Pindyck, Robert S.; *Rubinfeld*, Daniel L.: Mikroökonomie, 9., aktualisierte Auflage, München 2018. *(zit.: Pindyck/Rubinfeld, Mikroökonomie)*

Pioch, Bernd Dieter: Die Bedeutung des Patent- und Lizenzwesens für die wirtschaftliche Entwicklung – Japan und die Bundesrepublik Deutschland als Beispiele, GRUR Int 1982, 619. *(zit.: Pioch, GRUR Int 1982, 619)*

Pitz, Johann: Patentverletzungsverfahren: Grundlagen – Praxis – Strategie, 2., aktualisierte Auflage, München 2010. *(zit.: Pitz, Patentverletzungsverfahren)*

Pitz, Johann: Die Entwicklung der Nichtigkeitsklage vom patentamtlichen Verwaltungsverfahren zum zivilprozessualen Folgeverfahren gegen europäische Patente, GRUR 1995, 231. *(zit.: Pitz, GRUR 1995, 231)*

Plaßmeier, Heiko: Ende des „Doppelexequatur“ bei ausländischen Schiedssprüchen, SchiedsVZ 2010, 82. *(zit.: Plaßmeier, SchiedsVZ 2010, 82)*

Pohlmann, Petra: Zivilprozessrecht, 4. Auflage, München 2018. *(zit.: Pohlmann, Zivilprozessrecht)*

Posner, Richard A.: Economic Analysis of Law, 9. Edition, New York 2014. *(zit.: Posner, Economic Analysis of Law)*

Posner, Richard A.: Rational Choice, Behavioral Economics, and the Law, Stanford Law Review, Vol. 50, No. 5, May, 1998, S. 1551 ff. *(zit.: Posner, Stanford Law Review, Vol. 50, No. 5, (1998), S. 1551)*

Posner, Richard A.: Overcoming Law, 3. Edition, Cambridge (Massachusetts) u.a. 1996. *(zit.: Posner, Overcoming Law)*

Prütting, Hanns: Schiedsgerichtsbarkeit und Verfassungsrecht, in: Festschrift für Peter Schlosser zum 75. Geburtstag, Tübingen 2005, S. 705 – 712. *(zit.: Prütting, in: FS Schlosser 2005)*

Prütting, Hanns; *Gehrlein*, Markus: Zivilprozessordnung – Kommentar, 12. Auflage, Köln 2020. *(zit.: Bearb., in: Prütting/Gehrlein, ZPO)*

Pyle, David J.: The Economics of Crime and Law Enforcement, New York 1983. *(zit.: Pyle, The Economics of Crime)*

Raab, Udo H.: Öffentliche Transaktionskosten und Effizienz des staatlichen Einnahmesystems, Berlin 1995. *(zit.: Raab, Öffentliche Transaktionskosten)*

Raeschke-Kessler, Hilmar: Der Vergleich im Schiedsverfahren — Anmerkungen zu § 19 DIS-SchiedsO, in: Festschrift für Ottoarndt Glossner zum 70. Geburtstag, Heidelberg 1994, S. 255 ff. *(zit.: Raeschke-Kessler, in: FS Glossner 1994)*

Raiser, Ludwig: Vertragsfunktion und Vertragsfreiheit, in: Hundert Jahre deutsches Rechtsleben: Festschrift zum 100jährigen Bestehen des Deutschen Juristentages 1860-1960, S. 101 – 134. *(zit.: Raiser, in: FS 100 Jahre Deutsches Rechtsleben 1960)*

Raiser, Thomas: Richterrecht heute, ZRP 1985, 111. *(zit.: Raiser, ZRP 1985, 111)*

Redeker, Konrad; *Karpenstein*, Ulrich: Über Nutzen und Notwendigkeiten, Gesetze zu begründen, NJW 2001, 2825. *(zit.: Redeker/Karpenstein, NJW 2001, 2825)*

Redeker, Martin; *Kothe*, Peter; *Von Nicolai*, Helmuth (Hrsg.): Redeker/von Oertzen, Verwaltungsgerichtsordnung – Kommentar, 16., überarbeitete Auflage, Stuttgart 2014. *(zit.: Bearb., in: Redeker/von Oertzen, VwGO)*

Redmann, Christoph: Ordre public-Kontrolle von Gerichtsstandsvereinbarungen, Hamburg 2005. *(zit.: Redmann, Ordre public-Kontrolle)*

Rehberg, Markus: Das Rechtfertigungsprinzip – Eine Vertragstheorie, Tübingen 2014. *(zit.: Rehberg, Das Rechtfertigungsprinzip)*

Reichert, Jochem: Beschlussmängelstreitigkeiten und Schiedsgerichtsbarkeit – Gestaltungs- und Reaktionsmöglichkeiten, in: Festschrift für Peter Ulmer zum 70. Geburtstag am 2. Januar 2003, Berlin 2003, S. 511 ff. *(zit.: Reichert, in: FS Ulmer 2003)*

Reinhardt, Michael: Konsistente Jurisdiktion – Grundlegung einer verfassungsrechtlichen Theorie der rechtsgestaltenden Rechtsprechung, Tübingen 1997. *(zit.: Reinhardt, Konsistente Jurisdiktion)*

Reischl, Klaus: Die objektiven Grenzen der Rechtskraft im Zivilprozeß, Tübingen 2002. *(zit.: Reischl, Die objektiven Grenzen der Rechtskraft)*

Renfert, Markus: Über die Europäisierung der ordre public Klausel, Frankfurt a.M. 2003. *(zit.: Renfert, Europäisierung der ordre public Klausel)*

Richter, Rudolf; *Furubotn*, Eirik Grundtvig: Neue Institutionenökonomik – eine Einführung und kritische Würdigung, 4., überarbeitete und erweiterte Auflage, Tübingen 2010. *(zit.: Richter/Furubotn, Neue Institutionenökonomik)*

Richter, Thomas: Parteiautonomie im Internationalen Immaterialgüterrecht – Eine rechtsvergleichende Untersuchung de lege lata und de lege ferenda, Tübingen 2017. *(zit.: Richter, Parteiautonomie)*

Rohleder, Georg: Ist die Justiz ihr Geld wert?, in: Der Effizienz auf der Spur – die Funktionsfähigkeit der Justiz im Lichte der ökonomischen Analyse des Rechts, Dieter Schmidtchen / Stephan Weth (Hrsg.), 1. Auflage, Baden-Baden 1999, S. 111 ff. *(zit.: Rohleder, in: Schmidtchen/Weth, Der Effizienz auf der Spur)*

Roth, Günter H.: Schiedsklauseln in Gesellschaftsverträgen, in: Festschrift für Heinrich Nagel zum 75. Geburtstag, Münster 1987, S. 318 ff. *(zit.: Roth, in: FS Nagel 1987)*

Röthel, Anne: Privatautonomie im Spiegel der Privatrechtsentwicklung: ein mystifizierendes Leuchtfeuer, in: Bumke/Röthel (Hrsg.), Autonomie im Recht, Tübingen 2017, S. 91 ff. *(zit.: Röthel, in: Bumke/Röthel, Autonomie im Recht)*

Ruffner, Markus: Die ökonomischen Grundlagen eines Rechts der Publikumsgesellschaft – ein Beitrag zur Theorie der Corporate Governance, Zürich 2000. *(zit.: Ruffner, Die ökonomischen Grundlagen)*

Sachs, Michael (Hrsg.): Grundgesetz – Kommentar, 8. Auflage, München 2018. *(zit.: Bearb., in: Sachs, GG)*

Sachslehner, Markus: Schiedsvereinbarungen in wettbewerbsbeschränkenden Verträgen, Frankfurt a.M. u.a. 2001. *(zit.: Sachslehner, Schiedsvereinbarungen)*

Saenger, Ingo (Hrsg.): Zivilprozessordnung, Familienverfahren, Gerichtsverfahren, Europäisches Verfahrensrecht, Handkommentar, 8. Auflage, Baden-Baden 2019. *(zit.: Bearb., in: Saenger, ZPO)*

Säger, Manfred: Ethische Aspekte des Patentwesens, GRUR 1991, 267. *(zit.: Säger, GRUR 1991, 267)*

Salger, Hanns-Christian; *Trittmann*, Rolf (Hrsg.): Internationale Schiedsverfahren, Praxishandbuch, München 2019. *(zit.: Bearb., in: Salger/Trittmann, Internationale Schiedsverfahren)*

Sandrock, Otto: „Scharfer" ordre public interne und „laxer" ordre public international?, in: Festschrift für Hans Jürgen Sonnenberger zum 70. Geburtstag, München 2004, S. 615 ff. *(zit.: Sandrock, in: FS Sonnenberger 2004)*

Sawang, Judith: Geheimhaltung und rechtliches Gehör im Schiedsverfahren nach deutschem Recht, Tübingen 2010. *(zit.: Sawang, Geheimhaltung und rechtliches Gehör)*

Schäfer, Hans-Bernd: Allokationseffizienz als Grundprinzip des Zivilrechts, in: Allokationseffizienz in der Rechtsordnung – Beiträge zum Travemünder Symposium zur Ökonomischen Analyse des Zivilrechts, 23. - 26. März 1988, Claus Ott/Hans-Bernd Schäfer (Hrsg.), Berlin (u.a.) 1989. *(zit.: Schäfer, in: Ott/Schäfer, Allokationseffizienz)*

Schäfer, Hans-Bernd; *Ott*, Claus: Lehrbuch der ökonomischen Analyse des Zivilrechts, 5. Auflage, Berlin, Heidelberg 2012. *(zit.: Schäfer/Ott, Ökonomische Analyse)*

Scharen, Uwe: Die Behandlung der (so genannten) mittelbaren Patentverletzung in der Rechtsprechung des Bundesgerichtshofs, GRUR 2008, 944. *(zit.: Scharen, GRUR 2008, 944)*

Schemmer, Franz: Der ordre public-Vorbehalt unter der Geltung des Grundgesetzes, Frankfurt a.M. u.a. 1995. *(zit.: Schemmer, Der ordre public-Vorbehalt)*

Schenke, Wolf-Rüdiger (Hrsg.): Kopp/Schenke – Verwaltungsgerichtsordnung – Kommentar, 26., neu bearbeitete Auflage, München 2020. *(zit.: Bearb., in: Kopp/Schenke, VwGO)*

Schill, Stephan: Öffentlich-rechtliche Schiedsverfahren zwischen Risikobewältigung und Rechtsrisiko, DÖV 2010, 1013. *(zit.: Schill, DÖV 2010, 1013)*

Schlosser, Peter: Die objektive Schiedsfähigkeit des Streitgegenstandes – eine rechtsvergleichend und internationalrechtliche Studie, in: Festschrift für Hans W. Fasching zum 65. Geburtstag, hrsg. von Richard Holzhammer, Wien 1988, S. 405-438. *(zit.: Schlosser, in: FS Fasching 1988)*

Schlosser, Peter: Das Recht der internationalen privaten Schiedsgerichtsbarkeit, 2., völlig neu bearbeitete Auflage, Tübingen 1989. *(zit.: Schlosser, Das Recht der Schiedsgerichtsbarkeit)*

Schlosser, Peter: Schiedsgerichtsbarkeit und öffentlich-rechtlich beeinflußte Streitgegenstände – Festschrift für Arthur Bülow – zum 80. Geburtstag, Köln u.a. 1981, S. 189 ff. *(zit.: Schlosser, in: FS Bülow 1981)*

Schmidt, Jessica: Der Vertragsschluss – Ein Vergleich zwischen dem deutschen, französischen, englischen Recht und dem CESL, Tübingen 2013. *(zit.: Schmidt, Der Vertragsschluss)*

Schmidt, Karsten: Schiedsfähigkeit von GmbH-Beschlüssen, ZGR 1988, 523. *(zit.: K. Schmidt, ZGR 1988, 523)*

Schmidt, Karsten: Kartellrecht im Schiedsverfahren – Neuorientierung durch VO 1/2003 und 7. GWB-Novelle?, BB 2006, 1397. *(zit.: K. Schmidt, BB 2006, 1397)*

Schmidt, Karsten: Kartellrechtspolitik und Verfahrensrecht in der Schiedsgerichtsbarkeit – Eine Skizze zum Tadel des § 91 GWB und zum Lob der Rechtsprechung, in: Festschrift für Gerd Pfeiffer zum Abschied aus dem Amt als Präsident des Bundesgerichtshofes, Köln u.a. 1988, S. 765 ff. *(zit.: K. Schmidt, in: FS Pfeiffer 1988)*

Schmidt, Karsten: Einheit der Rechtsordnung – Realität? Aufgabe? Illusion?, in: Vielfalt des Rechts – Einheit der Rechtsordnung? – Hamburger Ringvorlesung, Karsten Schmidt (Hrsg.), Berlin 1994, S. 9 ff. *(zit.: K. Schmidt, in: K. Schmidt, Vielfalt des Rechts)*

Schmidt-Ahrendts, Nils; *Höttler*, Philipp: Anwendbares Recht bei Schiedsverfahren mit Sitz in Deutschland, SchiedsVZ 2011, 267 – 276. *(zit.: Schmidt-Ahrendts/Höttler, SchiedsVZ 2011, 267)*

Schmidtchen, Dieter: Die ökonomische Analyse des Rechts, in: Der Effizienz auf der Spur – die Funktionsfähigkeit der Justiz im Lichte der ökonomischen Analyse des Rechts, Dieter Schmidtchen / Stephan Weth (Hrsg.), 1. Auflage, Baden-Baden 1999, S. 9 ff. *(zit.: Schmidtchen, in: Schmidtchen/Weth, Der Effizienz auf der Spur)*

Schmidt-Rimpler, Walter: Grundfragen einer Erneuerung des Vertragsrechts, AcP Bd. 147 (1941), S. 130 – 197. *(zit.: Schmidt-Rimpler, AcP 147 (1941))*

Schmidt-Rimpler, Walter: Zum Problem der Geschäftsgrundlage, in Festschrift für Hans Carl Nipperdey: zum 60. Geburtstag, 21. Januar 1955, München 1955, S. 1 ff. *(zit.: Schmidt-Rimpler, in: FS Nipperdey 1955)*

Scholz, Peter Christian: Erbrecht der maghrebinischen Staaten und deutscher ordre public, Hamburg 2006. *(zit.: Scholz, Erbrecht und ordre public)*

Schott, Markus: Staat und Wettbewerb – der Schutz des institutionellen und des wirtschaftlichen Wettbewerbs vor staatlichen Beeinträchtigungen in der Schweiz und in der Europäischen Union, Baden-Baden 2010. *(zit.: Schott, Staat und Wettbewerb)*

Schröder, Meinhard: Gesetzesbindung des Richters und Rechtsweggarantie im Mehrebenensystem, Tübingen 2010. *(zit.: Schröder, Gesetzesbindung des Richters)*

Schroeter, Ulrich G.: Der Antrag auf Feststellung der Zulässigkeit eines schiedsrichterlichen Verfahrens gemäß § 1032 Abs. 2 ZPO, SchiedsVZ 2004, 288. *(zit.: Schroeter, SchiedsVZ 2004, 288)*

Schulze, Jörn-Christian: Grenzen der objektiven Schiedsfähigkeit im Rahmen des § 1030 ZPO – Eine Betrachtung des Rechts der Schiedsfähigkeit nach der Schiedsverfahrensreform, Frankfurt a.M. 2002. *(zit.: Schulze, Grenzen der objektiven Schiedsfähigkeit)*

Schumacher, Florian: Organhaftung und D&O-Versicherung im Schiedsverfahren, NZG 2016, 969. *(zit.: Schumacher, NZG 2016, 969)*

Schütz, Dieter: Der internationale ordre public: Der Ausschluß völkerrechtswidrigen fremden Rechts im internationalen Privatrecht der Bundesrepublik Deutschland, Frankfurt a.M. u.a. 1984. *(zit.: Schütz, Der internationale ordre public)*

Schütze, Rolf A.: Qui elegit arbitrum tertium elegit processum – Der Einfluß der Besetzung eines internationalen Schiedsgerichts auf Verfahren und Rechtsfindung, in: Festschrift für Bernhard Großfeld zum 65. Geburtstag, Heidelberg 1999, S. 1067 ff. *(zit.: Schütze, in: FS Großfeld 1999)*

Schütze, Rolf A.: Der Schiedsspruch mit vereinbartem Wortlaut, in: Festschrift für Werner Lorenz zum 80. Geburtstag, München 2001, S. 275 ff. *(zit.: Schütze, in: FS Lorenz 2001)*

Schütze, Rolf A.: Die gerichtliche Überprüfung von Entscheidungen des Schiedsgerichts, SchiedsVZ 2009, 241. *(zit.: Schütze, SchiedsVZ 2009, 241)*

Schütze, Rolf A.: Zur Präzedenzwirkung von Schiedssprüchen, in: Festschrift für Ottoarndt Glossner zum 70. Geburtstag, Heidelberg 1994, S. 333 ff. *(zit.: Schütze, in: FS Glossner 1994)*

Schütze, Rolf A.; *Thümmel*, Roderich C.: Schiedsgericht und Schiedsverfahren, 7., neu bearbeitete und erweiterte Auflage, München 2021. *(zit.: Bearb., in: Schütze/Thümmel, Schiedsgericht und Schiedsverfahren)*

Schwab, Karl Heinz: Wandlungen der Schiedsfähigkeit, in: Festschrift für Wolfram Henckel zum 70. Geburtstag am 21. April 1995, S. 803 – 816. *(zit.: Schwab, in: FS Henckel 1995)*

Schwab, Karl Heinz; *Walter*, Gerhard: Schiedsgerichtsbarkeit, Systematischer Kommentar zu den Vorschriften der Zivilprozeßordnung, des Arbeitsgerichtsgesetzes, der Staatsverträge und der Kostengesetze über das privatrechtliche Schiedsgerichtsverfahren, 7., überarbeitete Auflage, München 2005. *(zit.: Schwab/Walter, Schiedsgerichtsbarkeit)*

Schwab, Martin: Zivilprozessrecht, 5., neu bearbeitete und erweiterte Auflage, Heidelberg 2016. *(zit.: Schwab, Zivilprozessrecht)*

Schweyer, Barbara: Patentnichtigkeit und Patentverletzung und deren Beurteilung durch internationale private Schiedsgerichte nach dem Recht der Schweiz, Deutschlands, Italiens und Frankreichs, München 1981. *(zit.: Schweyer, Patentnichtigkeit und Patentverletzung)*

Schwytz, Ingo: Kosten und Kostenentscheidung im schiedsgerichtlichen Verfahren, BB 1974, 673. *(zit.: Schwytz, BB 1974, 673, SchiedsVZ 2009, 149)*

Seiler, Christian: Auslegung als Normkonkretisierung, Heidelberg 2000. *(zit.: Seiler, Auslegung als Normkonkretisierung)*

Semler, Franz-Jörg: Schnelligkeit und Wirtschaftlichkeit in Schiedsverfahren, SchiedsVZ 2009, 149. *(zit.: Semler, SchiedsVZ 2009, 149)*

Siep, Ludwig (Hrsg.): G.W.F. Hegel: Grundlinien der Philosophie des Rechts, 4., überarbeitete und erweiterte Auflage, Berlin, Boston 2017. *(zit.: Bearb., in: Siep, Hegel: Grundlinien der Philosophie)*

Skouris, Panagiotis: Die Begründung von Rechtsnormen, Baden-Baden 2002. *(zit.: Skouris, Die Begründung von Rechtsnormen)*

Smith, Adam: An Inquiry into the Nature and Causes of the Wealth of Nations, nach MetaLibri, Amsterdam u.a. 2007. *(zit.: Adam Smith, The Wealth of Nations)*

Sonnauer, Heinz: Die Kontrolle der Schiedsgerichte durch die staatlichen Gerichte, Köln 1992. *(zit.: Sonnauer, Die Kontrolle der Schiedsgerichte)*

Spanner, Hans: Zur Neuordnung der Patentgerichtsbarkeit, JZ 1960, 329. *(zit.: Spanner, JZ 1960, 329)*

Spickhoff, Andreas: Der ordre public im internationalen Privatrecht, Neuwied u. Frankfurt 1989. *(zit.: Spickhoff, Der ordre public)*

Spohnheimer, Frank: Überlegungen zur Dogmatik des schiedsgerichtlichen Vergleichs und des Schiedsspruchs mit vereinbartem Wortlaut, in: Recht ohne Grenzen – Festschrift für Athanassios Kaissis zum 65. Geburtstag, München 2012, S. 933 ff. *(zit.: Spohnheimer, in: FS Kaissis 2012)*

Stapf, Beatrice: Die Entwicklung der Rechtskraftlehre im französischen und spanischen Recht – eine rechtsvergleichende Untersuchung, Tübingen 2017. *(zit.: Stapf, Die Entwicklung der Rechtskraftlehre)*

Steinbach, Armin: Rationale Gesetzgebung, Tübingen 2017. *(zit.: Steinbach, Rationale Gesetzgebung)*

Steiner, Udo: Das Verhältnis von Schiedsgerichtsbarkeit und staatlicher Gerichtsbarkeit, SchiedsVZ 2013, 15. *(zit.: Steiner, SchiedsVZ 2013, 15)*

Stille, Alexander: Die Schiedsfähigkeit internationaler Kartellrechtsstreitigkeiten im Recht der USA, 1989. *(zit.: Stille, Die Schiedsfähigkeit)*

Stober, Rolf: Staatsgerichtsbarkeit und Schiedsgerichtsbarkeit, NJW 1979, 2001. *(zit.: Stober, NJW 1979, 2001)*

Stumpf, Christoph A.: Alternative Streitbeilegung im Verwaltungsrecht: Schiedsgerichtsbarkeit – Schiedsgutachten – Mediation, Tübingen 2006. *(zit.: Stumpf, Alternative Streitbeilegung)*

Stumpf, Herbert: Vor- und Nachteile des Verfahrens vor Schiedsgerichten gegenüber dem Verfahren vor Ordentlichen Gerichten, in: Festschrift für Arthur Bülow zum 80. Geburtstag, Köln u.a. 1981, S. 217 ff. *(zit.: Stumpf, in: FS Bülow 1981)*

Thiessen, Jan: Die Wertlosigkeit der Gesetzesmaterialien für die Rechtsfindung – ein methodengeschichtlicher Streifzug, in: Holger Fleischer (Hrsg.), Mysterium „Gesetzesmaterialien" – Bedeutung und Gestaltung der Gesetzesbegründung in Vergangenheit, Gegenwart und Zukunft, Tübingen 2013, S. 45 ff. *(zit.: Thiessen, in: Fleischer, Mysterium „Gesetzesmaterialien")*

Thomas, Heinz; *Putzo*, Hans: Zivilprozessordnung, FamFG, Verfahren in Familiensachen, EGZPO, GVG, EU-Zivilverfahrensrecht, Kommentar, 41. Auflage, München 2020. *(zit.: Bearb., in: Thomas/Putzo, ZPO)*

Thümmel, Roderich C.: Internationale Schiedsverfahren zwischen Effizienzanforderungen und zunehmender Komplexität, in: Festschrift für Athanassios Kaissis zum 65. Geburtstag, München 2012, S. 1027 ff. *(zit.: Thümmel, in: FS Kaissis 2012)*

Thümmel, Roderich C.: Managerhaftung vor Schiedsgerichten, in: Festschrift für Reinhold Geimer zum 65. Geburtstag, München 2002, S. 1331 ff. *(zit.: Thümmel, in: FS Geimer 2002)*

Timm, Wolfram: Beschlußanfechtungsklage und Schiedsfähigkeit im Recht der personalistisch strukturierten Gesellschaften, in: Festschrift für Hans-Joachim Fleck – zum 70. Geburtstag am 30. Januar 1988, Berlin 1988, S. 365 ff. *(zit.: Timm, in: FS Fleck 1988)*

Tönnies, Jan G.: Erfindungen – ein Kollektivgut oder die Gedanken sind frei, GRUR 2013, 796. *(zit.: Tönnies, GRUR 2013, 796)*

Triebel, Volker; *Hafner*, Ralf: Präklusion und „Heilung" der Unzuständigkeit bei GmbH-Beschlussmängelstreitigkeiten im Schiedsverfahren, SchiedsVZ 2009, 313 – 321. *(zit.: Triebel/Hafner, SchiedsVZ 2009, 313)*

Trittmann, Rolf: Die „Wahrheit" im internationalen Schiedsverfahren, IWRZ 2016, 255. *(zit.: Trittmann, IWRZ 2016, 255)*

Tunick, Mark: Efficiency, Practices, and the Morał Point of View: Limits of Economic Interpretations of Law, in: Theoretical Foundations of Law and Economics, Mark D. White (Hrsg.), Cambridge (u.a.) 2009. *(zit.: Tunick, in: White, Theoretical Foundations)*

Umbeck, Elke: Managerhaftung als Gegenstand schiedsgerichtlicher Verfahren, SchiedsVZ 2009, 143. *(zit.: Umbeck, SchiedsVZ 2009, 143)*

Unberath, Hannes: Die Vertragsverletzung, Tübingen 2007. *(zit.: Unberath, Die Vertragsverletzung)*

Unberath, Hannes: Die Bindung an den Vertrag – Zur Bedeutung Kants für die neuere Diskussion um die Grundlagen des Privatrechts, in: Festschrift für Joachim Hruschka zum 70. Geburtstag, Berlin 2005, S. 719 – 748. *(zit.: Unberath, in: FS Hruschka 2005)*

van Hees, Anne: Verfahrensrecht in Patentsachen, 2., neubearbeitete und erweiterte Auflage, Köln u.a. 2002. *(zit.: van Hees, Verfahrensrecht in Patentsachen)*

van Venrooy, Gerd J.: Rechtskraftwirkung des klageabweisenden Urteils im Patentnichtigkeitsverfahren, GRUR 1991, 92. *(zit.: van Venrooy, GRUR 1991, 92)*

Voit, Wolfgang: Privatisierung der Gerichtsbarkeit, JZ 1997, 120. *(zit.: Voit, JZ 1997, 120)*

Völker, Christian: Zur Dogmatik des ordre public – Die Vorbehaltsklauseln bei der Anerkennung fremder gerichtlicher Entscheidungen und ihr Verhältnis zum ordre public des Kollisionsrechts, Berlin 1998. *(zit.: Völker, Zur Dogmatik des ordre public)*

Vollmer, Lothar: Kartell-Schiedsklauseln in internationalen Wirtschaftsverträgen, GRUR Int 1986, 589. *(zit.: Vollmer, GRUR Int 1986, 589)*

Vollmer, Lothar: Die Wirkungen rechtskräftiger Schiedssprüche bei gesellschaftsrechtlichen Gestaltungsklagen, BB 1984, 1774. *(zit.: Vollmer, BB 1984, 1774)*

von Heymann, Ekkehardt: Der ordre public in der privaten Schiedsgerichtsbarkeit, Bielefeld 1969. *(zit.: Heymann, Der ordre public)*

von Jhering, Gero: Die Wirkung von Schiedsvereinbarungen, Schiedsklauseln und Schiedssprüchen im Gesellschaftsrecht – Eine Zusammenführung von Schiedsverfahrens- und Gesellschaftsrecht, Frankfurt a.M. 2013. *(zit.: von Jhering, Die Wirkung von Schiedsvereinbarungen)*

von Maltzahn, Falk: Die Aussetzung im Patentverletzungsprozeß nach § 148 ZPO bei erhobener Patentnichtigkeitsklage, GRUR 1985, 163. *(zit.: von Maltzahn, GRUR 1985, 163)*

von Neumann, John; *Morgenstern*, Oskar: Theory of Games and Economic Behavior, 60. anniversary edition, 4. printing, and 1. paperback printing, Princeton, NJ u.a. 2007. *(zit.: von Neumann/Morgenstern, Theory of Games and Economic Behavior)*

von Zumbusch, Ludwig: Die Schiedsfähigkeit privatrechtlicher Kartellrechtsstreitigkeiten nach US-, deutschem und EG-Recht, GRUR Int 1988, 541. *(zit.: von Zumbusch, GRUR Int 1988, 541)*

Vorwerk, Volkert; *Wolf*, Christian (Hrsg.): Beck'scher Online Kommentar, Zivilprozessordnung, 39. Edition, München 2020. *(zit.: Bearb., in: BeckOK, ZPO)*

Wagner, Gerhard: Prozeßverträge – Privatautonomie im Verfahrensrecht, Tübingen 1998. *(zit.: Wagner, Prozeßverträge)*

Walter, Gerhard: Die Vollstreckbarerklärung als Voraussetzung bestimmter Wirkungen des Schiedsspruchs, in: Festschrift für Karl Heinz Schwab zum 70. Geburtstag, München 1990, S. 539 ff. *(zit.: Walter, in: FS Schwab 1990)*

Walter, Gerhard; *Bosch*, Wolfgang; *Brönnimann*, Jürgen: Internationale Schiedsgerichtsbarkeit in der Schweiz – Kommentar zu Kapitel 12 des IPR-Gesetzes, Bern 1991. *(zit.: Walter/Bosch/Brönnimann, Internationale Schiedsgerichtsbarkeit in der Schweiz)*

Wassermann, Rudolf: Neue Streitkultur?, NJW 1998, 1685. *(zit.: Wassermann, NJW 1998, 1685)*

Waßmuth, Guido: Richtigkeitskontrolle und Rechtskraft des Schiedsspruchs mit vereinbarten Wortlaut, Köln 2013. *(zit.: Waßmuth, Richtigkeitskontrolle und Rechtskraft)*

Weber, Max: Rechtssoziologie, Neuwied u.a. 1960. *(zit.: Weber, Rechtssoziologie)*

Weidemann, Helmut: Schiedsgerichtsbarkeit in verwaltungsrechtlichen Streitsachen, Clausthal-Zellerfeld 1968. *(zit.: Weidemann, Schiedsgerichtsbarkeit)*

Weigand, Frank-Bernd: Der nebenberuflich tätige Schiedsrichter — Auswahlkriterien und Erwartungen der Parteien an ihren privaten Richter, in: Festschrift für Peter Schlosser zum 70. Geburtstag, Tübingen 2005, S. 1081 ff. *(zit.: Weigand, in: FS Schlosser 2005)*

Weigel, Wolfgang: Rechtsökonomik – eine methodologische Einführung für Einsteiger und Neugierige, München 2003. *(zit.: Weigel, Rechtsökonomik)*

Weller, Marc-Philippe: Die Vertragstreue – Vertragsbindung – Naturalerfüllungsgrundsatz – Leistungstreue, Tübingen 2009. *(zit.: Weller, Die Vertragstreue)*

Wieser, Eberhard: Die Vollstreckbarkeit im weiteren Sinn, ZZP Bd. 102 (1989), 261. *(zit.: Wieser, ZZP 102 (1989), 261)*

Williamson, Oliver E.: Die ökonomischen Institutionen des Kapitalismus – Unternehmen, Märkte, Kooperationen, Tübingen 1990. *(zit.: Williamson, Die ökonomischen Institutionen)*

Wimalasena, Philip: Die Veröffentlichung von Schiedssprüchen als Beitrag zur Normbildung, Tübingen 2016. *(zit.: Wimalasena, Die Veröffentlichung von Schiedssprüchen)*

Windthorst, Jan Erik: Die Wirkung des Antrags auf Feststellung der Zulässigkeit eines schiedsrichterlichen Verfahrens (§ 1032 Abs. 2 ZPO) auf die Verjährung, SchiedsVZ 2004, 230. *(zit.: Windthorst, SchiedsVZ 2004, 230)*

Wittig, Petra: Der rationale Verbrecher – der ökonomische Ansatz zur Erklärung kriminellen Verhaltens, Berlin 1993. *(zit.: Wittig, Der rationale Verbrecher)*

Wolff, Reinmar (Hrsg.): New York Convention: Convention on the Recognition and Enforcement of Foreign Arbitral Awards of 10 June 1958, Second Edition, München 2019. *(zit.: Bearb., in: Wolff, New York Convention)*

Woltereck, Richard: Die Erledigung verwaltungsrechtlicher Streitigkeiten durch Schiedsgerichte, 1964. *(zit.: Woltereck, Die Erledigung)*

Wunderer, Regina: Der deutsche „Ordre Public d'Arbitrage International" und Methoden seiner Konkretisierung, Frankfurt a.M. u.a. 1993. *(zit.: Wunderer, Der Deutsche „Ordre Public D'Arbitrage International")*

Wündisch, Sebastian; *Hering*, Sandra: Rücklizenzen bei FuE-Aufträgen: Das Nutzungsrecht für Forschung und Lehre, GRUR Int 2009, 106. *(zit.: Wündisch/Hering, GRUR Int 2009, 106)*

Zenzen, Björn: Zur Rechtsnatur von Verzicht und Anerkenntnis im Zivilprozess, Aachen 2008. *(zit.: Zenzen, Zur Rechtsnatur von Verzicht und Anerkenntnis)*

Zilles, Stephan: Schiedsgerichtsbarkeit im Gesellschaftsrecht, Neuwied u.a. 2002. *(zit.: Zilles, Schiedsgerichtsbarkeit)*

Zimmer, Daniel: Zulässigkeit und Grenzen schiedsgerichtlicher Entscheidung von Kartellrechtsstreitigkeiten: eine rechtsvergleichende Untersuchung auf der Grundlage US-amerikanischen und deutschen Rechts, Baden-Baden 1991. *(zit.: Zimmer, Zulässigkeit und Grenzen schiedsgerichtlicher Entscheidung)*

Zitelmann, Ernst: Irrtum und Rechtsgeschäft – Eine Psychologisch-Juristische Untersuchung, Leipzig 1879. *(zit.: Zitelmann, Irrtum und Rechtsgeschäft)*

Zöller, Richard (Hrsg.): Kommentar zur Zivilprozessordnung, 33., neubearbeitete Auflage, Köln 2020. *(zit.: Bearb., in: Zöller, ZPO)*

Zöller, Richard (Hrsg.): Kommentar zur Zivilprozessordnung, 20. Auflage, Köln 1996. *(zit.: Geimer, in: Zöller, ZPO, 20. Aufl. 1996)*

www.ingramcontent.com/pod-product-compliance
Ingram Content Group UK Ltd.
Pitfield, Milton Keynes, MK11 3LW, UK
UKHW021932290926
8980IPUK00016B/1579

9 783631 857403